MBA、MPA 、MPAcc联考历年真题解析与考点分析系列

MBA MPA MPAcc

2021版

逻辑历年真题
解析与考点分析
第八版

孙 勇 编著

上海交通大学出版社
SHANGHAI JIAO TONG UNIVERSITY PRESS

内容提要

本书严格按照管理类专业硕士研究生联考（MBA，MPA，MPAcc，MEM，MTA，MLIS，MAud）最新考试大纲的要求，由资深逻辑辅导专家团队编写而成。逻辑复习冲刺阶段最好的辅导书莫过于历年真题，最好的复习方法就是"反复琢磨历年真题"。作者首先对 2020 年至 2011 年的全部 10 套管理类联考真题进行了汇编，便于考生自我检测；然后对历年真题逐题进行详细解析，帮助考生迅速理清解题思路，找准解题技巧，突出重点、突破难点。更为重要的是，作者对历年真题中答案有争议的试题进行了集中讲解，对每一道有争议试题的各个选项进行分析，细致说明各个选项"选"和"不选"的客观理由，杜绝毫无逻辑地忽悠解析，如"强度不足""力度更大"等，以此加深考生对逻辑试题及其解答的进一步认识。在此基础上，作者结合真题，对考试大纲的重点内容做了梳理，并归纳出历年真题的特点、变化、趋势。最后作者以真题为鉴，精心设计了 3 套高质量的全真模拟试卷，全面覆盖联考考点，帮助考生实战演练，有针对性地查缺补漏，提高应试水平。

本书的真题解析重在分析试题结构，并且对各个选项逐项解析，点拨解题思路与技巧；全真模拟试卷难度与真题接近且略高于真题，重在提升实战能力和应试技巧。本书适合管理类和经济类硕士联考考生考前冲刺使用。

图书在版编目（CIP）数据

MBA、MPA、MPAcc 逻辑历年真题解析与考点分析：
2021 版/ 孙勇编著.—上海：上海交通大学出版社，
2020
ISBN 978 - 7 - 313 - 23100 - 0

Ⅰ.①M… Ⅱ.①孙… Ⅲ.①逻辑—研究生—入学考试—自学参考资料 Ⅳ.①B81

中国版本图书馆 CIP 数据核字（2020）第 046066 号

MBA、MPA、MPAcc 联考历年真题解析与考点分析系列
MBA、MPA、MPAcc 逻辑历年真题解析与考点分析（2021 版）
MBA、MPA、MPAcc LIANKAO LINIAN ZHENTI JIEXI YU KAODIAN FENGXI XILIE
MBA、MPA、MPAcc LUOJI LINIAN ZHENTI JIEXI YU KAODIAN FENXI (2021 BAN)

编　著：孙　勇				
出版发行：上海交通大学出版社		地　　址：上海市番禺路 951 号
邮政编码：200030		电　　话：021 - 64071208
印　制：上海景条印刷有限公司		经　　销：全国新华书店
开　本：787 mm×1092 mm　1/ 16		印　　张：20
字　数：471 千字		
版　次：2013 年 6 月第 1 版　2020 年 4 月第 8 版		印　　次：2020 年 4 月第 8 次印刷
书　号：ISBN 978 - 7 - 313 - 23100 - 0/ B		
定　价：75.00 元		

前　言

　　全国管理类专业学位硕士研究生入学统一考试涉及以下 7 个专业：
工商管理硕士(MBA)、公共管理硕士(MPA)、会计硕士(MPAcc)、工程管
理硕士(MEM)、旅游管理硕士(MTA)、图书情报硕士(MLIS)、审计硕士
(MAud)。考试包括外语和综合两门，逻辑是综合考试中的一部分，共 30
题，每题 2 分，均要求"五选一"，共 60 分。

　　本书作者在 1994、1995 年参加 MBA 联考试题库的建立工作，之后自
2001 年开始从事相关考试的考前逻辑辅导工作，并在 2002 年为 MPA 联
考试题库提供试题，在 2003 年为 GCT 联考试题库提供试题，在此期间参
加了多种高质量辅导丛书的编写工作。作者在长期的教学、命题和著书
研究等工作中积累了丰富的辅导经验和应试技巧，深谙命题规律和最新
动态。为了帮助广大考生考前冲刺阶段更好地复习，作者严格按照最新
考试大纲，深入研究历年联考逻辑真题，精心编著本书。全书分成历年真
题汇编，真题详细解析，答案有争议试题辨析，历年真题考点、特点和趋势，
全真模拟试卷 5 个部分。

　　逻辑复习最好的辅导资料莫过于历年真题。作者对 2020 年至 2011
年的全部 10 套管理类联考真题进行了汇编，这样更方便考生进行自我检
测。建议广大考生复习时先自己动手做真题，而且一定要定时训练，时间
最好控制在 60 分钟以内，这样可以培养独立思考能力，然后将自己的答案
与本书的详解做比较，看哪些做对了，哪些做错了，分析错误的原因是解
题思路不清楚或阅读错误，还是逻辑规则、解题思路没掌握到位等。考生
通过反复做历年试题，并在做题的过程中不断总结，查补缺漏，从而不断
提高解题的速度和准确率。

　　逻辑最好的复习方法就是"反复研究历年真题"。真题既反映了考试大
纲对考生逻辑知识、能力和水平的要求，又蕴涵着命题指导思想、基本原则
和趋势，通过分析、研究真题可以展示出联考逻辑考试全貌，便于了解最新
联考信息，明确复习方向，从而从容应考。作者深入研究历年真题，对
2020—2011 年的 10 套管理类联考真题逐题详细解析，分析透彻，所有干扰

选项均解释到位,杜绝忽悠式的解析如"强度不足""力度更大"等,使考生真正理解逻辑试题"选"和"不选"的理由,从而举一反三,触类旁通。作者通过历年真题解析,归纳出联考大纲中的概念及"偷换概念"、判断种类及其关系、演绎推理、加强削弱、假设等各知识模块考试的重点、难点,深刻把握考试特点及命题思路和规律,考生在做题中要多总结、理解作者的一些解题思路和技巧,从而转化、形成自己的做题思路和方法,使解题准确率和解题速度得到快速提高。

作者精心设计了 3 套全真模拟考卷,供考生进行实战演练,找到身临其境的感觉,以使考生更好地揣摩命题思路,预测命题方向,迅速提高应试水平。3 套模拟考卷的难度接近于真题并略高于真题,建议考生在限时训练后再看详细参考答案,这样可以更好地查补缺漏,有针对性地巩固提高。

建议考生复习前期阶段,可以先使用机械工业出版社《逻辑分册》,夯实基础、熟练掌握联考常考知识点、常见题型的通式解法以及解题技巧。之后在关键的冲刺阶段使用本书,本书作为《逻辑分册》的概括总结,目的在于考前点睛,旨在帮助考生临门一脚,直击目标,效果更佳。

本书力求使考生在联考冲刺阶段达到精准剖析历年真题、全真模拟直击考点,使其成为参加 2021 年管理类专业学位研究生联考的考前催化剂,全方位提升考生应试水平。参与本书编写工作的有孙勇、孙亦飏、孙瑞余、贾殿珍、张静、史凤华、王木苟、王炎方、贾殿兰、朱蕾、吴小萍等 11 位成员,最后书稿由孙勇负责校对。感谢上海交通大学出版社相关工作人员的辛勤工作,本书才得以付梓,所以书中所有优点首先归功于他们,而由于编者水平所限,兼之时间仓促,存在的错误和疏漏之处,完全在于本书编者,对此,恳请读者在阅读过程中提出宝贵意见,意见请发至邮箱 tongjisunyong@tongji.edu.cn 以便以后改进。

最后,衷心希望广大考生通过学习本书以后,逻辑获得高分,联考成功!

编著者

2020 年 1 月

目 录

第三部分　历年有争议试题辨析

第四部分　联考逻辑真题考点、特点和趋势

第五部分　管理类专业学位联考逻辑模拟试卷与解析

第一部分
2011—2020 年管理类联考真题汇编

2020 年管理类专业学位
全国联考逻辑真题

逻辑推理：以下 30 小题，每小题 2 分，共 60 分。给出的 A、B、C、D、E 五个选项中，只有一项是符合试题要求的，请在答题卡上将所选项的字母涂黑。

1. 领导干部对于各种批评意见应采取有则改之、无则加勉的态度，营造言者无罪、闻者足戒的氛围，只有这样，人们才能知无不言，言无不尽。领导干部只有从谏如流，并为说真话者撑腰，才能做到"兼听则明"并做出科学的决策；只有乐于和善于听取各种不同意见，才能营造风清气正的政治生态。

根据以上信息，可以得出以下哪项？

A. 领导干部必须善待批评，从谏如流，为说真话者撑腰

B. 大多数领导干部对于批评意见能够采取有则改之、无则加勉的态度

C. 领导干部如果不能从谏如流，就不能做出科学决策

D. 只有营造言者无罪、闻者足戒的氛围，才能形成风清气正的政治生态

E. 领导干部只有乐于和善于听取各种不同的意见，人们才能知不无言，言无不尽

2. 某教授组织了 120 名年轻的参与者，先让他们熟悉电脑上的一个虚拟城市，然后让他们以最快速度寻找由指定地点到达关键地标的最短路线，最后再让他们识别茴香、花椒等 40 种芳香植物的气味。结果发现，寻路任务中得分较高者其嗅觉也比较灵敏。该教授由此推测：一个人空间记忆力好，方向感强，就会使其嗅觉更为灵敏。

以下哪项如果为真，最能质疑该教授的上述推断？

A. 大多数动物主要靠嗅觉寻找食物、躲避天敌，其嗅觉进化有助于"导航"

B. 有些参与者是美食家，经常被邀请到城市各处参观品尝美食

C. 部分参与者是马拉松运动员，他们经常参加一些城市举办的马拉松比赛

D. 在同样的检测中，该教授本人的嗅觉灵敏度和空间方向感方面都不如年轻人

E. 有的年轻人喜欢玩方向感要求较高的电脑游戏，因过分投入而食不知味

3. 有学校提出，将效仿免费师范生制度，提供减免学费等优惠条件以吸引成绩优秀的调剂生，提高医学人才培养质量。有专家对此提出反对意见：医生是既崇高又辛苦的职业，要有足够的爱心和兴趣才能做好。因此，宁可招不满，也不要招收调剂生。

以下哪项最可能是上述专家论断的假设？

A. 没有奉献精神，就无法学好医学

B. 如果缺乏爱心，就不能从事医学这一崇高的职业

C. 调剂生往往对医学缺乏兴趣

D. 因优惠条件而报考医学的学生往往缺乏奉献精神

E. 有爱心并对医学有兴趣的学生不会在意是否收费

4. 某公司为员工免费提供菊花、绿茶、红茶、咖啡和大麦茶 5 种饮品。现有甲、乙、丙、丁、戊 5 位员工,他们每人都只喜欢其中的两种饮品,且每种饮品都只有两人喜欢,已知:

(1) 甲和乙喜欢菊花茶,且分别喜欢绿茶和红茶中的一种;

(2) 丙和戊分别喜欢咖啡和大麦茶中的一种。

根据上述信息,可以得出以下哪项?

A. 甲喜欢菊花茶和绿茶

B. 乙喜欢菊花茶和红茶

C. 丙喜欢红茶和咖啡

D. 丁喜欢咖啡和大麦茶

E. 戊喜欢绿茶和大麦茶

5. 考生若考试通过并且体检合格,则将被录取。因此,如果李铭考试通过,但未被录取,那么他一定体检不合格。

以下哪项论证方式与上述最为相似?

A. 若明天是节假日并且天气晴朗,则小吴将去爬山。因此,如果小吴未去爬山,那么第二天一定不是节假日或者天气不好

B. 一个数若能被 3 整除且能被 5 整除,则这个数能被 15 整除。因此,一个数若能被 3 整除但不能被 5 整除,则这个数一定不能被 15 整除

C. 甲单位员工若去广州出差并且是单人前往,则均乘坐高铁。因此,甲单位的小吴如果去广州出差,但未乘坐高铁,那么他一定不是单人前往

D. 若现在是春天并且雨水充沛,则这里野草丰美。因此,如果这里野草丰美,但雨水不充沛,那么现在一定不是春天

E. 一壶茶水若水质良好且温度适中,则一定茶香四溢。因此,如果这壶茶水质良好且茶香四溢,那么一定温度适中

6~7 题基于以下共同题干:

"立春""春分""立夏""夏至""立秋""秋分""立冬""冬至"是我国二十四中的八个节气;"凉风""广莫风""明庶风""条风""清明风""景风""阊阖风""不周风"是八种节风。上述八个节气与八种节风之间一一对应。已知:

(1) "立秋"对应"凉风";

(2) "冬至"对应"不周风""广莫风"之一;

(3) 若"立夏"对应"清明风",则"夏至"对应"条风"或者"立冬"对应"不周风";

(4) 若"立夏"不对应"清明风"或者"立春"不对应"条风",则"冬至"对应"明庶风"。

6. 根据上述信息,可以得出以下哪项?

A. "秋分"不对应"明庶风"

B. "立冬"不对应"广莫风"

C. "夏至"不对应"景风"   D. "立夏"不对应"清明风"

E. "春分"不对应"闾阖风"

7. 若"春分"和"秋分"两节气对应的节风在"明庶风"和"闾阖风"之中,则可以得出以下哪项?

A. "春分"对应"闾阖风"   B. "秋分"对应"明庶风"

C. "立春"对应"清明风"   D. "冬至"对应"不周风"

E. "夏至"对应"景风"

8. 小王:在这次年终考评中,女员工的绩效都比男员工高。

小李:这么说,新入职员工中绩效最好的还不如绩效最差的女员工。

以下哪项如果为真,最能支持小李的上述论断?

A. 男员工都是新入职的   B. 新入职的员工有些是女性

C. 新入职的员工都是男性   D. 部分新入职的女员工没有参与绩效考评

E. 女员工更乐意加班,而加班绩效翻倍计算

9. 某市 2018 年的人口发展报告显示,该市常住人口为 1 170 万,其中常住外来人口 440 万,户籍人口 730 万,从区级人口分布情况来看,该市 G 区常住人口 240 万,居各区之首;H 区常住人口 200 万,位居第二;同时,这两个区也是吸纳外来人口较多的区域,两个区常住外来人口 200 万,占全市常住外来人口的 45% 以上。

根据以上陈述,可以得出以下哪项?

A. 该市 G 区的户籍人口比 H 区的常住外来人口多

B. 该市 H 区的户籍人口比 G 区的常住外来人口多

C. 该市 H 区的户籍人口比 H 区的常住外来人口多

D. 该市 G 区的户籍人口比 G 区的常住外来人口多

E. 该市其他各区的常住外来人口都没有 G 区或 H 区的多

10. 移动支付如今正在北京、上海等大中城市迅速普及。但是,并非所有中国人都熟悉这种新的支付方式,很多老年人仍然习惯传统的现金交易。有专家因此断言,移动支付的迅速普及会将老年人阻挡在消费经济之外,从而影响他们晚年的生活质量。

以下哪项如果为真,最能质疑上述专家的论断?

A. 到 2030 年,中国 60 岁以上人口将增至 3.2 亿,老年人的生活质量将进一步引起社会关注

B. 有许多老年人因年事已高,基本不直接进行购物消费,所需物品一般由儿女或社会提供,他们的晚年生活很幸福

C. 国家有关部门近年来出台多项政策指出,消费者在使用现金支付被拒时可以投诉,但仍有不少商家我行我素

D. 许多老年人已在家中或社区活动中心学会移动支付的方法以及防范网络诈骗的

技巧

　　E. 有些老年人视力不好,看不清手机屏幕;有些老年人记忆力不好,记不住手机支付密码

　　11. 下表显示了某城市过去一周的天气情况:

星期一	星期二	星期三	星期四	星期五	星期六	星期日
东南风 1~2级 小雨	南风 4~5级 晴	无风 小雪	北风 1~2级 阵雨	无风 晴	西风 3~4级 阴	东风 2~3级 中雨

以下哪项对该城市这一周天气情况的概括最为准确?
　　A. 每日或者刮风,或者下雨　　　　　B. 每日或者刮风,或者晴天
　　C. 每日或者无风,或者无雨　　　　　D. 若有风且风力超过3级,则该日是晴天
　　E. 若有风且风力不超过3级,则该日不是晴天

　　12~13题基于以下共同题干:
　　放假3天,小李夫妇除安排一天休息之外,其他两天准备做6件事:① 购物(这件事编号为①,其他依次类推);② 看望双方父母;③ 郊游;④ 带孩子去游乐场;⑤ 去市公园;⑥ 去电影院看电影。他们商定:
　　(1) 每件事均做一次,且在1天内做完,每天至少做两件事;
　　(2) ④和⑤安排在同一天完成;
　　(3) ②在③之前1天完成。

　　12. 如果③和④安排在假期的第2天,则以下哪项是可能的?
　　A. ①安排在第2天　　　　　　　　　B. ②安排在第2天
　　C. 休息安排在第1天　　　　　　　　D. ⑥安排在最后1天
　　E. ⑤安排在第1天

　　13. 如果假期第2天只做⑥等3件事,则可以得出以下哪项?
　　A. ②安排在①的前1天　　　　　　　B. ①安排在休息一天之后
　　C. ①和⑥安排在同一天　　　　　　　D. ②和④安排在同一天
　　E. ③和④安排在同一天

　　14. 因业务需要,某公司欲将甲、乙、丙、丁、戊、己、庚7个部门合并到丑、寅、卯3个子公司。已知:
　　(1) 一个部门只能合并到一个子公司;
　　(2) 若丁和丙中至少有一个未合并到丑公司,则戊和甲均合并到丑公司;

（3）若甲、乙、庚中至少有一个未合并到卯公司，则戊合并到寅公司且丙合并到卯公司。

根据上述信息，可以得出以下哪项？

A. 甲、丁均合并到丑公司　　　　　　B. 乙、戊均合并到寅公司

C. 乙、丙均合并到寅公司　　　　　　D. 丁、丙均合并到丑公司

E. 庚、戊均合并到卯公司

15. 王研究员：吃早餐对身体有害。因为吃早餐会导致皮质醇峰值更高，进而导致体内胰岛素异常，这可能引发Ⅱ型糖尿病。

李教授：事实并非如此。因为上午皮质醇水平高只是人体生理节律的表现，而不吃早餐不仅会增加患Ⅱ型糖尿病的风险，还会增加患其他疾病的风险。

以下哪项如果为真，最能支持李教授的观点？

A. 一日之计在于晨，吃早餐可以补充人体消耗，同时为一天的工作准备能量

B. 糖尿病患者若在 9 点至 15 点之间摄入一天所需的卡路里，血糖水平就能保持基本稳定

C. 经常不吃早餐，上午工作处于饥饿状态，不利于血糖调节，容易患上胃溃疡、胆结石等疾病

D. 如今，人们工作繁忙，晚睡晚起现象非常普遍，很难按时吃早餐，身体常常处于亚健康状态

E. 不吃早餐的人通常缺乏营养和健康方面的知识，容易形成不良生活习惯

16. 某语言学爱好者欲基于无涵义语词、有涵义语词构造合法的语句。已知：

（1）无涵义语词有 a、b、c、d、e、f，有涵义语词有 W、Z、X；

（2）如果两个无涵义语词通过一个有涵义语词连接，则它们构成一个有涵义语词；

（3）如果两个有涵义语词直接连接，则它们构成一个有涵义语词；

（4）如果两个有涵义语词通过一个无涵义语词连接，则它们构成一个合法的语句；

根据上述信息，以下哪项是合法的语句？

A. aWbcdXeZ　　　　B. aWbcdaZe　　　　C. fXaZbZWb　　　　D. aZdacdfX

E. XWbaZdWc

17. 某单位拟在椿树、枣树、楝树、雪松、银杏、桃树等几种树中选择 4 种栽种在庭院中，已知：

（1）椿树、枣树至少种植一种；

（2）如果种植椿树，则种植楝树但不种植雪松；

（3）如果种植枣树，则种植雪松但不种植银杏。

如果庭院中种植银杏，则以下哪项是不可能的？

A. 种植椿树　　　　B. 种植楝树　　　　C. 不种植枣树　　　　D. 不种植雪松

E. 不种植桃树

18. 披毛犀化石多分布在欧亚大陆北部，我国东北平原、华北平原、西藏等地也偶有发现。披毛犀有一个独特的构造——鼻中隔，简单地说就是鼻子中间的骨头。研究发现，西藏披毛犀化石的鼻中隔只是一块不完整的硬骨，早先在亚洲北部、西伯利亚等地发现的披毛犀化石的鼻中隔要比西藏披毛犀的"完全"，这说明西藏披毛犀具有更原始的形态。

以下哪项若为真，最能支持以上论述？

A. 一个物种不可能有两个起源地

B. 西藏披毛犀化石是目前已知最早的披毛犀化石

C. 为了在冰雪环境中生存，披毛犀的鼻中隔经历了由软到硬的进化过程，并最终形成一块完整的骨头

D. 冬季的青藏高原犹如冰期动物的"训练基地"，披毛犀在这里受到耐寒训练

E. 随着冰期的到来，有了适应寒冷能力的西藏披毛犀走出西藏，往北迁徙

19. 黄土高原以前植被丰富，长满大树，而现在千沟万壑，不见树木，这是植被遭破坏后水流冲刷大地造成的惨痛结果。有专家进一步分析认为，现在黄土高原不长植物，是因为这里的黄土其实都是生土。

以下哪项最可能是上述专家推断的假设？

A. 生土不长庄稼，只有通过土壤改造等手段才适宜种植粮食作物

B. 因缺少应有的投入，无人愿意耕种生土，无人耕种的土地贫瘠

C. 生土是水土流失造成的恶果，缺乏植物生长所需要的营养成分

D. 东北的黑土地中含有较厚的腐殖层，这种腐殖层适合植物生长

E. 植物的生长依赖熟土，而熟土的存在依赖人类对植被的保护

20. 日前，科学家发明了一项技术，可以把二氧化碳等物质"电成"有营养价值的蛋白粉，这项技术不像种庄稼那样需要具备合适的气候、温度和土壤等条件。他们由此认为，这项技术开创了未来新型食物生产的新路，有助于解决全球饥饿问题。

以下各项如果为真，则除了哪项均支持上述科学家的观点？

A. 让二氧化碳，水和微生物一起接受电流点击，可以产出有营养价值的食物

B. 粮食问题是全球重大问题，联合国估计，到 2050 年有 20 亿人缺乏基本营养

C. 把二氧化碳等物质"电成"蛋白粉，将有助于改变农业，还能避免对环境造成不利影响

D. 由二氧化碳物质"电成"的蛋白粉，约含 50％的蛋白质、25％的碳水化合物、核酸及脂肪

E. 未来这项技术将引入沙漠或其他面临饥荒的地区，为解决那里的饥饿问题提供重要帮助

21～22 题基于以下共同题干：

某公司甲、乙、丙、丁、戊 5 人爱好出国旅游，去年，在日本、韩国、英国和法国 4 国中，他们每人都去了其中的两个国家旅游，且每个国家中有他们中的 2～3 人去旅游。已知：

(1) 如果甲去韩国,则丁不去英国;
(2) 丙与戊去年总是结伴出国旅游;
(3) 丁和乙只去欧洲国家旅游。

21. 根据以上信息,可以得出以下哪项?
A. 甲去了韩国和日本　　　　　　　B. 乙去了英国和日本
C. 丙去了韩国和英国　　　　　　　D. 丁去了日本和法国
E. 戊去了韩国和日本

22. 如果 5 人去欧洲国家旅游的总人次与去亚洲国家的一样多,则可以得出以下哪项?
A. 甲去了日本　　B. 甲去了英国　　C. 甲去了法国　　D. 戊去了英国
E. 戊去了法国

23. 1818 年前纽约市规定,所有买卖的鱼油都需要经过检查同时缴纳每桶 25 美元的检查费。一天,鱼油商人买了三桶鲸鱼油,打算把鲸鱼油制成蜡烛出售,鱼油检查员发现这些鲸鱼油根本没过检查,根据鱼油法案,该商人需要接受检查并缴费,但该商人声称鲸鱼不是鱼,拒绝缴费,遂被告上法庭,陪审员最后支持了原告,判决该商人支付 75 美元检查费。
以下哪项如果为真,最能支持陪审员所作的判决?
A. 纽约市相关法律已经明确规定"鱼油"包括鲸鱼油和其他鱼类油
B. "鲸鱼不是鱼"是和中国古代公孙龙的"白马非马"类似,两者都是违反常识的诡辩
C. 19 世纪的美国虽有许多人认为鲸鱼不是鱼,但是也有许多人认为鲸鱼是鱼
D. 当时多数从事科学研究的人都肯定鲸鱼不是鱼,而律师和政客持反对意见
E. 古希腊有先哲早就把鲸鱼归类到鲐生四足动物和卵生四足动物之下,比鱼类更高一级

24. 尽管近年来我国引进不少人才,但真正顶尖的领军人才还是凤毛麟角。就全球而言,人才特别是高层次人才紧缺已是常态化、长期化趋势。某专家由此认为,未来 10 年,美国、加拿大、德国等国对高层次人才的争夺将进一步加剧。发展中国家的高层次人才紧缺状况更甚于发达国家。因此我国高层次人才引进工作急需进一步加强。
以下哪项如果为真,最能加强上述专家论证?
A. 我国理工科高层次人才紧缺程度更甚于文科
B. 发展中国家的一般性人才不比发达国家多
C. 我国仍然是发展中国家
D. 人才是衡量一个国家综合国力的重要指标
E. 我国近年来引进的领军人才数量不及美国等发达国家

25. 移动互联网时代,人们随时都可进行数字阅读,浏览网页,读电子书是数字阅读,刷微博、朋友圈也是数字阅读,长期以来,一直有人担忧数字阅读的碎片化、表面化,但近来有

专家表示,数字阅读具有重要价值,是阅读的未来发展趋势。

以下哪项如果为真,最能支持上述专家的观点?

A. 长有长的用处,短有短的好处,不求甚解的数字阅读也未尝不可,说不定在未来某一时刻,当初阅读的信息就会浮现出来,对自己的生活产生影响

B. 当前人们越来越多地通过数字阅读了解热点信息,通过网络进行相互交流,但网络交流者常常伪装或者匿名,可能会提供虚假信息

C. 有些网络读书平台能够提供精致的读书服务,他们不仅帮你选书,而且帮你读书,你只需"听书"即可,但用"听"的方式去读书,效率较低

D. 数字阅读容易挤占纸质阅读的时间,毕竟纸质阅读具有系统、全面、健康、不依赖电子设备等优点,仍将是阅读的主要方式

E. 数字阅读便于信息筛选,阅读者能在短时间内对相关信息进行初步了解,也可以此为基础做深入了解,相关网络阅读服务平台近几年已越来越多

26. 某街道的综合部、建设部、平安部和民生部四个部门,需要负责街道的秩序、安全、环境和协调等四项工作。每个部门负责其中的一项工作,各部门负责的工作各不相同。已知:

(1) 如果建设部负责环境或秩序,则综合部负责协调或秩序;

(2) 如果平安部负责环境或协调,则民生部负责协调或秩序。

根据以上信息,以下哪项工作安排是可能的?

A. 建设部负责环境,平安部负责协调　　B. 建设部负责秩序,民生部负责协调

C. 综合部负责安全,民生部负责协调　　D. 民生部负责安全,综合部负责秩序

E. 平安部负责安全,建设部负责秩序

27. 人非生而知之者,孰能无惑? 惑而不从师,其为惑也,终不解矣。生乎吾前,其闻道也固先乎吾,吾从而师之;生乎吾后,其闻道也亦先乎吾,吾从而师之。吾师道也,夫庸知其年之先后生于吾乎? 是故无贵无贱,无长无少,道之所存,师之所存也。

根据以上信息,可以得出哪项?

A. 与吾生乎同时,其闻道也,必先乎吾　　B. 师之所存,道之所存也

C. 无贵无贱,无长无少,皆为吾师　　D. 与吾生乎同时,其间道不必先乎吾

E. 若解惑,必从师

28. 学问的本来意义与人的生命、生活有关,但是如果学问成为口号或者教条,就会失去其本来的意义,因此,任何学问都不应该成为口号或教条。

以下哪项与上述论证方式最为相似?

A. 椎间盘是没有血液循环的组织,但是如果要确保其功能正常运转,就需依靠其周围流过的血液提供养分,因此,培养功能正常运转的人工椎间盘应该很困难

B. 大脑会改编现实经历,但是如果大脑只是存储现实经历的文件柜,就不会对其进行改编,因此大脑不应该只是存储现实经历的文件柜

C. 人工智能应该可以判断黑猫和白猫都是猫。但是,如果人工智能不预先"消化"大量

照片,就无从判断黑猫和白猫都是猫。因此,人工智能必须预先"消化"大量照片

　　D. 机器人没有人类的弱点和偏见。但是,只有数据得到正确采集和分析,机器人才不会"主观臆断"。因此,机器人应该也有类似的弱点和偏见

　　E. 历史包含必然性。但是,如果坚信历史只包含必然性,就会阻止我们用不断积累的历史数据去证实或证伪它。因此,历史不应该只包含必然性

　　29～30 题基于以下题干:

　　某测试题共有 4 道题,每道题给出 A 、B、C、D 四个选项,其中只有一项是正确答案。现有张、王、赵、李 4 人参加了测试,他们的答案情况和测试结果如下:

答题者	第一题	第二题	第三题	第四题	测试结果
张	A	B	A	B	均不正确
王	B	D	B	C	只答对 1 题
赵	D	A	A	B	均不正确
李	C	C	B	D	只答对 1 题

　　29. 根据以上信息,可以得出以下哪项?

　　A. 第二题的正确答案是 C　　　　　　B. 第二题的正确答案是 D

　　C. 第三题的正确答案是 D　　　　　　D. 第四题的正确答案是 A

　　E. 第四题的正确答案是 D

　　30. 如果每道题的正确答案各不相同,则可以得出以下哪项?

　　A. 第一题的正确答案是 B　　　　　　B. 第一题的正确答案是 C

　　C. 第二题的正确答案是 D　　　　　　D. 第二题的正确答案是 A

　　E. 第三题的正确答案是 C

2019 年管理类专业学位
全国联考逻辑真题

逻辑推理：以下 30 小题，每小题 2 分，共 60 分。给出的 A、B、C、D、E 五个选项中，只有一项是符合试题要求的，请在答题卡上将所选项的字母涂黑。

1. 新常态下，消费需求发生深刻变化，消费拉开档次，个性化、多样化消费渐成主流。在相当一部分消费者那里，对产品质量的追求压倒了对价格的考虑。供给侧结构性改革，说到底是满足需求。低质量的产能必然会过剩，而顺应市场需求不断更新换代的产能不会过剩。

根据以上陈述，可以得出以下哪项？

A. 只有质优价高的产品才能满足需求

B. 顺应市场需求不断更新换代的产能不是低质量的产能

C. 低质量的产能不能满足个性化需求

D. 只有不断更新换代的产品才能满足个性化、多样化消费的需求

E. 新常态下，必须进行供给侧结构性改革

2. 据碳 14 检测，卡皮瓦拉山岩画的创作时间最早可追溯到 3 万年前。在文字尚未出现的时代，岩画是人类沟通交流、传递信息、记录日常生活的方式。于是今天的我们可以在这些岩画中看到：一位母亲将孩子举起嬉戏，一家人在仰望并试图碰触头上的星空⋯⋯动物是岩画的另一个主角，比如巨型犰狳、马鹿、螃蟹等。在许多画面中，人们手持长矛，追逐着前方的猎物。由此可以推断，此时的人类已经居于食物链的顶端。

以下哪项如果为真，最能支持上述推断？

A. 岩画中出现的动物一般是当时人类捕猎的对象

B. 3 万年前，人类需要避免自己被虎豹等大型食肉动物猎杀

C. 能够使用工具使得人类可以猎杀其他动物，而不是相反

D. 有了岩画，人类可以将生活经验保留下来供后代学习，这极大地提高了人类的生存能力

E. 对星空的敬畏是人类脱离动物、产生宗教的动因之一

3. 李诗、王悦、杜舒、刘默是唐诗、宋词的爱好者，在唐朝诗人李白、杜甫、王维、刘禹锡中 4 人各喜爱其中一位，且每人喜爱的唐诗作者不与自己同姓。关于他们 4 人，已知：

(1) 某人如果爱好王维的诗，那么他也爱好辛弃疾的词；

(2) 某人如果爱好刘禹锡的诗，那么他也爱好岳飞的词；

(3) 某人如果爱好杜甫的诗，那么他也爱好苏轼的词。

如果李诗不爱好苏轼和辛弃疾的词,则可以得出以下哪项?

A. 杜舒爱好辛弃疾的词　　　　　　　B. 王悦爱好苏轼的词

C. 刘默爱好苏轼的词　　　　　　　　D. 李诗爱好岳飞的词

E. 杜舒爱好岳飞的词

4. 人们一直在争论猫与狗哪种动物更聪明。最近,有些科学家不仅研究了动物脑容量的大小,还研究了大脑皮层神经细胞的数量,发现猫平常似乎总摆出一副智力占优的神态,但猫的大脑皮层神经细胞的数量只有普通金毛犬的一半。由此,他们得出结论:狗比猫更聪明。

以下哪项最可能是上述科学家得出结论的假设?

A. 狗善于与人类合作,可以充当导盲犬、陪护犬、搜救犬、警犬等,就对人类的贡献而言,狗能做的似乎比猫多

B. 狗可能继承了狼结群捕猎的特点,为了互相配合,它们需要做出一些复杂行为

C. 动物大脑皮层神经细胞的数量与动物的聪明程度呈正相关

D. 猫的神经细胞数量比狗少,是因为猫不像狗那样"爱交际"

E. 棕熊的脑容量是金毛犬的 3 倍,但其脑神经细胞的数量却少于金毛犬,与猫很接近,而棕熊的脑容量却是猫的 10 倍

5～6 题基于以下共同题干:

某单位拟派遣 3 名德才兼备的干部到西部山区进行精准扶贫。报名者踊跃,经过考察,最终确定了陈甲、傅乙、赵丙、邓丁、刘戊、张己 6 名候选人。根据工作需要,派遣还需要满足以下条件:

(1) 若派遣陈甲,则派遣邓丁但不派遣张己;

(2) 若傅乙、赵丙至少派遣 1 人,则不派遣刘戊。

5. 以下哪项的派遣人选和上述条件不矛盾?

A. 赵丙、邓丁、刘戊　　　　　　　　B. 陈甲、傅乙、赵丙

C. 傅乙、邓丁、刘戊　　　　　　　　D. 邓丁、刘戊、张己

E. 陈甲、赵丙、刘戊

6. 如果陈甲、刘戊至少派遣 1 人,则可以得出以下哪项?

A. 派遣刘戊　　　　　　　　　　　　B. 派遣赵丙

C. 派遣陈甲　　　　　　　　　　　　D. 派遣傅乙

E. 派遣邓丁

7. 近年来,手机、电脑的使用导致工作与生活界限日益模糊,人们的平均睡眠时间一直在减少,熬夜已成为现代人生活的常态。科学研究表明,熬夜有损身体健康,睡眠不足不仅仅是多打几个哈欠那么简单。有科学家据此建议,人们应该遵守作息规律。

以下哪项如果为真，最能支持上述科学家所提出的建议？

A. 长期睡眠不足会导致高血压、糖尿病、肥胖症、抑郁症等多种疾病，严重时还会造成意外伤害或死亡

B. 缺乏睡眠会降低体内脂肪调解瘦素激素的水平，同时增加饥饿激素，容易导致暴饮暴食、体重增加

C. 熬夜会让人的反应变慢、认知退步、思维能力下降，还会引发情绪失控，影响与他人的交流

D. 所有的生命形式都需要休息与睡眠，在人类进化过程中，睡眠这个让人短暂失去自我意识、变得极其脆弱的过程并未被大自然淘汰

E. 睡眠是身体的自然美容师，与那些睡眠充足的人相比，睡眠不足的人看上去面容憔悴，缺乏魅力

8. 有一论证（相关语句用序号表示）如下：

① 今天，我们仍然要提倡勤俭节约；② 节约可以增加社会保障资源；③ 我国尚有不少地区的人民生活贫困，亟须提供更多社会保障资源，但也有一些人浪费严重；④ 节约可以减少资源消耗；⑤ 因为被浪费的任何粮食或者物品都是消耗一定的资源得来的。

如果用"甲→乙"表示甲支持（或证明）乙，则以下哪项对上述论证基本结构的表示最为准确？

A.
① ③
↓ ↓
② ④
↘ ↙
⑤

B.
② ⑤
↓ ↓
③ ④
↘ ↙
①

C.
④ ②
↘ ↙
⑤
↓
①

D.
③ ⑤
↓ ↓
② ④
↘ ↙
①

E.
④ ③
↓ ↓
⑤ ②
↘ ↙
①

9. 研究人员使用脑电波图技术研究了母亲给婴儿唱童谣时两人的大脑活动，发现当母亲与婴儿对视时，双方的脑电波趋于同步，此时婴儿也会发出更多的声音尝试与母亲沟通。他们据此以为，母亲与婴儿对视有助于婴儿的学习和交流。

以下哪项为真，最能支持上述研究人员的观点？

A. 在两个成年人交流时，如果他们的脑电波同步，交流就会更流畅

B. 当父母与孩子互动时，双方的情绪与心率可能也会同步

C. 当部分学生对某学科感兴趣时，他们的脑电波会渐趋同步，学习效果也随之提升

D. 当母亲和婴儿对视时，她们都在发出信号，表明自己可以且愿意与对方交流

E. 脑电波趋于同步可优化双方对话状态，使交流更加默契，增进彼此了解

10. 某保险柜所有密码都是 4 个阿拉伯数字和 4 个英文字母的组合。已知：

（1）若 4 个英文字母不连续排列，则密码组合中的数字之和大于 15；

（2）若 4 个英文字母连续排列，则密码组合中的数字之和等于 15；

（3）密码组合中的数字之和或者等于 18，或者小于 15。

根据上述信息，以下哪项是可能的密码组合？

A. 1adbe356　　　　B. 37ab26dc　　　　C. 2acgf716　　　　D. 58bcde32

E. 18ac42de

11. 有一 6×6 的方阵,它所含的每个小方格中可填入一个汉字,已有部分汉字填入,现要求该方阵中的每行每列均含有礼、乐、射、御、书、数 6 个汉字,不能重复也不能遗漏。

根据上述要求,以下哪项是方阵底行 5 个空格中从左至右依次应填入的汉字?

	乐		御	书	
			乐		
射	御	书		礼	
	射			数	礼
御		数			射
					书

A. 数、礼、乐、射、御　　　　　　B. 乐、数、御、射、礼

C. 数、礼、乐、御、射　　　　　　D. 乐、礼、射、数、御

E. 数、御、乐、射、礼

12. 某市音乐节设立了流行、民谣、摇滚、民族、电音、说唱、爵士这 7 大类的奖项评选。在入围提名中,已知:

(1) 至少有 6 类入围;

(2) 流行、民谣、摇滚中至多有 2 类入围;

(3) 如果摇滚和民族类都入围,则电音和说唱中至少有一类没有入围。

根据上述信息,可以得出以下哪项?

A. 流行类没有入围　　　　　　　　B. 民谣类没有入围

C. 摇滚类没有入围　　　　　　　　D. 爵士类没有入围

E. 电音类没有入围

13. 某大学有位女教师默默资助一位偏远山区的贫困家庭长达 15 年。记者多方打听,发现做好事者是该大学传媒学院甲、乙、丙、丁、戊 5 位教师中的某一位。在接受采访时,5 位老师都很谦虚,她们是这么对记者说的:

甲:这件事是乙做的。

乙:我没有做,是丙做了这件事。

丙:我并没有做这件事。

丁:我也没有做这件事,是甲做的。

戊:如果甲没有做,则丁也不会做。

记者后来得知,上述 5 位老师中只有一人说的话符合真实情况。

根据以上信息,可以得出做这件好事的人是谁?

A. 甲 　　　　B. 乙 　　　　C. 丙 　　　　D. 丁

E. 戊

14. 作为一名环保爱好者,赵博士提倡低碳生活,积极宣传节能减排;但我不赞同他的做法,因为作为一名大学老师,他这样做占用了大量的科研时间,到现在连副教授都没评上,他的观点怎么能令人信服呢?

以下哪项论证中的错误和上述最为相似?

A. 张某提出要同工同酬,主张在质量相同的情况下,不分年龄、级别一律按件计酬。她这样说不就是因为她年轻、级别低吗? 其实她是在为自己谋利益

B. 公司的绩效奖励制度是为了充分调动广大员工的积极性,它对所有员工都是公平的。如果有人对此有不同意见,则说明他反对公平

C. 最近听说你对单位的管理制度提了不少意见,这真令人难以置信! 单位领导对你差吗? 你这样做,分明是和单位领导过不去

D. 单位任命李某担任信息科科长,听说你对此有意见。大家都没有提意见,只有你一个人有意见,看来你的意见是有问题的

E. 有一种观点认为,只有直接看到的事物才能确信其存在。但是没有人可以看到质子、电子,而这些都被科学证明是客观存在的。所以,该观点是错误的

15. 下面 6 张卡片,一面印的是汉字(动物或者花卉),一面印的是数字(奇数或者偶数)。

| 虎 | 6 | 菊 | 7 | 鹰 | 8 |

对于上述 6 张卡片,如果要验证"每张卡片至少有一面印的是偶数或者花卉"。至少需要翻看几张卡片?

A. 2 　　　　B. 3 　　　　C. 4 　　　　D. 5

E. 6

16. 某地人才市场招聘保洁、物业、网管、销售等 4 种岗位的从业者,有甲、乙、丙、丁 4 位年轻人前来应聘。事后得知,每人只能选择一种岗位应聘,且每种岗位都有其中一人应聘。另外,还知道:

(1) 如果丁应聘网管,那么甲应聘物业;

(2) 如果乙不应聘保洁,那么甲应聘保洁且丙应聘销售;

(3) 如果乙应聘保洁,那么丙应聘销售并且丁也应聘保洁。

根据以上陈述,可以得出以下哪项?

A. 甲应聘网管岗位 　　　　　　　　B. 丙应聘保洁岗位

C. 甲应聘物业岗位 　　　　　　　　D. 乙应聘网管岗位

E. 丁应聘销售岗位

17. 旅游是一种独特的文化体验。游客可以跟团游,也可以自由行。自由行游客虽避免了跟团游的集体束缚,但也放弃了人工导游的全程讲解,而近年来他们了解旅游景点的文化需求却有增无减。为适应这一市场需求,基于手机平台的多款智能导游 App 被开发出来。它们可定位用户的位置,自动提供景点讲解、游览问答等功能。有专家就此指出,未来智能导游必然会取代人工导游,传统的导游职业行将消亡。

以下哪项如果为真,最能质疑上述专家的论断?

A. 至少有 95％的国外景点所配备的导游讲解器没有中文语音,中国出境游客因为语言和文化上的差异,对智能导游 App 的需求比较强烈

B. 旅行中才会使用的智能导游 App,如何保持用户黏性、未来又如何取得商业价值等都是待解决的问题

C. 好的人工导游可以根据游客需求进行不同类型的讲解,不仅关注景点,还可表达观点,个性化很强,这是智能导游 App 难以企及的

D. 目前发展较好的智能导游 App 用户量在百万级左右,这与当前中国旅游人数总量相比还只是一个很小的比例,市场还没有培养出用户的普遍消费习惯

E. 国内景区配备的人工导游需要收费,大部分导游讲解的内容都是事先背好的标准化内容。但是,即便人工导游没有特色,退出市场也需要一定的时间

18. 甲:上周去医院,给我看病的医生竟然还在抽烟。乙:所有抽烟的医生都不关心自己的健康,而不关心自己健康的人也不会关心他人的健康。甲:是的,不关心他人健康的医生没有医德。我今后再也不会让没有医德的医生给我看病了。

根据上述信息,以下除了哪项,其余各项均可得出?

A. 甲认为他不会再找抽烟的医生看病

B. 乙认为上周给甲看病的医生不会关心乙的健康

C. 甲认为上周给他看病的医生不会关心医生自己的健康

D. 甲认为上周给他看病的医生不关心甲的健康

E. 乙认为上周给甲看病的医生没有医德

19. 得道者多助,失道者寡助。寡助之至,亲戚畔之;多助之至,天下顺之。以天下之所顺,攻亲戚之所畔,故君子有所不战,战必胜矣。

以下哪项是上述论证所隐含的前提?

A. 得道者多,则天下太平   B. 君子是得道者

C. 得道者必胜失道者   D. 失道者必定得不到帮助

E. 失道者亲戚畔之

20. 如今,孩子写作业不仅仅是他们自己的事,大多数中小学生的家长都要面临陪孩子写作业的任务,包括给孩子听写、检查作业、签字等。据一项针对 3 000 余名家长进行的调查显示,84％的家长每天都会陪孩子写作业,而 67％的受访家长会因陪孩子写作业而烦恼。有专家对此指出,家长陪孩子写作业相当于充当学校老师的助理,让家庭成为课堂的延伸,会

对孩子的成长产生不利影响。

以下哪项如果为真,最能支持上述专家的论断?

A. 家长是最好的老师,家长辅导孩子获得各种知识本来就是家庭教育的应尽之责,对于中低年级的孩子,学习过程中的父母陪伴尤为重要

B. 家长通常有自己的本职工作,有的晚上要加班,有的即使晚上回家也需要研究工作,操持家务,一般难有精力认真完成学校老师布置的"家长作业"

C. 家长陪孩子写作业,会使得孩子在学习中缺乏独立性和主动性,整天处于老师和家长的双重压力下,既难激发学习兴趣,更难养成独立人格

D. 大多数家长在孩子教育上并不是行家,他们或者早已遗忘了自己曾学习过的知识,或者根本不知道如何将自己拥有的知识传授给孩子

E. 家长辅导孩子,不应围绕老师布置的作业,而应着重激发孩子的学习兴趣,培养孩子良好的学习习惯,让孩子在成长中感到新奇、快乐

21. 我国天山的植被形态是垂直性分布的典范,已知天山的植被形态分布具有如下特点:

(1) 从低到高有荒漠、森林带、冰雪带等;

(2) 只有经过山地草原,荒漠才能演变成森林带;

(3) 如果不经过森林带,山地草原就不会过渡到山地草甸;

(4) 山地草甸的海拔不比山地草甸草原的低,也不比高寒草甸高。

根据以上信息,关于天山植被形态,按照由低到高排列,以下哪项是不可能的?

A. 荒漠、山地草原、山地草甸草原、森林带、山地草甸、高寒草甸、冰雪带

B. 荒漠、山地草原、山地草甸草原、高寒草甸、森林带、山地草甸、冰雪带

C. 荒漠、山地草甸草原、山地草原、森林带、山地草甸、高寒草甸、冰雪带

D. 荒漠、山地草原、山地草甸草原、森林带、山地草甸、冰雪带、高寒草甸

E. 荒漠、山地草原、森林带、山地草甸草原、山地草甸、高寒草甸、冰雪带

22. 某大学读书会开展"一月一书"活动。读书会成员甲、乙、丙、丁、戊5人在《论语》《史记》《唐诗三百首》《奥德赛》《资本论》中各选一种阅读,互不重复。已知:

(1) 甲爱读历史,会在《史记》和《奥德赛》中选一本;

(2) 乙和丁只爱中国古代经典,但现在都没有读诗的心情;

(3) 如果乙选《论语》,则戊选《史记》。

事实上,每个人读选了自己喜爱的书。根据以上信息,可以得出哪项?

A. 甲选《史记》　　　　　　　　　B. 乙选《奥德赛》

C. 丙选《唐诗三百首》　　　　　　D. 丁选《论语》

E. 戊选《资本论》

23. 如果一个人只为自己劳动,他也许能成为著名学者、大哲人、卓越诗人,然而他永远不能成为完美无瑕的伟大人物。如果我们选择了最能为人类福利而劳动的职位,那么重担就不能把我们压倒,因为这是为大家而献身;那时我们所感到的就不是可怜的、有限的、自

私的乐趣,我们的幸福将属于千百万人,我们的事业将默默地、永恒发挥作用地存在下去,而面对我们的骨灰,高尚的人们将洒下热泪。

根据以上陈述,可以得出以下哪项?

A. 如果一个人只为自己劳动,不是为大家而献身,那么重担就能将他压倒

B. 如果我们为大家而献身,我们的幸福将属于千百万人,面对我们的骨灰,高尚的人们将洒下热泪

C. 如果我们没有选择最能为人类福利而劳动的职业,我们所感到的就是可怜的、有限的、自私的乐趣

D. 如果选择了最能为人类福利而劳动的职业,我们就不仅能够成为著名学者、大哲人、卓越诗人,而且还能成为完美无瑕的伟大人物

E. 如果我们只为自己劳动,我们的事业就不会默默地、永恒发挥作用地存在下去

24～25题基于以下共同题干:

某食堂采购4类(各种蔬菜名称的后一个字相同,即为一类)共12种蔬菜:芹菜、菠菜、韭菜;青椒、红椒、黄椒;黄瓜、冬瓜、丝瓜;扁豆、毛豆、豇豆,并根据若干条件将其分成3组,准备在早、中、晚三餐中分别使用。已知条件如下:

(1) 同一类别的蔬菜不在一组;

(2) 芹菜不能在黄椒那一组,冬瓜不能在扁豆那一组;

(3) 毛豆必须与红椒或韭菜同一组;

(4) 黄椒必须与豇豆同一组。

24. 根据以上信息,可以得出以下哪项?

A. 芹菜与豇豆不在同一组   B. 芹菜与毛豆不在同一组

C. 菠菜与扁豆不在同一组   D. 冬瓜与青椒不在同一组

E. 丝瓜与韭菜不在同一组

25. 如果韭菜、青椒与黄瓜在同一组,则可得出以下哪项?

A. 芹菜、红椒与扁豆在同一组   B. 菠菜、黄椒与豇豆在同一组

C. 韭菜、黄瓜与毛豆在同一组   D. 菠菜、冬瓜与豇豆在同一组

E. 芹菜、红椒与丝瓜在同一组

26.《淮南子·齐俗训》中有曰:"今屠牛而烹其肉,或以为酸,或以为甘,煎熬燎炙,齐味万方,其本一牛之体。"其中的"熬"便是熬牛肉制汤的意思。这是考证牛肉汤做法的最早文献资料。某民俗专家由此推测,牛肉汤的起源不会晚于春秋战国时期。

以下哪项如果为真,最能支持上述推测?

A.《淮南子·齐俗训》完成于西汉时期

B. 早在春秋战国时期,我国已经开始使用耕牛

C.《淮南子》的作者中有来自齐国故地的人

D. 春秋战国时期我国已经有熬汤的鼎器

E.《淮南子·齐俗训》记述的是春秋战国时期齐国的风俗习惯

27. 某研究机构以约 2 万名 65 岁以上的老人为对象，调查了笑的频率与健康状态的关系。结果显示，在不苟言笑的老人中，认为自身现在的健康状态"不怎么好"和"不好"的比例分别是几乎每天都笑的老人的 1.5 倍和 1.8 倍。爱笑的老人对自我健康状态的评价往往较高。他们由此认为，爱笑的老人更健康。

以下哪项如果为真，最能质疑上述调查者的观点？

A. 乐观的老年人比悲观的老年人更长寿

B. 病痛的折磨使得部分老人对自我健康状态的评价不高

C. 身体健康的老年人中，女性爱笑的比例比男性高 10 个百分点

D. 良好的家庭氛围使得老年人生活更乐观，身体更健康

E. 老年人的自我健康评价往往和他们实际的健康状况之间存在一定的差距

28. 阔叶树的降尘优势明显，吸附 PM2.5 的效果最好，一棵阔叶树对一年的平均滞尘量达 3.16 公斤。针叶树叶面积小，吸附 PM2.5 的功效较弱。全年平均下来，阔叶林的吸尘效果要比针叶林强不少。阔叶树也比灌木和草的吸尘效果好得多。以北京常见的阔叶树国槐为例，成片的国槐林吸尘效果比同等面积的普通草地约高 30%。有些人据此认为，为了降尘，北京应大力推广阔叶树，并尽量减少针叶林面积。

以下哪项如果为真，最能削弱上述有关人员的观点？

A. 阔叶树与针叶树比例失调，不仅极易暴发病虫害、火灾等，还会影响林木的生长和健康

B. 针叶树冬天虽然不落叶，但基本处于"休眠"状态，生物活性差

C. 植树造林既要治理 PM2.5，也要治理其他污染物，需要合理布局

D. 阔叶树冬天落叶，在寒冷的冬季，其养护成本远高于针叶树

E. 建造通风走廊，能把城市和郊区的森林连接起来，让清新的空气吹入，降低城区的 PM2.5

29～30 题基于以下共同题干：

某园艺公司打算在如下形状的花圃中栽种玫瑰、兰花和菊花三个品种的花卉。该花圃的形状如下所示：

拟栽种的玫瑰有紫、红、白 3 种颜色，兰花有红、白、黄 3 种颜色，菊花有白、黄、蓝 3 种颜色。栽种需满足如下要求：

（1）每个六边形格子中仅栽种一个品种、一种颜色的花；

（2）每个品种只栽种两种颜色的花；
（3）相邻格子中的花,其品种与颜色均不相同。

29. 若格子5中是红色的花,则以下哪项是不可能的?
A. 格子1中是白色的兰花　　　　　B. 格子4中是白色的兰花
C. 格子6中是蓝色的菊花　　　　　D. 格子2中是紫色的玫瑰
E. 格子1中是白色的菊花

30. 若格子5中是红色的玫瑰,且格子3中是黄色的花,则可以得出以下哪项?
A. 格子4中是白色的菊花　　　　　B. 格子2中是白色的菊花
C. 格子6中是蓝色的菊花　　　　　D. 格子4中是白色的兰花
E. 格子1中是紫色的玫瑰

2018年管理类专业学位
全国联考逻辑真题

逻辑推理：以下30小题，每小题2分，共60分。给出的A、B、C、D、E五个选项中，只有一项是符合试题要求的，请在答题卡上将所选项的字母涂黑。

1. 人民既是历史的创造者，也是历史的见证者；既是历史的"剧中人"，又是历史的"剧作者"。离开人民，文艺就会变成无根的浮萍、无病的呻吟、无魂的躯壳。关注人民的生活、命运、情感，表达人民的心愿、心情、心声，我们的作品才会在人民中传之久远。

根据以上陈述，可以得出以下哪项？

A. 只有不离开人民，文艺才不会变成无根的浮萍、无病的呻吟、无魂的躯壳
B. 历史的创造者都不是历史的"剧中人"
C. 历史的创造者都是历史的见证者
D. 历史的"剧中人"都是历史的"剧作者"
E. 我们的作品只要表达人民的心愿、心情、心声，就会在人民中传之久远

2. 盛夏时节的某一天，某市早报刊载了由该市专业气象台提供的全国部分城市当天的天气预报，择其内容列表如下：

天　津	阴	上　海	雷阵雨	昆　明	小雨
呼和浩特	阵雨	哈尔滨	多云	乌鲁木齐	晴
西　安	中雨	南　昌	大雨	香　港	多云
南　京	雷阵雨	拉　萨	阵雨	福　州	阴

根据上述信息，以下哪项做出的论断最为准确？

A. 由于所列城市盛夏天气变化频繁，所以上面所列的9类天气一定就是所有的天气类型
B. 由于所列城市并非我国的所有城市，所以上面所列的9类天气一定不是所有的天气类型
C. 由于所列城市在同一天不一定展示所有的天气类型，所以上面所列的9类天气可能不是所有的天气类型
D. 由于所列城市在同一天可能展示所有的天气类型，所以上面所列的9类天气一定是所有的天气类型
E. 由于所列城市分处我国的东南西北中，所以上面所列的9类天气一定就是所有的天

气类型

3. 现在许多人很少在深夜 11 点以前安然入睡,他们未必都在熬夜用功,大多是在玩手机或看电视,其结果就是晚睡,第二天就会头昏脑胀,哈欠连天。不少人常常对此感到后悔,但一到晚上他们多半还会这么做。有专家就此指出,人们似乎从晚睡中得到了快乐,但这种快乐其实隐藏着某种烦恼。

以下哪项如果为真,最能支持上述专家的结论?

A. 晨昏交替,生活周而复始,安然入睡是对当天生活的满足和对明天生活的期待;而晚睡者只活在当下,活出精彩

B. 晚睡者具有积极的人生态度。他们认为,当天的事必须当天完成,哪怕晚睡也在所不惜

C. 大多数习惯晚睡的人白天无精打采,但一到深夜就感觉自己精力充沛,不做点有意义的事情就觉得十分可惜

D. 晚睡其实是一种表面难以察觉的,对"正常生活"的抵抗,它提醒人们现在的"正常生活"存在着某种令人不满的问题

E. 晚睡者内心并不愿意晚睡,也不觉得手机或电视有趣,甚至都不记得玩过或看过什么,他们总是要在睡觉前花比较长时间磨蹭

4. 分心驾驶是指驾驶人为满足自己的身体舒适、心情愉悦等需求而没有将注意力全都集中于驾驶过程的驾驶行为,常见的分心行为有抽烟、饮水、进食、聊天、刮胡子、使用手机、照顾小孩等。某专家指出,分心驾驶已成为我国道路交通事故的罪魁祸首。

以下哪项如果为真,最能支持上述专家的观点?

A. 一项统计研究表明,相对于酒驾、药驾驶、超速驾驶、疲劳驾驶等情形,我国由分心驾驶导致的交通事故占比最高

B. 驾驶人正常驾驶时反应时间为 0.3～1.0 秒,但使用手机时反应时间则延迟 3 倍左右

C. 开车使用手机会导致驾驶人注意力下降 20%;如果驾驶人边开车边发短信,则发生车祸的概率是正常驾驶时的 23 倍

D. 近来使用手机已成为我国驾驶人分心驾驶的主要表现形式,59%的人开车过程中看微信,31%的人玩自拍,36%的人刷微博、微信朋友圈

E. 一项研究显示,在美国超过 1/4 的车祸是由驾驶人使用手机引起的

5～6 题基于以下题干:

某工厂有一员工宿舍住了甲、乙、丙、丁、戊、己、庚 7 人,每人每周需要轮流值日一天,且每天仅安排一人值日,他们值日的安排还需满足以下条件:

(1) 乙在周二或周六值日;

(2) 如果甲在周一值日,那么丙在周三值日且戊在周五值日;

(3) 如果甲不在周一值日,那么己在周四值日且庚在周五值日;

(4) 如果乙周二值日,那么己周六值日。

5. 根据以上条件,如果丙周日值日,则可以得出以下哪项?

A. 甲在周日值日   B. 乙在周六值日

C. 丁在周二值日   D. 戊在周三值日

E. 己在周五值日

6. 如果庚在周四值日,那么以下哪项一定为假?

A. 甲在周一值日   B. 乙在周六值日

C. 丙在周三值日   D. 戊在周日值日

E. 己在周二值日

7. 唐代韩愈在《师说》中指出:"孔子曰:三人行,则必有我师。是故弟子不必不如师,师不必贤于弟子,闻道有先后,术业有专攻,如是而已。"

根据上述韩愈的观点,可以得出以下哪项?

A. 有的弟子必然不如师   B. 有的弟子可能不如师

C. 有的师不可能贤于弟子   D. 有的弟子可能不贤于师

E. 有的师可能不贤于弟子

8. "二十四节气"是我国在农耕社会生产生活的时间活动指南,反映了从春到冬一年四季的气温、降水、物候的周期性变化规律。已知各节气的名称具有如下特点:

(1) 凡含"春""夏""秋""冬"字的节气各属春、夏、秋、冬季;

(2) 凡含"雨""露""雪"字的节气各属春、秋、冬季;

(3) 如果"清明"不在春季,则"霜降"不在秋季;

(4) 如果"雨水"在春季,则"霜降"在秋季。

根据以上信息,如果从春至冬每季仅列两个节气,则以下哪项是不可能的?

A. 雨水、惊蛰、夏至、小暑、白露、霜降、大雪、冬至

B. 惊蛰、春分、立夏、小满、白露、寒露、立冬、小雪

C. 清明、谷雨、芒种、夏至、立秋、寒露、小雪、大寒

D. 立春、清明、立夏、夏至、立秋、寒露、小雪、大寒

E. 立春、谷雨、清明、夏至、处暑、白露、立冬、小雪

9. 刀不磨要生锈,人不学要落后。所以,如果不想落后,就应该多磨刀。

以下哪项与上述论证方式最为相似?

A. 妆未梳成不见客,不到火候不揭锅。所以,如果揭了锅,就应该是到了火候

B. 兵在精而不在多,将在谋而不在勇。所以,如果想获胜,就应该兵精将勇

C. 马无夜草不肥,人无横财不富。所以,如果你想富,就应该让马多吃夜草

D. 金无足赤,人无完人。所以,如果你想做完人,就应该有真金

E. 有志不在年高,无志空活百岁。所以,如果你不想空活百岁,就应该立志

10. 某市已开通运营一、二、三、四号地铁线路,各条地铁线每一站运行加停靠所需时间均彼此相同。小张、小王、小李 3 人是同一单位的职工,单位附近有北口地铁站。某天早晨,3 人同时都在常青站乘一号线上车,但 3 人关于乘车路线的想法不尽相同。已知:

(1) 如果一号线拥挤,小张就坐 2 站后转三号线,再坐 3 站到北口站;如果一号线不拥挤,小张就坐 3 站后转二号线,再坐 4 站到北口站;

(2) 只有一号线拥挤,小王才坐 2 站后转三号线,再坐 3 站到北口站;

(3) 如果一号线不拥挤,小李就坐 4 站后转四号线,坐 3 站之后再转三号线,坐 1 站到达北口站;

(4) 该天早晨地铁一号线不拥挤。

假定三人换乘及步行总时间相同,则以下哪项最可能与上述信息不一致?

A. 小王和小李同时到达单位　　　　B. 小张和小王同时到达单位

C. 小王比小李先到达单位　　　　　D. 小李比小张先到达单位

E. 小张比小王先到达单位

11. 最近一项研究发现,某国 30 岁至 45 岁人群中,去医院治疗冠心病、骨质疏松等病症的人越来越多,而原来患有这些病症的大多是老年人。调研者由此认为,该国年轻人中"老年病"发病率有不断增加的趋势。

以下哪项如果为真,最能质疑上述调研结论?

A. 由于国家医疗保障水平的提高,相比以往,该国民众更有条件关注自己的身体健康

B. "老年人"的最低年龄比以前提高了,"老年病"的患者范围也有所变化

C. 近年来,由于大量移民涌入,该国 45 岁以下年轻人的数量急剧增加

D. 尽管冠心病、骨质疏松等病症是常见的"老年病",老年人患的病未必都是"老年病"

E. 近几十年来,该国人口老龄化严重,但健康老龄人口的比重在不断增大

12. 张教授:利益并非只是物质利益,应该把信用、声誉、情感甚至某种喜好等都归入利益的范畴。根据这种"利益"的广义理解,如果每一个体在不损害他人利益的前提下,尽可能满足其自身的利益需求,那么由这些个体组成的社会就是一个良善的社会。

根据张教授的观点,可以得出以下哪项?

A. 如果一个社会不是良善的,那么其中肯定存在个体损害他人利益或自身利益需求没有尽可能得到满足的情况

B. 尽可能满足每一个体的利益需求,就会损害社会的整体利益

C. 只有尽可能满足每一个体的利益需求,社会才可能是良善的

D. 如果有些个体通过损害他人利益来满足自身的利益需求,那么社会就不是良善的

E. 如果某些个体的利益需求没有尽可能得到满足,那么社会就不是良善的

13. 某学期学校新开设 4 门课程:"《诗经》鉴赏""老子研究""唐诗鉴赏""宋词选读",李晓明、陈文静、赵珊珊和庄志达 4 人各选修了其中一门课程。已知:

(1) 他们 4 个选修的课程各不相同;

(2) 喜爱诗词的赵珊珊选修的是诗词类课程;

(3) 李晓明选修的不是"《诗经》鉴赏"就是"唐诗鉴赏"。

以下哪项如果为真,就能确定赵珊珊选修的是"宋词选读"?

A. 庄志达选修的是"老子研究"　　　　B. 庄志达选修的不是"老子研究"

C. 庄志达选修的是"《诗经》鉴赏"　　D. 庄志达选修的不是"《诗经》鉴赏"

E. 庄志达选修的不是"宋词选读"

14. 我国中原地区如果降水量比往年偏低,该地区的河流水位会下降,流速会减缓。这有利于河流中的水草生长,河流中的水草总量通常也会随之而增加,不过,去年该地区在经历了一次极端干旱之后,尽管该地区某河流的流速十分缓慢,但其中的水草总量并未随之而增加,只是处于一个很低的水平。

以下哪项如果为真,最能解释上述看似矛盾的现象?

A. 经过极端干旱之后,该河流中以水草为食物的水生动物数量大量减少

B. 河水流速越慢,其水温变化越小,这有利于水草的生长和繁殖

C. 如果河中水草数量达到一定的程度,就会对周边其他物种的生存产生危害

D. 该河流在经历了去年极端干旱之后干涸了一段时间,导致大量水生物死亡

E. 我国中原地区多平原,海拔差异小,其地表水流速比较缓慢

15~16题基于以下题干:

某海军部队有甲、乙、丙、丁、戊、己、庚7艘舰艇,拟组成两个编队出航,第一编队编列3艘舰艇,第二编队编列4艘舰艇,编列需满足以下条件:

(1) 舰艇己必须编列在第二编队;

(2) 戊和丙至多有一艘编列在第一编队;

(3) 甲和丙不在同一编队;

(4) 如果乙编列在第一编队,则丁也必须编列在第一编队。

15. 如果甲在第二编队,则下列哪项中的舰艇一定也在第二编队?

A. 乙　　　　　　B. 丙　　　　　　C. 丁　　　　　　D. 戊

E. 庚

16. 如果丁和庚在同一编队,则可以得出以下哪项?

A. 甲在第一编队　　　　　　　　　　B. 乙在第一编队

C. 丙在第一编队　　　　　　　　　　D. 戊在第二编队

E. 庚在第二编队

17. 甲:读书最重要的目的是增长知识、开阔视野。乙:你只见其一,不见其二。读书最重要的是陶冶性情、提升境界。没有陶冶性情、提升境界,就不能达到读书的真正目的。

以下哪项与上述反驳方式最为相似?

A. 甲：文学创作最重要的是阅读优秀文学作品。乙：你只见现象，不见本质。文学创作最重要的是观察生活、体验生活。任何优秀的文学作品都来源于火热的社会生活

B. 甲：做人最重要的是讲信用。乙：你说的不全面。做人最重要的是要遵纪守法。如果不遵纪守法，就没法讲信用

C. 甲：作为一部优秀的电视剧，最重要的是能得到广大观众的喜爱。乙：你只见其表，不见其里。电视剧最重要的是具有深刻寓意与艺术魅力。没有深刻寓意与艺术魅力，就不能成为优秀的电视剧

D. 甲：科学研究最重要的是研究内容的创新。乙：你只见内容，不见方法。科学研究最重要的是研究方法的创新。只有实现研究方法的创新，才能真正实现研究内容的创新

E. 甲：一年中最重要的季节是收获的秋天。乙：你只看结果，不问原因。一年中最重要的季节是播种的春天。没有春天的播种，哪来秋天的收获

18. 若要人不知，除非己莫为，若要人不闻，除非己莫言。为之而欲人不知，言之而欲人不闻，此犹捕雀而掩目者。

根据以上陈述，可以得出以下哪项？

A. 若己不为，则人不知　　　　　　B. 若己不言，则人不闻
C. 若己为，则人会知，若己言，则人会闻　　D. 若能做到捕雀而掩目，则可为之而人不知
E. 若能做到盗钟而掩耳，则可言之而人不闻

19. 中国是全球最大的卷烟生产国和消费国，但近年来政府通过出台禁烟令、提高卷烟消费税等一系列公共政策努力改变这一现象，一项调查权威数据显示，在2014年同比上升2.4％之后，中国卷烟消费量在2015年同比下降了2.4％，这是1995年来首次下降。尽管如此，2015年中国卷烟消费量仍占全球的45％，但这一下降对全球卷烟总消费量产生巨大影响，使其同比下降了2.1％。

根据以上信息，可以得出以下哪项？

A. 2015年中国卷烟消费量恰好等于2013年
B. 2015年中国卷烟消费量大于2013年
C. 2015年世界其他国家卷烟消费量同比下降比率高于中国
D. 2015年世界其他国家卷烟消费量同比下降比率低于中国
E. 2015年发达国家卷烟消费量同比下降比率高于发展中国家

20. 某图书馆新购一批文科图书。为方便读者查阅，管理人员对这批图书在文科新书阅览室中的摆放位置做出如下提示：① 前3排书橱均放有哲学类新书；② 法学类新书都放在第5排书橱，这排书橱的左侧也放有经济类新书；③ 管理类新书放在最后一排书橱。事实上，所有的图书都按照上述提示放置。根据提示，徐莉顺利找到了她想要查阅的新书。

根据以上信息，以下哪项是不可能的？

A. 徐莉在第2排书橱中找到哲学类新书　　B. 徐莉在第3排书橱中找到经济类新书
C. 徐莉在第4排书橱中找到哲学类新书　　D. 徐莉在第6排书橱中找到法学类新书

E. 徐莉在第 7 排书橱中找到管理类新书

21. 某次学术会议的主办方发出会议通知：只有论文通过审核才能收到会议主办方发出的邀请函，本次会议只欢迎有主办方邀请函的科研院所的学者参加。

根据以上通知，可以得出以下哪项？

A. 本次学术会议不欢迎论文没有通过审核的学者参加

B. 论文通过审核的学者都可以参加本次学术会议

C. 论文通过审核并持有主办方邀请函的学者，本次学术会议都欢迎其参加

D. 有些论文通过审核但未持有主办方邀请函的学者，本次学术会议欢迎其参加

E. 论文通过审核的学者有些不能参加本次学术会议

22～23 题基于以下题干：

一江南园林拟建松、竹、梅、兰、菊 5 个园子，该园林拟设东、南、北 3 个门，分别位于其中的 3 个园子。这 5 个园子的布局满足如下条件：

(1) 如果东门位于松园或菊园，那么南门不位于竹园；

(2) 如果南门不位于竹园，那么北门不位于兰园；

(3) 如果菊园在园林的中心，那么它与兰园不相邻；

(4) 兰园与菊园相邻，中间连着一座美丽的廊桥。

22. 根据以上信息，可以得出以下哪项？

A. 兰园不在园林的中心　　　　　　B. 菊园不在园林的中心

C. 兰园在园林的中心　　　　　　　D. 菊园在园林的中心

E. 梅园不在园林的中心

23. 如果北门位于兰园，则可以得出以下哪项？

A. 南门位于菊园　　　　　　　　　B. 东门位于竹园

C. 东门位于梅园　　　　　　　　　D. 东门位于松园

E. 南门位于梅园

24. 有研究发现，冬季在公路上撒盐除冰，会让本来要成为雌性的青蛙变成雄性，这是因为这些路盐中的钠元素会影响青蛙受体细胞并改变原可能成为雌性青蛙的性别。有专家据此认为，这会导致相关区域青蛙数量的下降。

以下哪项如果为真，最能支持上述专家的观点？

A. 大量的路盐流入池塘可能会给其他水生物造成危害，破坏青蛙的食物链

B. 如果一个物种以雌性为主，该物种的个体数量就可能受到影响

C. 在多个盐含量不同的水池中饲养青蛙，随着水池中盐含量的增加，雌性青蛙的数量不断减少

D. 如果每年冬季在公路上撒很多盐，盐水流入池塘，就会影响青蛙的生长发育过程

E. 雌雄比例会影响一个动物种群的规模,雌性数量的充足对物种的繁衍生息至关重要

25. 最终审定的项目或者意义重大或者关注度高,凡意义重大的项目均涉及民生问题;但是有些最终审定的项目并不涉及民生问题。
　　根据以上陈述,可以得出以下哪项?
　　A. 意义重大的项目比较容易引起关注
　　B. 有些项目意义重大但是关注度不高
　　C. 涉及民生问题的项目有些没有引起关注
　　D. 有些项目尽管关注度高但并非意义重大
　　E. 有些不涉及民生问题的项目意义也非常重大

26. 甲:知难行易,知然后行。乙:不对,知易行难,行然后知。
　　以下哪项与上述对话方式最为相似?
　　A. 甲:知人者智,自知者明。乙:不对,知人者易,知己者难
　　B. 甲:不破不立,先破后立。乙:不对,不立不破,先立后破
　　C. 甲:想想容易做起来难,做比想要更重要。乙:不对,想到就能做到,想比做更重要
　　D. 甲:批评他人易,批评自己难;先批评他人后批评自己。乙:不对,批评自己易,批评他人难。先批评自己后批评他人
　　E. 甲:做人难做事易,先做人再做事。乙:不对,做人易做事难,先做事再做人

27. 所有值得拥有专利的产品或设计方案都是创新,但并不是每一项创新都值得拥有专利;所有的模仿都不是创新,但并非每一个模仿者都应该受到惩罚。
　　根据以上陈述,以下哪项是不可能的?
　　A. 有些值得拥有专利的创新产品并没有申请专利
　　B. 有些创新者可能受到惩罚
　　C. 有些值得拥有专利的产品是模仿
　　D. 没有模仿值得拥有专利
　　E. 所有的模仿者都受到了惩罚

28. 某国拟在甲、乙、丙、丁、戊、己 6 种农作物里面进口几种,用于该国庞大的动物饲料产业,考虑到一些农作物可能会有违禁成分,以及它们之间存在的互补或可替代因素,该国对进口这些农作物有如下要求:① 它们当中不含违禁成分的都进口;② 如果甲或乙有违禁成分,就进口戊和己;③ 如果丙含有违禁成分,那么丁就不进口了;如果进口戊,就进口乙和丁;④ 如果不进口丁,就进口丙;如果进口丙,就不进口丁。
　　根据上述要求,以下哪项所列的农作物是该国可以进口的?
　　A. 甲、乙、丙　　　　B. 乙、丙、丁　　　　C. 甲、戊、己　　　　D. 甲、丁、己
　　E. 丙、戊、己

29～30 题基于以下题干:

某校四位女生陈琳、张芳、王玉、杨虹和四位男生范勇、吕伟、赵虎、李龙进行中国象棋比赛。他们被安排在四张桌上,每桌一男一女对弈,四张桌从左到右分别记为 1、2、3、4 号,每对选手需要进行四局比赛,比赛规定:选手每胜一局得 2 分,和一局得 1 分,负一局得 0 分。前三局结束时,按分差大小排列,四对选手的总积分分别是 6∶0,5∶1,4∶2,3∶3。已知:

(1) 张芳跟吕伟对弈,杨虹在 4 号桌比赛,王玉的比赛桌在李龙比赛桌的右边;

(2) 1 号桌的比赛至少有一桌是和局,4 号桌的总积分不是 4∶2;

(3) 赵虎前三局总积分并不领先他的对手,他们也没有下成过和局;

(4) 李龙已连输三局,范勇在前三局总积分上领先他的对手。

29. 根据上述信息,前三局比赛结束时谁的总积分最高?

A. 杨虹　　　　　B. 陈琳　　　　　C. 范勇　　　　　D. 王玉
E. 张芳

30. 如果下列有位选手前三局均与对手下成和局,那么他(她)是谁?

A. 陈琳　　　　　B. 杨虹　　　　　C. 张芳　　　　　D. 范勇
E. 王玉

2017 年管理类专业学位
全国联考逻辑真题

逻辑推理：以下 30 小题，每小题 2 分，共 60 分。给出的 A、B、C、D、E 五个选项中，只有一项是符合试题要求的，请在答题卡上将所选项的字母涂黑。

1. 倪教授认为，我国工程技术领域可以考虑与国外先进技术合作，但任何涉及核心技术的项目都不能受制于人，我国许多网络安全建设项目涉及信息核心技术，如果全盘引进国外先进技术，而不努力自主创新，我国的网络安全将受到严重威胁。

根据倪教授的陈述，可以得出以下哪项？

A. 我国有些网络建设项目不能受制于人

B. 我国许多网络安全建设项目，不能与国外先进技术合作

C. 我国工程技术领域的所有项目都不能受制于人

D. 只要不是全盘引进国外先进技术，我国网络安全就不会受到严重威胁

E. 如果能做到自主创新，我国的网络安全就不会受到严重威胁

2. 任何结果都不可能凭空出现，它们的背后都是有原因的，任何背后有原因的事物均可以被认识，而可以被人认识的事物都必然不是毫无规律的。

根据以上陈述，以下哪项为假？

A. 人可能认识所有事物

B. 有些结果的出现可能毫无规律

C. 那些可以被人认识的事物，必然有规律

D. 任何结果出现的背后都是有原因的

E. 任何结果都可以被人认识

3. 近年来，我国海外代购业务量快速增长，代购者们通常从海外购买产品，通过各种渠道避开关税，再卖给内地顾客从中牟利，却让政府损失了税收收入，某专家由此指出，政府应该严厉打击海外代购的行为。

以下哪项如果为真，最能支持上述专家的观点？

A. 近期，有位前空乘服务员因在网上开设海外代购店而被我国地方法院判定犯有走私罪

B. 国内一些企业生产的同类产品与海外代购产品相比，无论质量还是价格都缺乏竞争优势

C. 海外代购提升了人民的生活水平，满足了国内部分民众对于品质生活的向往

D. 去年，我国奢侈品海外代购规模几乎是全球奢侈品国内门店销售额的一半，这些交易大多避开关税

E. 国内民众的消费需求提升是伴随着我国经济发展而产生的经济现象,应以此为契机促进国内同类消费品产业的升级

4. 某剧组招募群众演员,为配合剧情,需要招 4 类角色,外国游客 1~2 名,购物者 2~3 名,商贩 2 名,路人若干。有甲、乙、丙、丁、戊、己 6 人可供选择,且每人在同一个场景中只能出演一个角色。已知:

(1) 只有甲、乙才能出演外国游客;

(2) 上述 4 类角色每个场景中至少有 3 类同时出现;

(3) 每一场景中,若乙或丁出演商贩,则甲和丙出演购物者;

(4) 购物者和路人的数量之和在每个场景中不超过 2。

根据上述信息,可以得出以下哪项?

A. 同一场景中,若戊和己出演路人,则甲只可能演外国游客

B. 同一场景中,若己出演外国游客,则甲只可能出演商贩

C. 至少有 2 人需要在不同场景中出演不同的角色

D. 甲、乙、丙、丁不会出现在同一场景中

E. 同一场景中,若丁和戊出演购物者,则乙只可能出演外国游客

5. 离家 300 米的学校不能上,却被安排到 2 公里以外的学校就读,某市一位适龄儿童在上小学时就遇到了所在区教育局这样的安排,而这一安排是区教育局根据儿童户籍所在施教区做出的。根据该市教育局规定的"就近入学"原则,儿童家长将区教育局告上法院,要求撤销原来安排,让其孩子就近入学,法院对此做出一审判决,驳回原告请求。

下列哪项最可能是法院判决的合理依据?

A. "就近入学"不是"最近入学",不能将入学儿童户籍地和学校的直线距离作为划分施教区的唯一依据

B. 按照特定的地理要素划分,施教区中的每所小学不一定就处于该施教区的中心位置

C. 儿童入学究竟应上哪一所学校不是让适龄儿童或其家长自主选择,而是要听从政府主管部门的行政安排

D. "就近入学"仅仅是一个需要遵循的总体原则,儿童具体入学安排还要根据特定的情况加以变通

E. 该区教育局划分施教区的行政行为符合法律规定,而原告孩子户籍所在施教区的确需要去离家 2 公里外的学校就读

6. 张立是一位单身白领,工作 5 年积累了一笔存款,由于该笔存款金额尚不足以购房,他考虑将其暂时分散投资到股票、黄金、基金、国债和外汇 5 个方面。该笔存款的投资需要满足如下条件:

(1) 如果黄金投资比例高于 1/2,则剩余部分投入国债和股票;

(2) 如果股票投资比例低于 1/3,则剩余部分不能投入外汇或国债;

(3) 如果外汇投资比例低于 1/4,则剩余部分投入基金或黄金;

(4) 国债投资比例不能低于 1/6。

根据上述信息,可以得出以下哪项?

A. 国债投资比例高于 1/2　　　　　B. 外汇投资比例不低于 1/3

C. 股票投资比例不低于 1/4　　　　D. 黄金投资比例不低于 1/5

E. 基金投资比例低于 1/6

7. 通识教育重在帮助学生掌握尽可能全面的基础知识,即帮助学生了解各个学科领域的基本常识;而人文教育则重在培育学生了解生活的意义,并对自己及他人行为的价值和意义做出合理的判断,形成"智识"。因此有专家指出,相比较而言,人文教育对个人未来生活的影响会更大一些。

以下哪项如果为真,最能支持上述专家的断言?

A. 当今我国有些大学开设的通识教育课程远远要多于人文教育课程

B. "知识"是事实判断,"智识"是价值判断,两者不能相互替代

C. 没有知识就会失去应对未来生活挑战的勇气,而错误的价值观可能会误导人的生活

D. 关于价值和意义的判断事关个人的幸福和尊严,值得探究和思考

E. 没有知识,人依然可以活下去;但如果没有价值和意义的追求,人只能成为没有灵魂的躯壳

8～9 题基于以下题干:

丰收公司邢经理需要在下个月赴湖北、湖南、安徽、江西、江苏、浙江、福建 7 省进行市场调研,各省均调研一次,他的行程需满足如下条件:

(1) 第一个或最后一个调研江西省;

(2) 调研安徽省的时间早于浙江省,在这两省的调研之间调研除了福建省的另外两省;

(3) 调研福建省的时间安排在调研浙江省之前或刚好调研完浙江省之后;

(4) 第三个调研江苏省。

8. 如果邢经理首先赴安徽省调研,则关于他的行程,可以确定以下哪项?

A. 第二个调研湖北省　　　　　　　B. 第二个调研湖南省

C. 第五个调研福建省　　　　　　　D. 第五个调研湖北省

E. 第五个调研浙江省

9. 如果安徽省是邢经理第二个调研的省份,则关于他的行程,可以确定以下哪项?

A. 第一个调研江西省　　　　　　　B. 第四个调研湖北省

C. 第五个调研浙江省　　　　　　　D. 第五个调研湖南省

E. 第六个调研福建省

10. 王研究员:我国政府提出的"大众创业,万众创新"激励着每一个创业者。对于创业者来说,最重要的是需要一种坚持精神。不管在创业中遇到什么困难,都要坚持下去。

李教授:对于创业者来说,最重要的是要敢于尝试新技术。因为有些新技术一些大公司不敢轻易尝试,这就为创业者带来了成功的契机。

根据以上信息,以下哪项最准确地指出了王研究员与李教授的分歧所在?

A. 最重要的是敢于迎接各种创业难题的挑战,还是敢于尝试那些大公司不敢轻易尝试的新技术

B. 最重要的是坚持创业,有毅力有恒心把事业一直做下去,还是坚持创新,做出更多的科学发现和技术发明

C. 最重要的是坚持把创业这件事做好,成为创业大众的一员,还是努力发明新技术,成为创新万众的一员

D. 最重要的是需要一种坚持精神,不畏艰难,还是要敢于尝试新技术,把握事业成功的契机

E. 最重要的是坚持创业,敢于成立小公司,还是尝试新技术,敢于挑战大公司

11. 进入冬季以来,内含大量有毒颗粒物的雾霾频繁袭击我国部分地区。有关调查显示,持续接触高浓度污染物会直接导致 10% 至 15% 的人患有眼睛慢性炎症或干眼症。有专家由此认为,如果不采取紧急措施改善空气质量,这些疾病的发病率和相关的并发症将会增加。

以下哪项如果为真,最能支持上述专家的观点?

A. 有毒颗粒物会刺激并损害人的眼睛,长期接触会影响泪腺细胞

B. 空气质量的改善不是短期内能做到的,许多人不得不在污染环境中工作

C. 眼睛慢性炎症或干眼症等病例通常集中出现于花粉季

D. 上述被调查的眼疾患者中有 65% 是年龄在 20~40 岁之间的男性

E. 在重污染环境中采取戴护目镜、定期洗眼等措施有助于预防干眼症等眼疾

12. 很多成年人对于儿时熟悉的《唐诗三百首》中的许多名诗,常常仅记得几句名句,而不知诗作者或诗名。甲校中文系硕士生只有三个年级,每个年级人数相等。统计发现,一年级学生都能把该书中的名句与诗名及其作者对应起来;二年级 2/3 的学生能把该书中的名句与作者对应起来;三年级 1/3 的学生不能把该书中的名句与诗名对应起来。

根据上述信息,关于该校中文系硕士生,可以得出以下哪项?

A. 1/3 以上的硕士生不能将该书中的名句与诗名或作者对应起来

B. 大部分硕士生能将该书中的名句与诗名及其作者对应起来

C. 1/3 以上的一、二年级学生不能把该书中的名句与作者对应起来

D. 2/3 以上的一、二年级学生不能把该书中的名句与诗名对应起来

E. 2/3 以上的一、三年级学生能把该书中的名句与诗名对应起来

13. 婴儿通过触碰物体、四处玩耍和观察成人行为等方式来学习,但机器人通常只能按照编制的程序进行学习。于是,有些科学家试图研制学习方式更接近于婴儿的机器人。他们认为,既然婴儿是地球上最有效率的学习者,为什么不设计出能像婴儿那样不费力气就能学习的机器人呢?

以下哪项最可能是上述科学家观点的假设?

A. 婴儿的学习能力是天生的,他们的大脑与其他动物幼崽不同

B. 通过触碰、玩耍和观察等方式来学习是地球上最有效率的学习方式

C. 即使是最好的机器人,他们的学习能力也无法超过最差的婴儿学习者

D. 如果机器人能像婴儿那样学习,它们的智能就有可能超过人类

E. 成年人和现有的机器人都不能像婴儿那样毫不费力地学习

14. 针对癌症患者,一般采用化疗手段将药物直接注入人体杀伤癌细胞,但这也可能将正常细胞和免疫细胞一同杀灭,产生较强的不良反应。近来,有科学家发现,黄金纳米粒子很容易被人体癌细胞吸收,如果将其包上一层化疗药物,就可作为"运输工具",将化疗药物准确地投放到癌细胞中。他们由此推断,微小的黄金纳米粒子能提升癌细胞化疗的效果,并能降低化疗的不良反应。

以下哪项如果为真,能支持上述科学家所做出的结论?

A. 黄金纳米粒子用于癌症化疗的疗效有待大量临床检验

B. 在体外用红外线加热已进入癌细胞的黄金纳米粒子,可以从内部杀灭癌细胞

C. 因为黄金所具有的特殊化学性质,黄金纳米粒子不会与人体细胞发生反应

D. 现代医学手段已能实现黄金纳米粒子的精准投送,让其所携带的化疗药物只作用于癌细胞,并不伤及其他细胞

E. 利用常规计算机断层扫描,医生容易判定黄金纳米粒子是否已投放到癌细胞中

15. 甲:己所不欲,勿施于人。乙:我反对。己所欲,则施于人。

以下哪项与上述对话方式最为相似?

A. 甲:人非草木,孰能无情?乙:我反对。草木无情,但人有情

B. 甲:人不犯我,我不犯人。乙:我反对。人若犯我,我就犯人

C. 甲:人无远虑,必有近忧。乙:我反对。人有远虑,亦有近忧

D. 甲:不在其位,不谋其政。乙:我反对。在其位,则行其政

E. 甲:不入虎穴,焉得虎子。乙:我反对。如得虎子,必入虎穴

16. 颜子、曾寅、孟申、荀辰申请一个中国传统文化建设项目。根据规定,该项目的主持人只能有一名,且在上述4位申请者中产生:包括主持人在内,项目组成员不能超过两位。另外,各位申请者在申请答辩时做出如下陈述:

(1)颜子:如果我成为主持人,将邀请曾寅或荀辰作为项目组成员;

(2)曾寅:如果我成为主持人,将邀请颜子或孟申作为项目组成员;

(3)荀辰:只有颜子成为项目组成员,我才能成为主持人;

(4)孟申:只有荀辰或颜子成为项目组成员,我才能成为主持人。

假定4人陈述都为真,关于项目组成员的组合,以下哪项是不可能的?

A. 孟申、曾寅   B. 荀辰、孟申   C. 曾寅、荀辰   D. 颜子、孟申

E. 颜子、荀辰

17. 研究者调查了一组大学毕业即从事有规律的工作正好满 8 年的白领,发现他们的体重比刚毕业时平均增加了 8 公斤。研究者由此得出结论,有规律的工作会增加人们的体重。

关于上述结论的正确性,需要询问的关键问题是以下哪项?

A. 和该组调查对象其他情况相仿且经常进行体育锻炼的人,在同样 8 年中体重有怎样的变化

B. 该组调查对象的体重在 8 年后是否会继续增加

C. 为什么调查关注的时间段是对象在毕业工作后 8 年,而不是 7 年或者 9 年

D. 该组调查对象中男性和女性的体重增加是否有较大差异

E. 和该组调查对象其他情况相仿但没有从事有规律工作的人,在同样的 8 年中体重有怎样的变化

18. 赵默是一位优秀的企业家。因为如果一个人既拥有在国内外知名学府和研究机构工作的经历,又有担任项目负责人的管理经验,那么他就能成为一位优秀的企业家。

以下哪项与上述论证最为相似?

A. 人力资源是企业的核心资源。因为如果不开展各类文化活动,就不能提升员工岗位技能,也不能增强团队的凝聚力和战斗力

B. 袁清是一位好作家。因为好作家都具有较强的观察能力、想象能力及表达能力

C. 青年是企业发展的未来。因此,企业只有激发青年的青春力量,才能促其早日成才

D. 李然是信息技术领域的杰出人才,因为如果一个人不具有前瞻性目光、国际化视野和创新思维,就不可能成为信息技术领域的杰出人才

E. 风云企业具有凝聚力。因为如果一个企业能引导和帮助员工树立目标,提升能力,就能使企业具有凝聚力

19. 爱书成痴注定会藏书。大多数藏书家也会读一些自己收藏的书;但有些藏书家却因喜爱书的价值和精致装帧而购书收藏,至于阅读则放到了以后闲暇的时间,而一旦他们这样想,这些新购的书就很可能不被阅读了。但是,这些受到"冷遇"的书只要被友人借去一本,藏书家就会失魂落魄,整日心神不安。

根据上述信息,可以得出以下哪项?

A. 有些藏书家将自己的藏书当作友人   B. 有些藏书家喜欢闲暇时读自己的藏书

C. 有些藏书家会读遍自己收藏的书   D. 有些藏书家不会立即读自己新购的书

E. 有些藏书家从不读自己收藏的书

20. 人们通常认为,幸福能够增进健康、有利于长寿,而不幸福则是健康状况不佳的直接原因,但最近有研究人员对 3 000 多人的生活状况调查后发现,幸福或不幸福并不意味着死亡的风险会相应地变得更低或更高。他们由此指出,疾病可能会导致不幸福,但不幸福本身并不会对健康状况造成损害。

以下哪项如果为真,最能质疑上述研究人员的论证?

A. 幸福是个体的一种心理体验,要求被调查对象准确断定其幸福程度有一定的难度

B. 有些高寿老人的人生经历较为坎坷,他们有时过得并不幸福

C. 有些患有重大疾病的人乐观向上,积极与疾病抗争,他们的幸福感比较高

D. 人的死亡风险低并不意味着健康状况好,死亡风险高也不意味着健康状况差

E. 少数个体死亡风险的高低难以进行准确评估

21. 甲:只有加强知识产权保护,才能推动科技创新。乙:我不同意。过分强化知识产权保护,肯定不能推动科技创新。

以下哪项与上述反驳方式最为类似?

A. 妻子:孩子只有刻苦学习,才能取得好成绩。丈夫:也不尽然。学习光知道刻苦而不能思考,也不一定会取得好成绩

B. 母亲:只有从小事做起,将来才有可能做成大事。孩子:老妈,你错了。如果我们每天只是做小事,将来肯定做不成大事

C. 老板:只有给公司带来回报,公司才能给他带来回报。员工:不对呀。我上月帮公司谈成一笔大业务,可是只得到1‰的奖励

D. 老师:只有读书,才能改变命运。学生:我觉得不是这样。不读书,命运会有更大的改变

E. 顾客:这件商品只有价格再便宜些,才会有人来买。商人:不可能。这件商品如果价格再便宜一些,我就要去喝西北风了

22. 某著名风景区有"妙笔生花""猴子观海""仙人晒靴""美人梳妆""阳关三叠""禅心向天"6个景点。为方便游人,景区提示如下:

(1) 只有先游"猴子观海",才能游"妙笔生花";

(2) 只有先游"阳关三叠",才能游"仙人晒靴";

(3) 如果游"美人梳妆"就要先游"妙笔生花";

(4) "禅心向天"应第4个游览,之后才可游览"仙人晒靴"。

张先生按照上述提示,顺利游了上述6个景区。

根据上述信息,关于张先生的游览顺序,以下哪项不可能为真?

A. 第一个游览"猴子观海"　　　　　　B. 第二个游览"阳关三叠"

C. 第三个游览"美人梳妆"　　　　　　D. 第五个游览"妙笔生花"

E. 第六个游览"仙人晒靴"

23. "自我陶醉人格",是以过分重视自己为主要特点的人格障碍。它有多种具体特征:过高估计自己的重要性,夸大自己的成就;对批评反应强烈,希望他人注意自己和羡慕自己;经常沉湎于幻想中,把自己看成是特殊的人;人际关系不稳定;嫉妒他人,损人利己。

以下各项自我陈述中,除了哪项均能体现上述"自我陶醉人格"的特征?

A. 我是这个团队的灵魂,一旦我离开了这个团队,他们将一事无成

B. 他有什么资格批评我? 大家看看,他的能力连我一半都不到

C. 我的家庭条件不好,但不愿意被别人看不起,所以我借钱买了一部智能手机

D. 这么重要的活动竟然没有邀请我参加,组织者的人品肯定有问题,不值得跟这样的

人交往

E. 我刚接手别人很多年没有做成的事情,我跟他们完全不在一个层次,相信很快就会将事情搞定

24. 通常情况下,长期在寒冷环境中生活的居民可以有更强的抗寒能力。相比于我国的南方地区,我国北方地区冬天的平均温度要低很多。然而有趣的是,现在很多北方地区的居民并不具有我们所以为的抗寒能力,相当多的北方人到南方来过冬,竟然难以忍受南方的寒冷天气,怕冷程度甚至远超于当地人。

以下哪项如果为真,最能解释上述现象?

A. 一些北方人认为南方温暖,他们去南方过冬时往往对保暖工作做得不够充分

B. 南方地区冬天虽然平均气温比北方高,但也存在极端低温的天气

C. 北方地区在冬天通常启用供暖设备,其室内温度往往比南方高出很多

D. 有些北方人是从南方迁过去的,他们没有完全适应北方的气候

E. 南方地区湿度较大,冬天感受到的寒冷程度超出气象意义上的温度指标

25. 译制片配音,作为一种特有的艺术形式,曾在我国广受欢迎。然而时过境迁,现在许多人已不喜欢看配过音的外国影视剧。他们觉得还是听原汁原味的声音才感觉到位。有专家由此断言,配音已失去观众,必将退出历史舞台。

以下各项如果为真,则除哪项外都能支持上述专家的观点?

A. 很多上了年纪的国人仍习惯看配过音的外国影视剧,而在国内放映的外国大片有的仍然是配过音的

B. 配音是一种艺术再创造,倾注了配音艺术家的心血,但有的人对此并不领情,反而觉得配音妨碍了他们对原剧的欣赏

C. 许多中国人通晓外文,观赏外国原版影视剧并不存在语言的困难;即使不懂外文,边看中文字幕边听原声也不影响理解剧情

D. 随着对外交流的加强,现在外国影视剧大量涌入国内,有的国人已经等不及慢条斯理、精工细作的配音了

E. 现在有外国影视剧配音难以模仿剧中演员的出色嗓音,有时也与剧情不符,对此观众并不接受

26~27题基于以下题干:

六一节快到了。幼儿园老师为班上的小明、小雷、小刚、小芳、小花5位小朋友准备了红、橙、黄、绿、青、蓝、紫7份礼物。已知所有礼物都送了出去,每份礼物只能由一人获得,每人最多获得两份礼物。另外,礼物派送还需要满足如下要求:

(1)如果小明收到橙色礼物,则小芳会收到蓝色礼物;

(2)如果小雷没有收到红色礼物,则小芳不会收到蓝色礼物;

(3)如果小刚没有收到黄色礼物,则小花不会收到紫色礼物;

(4)没有人既能收到黄色礼物,又能收到绿色礼物;

(5) 小明只收到橙色礼物,而小花只收到紫色礼物。

26. 根据上述信息,以下哪项可能为真?
A. 小明和小芳都收到两份礼物
B. 小雷和小刚都收到两份礼物
C. 小刚和小花都收到两份礼物
D. 小芳和小花都收到两份礼物
E. 小明和小雷都收到两份礼物

27. 根据上述信息,如果小刚收到两份礼物,则可以得出以下哪项?
A. 小雷收到红色和绿色两份礼物
B. 小刚收到黄色和蓝色两份礼物
C. 小芳收到绿色和蓝色两份礼物
D. 小刚收到黄色和青色两份礼物
E. 小芳收到青色和蓝色两份礼物

28. 某民乐小组拟购买几种乐器,购买要求如下:
(1) 二胡、箫至多购买一种;
(2) 笛子、二胡和古筝至少购买一种;
(3) 箫、古筝、唢呐至少购买两种;
(4) 如果购买箫,则不购买笛子。
根据以上要求,可以得出以下哪项?
A. 至多购买了 3 种乐器
B. 箫、笛子至少购买一种
C. 至少要购买 3 种乐器
D. 古筝、二胡至少购买一种
E. 一定要购买唢呐

29~30 基于以下题干:
某影城将在"十一"黄金周 7 天(周一至周日)放映 14 部电影,其中有 5 部科幻片,3 部警匪片,3 部武侠片,2 部战争片,1 部爱情片。限于条件,影城每天放映两部电影,已知:
(1) 除科幻片安排在周四外,其余 6 天每天放映的两部电影都属于不同的类型;
(2) 爱情片安排在周日;
(3) 科幻片或武侠片没有安排在同一天;
(4) 警匪片和战争片没有安排在同一天。

29. 根据以上信息,以下哪项两部电影不可能安排在同一天放映?
A. 警匪片和爱情片   B. 科幻片和警匪片   C. 武侠片和战争片   D. 武侠片和警匪片
E. 科幻片和战争片

30. 根据以上信息,如果同类影片放映日期连续,则周六可以放映的电影是哪项?
A. 科幻片和警匪片   B. 武侠片和警匪片   C. 科幻片和战争片   D. 科幻片和武侠片
E. 警匪片和战争片

2016 年管理类专业学位
全国联考逻辑真题

逻辑推理：以下 30 小题，每小题 2 分，共 60 分。给出的 A、B、C、D、E 五个选项中，只有一项是符合试题要求的，请在答题卡上将所选项的字母涂黑。

1. 企业要建设科技创新中心，就要推进与高校、科研院所的合作，这样才能激发自主创新的活力。一个企业只有搭建服务科技创新发展战略的平台、科技创新与经济发展对接的平台以及聚集创新人才的平台，才能催生重大科技成果。

根据上述信息，可以得出以下哪项？

A. 如果企业搭建科技创新与经济发展对接的平台，就能激发其自主创新的活力

B. 如果企业搭建了服务科技创新发展战略的平台，就能催生重大科技成果

C. 能否推进与高校、科研院所的合作决定企业是否具有自主创新的活力

D. 如果企业没有搭建聚集创新人才的平台，就无法催生重大科技成果

E. 如果企业推进与高校、科研院所的合作，就能激发其自主创新的活力

2. 生态文明建设事关社会发展方式和人民福祉。只有实行最严格的制度、最严密的法治，才能为生态文明建设提供可靠保障。如果要实行最严格的制度、最严密的法治，就要建立责任追究制度，对那些不顾生态环境盲目决策并造成严重后果者，追究其相应的责任。

根据以上信息，可以得出以下哪项？

A. 如果对那些不顾生态环境盲目决策并造成严重后果者追究相应责任，就能为生态文明建设提供可靠保障

B. 实行最严格的制度和最严密的法治是生态文明建设的重要目标

C. 如果不建立责任追究制度，就不能为生态文明建设提供可靠保障

D. 只有筑牢生态环境的制度防护墙，才能造福于民

E. 如果要建立责任追究制度，就要实行最严格的制度、最严密的法治

3. 注重对孩子的自然教育，让孩子亲身感受大自然的神奇与美妙，可促进孩子释放天性，激发自身潜能。而缺乏这方面教育的孩子容易变得孤独，道德、情感与认知能力的发展都会受到一定影响。

以下哪项与以上陈述方式最为类似？

A. 脱离环境保护搞经济是"竭泽而渔"，离开经济发展抓环境保护是"缘木求鱼"

B. 只说一种语言的人，首次被诊断出患阿尔茨海默病的平均年龄为 76 岁；说三种语言的人首次被诊断出患阿尔茨海默病的平均年龄约为 78 岁

C. 老百姓过去"盼温饱",现在"盼环保",过去"求生存",现在"求生态"

D. 注重调查研究,可以让我们掌握第一手资料;闭门造车只能让我们脱离实际

E. 如果孩子完全依赖电子设备来进行学习和生活,将会对环境越来越漠视

4. 古人以干支纪年,甲乙丙丁戊己庚辛壬癸为十干,也称天干;子丑寅卯辰巳午未申酉戌亥为十二支,也称地支,依次以天干配地支,如甲子、乙丑、丙寅……癸酉;甲戌、乙亥、丙子等,六十年重复一次,俗称六十花甲子。根据干支纪年,公元 2014 年为甲午年,公元 2015 年为乙未年。

根据以上陈述,可以得出以下哪项?

A. 现代人已不用干支纪年　　　　　　　B. 21 世纪会有甲丑年

C. 干支纪年有利于农事　　　　　　　　D. 根据干支纪年,公元 2024 年为甲寅年

E. 根据干支纪年,公元 2087 年为丁未年

5. 赵明与王洪都是某高校辩论协会成员,在为今年华语辩论赛招募新队员问题上,两人发生了争执。

赵明:我们一定要选拔喜爱辩论的人,因为一个人只有喜爱辩论,才能投入精力和时间研究辩论并参加辩论比赛。

王洪:我们招募的不是辩论爱好者,而是能打硬仗的辩手,无论是谁,只要能在辩论赛中发挥应有的作用,他就是我们理想的人选。

以下哪项最可能是两人争论的焦点?

A. 招募的标准是从现实出发还是从理想出发

B. 招募的目的是研究辩论规律还是培养实战能力

C. 招募的目的是为了培养新人还是赢得比赛

D. 招募的标准是对辩论的爱好还是辩论的能力

E. 招募的目的是为了集体荣誉还是满足个人爱好

6. 在某届洲际杯足球大赛中,第一阶段某小组单循环赛共有 4 支队伍参加,每支队伍需要在这一阶段比赛三场,甲国足球队在该小组的前两轮比赛中一平一负,在第三轮比赛之前,甲国队主教练在新闻发布会上表示:"只有我们在下一场比赛中取得胜利并且本组的另外一场比赛打成平局,我们才有可能从这个小组出线。"

如果甲国队主教练的陈述为真,以下哪项是不可能的?

A. 第三轮比赛该小组两场比赛都分出了胜负,甲国队从小组出线

B. 甲国队第三场比赛取得了胜利,但他们未能从小组出线

C. 第三轮比赛甲国队取得了胜利,该小组另一场比赛打成平局,甲国队未能从小组出线

D. 第三轮比赛该小组另外一场比赛打成平局,甲国队从小组出线

E. 第三轮比赛该小组两场比赛都打成了平局,甲国队未能从小组出线

7. 考古学家发现,那件仰韶文化晚期的土坯砖边缘整齐,并且没有切割痕迹,由此他们推测,这件土坯砖应当是使用木质模具压制成型的,而其他5件由土坯砖经过烧制而成的烧结砖,经检测当时烧制它们的温度为850~900℃,由此考古学家进一步推测,当时的砖是先使用模具将黏土做成土坯,然后再经过高温烧制而成的。

以下哪项如果为真,最能支持上述考古学家的推测?

A. 仰韶文化晚期的年代约为公元前3 500年—公元前3 000年

B. 仰韶文化晚期,人们已经掌握了高温冶炼技术

C. 出土的5件烧结砖距今已有5 000年,确实属于仰韶文化晚期的物品

D. 没有采用模具而成型的土坯砖,其边缘或者不整齐,或者有切割痕迹

E. 早在西周时期,中原地区人们就可以烧制铺地砖和空心砖

8. 研究人员发现,人类存在3种核苷酸基因类型:AA型、AG型以及GG型,一个人有36%的概率是AA型,有48%的概率是AG型,有16%的概率是GG型,在1 200名参与实验的老年人中,拥有AA型和AG型基因类型的人都在上午11时之前去世,而拥有GG型基因类型的人几乎都在下午6时左右去世,研究人员据此认为:GG型基因类型的人会比其他人平均晚死7个小时。

以下哪项如果为真,最能质疑上述研究人员的观点?

A. 平均寿命的计算依据应是实验对象的生命存续长度,而不是实验对象的死亡时间

B. 当死亡临近的时候,人体会还原到一种更加自然的生理节律感应阶段

C. 有些人是因为疾病或者意外事故等其他因素而死亡的

D. 对人死亡时间的比较,比一天中的哪一时刻更重要的是哪一年、哪一天

E. 拥有GG型基因类型的实验对象容易患上心血管疾病

9. 某市消费者权益保护条例明确规定,消费者对其所购商品可以"7天内无理由退货",但这项规定出台后并未得到顺利执行,众多消费者在7天内"无理由"退货时,常常遭遇商家的阻挠,他们以商品已做特价处理、商品已经开封或使用等理由拒绝退货。

以下哪项如果为真,最能质疑商家阻挠退货的理由?

A. 开封验货后,如果商品规格、质量等问题来自消费者本人,他们应为此承担责任

B. 那些做特价处理的商品,本来质量就没有保证

C. 如果不开封验货,就不能知道商品是否存在质量问题

D. 政府总偏向消费者,这对于商家来说是不公平的

E. 商品一旦开封或使用了,即使不存在问题,消费者也可以选择退货

10. 某县县委关于下周一几位领导的工作安排如下:

(1)如果李副书记在县城值班,那么他就要参加宣传工作例会;(2)如果张副书记在县城值班,那么他就做信访接待工作;(3)如果王书记下乡调研,那么张副书记或李副书记就需在县城值班;(4)只有参加宣传工作例会或做信访接待工作,王书记才不下乡调研;(5)宣传工作例会只需分管宣传的副书记参加,信访接待工作也只需一名副书记参加。

根据上述工作安排,可以得出以下哪项?

A. 张副书记做信访接待工作   B. 王书记下乡调研

C. 李副书记参加宣传工作例会   D. 李副书记做信访接待工作

E. 张副书记参加宣传工作例会

11. 近年来,越来越多的机器人被用于在战场上执行侦察、运输,甚至将来冲锋陷阵的都不再是人,而是形形色色的机器人。人类战争正在经历自核武器诞生以来最深刻的革命。有专家据此分析指出,机器人战争技术的出现可以使人类远离危险,更安全、更有效地实现战争目标。

以下哪项如果为真,最能质疑上述专家的观点?

A. 现代人类掌控机器人,但未来机器人可能会掌控人类

B. 因不同国家军事科技实力的差距,机器人战争技术只会让部分国家远离危险

C. 机器人战争技术有助于摆脱以往大规模杀戮的血腥模式,从而让现代战争变得更为人道

D. 掌握机器人战争技术的国家为数不多,将来战争的发生更为频繁也更为血腥

E. 全球化时代的机器人战争技术要消耗更多资源,破坏生态环境

12. 郝大爷过马路时不幸摔倒昏迷,所幸有小伙子及时将他送往医院救治。郝大爷病情稳定后,有 4 位陌生小伙陈安、李康、张幸、汪福来医院看望他,郝大爷问他们究竟是谁送他来医院,他们回答如下:

陈安:我们 4 人都没有送您来医院。李康:我们 4 人有人送您来医院。张幸:李康和汪福至少有一人没有送您来医院。汪福:送您来医院的人不是我。后来证实上述 4 人有两人说真话,两人说假话。

根据以上信息,可以得出哪项?

A. 说真话的是李康和张幸   B. 说真话的是陈安和张幸

C. 说真话的是李康和汪福   D. 说真话的是张幸和汪福

E. 说真话的是陈安和汪福

13. 开车上路,一个人不仅需要有良好的守法意识,也需要有特有的"理性计算"。在拥堵的车流中,只要有"加塞"的,你开的车就不一定要让它;但是你开着车在路上正常直行,有车不打方向灯在你近旁突然横过来要撞上你,原来它想要改变道,这时你也就得让着它。

以下除哪项外,均能质疑上述"理性计算"的观点?

A. 有理的让着没有理的,只会助长歪风邪气,有悖于社会的法律与道德

B. "理性计算"其实就是胆小怕事,总觉得凡事能躲则躲,但有的事很难躲过

C. 一味退让就会给行车带来极大的危险,不但可能伤及自己,而且也有可能伤及无辜

D. 即便碰上也不可怕,碰上之后如果立即报警,警方一般会有公正的裁决

E. 如果不让,就会碰上。碰上之后,即便自己有理,也会有很多麻烦

14. 有专家指出,我国城市规划缺少必要的气象论证,城市的高楼建得高耸而密集,阻碍了城市的通风循环,有关资料显示,近几年国内许多城市的平均风速已下降 10％,风速下降,意味着大气扩散能力减弱,导致大气污染滞留时间延长,易形成雾霾天气和热岛效应,为此,有专家提出建立"城市风道"的设想,即在城市里制造几条畅通的通风走廊,让风在城市中更加自由地进出,促进城市空气的更新循环。

以下哪项如果为真,最能支持上述建立"城市风道"的设想?

A. 城市风道形成的"穿街风",对建筑物的安全影响不大

B. 风从八方来,"城市风道"的设想过于主观和随意

C. 有风道但没有风,就会让城市风道成为无用的摆设

D. 有些城市已拥有建立"城市风道"的天然基础

E. 城市风道不仅有利于"驱霾",还有利于散热

15. 2014 年,为迎接 APEC 会议的召开,北京、天津、河北等地实施"APEC 治理模式",采取了有史以来最严格的减排措施。果然,令人心醉的"APEC 蓝"出现了;然而,随着会议的结束,"APEC 蓝"也逐渐消失了,对此,有些人士表示困惑,既然政府能在短期内实施"APEC 治理模式"取得良好效果,为什么不将这一模式长期坚持下去呢?

以下除哪项外,均能解释人们的困惑?

A. 最严格的减排措施在落实过程中已产生很多难以解决的实际困难

B. 如果近期将"APEC 治理模式"常态化,将会严重影响地方经济和社会发展

C. 任何环境治理都需要付出代价,关键在于付出的代价是否超出收益

D. 短期严格的减排措施只能是权宜之计,大气污染治理仍需从长计议

E. 如果 APEC 会议期间北京雾霾频发,就会影响我们国家的形象

16. 根据现有物理学定律:任何物质的运动速度都不可能超过光速,但最近一次天文观测结果向这条定律发起了挑战:距离地球遥远的 IC310 星系拥有一个活跃的黑洞,掉入黑洞的物质产生了伽马射线冲击波,有些天文学家发现,这束伽马射线的速度超过了光速,因为它只用了 4.8 分钟就穿越了黑洞边界,而光要 25 分钟才能走完这段距离。由此,这些天文学家提出,光速不变定律需要修改了。

以下哪项如果为真,最能质疑上述天文学家所做的结论?

A. 或者光速不变定律已经过时,或者天文学家的观测有误

B. 如果天文学家的观测没有问题,光速不变定律就需要修改

C. 要么天文学家的观测有误,要么有人篡改了天文观测数据

D. 天文观测数据可能存在偏差,毕竟 IC310 星系离地球很远

E. 光速不变定律已经历过多次实践检验,没有出现反例

17. 某公司办公室茶水间提供自助式收费饮料,职员拿完饮料后,自己把钱放到特设的收款箱中。研究者为了判断职员在无人监督时,其自律水平会受哪些因素的影响,特地在收款箱上方贴了一张装饰图片,每周一换。装饰图片有时是一些花朵,有时是一双眼睛。一个

有趣的现象出现了：贴着"眼睛"的那一周，收款箱里的钱远远超过贴其他图片的情形。

以下哪项如果为真，最能解释上述实验现象？

A. 该公司职员看到"眼睛"图片时，就能联想到背后可能有人看着他们

B. 在该公司工作的职员，其自律能力超过社会中的其他人

C. 该公司职员看着"花朵"图片时，心情容易变得愉快

D. 眼睛是心灵的窗口，该公司职员看到"眼睛"图片时会有一种莫名的感动

E. 在无人监督的情况下，大部分人缺乏自律能力

18～19题基于以下题干：

某皇家园林依中轴线布局，从前到后依次排列着七个庭院。这七个庭院分别以汉字"日""月""金""木""水""火""土"来命名。已知：

（1）"日"字庭院不是最前面的那个庭院；（2）"火"字庭院和"土"字庭院相邻；（3）"金""月"两庭院间隔的庭院数与"木""水"两庭院间隔的庭院数相同。

18. 根据上述信息，下列哪个庭院可能是"日"字庭院？

A. 第一个庭院　　B. 第二个庭院　　C. 第四个庭院　　D. 第五个庭院

E. 第六个庭院

19. 如果第二个庭院是"土"字庭院，可以得出以下哪项？

A. 第七个庭院是"水"字庭院　　　　B. 第五个庭院是"木"字庭院

C. 第四个庭院是"金"字庭院　　　　D. 第三个庭院是"月"字庭院

E. 第一个庭院是"火"字庭院

20. 在一项关于"社会关系如何影响人的死亡率"的课题研究中，研究人员惊奇地发现：不论种族、收入、体育锻炼等因素，一个乐于助人、和他人相处融洽的人，其平均寿命长于一般人，在男性中尤其如此；相反，心怀恶意、损人利己、和他人相处不融洽的人70岁之前的死亡率比正常人高出1.5至2倍。

以下哪项如果为真，最能解释上述发现？

A. 身心健康的人容易和他人相处融洽，而心理有问题的人与他人很难相处

B. 男性通常比同年龄段的女性对他人有更强的"敌视情绪"，多数国家男性的平均寿命也因此低于女性

C. 与人为善带来轻松愉悦的情绪，有益身体健康；损人利己则带来紧张的情绪，有损身体健康

D. 心存善念、思想豁达的人大多精神愉悦、身体健康

E. 那些自我优越感比较强的人通常"敌视情绪"也比较强，他们长时间处于紧张状态

21. 超市中销售的苹果常常留有一定的油脂痕迹，表面显得油光滑亮。牛师傅认为，这是残留在苹果上的农药所致，水果在收摘之前都喷洒了农药，因此，消费者在超市购买水果

后,一定要清洗干净方能食用。

以下哪项最可能是牛师傅看法所依赖的假设?

A. 除了苹果,其他许多水果运至超市时也留有一定的油脂痕迹

B. 超市里销售的水果并未得到彻底清洗

C. 只有那些在水果上能留下油脂痕迹的农药才可能被清洗掉

D. 许多消费者并不在意超市销售的水果是否清洗过

E. 在水果收摘之前喷洒的农药大多数会在水果上留下油脂痕迹

22. 许多人不仅不理解别人,而且也不理解自己,尽管他们可能曾经试图理解别人,但这样的努力注定会失败,因为不理解自己的人是不可能理解别人的。可见,那些缺乏自我理解的人是不会理解别人的。

以下哪项最能说明上述论证的缺陷?

A. 使用了"自我理解"概念,但并未给出定义

B. 没有考虑"有些人不愿意理解自己"这样的可能性

C. 没有正确把握理解别人和理解自己之间的关系

D. 结论仅仅是对其论证前提的简单重复

E. 间接指责人们不能换位思考,不能相互理解

23. 在编号 1,2,3,4 的 4 个盒子中装有绿茶、红茶、花茶和白茶四种茶,每只盒子只装一种茶,每种茶只装一个盒子,已知:① 装绿茶和红茶的盒子在 1,2,3 号范围之内;② 装红茶和花茶的盒子在 2,3,4 号范围之内;③ 装白茶的盒子在 1,2,3 号范围之内。

根据上述已知条件,可以得出以下哪项?

A. 绿茶在 3 号   B. 花茶在 4 号   C. 白茶在 3 号   D. 红茶在 2 号

E. 绿茶在 1 号

24. 在某项目招标过程中,赵嘉、钱宜、孙斌、李汀、周武、吴纪 6 人作为各自公司代表参与投标,有且只有一人中标,关于究竟谁是中标者,招标小组中有 3 位成员各自谈了自己的看法:① 中标者不是赵嘉就是钱宜;② 中标者不是孙斌;③ 周武和吴纪都没有中标。经过深入调查,发现上述 3 人只有一人的看法是正确的。

根据以上信息,以下哪项中的 3 人都可以确定没有中标?

A. 钱宜、孙斌、周武   B. 孙斌、周武、吴纪

C. 赵嘉、钱宜、李汀   D. 赵嘉、周武、吴纪

E. 赵嘉、孙斌、李汀

25. 如今,电子学习机已全面进入儿童的生活,电子学习机将文字与图像、声音结合起来,既生动形象,又富有趣味性,使儿童的独立阅读成为可能。但是,一些儿童教育专家却对此发出警告,电子学习机可能不利于儿童成长。他们认为,父母应该抽时间陪孩子一起阅读纸质图书。陪孩子一起阅读纸质图书,并不是简单地让孩子读书识字,而是在交流中促进其

心灵的成长。

以下哪项如果为真,最能支持上述专家的观点?

A. 纸质图书有利于保护儿童视力,有利于父母引导儿童形成良好的阅读习惯

B. 在使用电子学习机时,孩子往往更多关注其使用功能而非学习内容

C. 接触电子产品越早,就越容易上瘾,长期使用电子学习机会形成"电子瘾"

D. 现代生活中年轻父母工作压力较大,很少有时间能与孩子一起共同阅读

E. 电子学习机最大的问题是让父母从孩子的阅读行为中走开,减少了父母与孩子的日常交流

26. 田先生认为,绝大部分笔记本电脑运行速度慢的原因不是 CPU 性能太差,也不是内存容量太小,而是硬盘速度太慢,给老旧的笔记本电脑换新的固态硬盘可以大幅度提升使用者的游戏体验。

以下哪项如果为真,最能质疑田先生的观点?

A. 固态硬盘很贵,给老旧笔记本换装硬盘费用不低

B. 销售固态硬盘的利润远高于销售传统的笔记本电脑硬盘

C. 少部分老旧笔记本电脑的 CPU 性能很差,内存也小

D. 使用者的游戏体验者很大程度上取决于笔记本的电脑显卡,而老旧笔记本电脑显卡较差

E. 一些笔记本电脑使用者的使用习惯不好,使得许多运行程序占据大量内存,导致电脑运行速度缓慢

27~28 题基于以下题干:

钟医生:"通常,医学研究的重要成果在杂志发表之前需要经过匿名评审,这需要耗费不少时间。如果研究者能放弃这段等待时间而事先公布其成果,我们的公共卫生水平就可以伴随着医学发现而更快获得提高。因为新医学信息的及时公布将允许人们利用这些信息提高他们的健康水平。"

27. 以下哪项最可能是钟医生论证所依赖的假设?

A. 许多医学杂志的论文评审者本身并不是医学研究专家

B. 首次发表于匿名评审杂志的新医学信息一般无法引起公众的注意

C. 即使医学论文还没有在杂志发表,人们还是会使用已公开的相关新信息

D. 部分医学研究者愿意放弃在杂志上发表,而选择事先公布其成果

E. 因为工作繁忙,许多医学研究者不愿成为论文评审者

28. 以下哪项如果为真,最能削弱钟医生的论证?

A. 社会公共卫生水平的提高还取决于其他因素,并不完全依赖于医学新发现

B. 大部分医学杂志不愿意放弃匿名评审制度

C. 人们常常根据新发表的医学信息来调整他们的生活方式

D. 有些媒体常常会提前报道那些匿名评审杂志准备发表的医学研究成果

E. 匿名评审常常能阻止那些含有错误结论的文章发表

29~30题基于以下题干:

江海大学的校园美食节开幕了,某女生宿舍有5人积极报名参加此项活动,她们的姓名分别为金粲、木心、水仙、火珊、土润。举办方要求,每位报名者只做一道菜品参加评比,但需自备食材。限于条件,该宿舍所备食材仅有5种:金针菇、木耳、水蜜桃、火腿和土豆,要求每种食材只能有2人选用,每人又只能选用2种食材,并且每人所选食材名称的第一个字与自己的姓氏均不相同。已知:

(1) 如果金粲选水蜜桃,则水仙不选金针菇;

(2) 如果木心选金针菇或土豆,则她也须选木耳;

(3) 如果火珊选水蜜桃,则她也必须选木耳和土豆;

(4) 如果木心选火腿,则火珊不选金针菇。

29. 根据上述信息,可以得出以下哪项?

A. 金粲选用木耳、土豆   B. 水仙选用金针菇、火腿

C. 土润选用金针菇、水蜜桃   D. 火珊选用木耳、水蜜桃

E. 木心选用水蜜桃、土豆

30. 如果水仙选用土豆,则可以得出以下哪项?

A. 水仙选用木耳、土豆   B. 火珊选用金针菇、土豆

C. 土润选用水蜜桃、火腿   D. 木心选用金针菇、水蜜桃

E. 金粲选用木耳、火腿

2015年管理类专业学位
全国联考逻辑真题

逻辑推理：以下30小题，每小题2分，共60分。给出的A、B、C、D、E五个选项中，只有一项是符合试题要求的，请在答题卡上将所选项的字母涂黑。

1. 晴朗的夜晚可以看到满天星斗，其中有些是自身发光的恒星，有些是自身不发光但可以反射附近恒星的光的行星。恒星尽管遥远，但是有些可以被现有的光学望远镜"看到"。和恒星不同，行星本身不发光，而且体积还小于恒星，所以，太阳系外的行星大多无法用现有的光学望远镜"看到"。

以下哪项如果为真，最能解释上述现象？

A. 如果行星的体积够大，现有的光学望远镜就能"看到"

B. 太阳系外的行星因距离遥远，很少能将恒星光反射到地球上

C. 现有的光学望远镜只能"看到"自身发光或者反射光的天体

D. 有些恒星没有被现有光学望远镜"看到"

E. 太阳系内的行星大多可用现有光学望远镜"看到"

2. 长期以来，手机生产的电磁辐射是否威胁人体健康一直是极具争议的话题。一项长达10年的研究显示，每天使用移动电话通话30分钟以上的人患神经胶质瘤的风险比从未使用者要高出40％。由此，某专家建议：在取得进一步证据之前，人们应该采取更加安全的措施，如尽量使用固定电话通话或使用短信进行沟通。

以下哪项如果为真，最能表明该专家的建议不切实际？

A. 大多数手机产生电磁辐射强度符合国家规定标准

B. 现有存在于人类生活空间中的电磁辐射强度已经超过手机通话产生的电磁辐射强度

C. 经过较长一段时间，人们的体质已经逐渐适应强电磁辐射的环境

D. 在上述实验期间，有些人每天使用移动电话通话超过40分钟，但他们很健康

E. 即使以手机短信进行沟通，发送和接收信息瞬间也会产生较强的电磁辐射

3. 甲、乙、丙、丁、戊和己6人围坐在一张正六边形的小桌前，每边各坐一人。已知：

(1) 甲与乙正面相对；

(2) 丙与丁不相邻，也不正面相对。

如果乙与己不相邻，则以下哪一项为真？

A. 戊与乙相邻　　　　　　　　　　　B. 甲与丁相邻

C. 己与乙正面相对　　　　　　　D. 如果甲与戊相邻,则丁与己正面相对

E. 如果丙与戊不相邻,则丙与己相邻

4. 人类经历了上百万年的自然进化,产生了直觉、多层次抽象等独特智能。尽管现代计算机已具备一定的学习能力,但这一能力还需要人类指导,完全的自我学习能力还有待进一步发展。因此,计算机要达到甚至超过人类的智能水平是不可能的。

以下哪项最可能是上述论证的假设?

A. 计算机可以形成自然进化能力

B. 计算机很难真正懂得人类的语言,更不可能理解人类的感情

C. 理解人类复杂的社会关系需要自我学习能力

D. 计算机如果具备完全的自我学习能力,就能形成直觉、多层次抽象等独特智能

E. 直觉、多层次抽象等这些人类的独特智能无法通过学习获得

5. 为进一步加强对不遵守交通信号等违法行为的执法管理,规范执法程序,确保执法公正,某市交警支队要求:凡属于交通信号不一致,有证据证明救助危难等产生的交通违法情形,一律不得录入道路交通违法信息系统;对已录入信息系统的违法记录,必须完善异议受理、核查、处理等工作规范,最大限度减少执法争议。

根据上述交警支队要求,可以得出以下哪项?

A. 有些因救助危难而违法的情形,如果仅有当事人说辞但缺乏当时现场的录音、录像证明,就应录入道路交通违法信息系统

B. 因信号灯相位设置和配时不合理等造成交通信号不一致而引发的交通违法情形,可以不录入道路交通违法信息系统

C. 如果汽车使用了行车记录仪,就可以提供现场实时证据,大大减少被录入道路交通违法信息系统的可能性

D. 只要对已录入系统的交通违法记录进行异议受理、核查和处理就能最大限度减少执法争议

E. 对已录入系统的交通违法记录,只有倾听群众异议,加强群众监督才能最大限度减少执法争议

6～7 题基于以下题干:

某次讨论会共有 18 名参与者。已知:

(1) 至少有 5 名青年教师是女性;

(2) 至少有 6 名女教师年过中年;

(3) 至少有 7 名女青年是教师。

6. 根据上述信息,关于参与人员可以得出以下哪项?

A. 有些女青年不是教师　　　　　　B. 有些青年教师不是女性

C. 青年教师至少 11 名　　　　　　D. 女教师至少 13 名

E. 女青年至多 11 名

7. 如果上述三句话有两真一假,那么关于参与人员可以得出以下哪项?
A. 女青年都是教师
B. 青年教师都是女性
C. 青年教师至少 5 名
D. 男教师至多 10 名
E. 女青年至少有 7 名

8. 当企业处于蓬勃上升时期,往往紧张而忙碌,没有时间和精力去设计和修建"琼楼玉宇";当企业所有重要工作都已经完成,其时间和精力就开始集中在修建办公大楼上。所以一个企业的办公大楼设计得越完美,装饰越豪华,则该企业离解体时间就越近。当某个企业大楼设计和建造趋于完美之际,它的存在就逐渐失去意义,这就是所谓的"办公大楼法则"。
以下哪项为真,最质疑上述观点?
A. 一个企业如果将时间和精力都耗在修建办公大楼上,则对其他重要工作就投入不足了
B. 某企业办公大楼修建得美轮美奂,入住后该企业的事业蒸蒸日上
C. 建造豪华的办公大楼,往往会增加运营成本,损害其利益
D. 企业的办公大楼越破旧,该企业就越来越有活力和生机
E. 建造豪华办公大楼并不需要投入太多时间和精力

9. 张云、李华、王涛都收到了明年 2 月初赴北京开会的通知,他们可以选择乘坐飞机、高铁与大巴等交通工具到北京,他们对这次进京方式有如下考虑:
(1) 张云不喜欢坐飞机,如果有李华同行,他就选择乘坐大巴;
(2) 李华不计较方式,如果高铁要比飞机更便宜,他就选择高铁;
(3) 王涛不在乎价格,除非预报二月初北京有雨雪天气,否则选择乘坐飞机;
(4) 李华和王涛家相隔很近,如果航班时间合适,他们将同行乘坐飞机。
如果上述 3 人愿望都得到满足,则可以得出以下哪项?
A. 如果李华没有选择乘坐高铁和飞机,则他肯定选择和张云一起乘坐大巴进京
B. 如果王涛和李华乘坐飞机进京,则二月初北京没有雨雪天气
C. 如果张云和王涛乘坐高铁,则二月初北京有雨雪天气
D. 如果三人都乘坐飞机,则飞机要比高铁便宜
E. 如果三人都乘坐大巴进京,则预报二月初北京有雨雪天气

10. 某市推出一项月度社会公益活动,市民报名踊跃。由于活动规模有限,主办方决定通过摇号抽签方式选择参与者。第一个月中签率为 1:20,随后连创新低,到下半年的十月份已达 1:70,大多数市民屡摇不中。但从今年 7 月至 10 月,"李祥"这个名字连续四个月中签,不少市民据此认为有人作弊,并对主办方提出质疑。
以下哪项如果为真,最能消除市民质疑的是?
A. 已经中签的申请者中,叫"张磊"的有 7 人
B. 曾有一段时间,家长给孩子取名不回避重名

C. 在报名市民中,名叫"李祥"的近300人

D. 摇号抽签全过程是在有关部门监督下进行的

E. 在摇号系统中,每一位申请人都被随机赋予了一个不重复的编码

11. 美国扁桃仁于20世纪70年代出口到我国,当时被误译为"美国大杏仁"。这种误译导致大多数消费者根本不知道扁桃仁、杏仁是两种完全不同的产品。对此,我国林业专家一再努力澄清,但学界的声音很难传达到相关企业和民众中,因此,必须制定林果的统一标准,这样才能还相关产品以本来面目。

以下哪项是上述论证的假设?

A. 美国扁桃仁和中国大杏仁的外形很相似

B. 我国相关企业和大众并不认可我国林果专家意见

C. 进口商品名称的误译会扰乱我国企业正常对外贸易

D. 长期以来,我国没有林果的统一标准

E. 美国"大杏仁"在中国市场上销量超过中国杏仁

12. 10月6日晚上,张强要么去电影院看电影,要么去拜访朋友秦玲。如果那天晚上张强开车回家,他就没去电影院看电影;只有张强事先与秦玲约定,张强才能拜访她。事实上,张强不可能与秦玲事先约定。

根据上述陈述,可以得出以下哪项结论?

A. 那天晚上张强没有开车回家　　　B. 张强那天晚上拜访了朋友

C. 张强晚上没有去电影院看电影　　　D. 那天晚上张强与秦玲一起看电影了

E. 那天晚上张强开车去电影院看电影

13~14题基于以下题干:

天南大学准备派两名研究生、三名本科生到山村小学支教。经过个人报名和民主决议,最终人选将在研究生赵婷、唐玲和殷情等3人和本科生周艳、李环、文琴、徐昂、朱敏等5人中产生。按规定同一学院或者同一社团至多选派一人。已知:

(1) 唐玲和朱敏均来自数学学院;

(2) 周艳和徐昂均来自文学院;

(3) 李环和朱敏均来自辩论协会。

13. 根据上述条件,以下必定入选的是:

A. 文琴　　　　B. 唐玲　　　　C. 殷情　　　　D. 周艳

E. 赵婷

14. 如果唐玲入选,下面必定入选的是:

A. 赵婷　　　　B. 殷情　　　　C. 周艳　　　　D. 李环

E. 徐昂

15. 有些阔叶树是常绿植物,因此阔叶树都不生长在寒带地区。

以下哪项如果为真,最能反驳上述结论?

A. 有些阔叶树不生长在寒带地区　　　B. 常绿植物都生长在寒带地区

C. 寒带某些地区不生长常绿植物　　　D. 常绿植物都不生长在寒带地区

E. 常绿植物不都是阔叶树

16～17 题基于以下题干:

某大学运动会即将召开,经管学院拟组建一支 12 人的代表队参赛,参赛队员将从该院 4 个年级学生中选拔,每个年级须在长跑、短跑、跳高、跳远、铅球等 5 个项目中选 1～2 项比赛,其余项目可任意选择。一个年级如果选择长跑,就不能选短跑或跳高;一个年级如果选跳远,就不能选长跑或铅球,每名队员只参加一项比赛。已知该院:

(1) 每个年级均有队员被选拔进入代表队;

(2) 每个年级被选拔进入代表队的人数各不相同;

(3) 有两个年级的队员人数相乘等于另一个年级的队员人数。

16. 根据以上信息一个年级最多可选拔多少人参赛?

A. 8 人　　　　　B. 7 人　　　　　C. 6 人　　　　　D. 5 人

E. 4 人

17. 如果某年级队员人数不是最少的,且选择长跑,那么对该年级来说,以下哪项不可能?

A. 选择铅球或跳远　　　　　　　　　B. 选择短跑或铅球

C. 选择短跑或跳远　　　　　　　　　D. 选择长跑或跳高

E. 选择铅球或跳高

18. 为防御电脑受病毒侵袭,研究人员开发了防御病毒、查杀病毒的程序,前者启动后能使程序运行免受病毒侵袭,后者启动后能迅速查杀电脑中可能存在的病毒。某台电脑上现出甲、乙、丙三种程序。已知:

(1) 甲程序能查杀目前已知所有病毒;

(2) 若乙程序不能防御已知的一号病毒,则丙程序也不能查杀该病毒;

(3) 只有丙程序能防御已知一号病毒,电脑才能查杀目前已知的所有病毒;

(4) 只有启动甲程序,才能启动丙程序。

根据上述信息可以得出以下哪项?

A. 只有启动丙程序,才能防御并查杀一号病毒

B. 只有启动乙程序,才能防御并查杀一号病毒

C. 如果启动丙程序,就能防御并查杀一号病毒

D. 如果启动了乙程序,那么不必启动丙程序也能查杀一号病毒

E. 如果启动了甲程序,那么不必启动乙程序也能查杀所有病毒

19. 研究人员将角膜感觉神经断裂的兔子分为两组：实验组和对照组。他们给实验组兔子注射了一种从土壤真菌中提取的化合物。3 周后检查发现，实验组兔子的角膜感觉神经已经复合，而对照组兔子未注射这种化合物，其角膜感觉神经都没有复合。研究人员由此得出结论：该化合物可以使兔子断裂的角膜感觉神经复合。

以下哪项与上述研究人员得出的结论的方式最为类似？

A. 一个整数或者是偶数，或者是奇数

B. 绿色植物在光照充足的环境下能茁壮成长，而在光照不足的环境下只能缓慢生长。所以，光照有助于绿色植物生长

C. 年逾花甲的老王戴上老花镜可以读书看报，不戴则视力模糊。所以年龄大的人都要戴老花镜

D. 科学家在北极冰川地区的黄雪中发现了细菌，而该地区的寒冷气候与木卫的冰冷环境有着惊人的相似。所以木卫可能存在生命

E. 昆虫都有三对足，蜘蛛并非三对足。所以蜘蛛不是昆虫

20. 张教授指出，明清时期科举考试分为四级，即院试、乡试、会试、殿试。院试在县府举行，考中者称"生员"；乡试每三年在各省省城举行一次，生员才有资格参加，考中者为举人，举人第一名称"解元"；会试于乡试后第二年在京城元都举行，举人才有资格参加，考中者称为"贡士"，贡士第一名称"会元"；殿试在会试当年举行，由皇帝主持，贡士才有资格参加，录取分为三甲，一甲三名，二甲三甲各若干名，统称"进士"，一甲第一名称"状元"。

根据张教授的陈述，以下哪项是不可能的？

A. 中举者不曾中进士   B. 中状元者曾为生员和举人

C. 中会元者不曾中举   D. 有连中三元者（解元、会元、状元）

E. 未中解元者，不曾中会元

21. 有人认为，任何一个机构都包括不同的职位等级或层级，每个人都隶属于其中一个层次。如果某人在原来级别岗位上干得出色，就会被提拔，而被提拔者得到重用后却碌碌无为，这会造成机构效率低下，人浮于事。

以下哪项为真，最能质疑上述观点？

A. 个人晋升常常会在一定程度上影响所在机构的发展

B. 不同岗位的工作方式不同，对新的岗位要有一个适应过程

C. 王副教授教学科研都很强，而晋升正教授后却表现平平

D. 李明的体育运动成绩并不理想，但他进入管理层后却干得得心应手

E. 部门经理王先生业绩出众，被提拔为公司总经理后工作依然出色

22. 如果把一杯酒倒入一桶污水中，你得到的是一桶污水；如果把一杯污水倒入一桶酒中，你得到的依然是一桶污水。在任何组织中，都可能存在几个难缠人物，他们存在的目的似乎就是把事情搞糟。如果一个组织不加强内部管理，一个正直能干的人进入某低效的部门就会被吞没。而一个无德无才者就能将一个高效的部门变成一盘散沙。

根据上述信息,可以得出以下哪项?

A. 如果不将一杯污水倒入一桶酒中,你就不会得到一桶污水

B. 如果一个正直能干的人进入组织,就会使组织变得更为高效

C. 如果组织中存在几个难缠人物,很快就会把组织变成一盘散沙

D. 如果一个正直能干的人在低效部门没有被吞没,则该部门加强了内部管理

E. 如果一个无德无才的人把组织变成一盘散沙,则该组织没有加强内部管理

23. 自闭症会影响社会交往、语言交流和兴趣爱好等方面的行为。研究人员发现,实验鼠体内神经连接蛋白的蛋白质如果合成过多,会导致自闭症。由此他们认为,自闭症与神经连接蛋白质合成量具有重要关联。

以下哪项如果为真,最能支持上述观点?

A. 生活在群体之中的实验鼠较之独处的实验鼠患自闭症的比例要小

B. 雄性实验鼠患自闭症的比例是雌性实验鼠的 5 倍

C. 抑制神经连接蛋白的蛋白质合成可缓解实验鼠的自闭症状

D. 如果将实验鼠控制蛋白合成的关键基因去除,其体内的神经连接蛋白就会增加

E. 神经连接蛋白正常的老年实验鼠患自闭症的比例很低

24. 张教授指出,生物燃料是指利用生物资源生产的燃料乙醇或生物柴油,它们可以替代由石油制取的汽油和柴油,是可再生能源开发利用的重要方向。受世界石油资源短缺、环保和全球气候变化的影响,20 世纪 70 年代以来,许多国家日益重视生物燃料的发展,并取得显著成效。所以,应该大力开发和利用生物燃料。

以下哪项最可能是张教授论证的假设?

A. 发展生物燃料可以有效降低人类对石油等化石燃料的消耗

B. 发展生物燃料会减少粮食供应,而当今世界有数以百万计的人食不果腹

C. 生物柴油和燃料乙醇是现代社会能源供给体系的适当补充

D. 生物燃料在生产与运输的过程中需要消耗大量的水、电和石油等

E. 目前我国生物燃料的开发和利用已经取得很大成绩

25. 有关数据显示,2011 年全球新增 870 万结核病患者,同时有 140 万患者死亡。因为结核病对抗生素有耐药性,所以对结核病的治疗一直都进展缓慢。如果不能在近几年消除结核病,那么还会有数百万人死于结核病。如果要控制这种流行病,就要有安全、廉价的疫苗。目前有 12 种新疫苗正在测试之中。

根据以上信息,可以得出以下哪项?

A. 2011 年结核病患者死亡率已达 16.1%

B. 有了安全、廉价的疫苗,我们就能控制结核病

C. 如果解决了抗生素的耐药性问题,结核病治疗将会获得突破性进展

D. 只有在近几年消除结核病,才能避免数百万人死于这种疾病

E. 新疫苗一旦应用于临床,将有效控制结核病的传播

26. 一个人如果没有崇高的信仰,就不可能守住道德的底线;而一个人只有不断加强理论学习,才能始终保持崇高的信仰。

根据以上信息,可以得出以下哪项?

A. 一个人只有不断加强理论学习,才能守住道德的底线

B. 一个人如果不能守住道德的底线,就不可能保持崇高的信仰

C. 一个人只要有崇高的信仰,就能守住道德的底线

D. 一个人只要不断加强理论学习,就能守住道德底线

E. 一个人没能守住道德的底线,是因为他首先丧失了崇高的信仰

27. 研究人员安排了一次实验,将100名受试者分为两组:喝一小杯红酒的实验组和不喝酒的对照组。随后,让两组受试者计算某段视频中篮球队员相互传球的次数。结果发现,对照组的受试者都计算准确,而实验组中只有18%的人计算准确。经测试,实验组受试者的血液中酒精浓度只有酒驾法定值的一半。由此专家指出,这项研究结果或许应该让立法者重新界定酒驾法定值。

以下哪项如果为真,最能支持上述专家的观点?

A. 酒驾法定值设置过低,可能会把许多未饮酒者界定为酒驾

B. 即使血液中酒精浓度只有酒驾法定值的一半,也会影响视力和反应速度

C. 只要血液中酒精浓度不超过酒驾法定值,就可以驾车上路

D. 即使酒驾法定值设置较高,也不会将少量饮酒的驾车者排除在酒驾范围之外

E. 饮酒过量不仅损害身体健康,而且影响驾车安全

28. 某研究人员在2004年对一些12～16岁的学生进行了智商测试,测试得分为77～135分,4年之后再次测试,这些学生的智商得分为87～143。仪器扫描显示,那些得分提高了的学生,其脑部比此前呈现更多的灰质(灰质是一种神经组织,是中枢神经的重要组成部分)。这一测试表明,个体的智商变化确实存在,那些早期在学校表现不突出的学生仍有可能成为佼佼者。

以下除哪项外,都能支持上述实验结论?

A. 有些天才少年长大后智力并不出众

B. 言语智商的提高伴随着大脑左半球运动皮层灰质的增多

C. 学生的非言语智力表现与他们大脑结构的变化明显相关

D. 部分学生早期在学校表现不突出与其智商有关

E. 随着年龄的增长,青少年脑部区域的灰质通常也会增加

29～30题基于以下题干:

某高校数学、物理、化学、管理、文秘、法学等6个专业毕业生要就业,现有风云、怡和、宏宇三家公司前来学校招聘。已知,每家公司只招聘该校2～3个专业若干毕业生,且必须满足以下条件:

(1)招聘化学专业的公司也招聘数学专业;

（2）怡和公司招聘的专业,风云公司也招聘;

（3）只有一家公司招聘文秘专业,且该公司没有招聘物理专业;

（4）如果怡和公司招聘管理专业,那么也招聘文秘专业;

（5）如果宏宇公司没有招聘文秘专业,那么怡和公司招聘文秘专业。

29. 如果只有一家公司招聘物理专业,那么可以得出以下哪项?

A. 风云公司招聘化学专业　　　　　　B. 怡和公司招聘管理专业

C. 宏宇公司招聘数学专业　　　　　　D. 风云公司招聘物理专业

E. 怡和公司招聘物理专业

30. 如果三家公司都招聘了三个专业若干毕业生,那么可以得出以下哪项?

A. 风云公司招聘化学专业　　　　　　B. 怡和公司招聘法学专业

C. 宏宇公司招聘化学专业　　　　　　D. 风云公司招聘数学专业

E. 怡和公司招聘物理专业

2014 年管理类专业学位
全国联考逻辑真题

逻辑推理：以下 30 小题,每小题 2 分,共 60 分。给出的 A,B,C,D,E 五个选项中,只有一项是符合试题要求的,请在答题卡上将所选项的字母涂黑。

1. 随着光纤网络带来的网速大幅度提高,高速下载电影、在线看大片等都不再是困扰我们的问题。即使在社会生产力发展水平较低的国家,人们也可以通过网络随时随地获得最快的信息、最贴心的服务和最佳体验。有专家据此认为:光纤网络将大幅提高人民的生活质量。

以下哪项如果为真,最能质疑该专家的观点?
A. 网络上获得的贴心服务和美妙体验有时是虚幻的
B. 即使没有光纤网络,同样可以创造高品质的生活
C. 随着高速网络的普及,相关上网费用也随之增加
D. 人民生活质量的提高仅决定于社会生产力的发展水平
E. 快捷的网络服务可能使人们将大量时间消耗在娱乐上

2. 李栋善于辩论,也喜欢论辩。又一次他论证道:"郑强知道数字 87654321,陈梅家的电话正好是 87654321,所以郑强知道陈梅家的电话号码。"
以下哪项与李栋论证中所犯的错误最为类似?
A. 中国人是勤劳勇敢的,李岚是中国人,所以李岚是勤劳勇敢的
B. 金砖是由原子构成的,原子不是肉眼可见的,所以金砖不是肉眼可见的
C. 黄兵相信晨星在早晨出现,而晨星其实就是暮星,所以黄兵相信暮星在早晨出现
D. 张冉知道如果以 1∶0 的比分保持到终场,他们的队伍就出线了,现在张冉听到了终场比赛结束的哨声,所以张冉知道他们的队伍出线了
E. 所有蚂蚁都是动物,所以所有大蚂蚁都是大动物

3. 陈先生在鼓励他的孩子时说道:"不要害怕暂时的困难和挫折。不经历风雨怎么见彩虹?"他的孩子不服气地说:"您说得不对。我经历了那么多风雨,怎么就没见到彩虹呢?"
陈先生孩子的回答最适宜用来反驳以下哪项?
A. 如果想见到彩虹,就必须经历风雨
B. 只要经历了风雨,就可以见到彩虹
C. 只有经历风雨,才能见到彩虹
D. 即使经历了风雨,也可能见不到彩虹
E. 即使见到了彩虹,也不是因为经历了风雨

4. 在某次考试中,有 3 个关于北京旅游景点的问题,要求考生每题选择某个景点的名字作为唯一答案。其中 6 位考生关于上述 3 个问题的答案依次如下:

第一位考生:天坛、天坛、天安门;

第二位考生:天安门、天安门、天坛;

第三位考生:故宫、故宫、天坛;

第四位考生:天坛、天安门、故宫;

第五位考生:天安门、故宫、天安门;

第六位考生:故宫、天安门、故宫;

考试结果表明,每位考生都至少答对其中 1 道题。

根据以上陈述,可知这三个问题的正确答案依次是:

A. 天坛、故宫、天坛　　　　　　　B. 故宫、天安门、天安门

C. 天安门、故宫、天坛　　　　　　D. 天坛、天坛、故宫

E. 故宫、故宫、天坛

5. 人们普遍认为适量的体育运动能够有效降低中风的发生率,但科学家还注意到有些化学物质也有降低中风风险的作用。番茄红素是一种让番茄、辣椒、西瓜和番木瓜等果蔬呈现红色的化学物质。研究人员选取一千余名年龄在 46 至 55 岁之间的人,进行了长达 12 年的追踪调查,发现其中番茄红素水平最高的四分之一的人中有 11 人中风;番茄红素水平最低的四分之一的人中有 25 人中风。他们由此得出结论:番茄红素能降低中风发生率。

以下哪一项如果为真,最能对上述研究结论提出质疑?

A. 被研究的另一半人中有 50 人中风

B. 番茄红素水平较低的中风者中有三分之一的人病情较轻

C. 如果调查 56 至 65 岁之间的人,情况也许不同

D. 番茄红素水平高的人约有四分之一喜爱进行适量的体育运动

E. 吸烟、高血压和糖尿病等会诱发中风

6. 最新研究发现,恐龙腿骨化石都有一定的弯曲度,这意味着恐龙其实并没有人们想象的那么重。以前根据其腿骨为圆柱形的假定计算动物体重时,会使得计算结果比实际体重高出 1.42 倍。科学家由此认为,过去的那种计算方式高估了恐龙腿部所能承受的最大身体重量。

以下哪项如果为真,最能支持以上科学家的观点?

A. 恐龙腿骨所能承受的重量比之前人们所认为的要大

B. 恐龙身体越重,其腿部骨骼也越粗壮

C. 圆柱形腿骨能承受的重量比弯曲的腿骨大

D. 恐龙腿部的肌肉对于支撑其体重作用不大

E. 与陆地的恐龙相比,翼龙的腿骨更接近圆柱形

7. 已知某班共有 25 位同学,女生中身高最高者与最矮者相差 10 厘米;男生中身高最高

者与最矮者则相差15厘米。小明认为,根据已知信息,只要再知道男生、女生最高者的具体身高,或者再知道男生、女生的平均身高,均可确定全班学生中身高最高者与最低者之间的差距。

以下哪项如果为真,最能构成对小明观点的反驳?

A. 根据已知信息,如果不能确定全班同学中身高最高者与最低者之间的差距,则也不能确定男生、女生最高者的具体身高

B. 根据已知信息,即使确定了全班同学中身高最高者与最低者之间的差距,也不能确定男生、女生的平均身高

C. 根据已知信息,如果不能确定全班同学中身高最高者与最低者之间的差距,则既不能确定男生、女生最高者的具体身高,也不能确定男生、女生的平均身高

D. 根据已知信息,尽管再知道男生、女生的平均身高,也不能确定全班同学中身高最高者与最低者之间的差距

E. 根据已知信息,仅仅再知道男生、女生最高者的具体身高,就能确定全班同学中身高最高者与最低者之间的差距

8. 近几年来,某电脑公司的个人笔记本电脑的销量持续增长,但其增长率低于该公司所有产品总销量的增长率。

以下哪项关于该公司的陈述与上述信息相冲突?

A. 近10年来,该公司个人笔记本电脑的销量每年略有增长

B. 个人笔记本电脑的销量占该公司产品总销量的比例近几年来由68%上升到72%

C. 近10年来,该公司产品总销量增长率与个人笔记本电脑的销量增长率每年同时增长

D. 近10年来,该公司个人笔记本电脑的销量占该公司产品总销量的比例逐年下降

E. 个人笔记本电脑的销量占该公司产品总销量的比例近10年来由64%下降到49%

9. 学者张某说:"问题本身并不神秘,因与果也不仅仅是哲学家的事。每个凡夫俗子一生中都将面临许多问题,但分析问题的方法技巧却很少有人掌握,无怪乎华尔街的分析大师们趾高气扬,身价百倍。"

以下哪项如果为真,最能反驳张某的观点?

A. 有些凡夫俗子可能不需要掌握分析问题的方法和技巧

B. 有些凡夫俗子将要面临的问题并不多

C. 凡夫俗子中很少有人掌握分析问题的方法和技巧

D. 掌握分析问题的方法和技巧对多数人来说很重要

E. 华尔街的大师们大都掌握分析问题的方法和技巧

10. 试验发现,孕妇适当补充维生素D可以降低新生儿感染呼吸道合胞病毒的风险。科研人员检测了156名新生儿脐带血中维生素D的含量,其中54%的新生儿被诊断为维生素D缺失,这当中有12%的孩子在出生后一年内感染了呼吸道合胞病毒,这一比例远高于维生素D正常的孩子。

以下哪项如果为真,最能对科研人员的上述发现提供支持?

A. 上述实验中,54%的新生儿维生素D缺失是由于他们的母亲在妊娠期间没有补充足够的维生素D造成的

B. 孕妇适当补充维生素D可降低新生儿感染流感病毒的风险,特别是在妊娠后期补充维生素D预防效果会更好

C. 上述实验中,46%补充维生素D的孕妇所生的新生儿也有一些在出生一年内感染呼吸道合胞病毒

D. 科研人员试验时所选的新生儿在其他方面跟一般新生儿的相似性没有得到明确验证

E. 维生素D具有多种防病健体功能,其中包括提高免疫系统功能,促进新生儿呼吸系统发育,预防新生儿呼吸道病毒感染等

11. 英国有家小酒馆采取客人吃饭付费"随便给"的做法,即让顾客享用葡萄酒、蟹柳及三文鱼等美食后,自己决定付账金额。大多数顾客均以公平或慷慨的态度结账,实际金额比那些酒水菜肴本来的价格高出20%。该酒馆老板另有4家酒馆,而这4家酒馆每周的利润与付账"随便给"的酒馆相比少5%。这位老板因此认为:"随便给"的营销策略很成功。

以下哪项如果为真,最能解释老板营销策略的成功?

A. 部分顾客希望自己看上去有教养,愿意掏足够甚至更多的钱

B. 如果顾客所付低于成本价格,就会收到提醒而补足差价

C. 另外4家酒馆位置不如这家"随便给"酒馆

D. 客人常常不知道酒水菜肴的实际价格,不知道该付多少钱

E. 对于过分吝啬的顾客,酒馆老板常常也无可奈何

12~13题基于以下题干:

某公司年度审计期间,审计人员发现一张发票,上面有赵义、钱仁礼、孙智、李信4个签名,签名者的身份各不相同,是经办人,复核,出纳或审批领导之中的一个,且每个签名都是本人所签。询问4位相关人员,得到以下回答:

赵　义:"审批领导的签名不是钱仁礼。"

钱仁礼:"复核的签名不是李信。"

孙　智:"出纳的签名不是赵义。"

李　信:"复核的签名不是钱仁礼。"

已知上述每个回答中,如果提到的人是经办人,则该回答为假;如果提到的人不是经办人,则为真。

12. 根据以上信息,可以得出经办人是:

A. 赵义　　　　　B. 钱仁礼　　　　　C. 孙智　　　　　D. 李信

E. 无法确定

13. 根据以上信息,该公司的复核和出纳分别是:
A. 李信、赵义   B. 孙智、赵义   C. 钱仁礼、李信   D. 赵义、钱仁礼
E. 孙智、李信

14. 长期以来,人们认为地球是已知唯一能支持生命存在的星球,不过这一情况开始出现改观。科学家近日指出,在其他恒星周围,可能还存在着更加宜居的行星,他们尝试用新的方法展开外生命探索,即收集放射性元素钍和铀,行星内部含有这些元素越多,其内部温度就越高,在一定程度上有助于行星的板块运动,而板块运动有助于维系行星表面的水体,因此_____

以下哪项最可能为科学家的假设?
A. 虽尚未证实,但地球外生命一定存在
B. 没有水的行星也可能有生命
C. 行星内部温度越高,越有助于板块运动
D. 行星板块运动都是由放射性元素钍和铀驱动的
E. 行星如能维系水体就可能存在生命

15. 为了加强学习型机关建设,某机关党委开展了菜单式学习活动,拟开设课程有"行政学""管理学""科学前沿""逻辑"和"国际政治"等五门课程,要求其下属的四个支部各选择其中的两门课程进行学习。已知:第一支部没有选择"管理学""逻辑",第二支部没有选择"行政学""国际政治",只有第三支部选择了"科学前沿",任意两个支部所选课程均不完全相同。

根据上述信息,关于第四支部的选课情况可以得出以下哪项?
A. 如果没有选择"行政学",那么选择了"逻辑"
B. 如果没有选择"管理学",那么选择了"逻辑"
C. 如果没有选择"国际政治",那么选择了"逻辑"
D. 如果没有选择"管理学",那么选择了"国际政治"
E. 如果没有选择"行政学",那么选择了"管理学"

16. 有气象专家指出:全球变暖已经成为人类发展最严重的问题之一,南北极地区的冰川由于全球变暖而加速融化,已导致海平面上升;如果这一趋势不变,今后势必淹没很多地区,但近几年来,北半球许多地区的民众在冬季感到相当寒冷,一些地区甚至出现了超强降雪和极低气温,人们觉得对近期气候的确切描述似乎更应该是"全球变冷"。

以下哪项如果为真,最能解释上述现象?
A. 除了南极洲,南半球近几年冬季的平均温度接近正常
B. 近几年来,由于南极附近海水温度升高导致原来洋流中断或者减弱,而北半球经历严寒冬季的地区正是原来暖流影响的主要环境
C. 北半球主要是大陆性气候,冬季和夏季的温差通常较大,近年来冬季极地寒流比较频繁,近几年来,全球夏季的平均气温比常年偏高

D. 近几年来,由于赤道附近海水温度升高导致了原来洋流增强,而北半球经历严寒冬季的地区原来是寒流影响的主要区域

E. 北半球主要是大陆性气候,冬季和夏季的温差通常比较大,近年来冬季极地寒流南侵比较频繁

17. 这两个《通知》或者属于规章或者属于规范性文件,任何人均无权依据这两个《通知》将本来属于当事人选择公证的事项规定为强制公证的事项。

根据以上信息,可以得出以下哪项?

A. 规章或者规范性文件既不是法律,也不是行政法规

B. 规章或规范性文件或者不是法律,或者不是行政法规

C. 这两个《通知》如果一个属于规章,那么另一个属于规范性文件

D. 这两个《通知》如果都不属于规范性文件,那么就属于规章

E. 将本来属于当事人选择公证的事项规定为强制公证的事项属于违法行为

18. 若一个管理者是某领域优秀的专家学者,则他一定会管理好公司的基本事务;一位品行端正的管理者可以得到下属的尊重;但是对所有领域都一知半解的人一定不会得到下属的尊重。浩瀚公司董事会只会解除那些没有管理好公司基本事务者的职务。

根据以上信息,你可以得出以下哪项?

A. 浩瀚公司董事会不可能解除品行端正的管理者的职务

B. 浩瀚公司董事会解除了某些管理者的职务

C. 浩瀚公司董事会不可能解除受下属尊重的管理者的职务

D. 作为某领域优秀专家的管理者,不可能被浩瀚公司董事会解除职务

E. 对所有领域都一知半解的管理者,一定会被浩瀚公司董事会解除职务

19. 某国大选在即,国际政治专家陈研究员预测,选举结果或者是甲党控制政府,或者是乙党控制政府。如果甲党赢得对政府的控制权,该国将出现经济问题;如果乙党赢得对政府的控制权,该国将陷入军事危机。

根据陈研究员上述预测,可以得出以下哪项?

A. 该国可能不会出现经济问题,也不会陷入军事危机

B. 如果该国出现经济问题,那么甲党赢得了对政府的控制权

C. 该国将出现经济问题,或者将陷入军事危机

D. 如果该国陷入了军事危机,那么乙党赢得了对政府的控制权

E. 如果该国出现了经济问题并且陷入了军事危机,那么甲党与乙党均赢得了对政府的控制权

20. 某大学顾老师在回答有关招生问题时强调:"我们学校招收一部分免费师范生,也招收一部分一般师范生。一般师范生不同于免费师范生,没有免费师范生毕业时可以留在大城市工作,而一般师范生毕业时都可以选择留在大城市工作,任何非免费师范生毕业时都需

要自谋职业,没有免费师范生毕业时需要自谋职业。"

根据顾老师的陈述,可以得出以下哪项?

A. 该校需要自谋职业的大学生都可以选择留在大城市工作

B. 不是一般师范生的该校大学生都是免费师范生

C. 该校需要自谋职业的大学生都是一般师范生

D. 该校所有一般师范生都需要自谋职业

E. 该校可以选择留在大城市工作的唯一一类毕业生是一般师范生

21. 某单位负责网络、文秘以及后勤的 3 名办公人员:文珊、孔瑞和姚薇,为了培养年轻干部,领导决定她们 3 人在这 3 个岗位之间实行轮岗,并将她们原来的工作间 110 室、111 室和 112 室也进行了轮换。结果,原本负责后勤的文珊接替了孔瑞的文秘工作,由 110 室调到了 111 室。

根据以上信息,可以得出以下哪项?

A. 姚薇接替孔瑞的工作　　　　　　B. 孔瑞接替文珊的工作

C. 孔瑞被调到了 110 室　　　　　　D. 孔瑞被调到了 112 室

E. 姚薇被调到了 112 室

22. 某小区业主委员会的 4 名成员晨桦、建国、向明和嘉媛围坐在一张方桌前(每边各坐一人)讨论小区大门旁的绿化方案。4 人的职业各不相同,每个人的职业是高校教师、软件工程师、园艺师或邮递员中的一种。已知:晨桦是软件工程师,他坐在建国的左手边,向明坐在高校教师的右手边,坐在建国对面的嘉媛不是邮递员。

根据以上信息,可以得出以下哪项?

A. 嘉媛是高校教师,向明是园艺师　　B. 向明是邮递员,嘉媛是园艺师

C. 建国是邮递员,嘉媛是园艺师　　　D. 建国是高校教师,向明是园艺师

E. 嘉媛是园艺师,向明是高校教师

23. 兰教授认为:不善于思考的人不可能成为一名优秀的管理者,没有一个谦逊的智者学习占星术,占星家均学习占星术,但是有些占星家确是优秀的管理者。

以下哪项如果为真,最能反驳兰教授的上述观点?

A. 有些占星家不是优秀的管理者　　B. 有些善于思考的人不是谦逊的智者

C. 所有谦逊的智者都是善于思考的人　D. 谦逊的智者都不是善于思考的人

E. 善于思考的人都是谦逊的智者

24. 不仅人上了年纪会难以集中注意力,就连蜘蛛也有类似的状况。年轻蜘蛛结的网整齐均匀,角度完美;年老蜘蛛结的网可能出现缺口,形状怪异。蜘蛛越老,结的网就越没有章法。科学家由此认为,随着时间的流逝,这种动物的大脑会像人脑一样退化。

以下哪项如果为真,最能质疑科学家的上述论证?

A. 优美的蛛网更容易受到异性蜘蛛的青睐

B. 年老蜘蛛的大脑较之年轻蜘蛛,其脑容量明显偏小

C. 运动器官的老化会导致年老蜘蛛结网能力下降

D. 蜘蛛结网只是一种本能的行为,并不受大脑控制

E. 形状怪异的蛛网较之整齐均匀的蛛网,其功能没有大的差别

25. 某研究中心通过实验对健康男性和女性听觉的空间定位能力进行了研究。起初,每次只发出一种声音,要求被试者说出声源的准确位置,男性和女性都非常轻松地完成了任务;后来多种声音同时发出,要求被试者只关注一种声音并对声源进行定位,与男性相比,女性完成这项任务要困难得多,有时她们甚至认为声音是从声源相反方向传来的。研究人员由此得出:在嘈杂环境中准确找出声音来源的能力,男性要胜过女性。

以下哪项如果为真,最能支持研究者的结论?

A. 在实验使用的嘈杂环境中,有些声音是女性熟悉的声音

B. 在实验使用的嘈杂环境中,有些声音是男性不熟悉的声音

C. 在安静的环境中,女性注意力更易集中

D. 在嘈杂的环境中,男性注意力更易集中

E. 在安静的环境中,人的注意力更容易分散;在嘈杂的环境中,人的注意力更容易集中

26. 孙先生的所有朋友都声称,他们知道某人每天抽烟至少两盒,而且持续了 40 年,但身体一直不错,不过可以确信的是,孙先生并不知道有这样的人,在他的朋友中也有像孙先生这样不知情的。

根据以上信息,可以得出以下哪项?

A. 抽烟多少和身体健康与否无直接关系

B. 朋友之间的交流可能会夸张,但没有人想故意说谎

C. 孙先生的每位朋友知道的烟民一定不是同一个人

D. 孙先生的朋友中有人没有说真话

E. 孙先生的大多数朋友没有说真话

27. 现有甲、乙两所高校,根据上年度的教育经费实际投入统计,若仅仅比较在校本科生的学生人均经费投入,甲校等于乙校的 86％;但若比较所有学生(本科生加上研究生)的人均经费投入,甲校是乙校的 118％。各校研究生的人均经费投入均高于本科生。

根据以上信息,最可能得出以下哪项?

A. 上年度,甲校学生总数多于乙校

B. 上年度,甲校研究生人数少于乙校

C. 上年度,甲校研究生占该校学生的比例高于乙校

D. 上年度,甲校研究生人均经费投入高于乙校

E. 上年度,甲校研究生占该校学生的比例高于乙校,或者甲校研究生人均经费投入高于乙校

28～30题基于以下题干:

孔智、孟睿、荀慧、庄聪、墨灵、韩敏等6人组成一个代表队参加某次棋类大赛。其中两人参加围棋比赛,两人参加中国象棋比赛,还有两人参加国际象棋比赛。有关他们具体参加比赛项目的情况还需满足以下条件:

(1)每位选手只能参加一个比赛项目;

(2)孔智参加围棋比赛,当且仅当,庄聪和孟睿都参加中国象棋比赛

(3)如果韩敏不参加国际象棋比赛,那么墨灵参加中国象棋比赛;

(4)如果荀慧参加中国象棋比赛,那么庄聪不参加中国象棋比赛;

(5)荀慧和墨灵至少有一人不参加中国象棋比赛。

28. 如果荀慧参加中国象棋比赛,那么可以得出以下哪项?
A. 庄聪和墨灵都参加围棋比赛　　　　B. 孟睿参加围棋比赛
C. 孟睿参加国际象棋比赛　　　　　　D. 墨灵参加国际象棋比赛
E. 韩敏参加国际象棋比赛

29. 如果庄聪和孔智参加相同的比赛项目,且孟睿参加中国象棋比赛,那么可以得出以下哪项?
A. 墨灵参加国际象棋比赛　　　　　　B. 庄聪参加中国象棋比赛
C. 孔智参加围棋比赛　　　　　　　　D. 荀慧参加围棋比赛
E. 韩敏参加中国象棋比赛

30. 根据题干信息,以下哪项可能为真?
A. 庄聪和韩敏参加中国象棋比赛　　　B. 韩敏和荀慧参加中国象棋比赛
C. 孔智和孟睿参加围棋比赛　　　　　D. 墨灵和孟睿参加围棋比赛
E. 韩敏和孔智参加围棋比赛

2013年管理类专业学位
全国联考逻辑真题

逻辑推理：以下30小题，每小题2分，共60分。给出的A,B,C,D,E五个选项中，只有一项是符合试题要求的，请在答题卡上将所选项的字母涂黑。

1. 某公司自去年初开始实施一项"办公用品节俭计划"，每位员工每月只能免费领用限量的纸笔等各类办公用品。年末统计时发现，公司用于各类办公用品的支出较上年度下降了30％。在未实施该计划的过去5年间，公司年均消耗办公用品10万元。公司总经理由此得出：该计划去年已经为公司节约了不少经费。

以下哪项如果为真，最能构成对总经理推论的质疑？

A. 另一家与该公司规模及其他基本情况均类似的公司，未实施类似的节俭计划，但在过去的5年间办公用品人均消耗额越来越低

B. 去年，该公司在员工困难补助、交通津贴等方面的开支增加了3万元

C. 另一家与该公司规模及其他基本情况均类似的公司，未实施类似的节俭计划，在过去的5年间办公用品消耗额年均也为10万元

D. 在过去的5年间，该公司大力推广无纸化办公，并且取得很大成效

E. "办公用品节俭计划"是控制支出的重要手段，但说该计划为公司"一年内节约不少经费"，没有严谨的数据分析

2. 公司经理：我们招聘人才时最看重的是综合素质和能力，而不是分数。人才招聘中，高分低能者并不鲜见，我们显然不希望招到这样的"人才"。从你的成绩单可以看出，你的学业分数很高，因此我们有点怀疑你的能力和综合素质。

以下哪项和经理得出结论的方式最为类似？

A. 公司管理者并非都是聪明人，陈然不是公司管理者，所以陈然可能是聪明人

B. 闪光的物体并非都是金子，考古队挖到了闪闪发光的物体，所以考古队挖到的可能不是金子

C. 猫都爱吃鱼，没有猫患近视，所以吃鱼可以预防近视

D. 人的一生中健康开心最重要，名利都是浮云，张立名利双收，所以很有可能张立并不开心

E. 有些歌手是演员，所有的演员都很富有，所以有些歌手可能不是很富有

3. 某省大力发展旅游产业，目前已经形成东湖、西岛、南山三个旅游景点，每处景点都有二日游、三日游、四日游三种线路。李明、王刚、张波将赴上述三地进行9日游。每个人都设

计了各自的旅游计划。后来发现,每处景点他们三人都选择了不同的线路,李明赴东湖的计划天数与王刚赴西岛的计划天数相同。李明赴南山的计划是三日游,王刚赴南山的计划是四日游。

根据以上陈述,可以得出以下哪项?

A. 张波计划东湖三日游,李明计划西岛四日游

B. 张波计划东湖四日游,王刚计划西岛三日游

C. 王刚计划东湖三日游,张波计划西岛四日游

D. 李明计划东湖二日游,王刚计划西岛三日游

E. 李明计划东湖二日游,王刚计划西岛二日游

4. 国际足联一直坚称,世界杯冠军队所获得的"大力神"杯是实心的纯金奖杯。某教授经过精密测量和计算认为,世界杯冠军奖杯——实心的"大力神"杯不可能是纯金制成的,否则球员根本不可能将它举过头顶并随意挥舞。

以下哪项与这位教授的意思最为接近?

A. 只有球员能够将"大力神"杯举过头顶并自由挥舞,它才由纯金制成,并且不是实心的

B. 若球员能够将"大力神"杯举过头顶并自由挥舞,则它很可能是空心的纯金杯

C. 若"大力神"杯是实心的纯金杯,则球员不可能把它举过头顶并随意挥舞

D. 只有"大力神"杯是实心的,它才可能是纯金的

E. 若"大力神"杯是由纯金制成,则它肯定是空心的

5. 根据学习在动机形成和发展中所起的作用,人的动机可分为原始动机和习得动机两种。原始动机是与生俱来的动机,它们是以人的本能需要为基础的,习得动机是指后天获得的各种动机,即经过学习产生和发展起来的各种动机。

根据以上陈述,以下哪项最可能属于原始动机?

A. 尊师重教,崇文尚武   B. 不入虎穴,焉得虎子

C. 宁可食无肉,不可居无竹   D. 尊敬老人,孝顺父母

E. 窈窕淑女,君子好逑

6~7 题基于以下题干:

互联网好比一个复杂多样的虚拟世界,在互联网主机上的信息又构成了一个微观虚拟世界。若在某主机上可以访问本主机上的信息、则称该主机相通于自身;若主机 x 能通过互联网访问主机 y 的信息,则称 x 相通于 y,已知代号分别为甲、乙、丙、丁的 4 台联网主机有如下信息:

(1) 甲主机相通于任一不相通于丙的主机;

(2) 丁主机不相通于丙;

(3) 丙主机相通于任一相通于甲的主机。

6. 若丙主机不相通于自身,则以下哪项一定为真?

A. 若丁主机相通于乙,则乙主机相通于甲

B. 甲主机相通于乙,乙主机相通于丙

C. 只有甲主机不相通于丙,丁主机才相通于乙

D. 甲主机相通于丁,也相通于丙

E. 丙主机不相通于丁,但相通于乙

7. 若丙主机不相通于任何主机,则以下哪项一定为假?

A. 甲主机相通于乙

B. 乙主机相通于自身

C. 丁主机不相通于甲

D. 若丁主机相通于甲,则乙主机相通于甲

E. 若丁主机不相通于甲,则乙主机相通于甲

8. 某科研机构对市民所反映的一种奇异现象进行研究,该现象无法使用已有的科学理论进行解释。助理研究员小王由此断言:该现象是错觉。

以下哪项如果为真,最可能使小王的断言不成立?

A. 有些错觉可以用已有的科学理论进行解释

B. 有些错觉不能用已有的科学理论进行解释

C. 错觉都可以用已有的科学理论进行解释

D. 所有错觉都不能用已有的科学理论进行解释

E. 已有的科学理论尚不能完全解释错觉是如何形成的

9. 人们知道鸟类能感觉到地球磁场,并利用它们导航。最近某国科学家发现,鸟类其实是利用右眼"查看"地球磁场的。为检验该理论,当鸟类开始迁徙的时候,该国科学家把若干知更鸟放进一个漏斗形状的庞大的笼子里。笼壁上涂着标记性物质,鸟要通过笼子细口才能飞出去。如果鸟碰到笼壁,就会黏上标记性物质,以此判断鸟能否找到方向。

以下哪项如果为真,最能支持该国科学家的上述发现?

A. 没戴眼罩的鸟和右眼戴眼罩的鸟顺利从笼中飞了出去,左眼戴眼罩的鸟朝哪个方向飞的都有

B. 没戴眼罩的鸟和左眼戴眼罩的鸟朝哪个方向飞的都有,右眼戴眼罩的鸟顺利从笼中飞了出去

C. 戴眼罩的鸟,不论左眼还是右眼,顺利从笼中飞了出去;没戴眼罩的鸟朝哪个方向飞的都有

D. 没戴眼罩的鸟和左眼戴眼罩的鸟顺利从笼中飞了出去,右眼戴眼罩的鸟朝哪个方向飞的都有

E. 没戴眼罩的鸟顺利从笼中飞了出去;戴眼罩的鸟,不论左眼还是右眼,朝哪个方向飞的都有

10~11题基于以下题干：

年初,为激励员工努力工作,某公司决定根据每月的工作绩效评选"月度之星"。王某在当年前10个月恰好只在连续的4个月中当选"月度之星",他的另三位同事郑某、吴某、周某也做到了这一点。关于这四人当选"月度之星"的月份,已知:

王某和郑某仅有三个月同时当选;

郑某和吴某仅有三个月同时当选;

王某和周某不曾在同一个月当选;

仅有2人在7月同时当选;

至少有1人在1月当选。

10. 根据以上信息,有3人同时当选"月度之星"的月份是_____
A. 5~7月   B. 4~6月   C. 3~5月   D. 2~4月
E. 1~3月

11. 根据以上信息,王某当选"月度之星"的月份是_____
A. 7~10月   B. 5~8月   C. 4~7月   D. 3~6月
E. 1~4月

12. 若成为白领的可能性无性别差异,按正常男女出生率102:100计算,当这批人中的白领谈婚论嫁时,女性与男性数量应当大致相等。但实际上,某市妇联近几年举办的历次大型白领相亲活动中,报名的男女比例约为3:7,有时甚至达到2:8,这说明,文化越高的女性越难嫁,文化低的反而好嫁;男性则正好相反。

以下除哪项外,都有助于解释上述分析与实际情况的不一致?
A. 与男性有所不同,女性白领要求高,往往只找比自己更优秀的男性
B. 与本地女性竞争的外地优秀女性多于与本地男性竞争的外地优秀男性
C. 大学毕业后出国的精英分子中,男性多于女性
D. 一般说来,男性参加大型相亲会的积极性不如女性
E. 男性因长相身高、家庭条件等被女性淘汰者多于女性因长相身高、家庭条件等被男性淘汰者

13. 张霞、李丽、陈露、邓强和王硕一起坐火车去旅游。他们正好坐在同一车厢相对两排的5个座位上,每人各坐一个位置。第一排的座位按顺序分别记作1号和2号,第2排的座位按顺序记为3,4,5号。座位1和座位3直接相对,座位2和座位4直接相对。座位5不和上述任何座位直接相对。李丽坐在4号位置;陈露所坐的位置不与李丽相邻,也不与邓强相邻(相邻是指同一排上紧挨着);张霞不坐在与陈露直接相对的位置上。

根据以上信息,张霞所坐位置有多少种可能的选择?
A. 5种   B. 4种   C. 3种   D. 2种
E. 1种

14. 某大学的哲学学院和管理学院今年招聘新教师,招聘结束后受到了女权主义代表的批评,因为他们在 12 名女性应聘者中录用了 6 名,但在 12 名男性应聘者中却录用了 7 名。该大学对此解释说,今年招聘新教师的两个学院中,女性应聘者的录用率都高于男性的录用率。具体的情况是:哲学学院在 8 名女性应聘者录用了 3 名,而在 3 名男性应聘者中录用了 1 名;管理学院在 4 名女性应聘者录用了 3 名,而在 9 名男性应聘者中录用了 6 名。

以下哪项最有助于解释女权主义代表和该大学之间的分歧?

A. 整体并不是局部的简单相加

B. 现代社会提倡男女平等,但在实际执行中还是有一定的难度

C. 各个局部都具有的性质在整体上未必具有

D. 有些数学规则不能解释社会现象

E. 人们往往从整体角度考虑问题,不管局部如何,最终的整体结果才是最重要的

15. 教育专家李教授提出,每个人在自己的一生中,都要不断地努力,否则就会像乌龟赛跑的故事一样,一时跑得快并不能保证一直领先。如果你本来基础好又能不断努力,那你肯定能比别人更早取得成功。

如果李教授的陈述为真,以下哪项一定为假?

A. 只要不断努力,任何人都可能取得成功

B. 一时不成功并不意味着一直不成功

C. 小王本来基础好并且能不断努力,但也可能比别人更晚取得成功

D. 人的成功是有衡量标准的

E. 不论是谁,只有不断努力,才可能取得成功

16. 最近一项研究发现,海水颜色能够让飓风改变方向,也就是说,如果海水变色,飓风的移动路径也会变向。这也就意味着科学家可以根据海水的"脸色"判断哪些地方将被飓风袭击,哪些地区会幸免于难。值得关注的是,全球气候变暖可能已经让海水变色。

以下哪项最可能是科学家作出判断所依赖的前提?

A. 海水颜色与飓风移动路径之间存在某种相对确定的联系

B. 海水温度升高会导致生成的飓风数量增加

C. 海水温度变化与海水颜色变化之间的联系尚不明朗

D. 全球气候变暖是最近几年飓风频发的重要原因之一

E. 海水温度变化会导致海水改变颜色

17. 某金库发生了失窃案,公安机关侦查确定,这是一起典型的内盗案,可以断定金库管理员甲、乙、丙、丁中至少有一人是作案者。办案人员对 4 人进行了询问,4 人的回答如下:

甲:"如果乙不是窃贼,我也不是窃贼。"

乙:"我不是窃贼,丙是窃贼。"

丙:"甲或者乙是窃贼。"

丁:"乙或者丙是窃贼。"

后来事实表明,他们 4 人中只有一人说了真话。

根据以上陈述,以下哪项一定为假?

A. 乙不是窃贼　　B. 丙不是窃贼　　C. 甲说的是真话　　D. 丙说的是假话

E. 丁说的是真话

18. 所有参加此次运动会的选手都是身体强壮的运动员,所有身体强壮的运动员都是极少生病的,但是有一些身体不适的选手参加了此次运动会。

以下哪项不能从上述前提中得出?

A. 有些身体不适的选手是极少生病的

B. 有些极少生病的选手感到身体不适

C. 参加此次运动会的选手都是极少生病的

D. 极少生病的选手都参加了此次运动会

E. 有些身体强壮的运动员感到身体不适

19. 足球是一项集体运动,若想不断取得胜利,每个强队都必须有一位核心队员,他总是能在关键场次带领全队赢得比赛。友南是某国甲级联赛强队西海队队员。据某记者统计,在上赛季参加的所有比赛中,有友南参赛的场次,西海队胜率高达 75.5%,另有 16.3% 的平局,8.2% 的场次输球,而在友南缺阵的情况下,西海队胜率只有 58.9%,输球的比率高达 23.5%。该记者由此得出结论,友南是上赛季西海队的核心队员。

以下哪项如果为真,最能质疑该记者的结论?

A. 上赛季友南上场且西海队输球的比赛,都是西海队与传统强队对阵的关键场次

B. 西海队队长表示:"没有友南我们将失去很多东西,但我们会找到解决办法。"

C. 本赛季开始以来,在友南上阵的情况下,西海队胜率暴跌 20%

D. 上赛季友南缺席且西海队输球的比赛,都是小组赛中西海队已经确定出线后的比赛

E. 西海队教练表示:"球队是一个整体,不存在有友南的西海队和没有友南的西海队。"

20. 只要每个司法环节都能坚守程序正义,切实履行监督制约职能,结案率就会大幅度提高。去年某国结案率比上一年提高了 70%,所以,该国去年每个司法环节都能坚守程序正义,切实履行监督制约职能。

以下哪项与上述论证方式最为相似?

A. 在校期间品学兼优,就可以获得奖学金。李明没有获得奖学金,所以他在校期间一定不是品学兼优

B. 只有在校期间品学兼优,才可以获得奖学金。李明获得了奖学金,所以他在校期间一定品学兼优

C. 在校期间品学兼优,就可以获得奖学金。李明在校期间不是品学兼优,所以他不可能获得奖学金

D. 李明在校期间品学兼优,但是他没获得奖学金。所以,在校期间品学兼优,不一定可以获得奖学金

E. 在校期间品学兼优,就可以获得奖学金。李明获得了奖学金,所以他在校期间一定品学兼优

21. 在东海大学研究生会举办的一次中国象棋比赛中,来自经济学院、管理学院、哲学学院、数学学院和化学学院的5名研究生(每学院1名)相遇在一起,有关甲、乙、丙、丁、戊5名研究生之间的比赛信息满足以下条件:

(1) 甲仅与2名选手比赛过。

(2) 化学学院的选手和3名选手比赛过。

(3) 乙不是管理学院的,也没有和管理学院的选手对阵过。

(4) 哲学学院的选手和丙比赛过。

(5) 管理学院,哲学学院,数学学院的选手相互都交过手。

(6) 丁仅与1名选手比赛过。

根据以上条件,请问丙来自哪个学院?

A. 哲学学院　　　　B. 管理学院　　　　C. 经济学院　　　　D. 化学学院

E. 数学学院

22. 据统计,去年在某校参加高考的385名文、理科考生中,女生189人,文科男生41人,非应届男生28人,应届理科考生256人。

由此可见,去年在该校参加高考的考生中,_____

A. 应届理科男生多于129人　　　　B. 应届理科女生少于130人

C. 应届理科女生多于130人　　　　D. 非应届文科男生多于20人

E. 非应届文科男生少于20人

23. 某公司人力资源管理部人士指出:由于本公司招聘职位有限,在本次招聘考试中,不可能所有的应聘者都被录用。

基于以下哪项可以得出该人士的上述结论?

A. 在本次招聘考试中,必然有应聘者被录用

B. 在本次招聘考试中,必然有应聘者不被录用

C. 在本次招聘考试中,可能有应聘者被录用

D. 在本次招聘考试中,可能有应聘者不被录用

E. 在本次招聘考试中,可能有应聘者被录用,也可能有应聘者不被录用

24. 在某次综合性学术年会上,物理学会做学术报告的人都来自高校;化学学会做学术报告的人有些来自高校,但是大部分来自中学;其他做学术报告者均来自科学院。来自高校的学术报告者都具有副教授以上职称,来自中学的学术报告者都具有中高级以上职称。李默、张嘉参加了这次综合性学术年会,李默并非来自中学,张嘉并非来自高校。

以上陈述如果为真,可以得出以下哪项结论?

A. 张嘉如果做了学术报告,那么他不是物理学会的

B. 张嘉不具有副教授以上职称
C. 李默不是化学学会的
D. 张嘉不是物理学会的
E. 李默如果做了学术报告,那么他不是化学学会的

25. 根据某位国际问题专家的调查统计可知:有的国家希望与某些国家结盟,有三个以上的国家不希望与某些国家结盟;至少有两个国家希望与每个国家建交,有的国家不希望与任一国家结盟。

根据上述统计可以得出以下哪项?
A. 每个国家都有一些国家希望与之建交
B. 每个国家都有一些国家希望与之结盟
C. 有些国家之间希望建交但是不希望结盟
D. 至少有一个国家,既有国家希望与之结盟,也有国家不希望与之结盟
E. 至少有一个国家,既有国家希望与之建交,也有国家不希望与之建交

26. 翠竹的大学同学都在某德资企业工作,溪兰是翠竹的大学同学。涧松是该德资企业的部门经理。该德资企业的员工有些来自淮安。该德资企业的员工都曾到德国研修,他们都会说德语。

以下哪项可以从以上陈述中得出?
A. 涧松来自淮安
B. 溪兰会说德语
C. 翠竹与涧松是大学同学
D. 涧松与溪兰是大学同学
E. 翠竹的大学同学有些是部门经理

27. 某国研究人员报告说,与心跳速度每分钟低于 58 次的人相比,心跳速度每分钟超过78 次者心脏病发作或者发生其他心血管问题的概率高出 39%,死于这类疾病的风险高出77%,其整体死亡率高出 65%。研究人员指出,长期心跳过快导致了心血管疾病。

以下哪项如果为真,最能对该研究人员的观点提出质疑?
A. 各种心血管疾病影响身体的血液循环机能,导致心跳过快
B. 在老年人中,长期心跳过快的不到 39%
C. 在老年人中,长期心跳过快的超过 39%
D. 野外奔跑的兔子心跳很快,但是很少发现它们患心血管疾病
E. 相对于老年人,年轻人生命力旺盛,心跳较快

28. 专业人士预测:如果粮食价格保持稳定,那么蔬菜价格也将保持稳定,如果食用油价格不稳,那么蔬菜价格也将出现波动。老李由此断定:粮食价格将保持稳定,但是肉类食品价格将上涨。

根据上述专业人士的预测,以下哪项如果为真,最能对老李的观点提出质疑?
A. 如果食用油价格稳定,那么肉类食品价格将会上涨

B. 如果食用油价格稳定,那么肉类食用品价格不会上涨

C. 如果肉类食品价格不上涨,那么食用油价格将会上涨

D. 如果食用油价格出现波动,那么肉类食品价格不会上涨

E. 只有食用油价格稳定,肉类食品价格才不会上涨

29～30 题基于以下题干:

晨曦公园拟在园内东、南、西、北 4 个区域种植 4 种不同的特色树木,每个区域只种植一种。选定的特色树种为:水杉,银杏,乌柏,龙柏。布局的基本要求是:

(1) 如果在东区或者南区种植银杏,那么在北区不能种植龙柏或者乌柏;

(2) 北区或者东区要种植水杉或者银杏之一。

29. 根据上述种植要求,如果北区种植龙柏,以下哪项一定为真?

A. 西区种植水杉　　B. 南区种植乌柏　　C. 南区种植水杉　　D. 西区种植乌柏

E. 东区种植乌柏

30. 根据上述种植要求,如果水杉必须种植于西区或南区,以下哪项一定为真?

A. 南区种植水杉　　B. 西区种植水杉　　C. 东区种植银杏　　D. 北区种植银杏

E. 南区种植乌柏

2012 年管理类专业学位
全国联考逻辑真题

逻辑推理:以下 30 小题,每小题 2 分,共 60 分。给出的 A,B,C,D,E 五个选项中,只有一项是符合试题要求的,请在答题卡上将所选项的字母涂黑。

1. 1991 年 6 月 15 日,菲律宾吕宋岛上的皮纳图博火山突然大喷发,2 000 万吨二氧化硫气体冲入平流层,形成的霾像毯子一样盖在地球上空,把部分要照射到地球的阳光反射回太空。几年之后,气象学家发现这层霾使得当时地球表面的温度累计下降了 0.5 摄氏度,而皮纳图博火山喷发前的一个世纪,因人类活动而造成的温室效应已经使地球表面温度升高了 1 摄氏度。某位持"人工气候改造论"的科学家据此认为,可以用火箭弹等方式将二氧化硫充入大气层,阻挡部分阳光,达到给地球表面降温的目的。

以下哪项如果为真,最能对该科学家提议的有效性构成质疑?

A. 如果利用火箭弹将二氧化硫充入大气层,会导致航空乘客呼吸不适

B. 如果在大气层上空放置反光物,就可以避免地球表面受到强烈阳光的照射

C. 可以把大气中的碳提取出来存储在地下,减少大气层中的碳含量

D. 不论何种方式,"人工气候改造论"都将破坏地球的大气层结构

E. 火山喷发形成的降温效应只是暂时的,经过一段时间温度将再次回升

2. 近期流感肆虐,一般流感患者可采用抗病毒药物治疗。虽然并不是所有流感者均需接受达菲等抗病毒药物的治疗,但不少医生仍强烈建议老人、儿童等易出现严重症状的患者用药。

如果以上陈述为真,则以下哪项一定为假?

Ⅰ. 有些流感患者需接受达菲等抗病毒药物的治疗

Ⅱ. 并非有的流感患者不需接受抗病毒药物的治疗

Ⅲ. 老人、儿童等易出现严重症状的患者不需要用药

A. 仅Ⅰ   B. 仅Ⅱ   C. 仅Ⅲ   D. 仅Ⅰ,Ⅱ

E. 仅Ⅱ,Ⅲ

3. 某公司规定,在一个月内,除非每个工作日都出勤,否则任何员工都不可能既获得当月绩效工资,又获得奖励工资。

以下哪项与上述规定的意思最为接近?

A. 在一个月内,任何员工如果所有工作日不缺勤,必然既获得当月绩效工资,又获得奖励工资

B. 在一个月内,任何员工如果所有工作日不缺勤,都有可能既获得当月绩效工资,又获得奖励工资

C. 在一个月内,任何员工如果有某个工作日缺勤,仍有可能获得当月绩效工资,或者获得奖励工资

D. 在一个月内,任何员工如果有某个工作日缺勤,必然或者得不了当月绩效工资,或者得不了奖励工资

E. 在一个月内,任何员工如果所有工作日缺勤,必然既得不了当月绩效工资,又得不了奖励工资

4. 只有具有一定文学造诣且具有生物学专业背景的人,才能读懂这篇文章。

如果上述命题为真,以下哪项不可能为真?

A. 小张没有读懂这篇文章,但他的文学造诣是大家所公认的

B. 计算机专业的小王没有读懂这篇文章

C. 从未接触过生物学知识的小李读懂了这篇文章

D. 小周具有生物学专业背景,但他没有读懂这篇文章

E. 生物学博士小赵读懂了这篇文章

5. 经过反复核查,质检员小李向厂长汇报说:"726车间生产的产品都是合格的,所以不合格的产品都不是726车间生产的"。

以下哪项和小李的推理结构最为相似?

A. 所有入场的考生都经过了体温测试,所以没能入场的考生都没有经过体温测试

B. 所有出厂设备都是检测合格的,所以检测合格的设备都已出厂

C. 所有已发表文章都是认真校对过的,所以认真校对过的文章都已发表

D. 所有真理都是不怕批评的,所以怕批评的都不是真理

E. 所有不及格的学生都没有好好复习,所以没好好复习的学生都不及格

6. 王涛和周波是理科(1)班同学,他们是无话不说的好朋友。他们发现班里每一个人或者喜欢物理,或者喜欢化学。王涛喜欢物理,周波不喜欢化学。

根据以上陈述,以下哪项必定为真?

Ⅰ. 周波喜欢物理

Ⅱ. 王涛不喜欢化学

Ⅲ. 理科(1)班不喜欢物理的人喜欢化学

Ⅳ. 理科(1)班一半人喜欢物理,一半人喜欢化学

A. 仅Ⅰ　　　　　　B. 仅Ⅲ　　　　　　C. 仅Ⅰ,Ⅱ　　　　　　D. 仅Ⅰ,Ⅲ

E. 仅Ⅱ,Ⅲ,Ⅳ

7. 李明、王兵、马云三位股民对股票A和股票B分别做了如下预测:

李明:只有股票A不上涨,股票B才不上涨。

王兵：股票A和股票B至少有一个不上涨。

马云：股票A上涨当且仅当股票B上涨。

若三人的预测都为真，则以下哪项符合他们的预测？

A. 股票A上涨，股票B不上涨   B. 股票A不上涨，股票B上涨

C. 股票A和股票B均上涨   D. 股票A和股票B均不上涨

E. 只有股票A上涨，股票B才不上涨

8. 临江市地处东部沿海，下辖临东、临西、江南、江北4个区。近年来，文化旅游产业成为该市新的经济增长点。2010年，该市一共吸引了全国数十万人次旅客前来参观旅游。12月底，关于该市4个区当年吸引游客人次多少的排名，各位旅游局局长做了如下预测：

临东区旅游局局长：如果临西区第三，那么江北区第四；

临西区旅游局局长：只有临西区不是第一，江南区才第二；

江南区旅游局局长：江南区不是第二；

江北区旅游局局长：江北区第四。

最终的统计表明，只有一位局长的预测符合事实，则临东区当年吸引游客人次的排名是

A. 第一   B. 第二   C. 第三   D. 第四

E. 在江北区之前

9. 小张是某公司营销部员工。公司经理对他说："如果你争取到这个项目，我就奖励你一台笔记本电脑或者给你项目提成。"

以下哪项如果为真，说明该经理没有兑现承诺？

A. 小张没争取到这个项目，该经理没给他项目提成，但送了他一台笔记本电脑

B. 小张没争取到这个项目，该经理没奖励他笔记本电脑，也没给他项目提成

C. 小张争取到了这个项目，该经理给他项目提成，但并未奖励他笔记本电脑

D. 小张争取到了这个项目，该经理奖励他一台笔记本电脑并且给他三天假期

E. 小张争取到了这个项目，该经理未给他项目提成，但奖励了他一台台式电脑

10.《文化新报》记者小白周四去某市采访陈教授与王研究员。次日，其同事小李问小白："昨天你采访到那两位学者了吗？"小白说："不，没那么顺利。"小李又问："那么，你一个都没采访到？"小白说："也不是。"

以下哪项最可能是小白周四采访所发生的实际情况？

A. 小白采访到了两位学者

B. 小白采访了李教授，但没有采访王研究员

C. 小白根本没有去采访两位学者

D. 两位采访对象都没有接受采访

E. 小白采访到了其中一位，但没有采访到另一位

11. 只有通过身份认证的人才允许上公司内网，如果没有良好的业绩就不可能通过身份

认证,张辉有良好的业绩而王纬没有良好的业绩。

如果上述断定为真,则以下哪项一定为真?

A. 允许张辉上公司内网　　　　　　　B. 不允许王纬上公司内网

C. 张辉通过身份认证　　　　　　　　D. 有良好的业绩,就允许上公司内网

E. 没有通过身份认证,就说明没有良好的业绩

12. 比较文字学者张教授认为,在不同的民族语言中,字形与字义的关系有不同的表现。他提出,汉字是象形文字,其中大部分是形声字,这些字的字形和字义相互关联;而英语是拼音文字,其字形与字义往往关联度不大,需要某种抽象的理解。

以下哪项如果为真,最不符合张教授的观点?

A. 汉语中的"日""月"是象形字,从字形可以看出其所指的对象;而英语中的 sun 与 moon 则感觉不到这种形义结合

B. 汉语中"日"与"木"结合,可以组成"東""杲""杳"等不同的字,并可以猜测其语义。而英语中则不存在与此类似的 sun 与 wood 的结合

C. 英语中,也有与汉语类似的象形文字,如,eye 是人的眼睛的象形,两个 e 代表眼睛,y 代表中间的鼻子;bed 是床的象形,b 和 d 代表床的两端

D. 英语中的 sunlight 与汉语中的"阳光"相对应,而英语的 sun 与 light 和汉语中的"阳"与"光"相对应

E. 汉语的"星期三"与英语中的 Wednesday 和德语中的 Mitwoch 意思相同

13. 乘客使用手机及便携式电脑等电子设备会通过电磁波谱频繁传输信号,机场的无线电话和导航网络等也会使用电磁波谱,但电信委员会已根据不同用途把电磁波谱分成了几大块。因此,用手机打电话不会对专供飞机通信系统或全球定位系统使用的波段造成干扰。尽管如此,各大航空公司仍然规定,禁止机上乘客使用手机等电子设备。

以下哪项如果为真,能解释上述现象?

Ⅰ. 乘客在空中使用手机等电子设备可能对地面导航网络造成干扰

Ⅱ. 乘客在起飞和降落时使用手机等电子设备,可能影响机组人员工作

Ⅲ. 便携式电脑或者游戏设备可能导致自动驾驶仪出现断路或仪器显示发生故障

A. 仅Ⅰ　　　　　　B. 仅Ⅱ　　　　　　C. 仅Ⅰ,Ⅱ　　　　　　D. 仅Ⅱ,Ⅲ

E. Ⅰ,Ⅱ和Ⅲ

14. 2010 年上海世博会盛况空前,200 多个国家场馆和企业主题馆让人目不暇接。大学生王刚决定在学校放暑假的第二天前往世博会参观。前一天晚上,他特别上网查看了各位网友对相关热门场馆选择的建议,其中最吸引王刚的有三条:

(1)如果参观沙特馆,就不参观石油馆。

(2)石油馆和中国国家馆择一参观。

(3)中国国家馆和石油馆不都参观。

实际上,第二天王刚的世博会行程非常紧凑,他没有接受上述三条建议中的任何一条。

关于王刚所参观的热门场馆，以下哪项描述正确？

A. 参观沙特馆、石油馆，没有参观中国国家馆

B. 沙特馆、石油馆、中国国家馆都参观了

C. 沙特馆、石油馆、中国国家馆都没有参观

D. 没有参观沙特馆，参加石油馆和中国国家馆

E. 没有参观石油馆，参加沙特馆、中国国家馆

15. 经理说："有了自信不一定赢。"董事长回应说："但是没有自信一定会输。"

以下哪项与董事长的意思最为接近？

A. 不输即赢，不赢即输　　　　B. 如果自信，则一定会赢

C. 只有自信，才可能不输　　　D. 除非自信，否则不可能输

E. 只有赢了，才可能更自信

16. 在家电产品"三下乡"活动中，某销售公司的产品受到了农村居民的广泛欢迎。该公司总经理在介绍经验时表示：只有用了最流行畅销的明星产品面对农村居民，才能获得他们的青睐。

以下哪项如果为真，最能质疑总经理的论述？

A. 某品牌电视由于其较强的防潮能力，尽管不是明星产品，仍然获得了农村居民的青睐

B. 流行畅销的明星产品由于价格偏高，没有赢得农村居民的青睐

C. 畅销流行的明星产品只有质量过硬，才能获得农村居民的青睐

D. 有少数娱乐明星为某些流行畅销的产品做虚假广告

E. 流行畅销的明星产品最适合城市中的白领使用

17. 居民苏女士在菜场看到某摊位的鹌鹑蛋色泽新鲜、形态圆润且价格便宜，于是买了一箱。回家后发现有些鹌鹑蛋打不破，甚至掉到地上也摔不坏，再细闻已经打破的鹌鹑蛋，有一股刺鼻的消毒液味道。她投诉至菜市场管理部门，结果一位工作人员声称鹌鹑蛋目前还没有国家质量标准，无法判断它有质量问题，所以他坚持这箱鹌鹑蛋没有质量问题。

以下哪项与该工作人员做出结论的方式最为相似？

A. 不能证明宇宙是没有边际的，所以宇宙是有边际的

B. "驴友论坛"还没有论坛规范，所以管理人员还没有权限删除帖子

C. 小偷在逃跑中跳入 2 米深的河中，事主认为没有责任，因此不予施救

D. 并非外星人不存在，所以外星人存在

E. 慈善晚会上的假唱行为不属于商业管理范围，因此相关部门无法对其处罚

18. 概念 A 与概念 B 有交叉关系，当且仅当，(1) 存在对象 x，x 既属于 A 又属于 B；(2) 存在对象 y，y 属于 A 但不属于 B；(3) 存在对象 z，z 属于 B 但不属于 A。

根据上述定义，以下哪项中加点的两个概念之间有交叉关系？

A. 国画按题材分为人物画、花鸟画、山水画；按技法分主要有工笔画和写意画等

B.《盗梦空间》除了是最佳影片的有力争夺者外,它在技术类奖项的争夺中也将有所斩获

C. 洛邑小学30岁的食堂总经理为了改善伙食,在食堂放了几个意见本,征求学生们的意见

D. 在微波炉清洁剂中加入漂白剂,就会释放氯气

E. 高校教师包括教授、副教授、讲师和助教等

19. 小李将自家护栏边的绿地毁坏,种上了黄瓜。小区物业管理人员发现后,提醒小李:护栏边的绿地是公共绿地,属于小区的所有人。物业为此下发了整改通知书,要求小李限期恢复绿地。小李辩称:"我难道不是小区的人吗?护栏边的绿地既然属于小区所有人,当然也属于我。因此,我有权在自己的土地上种黄瓜。"

以下哪项论证,和小李的错误最相似?

A. 所有人都要对他的错误行为负责,小梁没有对他的这次行为负责,所以小梁的这次行为没错

B. 所有参展的兰花在这次博览会上被订购一空,李阳花大价钱买了一盆花,由此可见,李阳买的必定是兰花

C. 没有人能够一天读完大仲马的所有作品,没有人能够一天读完《三个火枪手》,因此,《三个火枪手》是大仲马的作品之一

D. 所有莫尔碧骑士组成的军队在当时的欧洲是不可战胜的,翼雅王是莫尔碧骑士之一,所以翼雅王在当时的欧洲是不可战胜的

E. 任何一个人都不可能掌握当今世界的所有知识,地心说不是当今世界的知识,因此,有些人可以掌握地心说

20. 我国著名地质家李四光,在对东北的地质结构进行了长期、深入的调查研究后发现,松辽平原的地质结构与中亚细亚极其相似。他判断,既然中亚细亚蕴藏大量的石油,那么松辽平原很可能也蕴藏着大量石油。后来,大庆油田的开发证明了李四光的推断是对的。

以下哪项与李四光的推理方式相似?

A. 他山之石,可以攻玉

B. 邻居买彩票中了大奖,小张受此启发,也买了体育体彩,结果没有中奖

C. 某乡镇领导在考察了荷兰等国的花卉市场后认为要大力发展规模经济,回来后组织全乡镇种大葱,结果导致大葱严重滞销

D. 每到炎热的夏季,许多商店腾出一块地方卖羊毛衫、长袖衬衣、冬靴等冬令商品,进行反季节销售,结果都很有市场。小王受此启发,决定在冬季种植西瓜

E. 乌兹别克地区盛产长绒棉。新疆塔里木河流域与乌兹别克地区在日照情况、霜期长短、气温高低、降雨量等方面均相似,科研人员受启发,将长绒棉移植到塔里木河流域,果然获得了成功

21. 如果他勇于承担责任,那么他就一定会直面媒体,而不是选择逃避;如果他没有责

任,那么他就一定会聘请律师,捍卫自己的尊严。可是事实上,他不仅没有聘请律师,现在逃得连人影都不见了。

根据以上陈述,可以得出以下哪项结论?

A. 即使他没有责任,也不应该选择逃避

B. 虽然选择了逃避,但是他可能没有责任

C. 如果他有责任,那么他应该勇于承担责任

D. 如果他不敢承担责任,那么说明他责任很大

E. 他不仅有责任,而且他没有勇气承担责任

22. 有些通信网络维护涉及个人信息安全,因而,不是所有通信网络的维护都可以外包。

以下哪项可以使上述论证成立?

A. 所有涉及个人信息安全的都不可以外包

B. 有些涉及个人信息安全的不可以外包

C. 有些涉及个人信息安全的可以外包

D. 所有涉及国家信息安全的都不可以外包

E. 有些通信网络维护涉及国家信息安全

23. 葡萄酒中含有白藜芦醇和类黄酮等对心脏有益的抗氧化剂。一项新研究表明,白藜芦醇能防止骨质疏松和肌肉萎缩。由此,有关研究人员推断,那些长时间在国际空间站或者宇宙飞船上的宇航员或许可以补充一些白藜芦醇。

以下哪项如果为真,最能支持上述研究人员的推断?

A. 研究人员发现由于残疾或者其他因素而很少活动的人会比经常活动的人更容易出现骨质疏松和肌肉萎缩等症状。如果能喝点葡萄酒,则可以获益

B. 研究人员模拟失重状态,对老鼠进行试验,一个对照组未接受任何特殊处理,另一组则每天服用白藜芦醇。结果对照组的老鼠骨头和肌肉的密度都降低了。而服用白藜芦醇的一组则没有出现这些症状

C. 研究人员发现由于残疾或者其他因素而很少活动的人,如果每天服用一定量的白藜芦醇,则可以改善骨质疏松和肌肉萎缩等症状

D. 研究人员发现,葡萄酒能对抗失重所造成的负面影响

E. 某医学博士认为,白藜芦醇或许不能代替锻炼,但它能减缓人体某些机能的退化

24. 一般商品只有在多次流通过程中才能不断增值,但艺术品作为一种特殊商品却体现出了与一般商品不同的特性。在拍卖市场上,有些古玩、字画的成交价有很大的随机性,往往会直接受到拍卖现场气氛、竞价激烈程度、买家心理变化等偶然因素的影响,成交价有时会高于底价几十倍乃至数百倍,使得艺术品在一次"流通"中实现大幅度增值。

以下哪项最无助于解释上述现象?

A. 艺术品的不可再造性决定了其交换价格有可能超过其自身价值

B. 不少买家喜好收藏,抬高了艺术品的交易价格

C. 有些买家就是为了炒作艺术品,以期获得高额利润

D. 虽然大量赝品充斥市场,但是对艺术品的交易价格没有什么影响

E. 国外资金进入艺术品拍卖市场,对价格攀升起到了拉动作用

25. 近期国际金融危机对毕业生的就业影响非常大,某高校就业中心的陈老师希望广大同学能够调整自己的心态和预期。他在一次就业指导会上提到,有些同学对自己的职业定位还不够准确。

如果陈老师的陈述为真,则以下哪项不一定为真?

Ⅰ. 不是所有的人对自己的职业定位都准确

Ⅱ. 不是所有人对自己的职业定位都不够准确

Ⅲ. 有些人对自己的职业定位准确

Ⅳ. 所有人对自己的职业定位都不够准确

A. 仅Ⅱ和Ⅳ   B. 仅Ⅲ和Ⅳ   C. 仅Ⅱ和Ⅲ   D. 仅Ⅰ,Ⅱ和Ⅲ

E. 仅Ⅱ,Ⅲ和Ⅳ

26. 一位房地产信息员通过对某地的调查发现:护城河两岸房屋的租金都比较廉价,廉租房都坐落在凤凰山北麓,东向的房屋都是别墅,非廉租房不可能具有廉价的租金,有些单室套的两限房建在凤凰山南麓,别墅也都建筑在凤凰山南麓。

根据该房地产信息员的调查,以下哪项不可能存在?

A. 东向的护城河两岸的房屋   B. 凤凰山北麓的两限房

C. 单室套的廉租房   D. 护城河两岸的单室套

E. 南向的廉租房

27. 探望病人通常会送一束鲜花,但某国曾有报道说,医院药瓶养花的水可能含有很多细菌,鲜花会在夜间与病人争夺氧气,还可能影响病房里电子设备的工作,这引起了人们对鲜花的恐慌。该国一些医院甚至禁止在病房内摆放鲜花,尽管后来证实鲜花并未导致更多的病人受感染,并且权威部门也澄清,未见任何感染病例与病房里的植物有关,但这并未减轻医院对鲜花的反感。

以下除哪项外,都能减轻医院对鲜花的担心?

A. 鲜花并不比病人身边的餐具,饮料和食物带有更多可能危害病人健康的细菌

B. 在病房里放置鲜花让病人感到心情愉悦,精神舒畅,有助于病人康复

C. 给鲜花换水,修剪需要一定的人工,如果花瓶倒了还会导致危险产生

D. 已有研究证明,鲜花对病房空气的影响微乎其微,可以忽略不计

E. 探望病人所送的鲜花大都花束小,需水量少,花粉少,不会影响电子设备工作

28~30题基于以下题干:

东宇大学公开招聘3个教师职位,哲学学院、管理学院和经济学院各一个。每个职位都有分别来自南山大学、西京大学、北清大学的候选人,有位"聪明"人士李先生对招聘结果作

出了如下预测：

如果哲学学院录用北清大学的候选人，那么管理学院录用西京大学的候选人；

如果管理学院录用南山大学的候选人，那么哲学学院也录用南山大学的候选人；

如果经济学院录用北清大学或者西京大学的候选人，那么管理学院录用北清大学的候选人。

28. 如果哲学学院、管理学院和经济学院最终录用的候选人的大学归属信息依次如下，则哪项符合李先生的预测？

A. 南山大学、南山大学、西京大学   B. 北清大学、南山大学、南山大学

C. 北清大学、北清大学、南山大学   D. 西京大学、北清大学、南山大学

E. 西京大学、西京大学、西京大学

29. 若哲学学院最终录用西京大学的候选人，则以下哪项表明李先生的预测错误？

A. 管理学院录用北清大学候选人   B. 管理学院录用南山大学候选人

C. 经济学院录用南山大学候选人   D. 经济学院录用北清大学候选人

E. 经济学院录用西京大学候选人

30. 如果三个学院最终录用的候选人分别来自不同的大学，则以下哪项符合李先生的预测？

A. 哲学学院录用西京大学候选人，经济学院录用北清大学候选人

B. 哲学学院录用南山大学候选人，管理学院录用北清大学候选人

C. 哲学学院录用北清大学候选人，经济学院录用西京大学候选人

D. 哲学学院录用西京大学候选人，管理学院录用南山大学候选人

E. 哲学学院录用南山大学候选人，管理学院录用西京大学候选人

2011年管理类专业学位
全国联考逻辑真题

逻辑推理：以下30小题,每小题2分,共60分。给出的A,B,C,D,E五个选项中,只有一项是符合试题要求的,请在答题卡上将所选项的字母涂黑。

1. 巴斯德认为,空气中的微生物浓度与环境状况、气流运动和海拔高度有关。他在山上的不同高度分别打开装着煮过的培养液的瓶子,发现海拔越高,培养液被微生物污染的可能性越小。在山顶上,20个装了培养液的瓶子,只有1个长出了微生物。普歇另用干草浸液做材料重复了巴斯德的实验,却得出不同的结果:即使在海拔很高的地方,所有装了培养液的瓶子都很快长出了微生物。

以下哪项如果为真,最能解释普歇和巴斯德实验所得到的不同结果?

A. 只要有氧气的刺激,微生物就会从培养液中自发地生长出来

B. 培养液在加热消毒、密封、冷却的过程中会被外界细菌污染

C. 普歇和巴斯德的实验设计都不够严密

D. 干草浸液中含有一种耐高温的枯草杆菌,培养液一旦冷却,枯草杆菌的孢子就会复活,迅速繁殖

E. 普歇和巴斯德都认为,虽然他们用的实验材料不同,但是经过煮沸,细菌都能被有效地杀死

2. 张教授的所有初中同学都不是博士;通过张教授认识其哲学研究所同事的都是博士;张教授的一个初中同学通过张教授认识了王研究员。

以下哪项能作为结论从上述断定中推出?

A. 王研究员是张教授的哲学研究所同事

B. 王研究员不是张教授的哲学研究所同事

C. 王研究员是博士

D. 王研究员不是博士

E. 王研究员不是张教授的初中同学

3. 一般将缅甸所产的经过风化或经河水搬运至河谷、河床中的翡翠大砾石,称为"老坑玉"。老坑玉的特点是"水头好"、质坚、透明度高,其上品透明如玻璃,故称"玻璃种"或"冰种"。同为老坑玉,其质量相对也有高低之分,有的透明度高一些,有的透明度稍差些,所以价值也有差别。在其他条件都相同的情况下,透明度高的老坑玉比透明度较低的单位价值高,但是开采的实践告诉人们,没有单位价值最高的老坑玉。

以上陈述如果为真,可以得出以下哪项结论?

A. 没有透明度最高的老坑玉

B. 透明度高的老坑玉未必"水头好"

C. "新坑玉"中也有质量很好的翡翠

D. 老坑玉的单位价值还决定于其加工的质量

E. 随着年代的增加,老坑玉的单位价值会越来越高

4. 某教育专家认为,"男孩危机"是指男孩调皮捣蛋、胆小怕事、学习成绩不如女孩好等现象。近些年,这种现象已经成为儿童教育专家关注的一个重要问题。这位专家在列出一系列统计数据后,提出了"今日男孩为什么从小学、中学到大学全面落后于同年龄段的女孩"的疑问,这无疑加剧了无数男生家长的焦虑。该专家通过分析指出,恰恰是家庭和学校不适当的教育方法导致了"男孩危机"现象。

以下哪项如果为真,最能对该专家的观点提出质疑?

A. 家庭对独生子女的过度呵护,在很大程度上限制了男孩发散思维的拓展和冒险性格的养成

B. 现在的男孩比以前的男孩在女孩面前更喜欢表现出"绅士"的一面

C. 男孩在发展潜能方面要优于女孩,大学毕业后他们更容易在事业上有所成就

D. 在家庭、学校教育中,女性充当了主要角色

E. 现代社会游戏泛滥,男孩天性比女孩更喜欢游戏,这耗去了他们大量的精力

5. 抚仙湖虫是泥盆纪澄江动物群中特有的一种,属于真节肢动物中比较原始的类型,成虫体长 10 厘米,有 31 个体节,外骨骼分为头、胸、腹三部分,它的背、腹分节数目不一致。泥盆纪直虾是现代昆虫的祖先,抚仙湖虫化石与直虾类化石类似,这间接表明了抚仙湖虫是昆虫的远祖。研究者还发现,抚仙湖虫的消化道充满泥沙,这表明它是食泥的动物。

以下除哪项外,均能支持上述论证?

A. 昆虫的远祖也有不食泥的生物

B. 泥盆纪直虾的外骨骼分为头、胸、腹三部分

C. 凡是与泥盆纪直虾类似的生物都是昆虫的远祖

D. 昆虫是由真节肢动物中比较原始的生物进化而来的

E. 抚仙湖虫消化道中的泥沙不是在化石形成过程中由外界渗透进去的

6. 2010 年某省物价总水平仅上涨 2.4%,涨势比较温和,涨幅甚至比 2009 年回落了0.6个百分点。可是,普通民众觉得物价涨幅较高,一些统计数据也表明,民众的感觉有据可依。2010 年某月的统计报告显示,该月禽蛋类商品价格涨幅达 12.3%,某些反季节蔬菜涨幅甚至超过 20%。

以下哪项如果为真,最能解释上述看似矛盾的现象?

A. 人们对数据的认识存在偏差,不同来源的统计数据会产生不同的结果

B. 影响居民消费品价格总水平变动的各种因素互相交织

C. 虽然部分日常消费品涨幅很小，但居民感觉很明显

D. 在物价指数体系中占相当权重的工业消费品价格持续走低

E. 不同的家庭，其收入水平、消费偏好、消费结构都有很大的差异

7. 随着互联网的发展，人们的购物方式有了新的选择。很多年轻人喜欢在网络上选择自己满意的商品，通过快递送上门，购物足不出户，非常便捷。刘教授据此认为，那些实体商场的竞争力会受到互联网的冲击，在不远的将来，会有更多的网络商店取代实体商店。

以下哪项如果为真，最能削弱刘教授的观点？

A. 网络购物虽然有某些便利，但容易导致个人信息被不法分子利用

B. 有些高档品牌的专卖店，只愿意采取街面实体商店的销售方式

C. 网络商店与快递公司在货物丢失或损坏的赔偿方面经常互相推诿

D. 购买黄金珠宝等贵重物品，往往需要现场挑选，且不适宜网络支付

E. 通常情况下，网络商店只有在其实体商店的支撑下才能生存

8. 受多元文化和价值观的冲击，甲国居民的离婚率明显上升。最近一项调查表明，甲国的平均婚姻存续时间为 8 年。张先生为此感慨，现在像钻石婚、金婚、白头偕老这样的美丽故事已经很难得，人们淳朴的爱情婚姻观一去不复返了。

以下哪项如果为真，最可能表明张先生的理解不确切？

A. 现在有不少闪婚一族，他们经常在很短的时间里结婚又离婚

B. 婚姻存续时间长并不意味着婚姻的质量高

C. 过去的婚姻主要由父母包办，现在主要是自由恋爱

D. 尽管婚姻存续时间短，但年轻人谈恋爱的时间比以前增加很多

E. 婚姻是爱情的坟墓，美丽感人的故事更多体现在恋爱中

9. 某集团公司有 4 个部门，分别生产冰箱、彩电、电脑和手机。根据前三个季度的数据统计，4 个部门经理对 2010 年全年的赢利情况作了如下预测：

冰箱部门经理：今年手机部门会赢利。

彩电部门经理：如果冰箱部门今年赢利，那么彩电部门就不会赢利。

电脑部门经理：如果手机部门今年没赢利，那么电脑部门也没赢利。

手机部门经理：今年冰箱和彩电部门都会赢利。

全年数据统计完成后，发现上述 4 个预测只有 1 个符合事实。

关于该公司各部门的全年赢利情况，以下除哪项外，均可能为真？

A. 彩电部门赢利，冰箱部门没赢利　　　B. 冰箱部门赢利，电脑部门没赢利

C. 电脑部门赢利，彩电部门没赢利　　　D. 冰箱部门和彩电部门都没赢利

E. 冰箱部门和电脑部门都赢利

10. 随着数字技术的发展，音频、视频的播放形式出现了革命性转变。人们很快接受了一些新形式，比如 MP3，CD，DVD 等。但是对于电子图书的接受并没有达到专家所预期的

程度,现在仍有很大一部分读者喜欢捧着纸质出版物。纸质书籍在出版业中依然占据重要地位。因此有人说,书籍可能是数字技术需要攻破的最后一个堡垒。

以下哪项最不能对上述现象提供解释?

A. 人们固执地迷恋着阅读纸质书籍时的舒适体验,喜欢纸张的质感

B. 在显示器上阅读,无论是笨重的阴极射线管显示器还是轻薄的液晶显示器,都会让人无端地心浮气躁

C. 现在仍有一些怀旧爱好者喜欢收藏经典图书

D. 电子书显示设备技术不够完善,图像显示速度较慢

E. 电子书和纸质书籍的柔软沉静相比,显得面目可憎

11. 在一次围棋比赛中,参赛选手陈华不时地挤捏指关节,发出的声响干扰了对手的思考。在比赛封盘间歇时,裁判警告陈华:如果再次在比赛中挤捏指关节并发出声响,将判其违规。对此,陈华反驳说,他挤捏指关节是习惯性动作,并不是故意的,因此,不应被判违规。

以下哪项如果成立,最能支持陈华对裁判的反驳?

A. 在此次比赛中,对手不时打开、合拢折扇,发出的声响干扰了陈华的思考

B. 在围棋比赛中,只有选手的故意行为,才能成为判罚的依据

C. 在此次比赛中,对手本人并没有对陈华的干扰提出抗议

D. 陈华一向恃才傲物,该裁判对其早有不满

E. 如果陈华为人诚实、从不说谎,那么他就不应该被判违规

12. 3D立体技术代表了当前电影技术的尖端水准,由于使电影实现了高度可信的空间感,它可能成为未来电影的主流。3D立体电影中的银幕角色虽然由计算机生成,但是那些包括动作和表情的电脑角色的"表演",都以真实演员的"表演"为基础,就像数码时代的化妆技术一样,这也引起了某些演员的担心:随着计算机技术的发展,未来计算机生成的图像和动画会替代真人表演。

以下哪项如果为真,最能减弱上述演员的担心?

A. 所有电影的导演只能和真人交流,而不是和电脑交流

B. 任何电影的拍摄都取决于制片人的选择,演员可以跟上时代的发展

C. 3D立体电影目前的高票房只是人们一时图新鲜的结果,未来尚不可知

D. 掌握3D立体技术的动画专业人员不喜欢去电影院看3D电影

E. 电影故事只能用演员的心灵、情感来表现,其表现形式与导演的喜好无关

13. 公达律师事务所以为刑事案件的被告进行有效辩护而著称,成功率达90%以上。老余是一位以专门为离婚案件的当事人成功辩护而著称的律师。因此,老余不可能是公达律师事务所的成员。

以下哪项最为确切地指出了上述论证的漏洞?

A. 公达律师事务所具有的特征,其成员不一定具有

B. 没有确切指出老余为离婚案件的当事人辩护的成功率

C. 没有确切指出老余为刑事案件的当事人辩护的成功率

D. 没有提供公达律师事务所统计数据的来源

E. 老余具有的特征,其所在工作单位不一定具有

14. 科学研究中使用的形式语言和日常生活中使用的自然语言有很大的不同。形式语言看起来像天书,远离大众,只有一些专业人士才能理解和运用。但其实这是一种误解,自然语言和形式语言的关系就像肉眼与显微镜的关系。肉眼的视域广阔,可以从整体上把握事物的信息;显微镜可以帮助人们看到事物的细节和精微之处,尽管用它看到的范围小。所以,形式语言和自然语言都是人们交流和理解信息的重要工具,把它们结合起来使用,具有强大的力量。

以下哪项如果为真,最能支持上述结论?

A. 通过显微镜看到的内容可能成为新的"风景",说明形式语言可以丰富自然语言的表达,我们应重视形式语言

B. 正如显微镜下显示的信息最终还是要通过肉眼观察一样,形式语言表述的内容最终也要通过自然语言来实现,说明自然语言更基础

C. 科学理论如果仅用形式语言表达,很难被普通民众理解;同样,如果仅用自然语言表达,有可能变得冗长且很难表达准确

D. 科学的发展很大程度上改善了普通民众的日常生活,但人们并没有意识到科学表达的基础——形式语言的重要性

E. 采用哪种语言其实不重要,关键在于是否表达了真正想表达的思想内容

15. 一艘远洋帆船载着5位中国人和几位外国人由中国开往欧洲。途中,除5位中国人外,其他人全患上了败血症。同乘一艘船,同样是风餐露宿,漂洋过海,为什么中国人和外国人如此不同呢?原来这5位中国人都有喝茶的习惯,而外国人却没有。于是得出结论:喝茶是这5位中国人未得败血症的原因。

以下哪项和题干中得出结论的方法最为相似?

A. 警察锁定了犯罪嫌疑人,但是从目前掌握的事实看,都不足以证明他犯罪。专案组由此得出结论,必有一种未知的因素潜藏在犯罪嫌疑人身后

B. 在两块土壤情况基本相同的麦地上,对其中一块施氮肥和钾肥,另一块只施钾肥。结果施氮肥和钾肥的那块麦地的产量远高于另一块。可见,施氮肥是麦地产量较高的原因

C. 孙悟空:"如果打白骨精,师父会念紧箍咒;如果不打,师父就会被妖精吃掉。"孙悟空无奈得出结论:"我还是回花果山算了。"

D. 天文学家观测到天王星的运行轨道有特征 a,b,c,已知特征 a,b 分别是由两颗行星甲、乙的吸引造成的,于是猜想还有一颗未知行星造成天王星的轨道特征 c

E. 一定压力下的一定量气体,温度升高,体积增大;温度降低,体积缩小。气体体积与温度之间存在一定的相关性,说明气体温度的改变是其体积改变的原因

16. 所有重点大学的学生都是聪明的学生,有些聪明的学生喜欢逃学,小杨不喜欢逃学;

所以,小杨不是重点大学的学生。

以下除哪项外,均与上述推理的形式类似?

A. 所有经济学家都懂经济学,有些懂经济学的爱投资企业,你不爱投资企业;所以,你不是经济学家

B. 所有的鹅都吃青菜,有些吃青菜的也吃鱼,兔子不吃鱼;所以,兔子不是鹅

C. 所有的人都是爱美的,有些爱美的还研究科学,亚里士多德不是普通人;所以,亚里士多德不研究科学

D. 所有被高校录取的学生都是超过录取分数线的,有些超过录取分数线的是大龄考生,小张不是大龄考生;所以小张没有被高校录取

E. 所有想当外交官的都需要学外语,有些学外语的重视人际交往,小王不重视人际交往;所以小王不想当外交官

17. 按照联合国开发计划署2007年的统计,挪威是世界上居民生活质量最高的国家,欧美和日本等发达国家也名列前茅。如果统计1990年以来生活质量改善最快的国家,发达国家则落后了。至少在联合国开发计划署统计的116个国家中,17年来,非洲东南部国家莫桑比克的生活质量提高最快,2007年其生活质量指数比1990年提高了50%。很多非洲国家取得了和莫桑比克类似的成就。作为世界上最受瞩目的发展中国家,中国的生活质量指数在过去17年中也提高了27%。

以下哪项可以从联合国开发计划署的统计中得出?

A. 2007年,发展中国家的生活质量指数都低于西方国家

B. 2007年,莫桑比克的生活质量指数不高于中国

C. 2006年,日本的生活质量指数不高于中国

D. 2006年,莫桑比克的生活质量的改善快于非洲其他各国

E. 2007年,挪威的生活质量指数高于非洲各国

18. 某次认知能力测试,刘强得了118分,蒋明的得分比王丽高,张华和刘强的得分之和大于蒋明和王丽的得分之和,刘强的得分比周梅高;此次测试120分以上为优秀,5人之中有2人没有达到优秀。

根据以上信息,以下哪项是上述5人在此次测试中得分由高到低的排列?

A. 张华、王丽、周梅、蒋明、刘强   B. 张华、蒋明、王丽、刘强、周梅

C. 张华、蒋明、刘强、王丽、周梅   D. 蒋明、张华、王丽、刘强、周梅

E. 蒋明、王丽、张华、刘强、周梅

19. 近日,某集团高层领导研究了发展方向问题。王总经理认为:既要发展纳米技术,也要发展生物医药技术;赵副总经理认为:只有发展智能技术,才能发展生物医药技术;李副总经理认为:如果发展纳米技术和生物医药技术,那么也要发展智能技术。最后经过董事会研究,只有其中一位的意见被采纳。

根据以上陈述,以下哪项符合董事会的研究决定?

A. 发展纳米技术和智能技术,但是不发展生物医药技术

B. 发展生物医药技术和纳米技术,但是不发展智能技术

C. 发展智能技术和生物医药技术,但是不发展纳米技术

D. 发展智能技术,但是不发展纳米技术和生物医药技术

E. 发展生物医药技术、智能技术和纳米技术

20. 国外某教授最近指出,长着一张娃娃脸的人意味着他将享有更长的寿命,因为人们的生活状况很容易反映在脸上。从1990年春季开始,该教授领导的研究小组对1 826对70岁以上的双胞胎进行了体能和认知测试,并拍了他们的面部照片。在不知道他们确切年龄的情况下,3名研究助手先对不同年龄组的双胞胎进行年龄评估,结果发现,即使是双胞胎,被猜出的年龄也相差很大。然后,研究小组用若干年时间对这些双胞胎的晚年生活进行了跟踪调查,直至他们去世。调查表明:双胞胎中,外表年龄差异越大,看起来老的那个就更可能先去世。

以下哪项如果为真,最能形成对该教授调查结论的反驳?

A. 如果把调查对象扩大到40岁以上的双胞胎,结果可能有所不同

B. 3名研究助手比较年轻,从事该项研究的时间不长

C. 外表年龄是每个人生活环境、生活状况和心态的集中体现,与生命老化关系不大

D. 生命老化的原因在于细胞分裂导致染色体末端不断损耗

E. 看起来越老的人,在心理上一般较为成熟,对于生命有更深刻的理解

21. 由于含糖饮料的卡路里含量高,容易导致肥胖,因此无糖饮料开始流行。经过一段时期的调查,李教授认为:无糖饮料尽管卡路里含量低,但并不意味它不会导致体重增加。因为无糖饮料可能导致人们对于甜食的高度偏爱,这意味着可能食用更多的含糖类食物。而且无糖饮料几乎没什么营养,喝得过多就限制了其他健康饮品的摄入,比如茶和果汁等。

以下哪项如果为真,最能支持李教授的观点?

A. 茶是中国的传统饮料,长期饮用有益健康

B. 有些瘦子也爱喝无糖饮料

C. 有些胖子爱吃甜食

D. 不少胖子向医生报告他们常喝无糖饮料

E. 喝无糖饮料的人很少进行健身运动

22. 只有公司相应部门的所有员工都考评合格了,该部门的员工才能得到年终奖金;财务部有些员工考评合格了;综合部所有员工都得到了年终奖金;行政部的赵强考评合格了。

如果以上陈述为真,则以下哪项可能为真?

Ⅰ. 财务部员工都考评合格了

Ⅱ. 赵强得到了年终奖金

Ⅲ. 综合部有些员工没有考评合格

Ⅳ. 财务部员工没有得到年终奖金

A. 仅Ⅰ,Ⅱ   B. 仅Ⅱ,Ⅲ   C. 仅Ⅰ,Ⅱ,Ⅳ   D. 仅Ⅰ,Ⅱ,Ⅲ
E. 仅Ⅱ,Ⅲ,Ⅳ

23. 随着文化知识越来越重要,人们花在读书上的时间越来越多,文人学子中近视患者的比例也越来越高。即便在城里工人、乡镇农民中,也能看到不少人戴近视眼镜。然而,在中国古代很少发现患有近视的文人学子,更别说普通老百姓了。

以下除哪项外,均可以解释上述现象?

A. 古时候,只有家庭条件好或者有地位的人才读得起书;即便读书,用在读书上的时间也很少,那种头悬梁、锥刺股的读书人更是凤毛麟角

B. 古时交通工具不发达,出行主要靠步行、骑马,足量的运动对于预防近视有一定的作用

C. 古人生活节奏慢,不用担心交通安全,所以即使患了近视,其危害也非常小

D. 古代自然科学不发达,那时学生读的书很少,主要是四书五经,一本《论语》要读好几年

E. 古人书写用的是毛笔,眼睛和字的距离比较远,写的字也相对大些

24~25 题基于以下题干:

某家长认为,有想象力才能进行创造性劳动,但想象力和知识是天敌。人在获得知识的过程中,想象力会消失。因为知识符合逻辑,而想象力无章可循。换句话说,知识的本质是科学,想象力的特征是荒诞。人的大脑一山不容二虎:学龄前,想象力独占鳌头,脑子被想象力占据;上学后,大多数人的想象力被知识驱逐出境,他们成为知识渊博但丧失了想象力、终身只能重复前人发现的人。

24. 以下哪项是该家长论证所依赖的假设?
Ⅰ. 科学是不可能荒诞的,荒诞的就不是科学
Ⅱ. 想象力和逻辑水火不相容
Ⅲ. 大脑被知识占据后很难重新恢复想象力
A. 仅Ⅰ   B. 仅Ⅱ   C. 仅Ⅰ和Ⅱ   D. 仅Ⅱ和Ⅲ
E. Ⅰ,Ⅱ和Ⅲ

25. 以下哪项与该家长的上述观点矛盾?
A. 如果希望孩子能够进行创造性劳动,就不要送他们上学
B. 如果获得了足够知识,就不能进行创造性劳动
C. 发现知识的人是有一定想象力的
D. 有些人没有想象力,但能进行创造性劳动
E. 想象力被知识驱逐出境是一个逐渐的过程

26. 某公司总裁曾经说过:"当前任总裁批评我时,我不喜欢那感觉,因此,我不会批评我

的继任者。"

以下哪项最可能是该总裁上述言论的假设?

A. 当遇到该总裁批评时,他的继任者和他的感觉不完全一致

B. 只有该总裁的继任者喜欢被批评的感觉,他才会批评继任者

C. 如果该总裁喜欢被批评,那么前任总裁的批评也不例外

D. 该总裁不喜欢批评他的继任者,但喜欢批评其他人

E. 该总裁不喜欢被前任总裁批评,但喜欢被其他人批评

27. 在恐龙灭绝6 500万年后的今天,地球正面临着又一次物种大规模灭绝的危机。截至20世纪末,全球大约有20%的物种灭绝。现在,大熊猫、西伯利亚虎、北美玟瑢、巴西红木等许多珍稀物种面临着灭绝的危险。有3位学者对此做了预测。

学者一:如果大熊猫灭绝,则西伯利亚虎也将灭绝;

学者二:如果北美玟瑢灭绝,则巴西红木不会灭绝;

学者三:或者北美玟瑢灭绝,或者西伯利亚虎不会灭绝。

如果三位学者的预测都为真,则以下哪项一定为假?

A. 大熊猫和北美玟瑢都将灭绝　　　B. 巴西红木将灭绝,西伯利亚虎不会灭绝

C. 大熊猫和巴西红木都将灭绝　　　D. 大熊猫将灭绝,巴西红木不会灭绝

E. 巴西红木将灭绝,大熊猫不会灭绝

28. 一些城市,由于作息时间比较统一,加上机动车太多,很容易形成交通早高峰和晚高峰,市民们在高峰时间上下班很不容易。为了缓解人们上下班的交通压力,某政府顾问提议采取不同时间段上下班制度,即不同单位可以在不同的时间段上下班。

以下哪项如果为真,最可能使该顾问的提议无法取得预期效果?

A. 有些上班时间段与员工的用餐时间冲突,会影响他们的生活乐趣,从而影响他们的工作积极性

B. 许多上班时间段与员工的正常作息时间不协调,他们需要较长一段时间来调整适应,这段时间的工作效率难以保证

C. 许多单位的大部分工作通常需要员工们在一起讨论,集体合作才能完成

D. 该市的机动车数量持续增加,即使不在早晚高峰期,交通拥堵也时有发生

E. 有些单位员工的住处与单位很近,步行即可上下班

29. 统计数字表明,近年来,民用航空飞行的安全性有很大提高。例如,某国2008年每飞行100万次发生恶性事故的次数为0.2次,而1989年为1.4次。从这些年的统计数字看,民用航空恶性事故发生率总体呈下降趋势。由此看出,乘飞机出行越来越安全。

以下哪项不能加强上述结论?

A. 近年来,飞机事故中"死里逃生"的概率比以前提高了

B. 各大航空公司越来越注意对机组人员的安全培训

C. 民用航空的空中交通控制系统更加完善

D. 避免"机鸟互撞"的技术与措施日臻完善

E. 虽然飞机坠毁很可怕,但从统计数字上讲,驾车仍然要危险得多

30. 有医学研究显示,行为痴呆症患者大脑组织中往往含有过量的铝。同时有化学研究表明,一种硅化合物可以吸收铝。陈医生据此认为,可以用这种硅化合物治疗行为痴呆症。

以下哪项是陈医生最可能依赖的假设?

A. 行为痴呆症患者大脑组织的铝含量通常过高,但具体数量不会变化

B. 该硅化合物在吸收铝的过程中不会产生副作用

C. 用来吸收铝的硅化合物的具体数量与行为痴呆症患者的年龄有关

D. 过量的铝是导致行为痴呆症的原因,患者脑组织中的铝不是痴呆症引起的结果

E. 行为痴呆症患者脑组织中的铝含量与病情的严重程度有关

第二部分
2011—2020 年真题解析

2020 年管理类专业学位
全国联考逻辑真题解析

1. 答案选 C。由于只有大前提，没有小前提，只能对照各个选项。具体过程如下：

A	无关选项。没有小前提，无法推出确定结论
B	无关选项。理由与排除 A 相同
C	正确选项。大前提"领导干部只有从谏如流，并为说真话者撑腰，才能做到'兼听则明'或做出科学的决策"，与小前提"不能从谏如流"结合，推知：既不能"兼听则明"也不能做出科学的决策
D	无关选项。"营造言者无罪、闻者足戒的氛围"和"形成风清气正的政治生态"不在一句假言命题之中
E	无关选项。"领导干部乐于和善于听取各种不同的意见"和"人们能知不无言，言无不尽"不在一句假言命题之中

2. 答案选 B。争议试题，答案详细解析参见第三部分"历年有争议试题辨析"。

3. 答案选 C。专家的观点"不招收调剂生"，已有前提是"要有足够的爱心和兴趣才能做好医生"。隐含的结论是"调剂生做不好医生"。如何从已知前提中得出上述结论？"调剂生缺乏爱心或者缺乏兴趣"是上述专家的前提，故 C 是正确答案。

注意：不能选其他选项，因为其他选项都不涉及"调剂生"。

4. 答案选 D。甲和乙的条件类似，故可以排除 A 和 B；丙和戊的条件类似，故可以排除 C 和 E。重点验证 D，如果没有时间验证，猜 D 也是 100％ 正确！下面是推导 D 的具体过程：

第一步	甲、乙都喜欢菊花茶，并且分别喜欢绿茶和红茶中的一种，这样甲、乙都不喜欢咖啡和大麦茶
第二步	丙、戊分别喜欢喜欢咖啡和大麦茶中的一种，这样咖啡和大麦茶目前仅被一人喜欢
第三步	由于每种饮品都有两人喜欢，所以丁喜欢咖啡和大麦茶

5. 答案选 C。题干论证与 C 具有共同的方式是：如果 A 并且 B，则 C。所以，若 A 并且非 C，则非 B。

A	无关选项。论证方式是：如果 A 并且 B,则 C。所以,非 C,则非 A 或非 B
B	无关选项。论证方式是：如果 A 并且 B,则 C。所以,若 A 并且非 B,则非 C
C	正确选项。论证方式是：如果 A 并且 B,则 C。所以,若 A 并且非 C,则非 B
D	无关选项。论证方式是：如果 A 并且 B,则 C。所以,若 C 并且非 A,则非 B
E	无关选项。论证方式是：如果 A 并且 B,则 C。所以,若 A 并且 C,则 B

6. 答案选 B。题干已知(3)和(4)是大前提,寻找相应的小前提。具体步骤见下表,由于"立春"对应"条风",故推知:即"立冬"不对应"广莫风"。

第一步	(2)与(4)结合可以推知:"立夏"对应"清明风"(结论 1),并且"立春"对应"条风"(结论 2)
第二步	由结论 1 结合(3)可以推知:"夏至"对应"条风"或者"立冬"对应"不周风"(结论 A)
第三步	结论 2 说明"夏至"不对应"条风",结合结论 A 推知:"立冬"对应"不周风"(结论 3)
第四步	对照选项,B 是正确答案

7. 答案选 E。上一题结论是"立冬"对应"不周风",结合(2)可以推知:"冬至"对应"广莫风",又(1)"立秋"对应"凉风";而"春分"和"秋分"两节气对应的节风在"明庶风"和"阊阖风"之中,故剩下"夏至"对应"景风"。

8. 答案选 C。从小王的观点"女员工绩效都比男员工高"推出小李的观点"所有新入职员工绩效都不如女员工",需要建立"新入职的员工"和"男员工"之间的关系。对照各个选项,"新入职的员工都是男性"既是小李论断的假设,也是对小李论断的加强。

9. 答案选 A。试题题干给出一些数字,阅读后对照各个选项。根据已知可知：常住人口＝户籍人口＋常住外来人口。假设 G 区的常住外来人口是 X,这样,G 区户籍人口是 240万－X;而 H 区常住外来人口就是 200 万－X,所以 G 区户籍人口比 H 区常住外来人口多40 万,故 A 是正确答案。

10. 答案选 B。要削弱专家的观点是：移动支付将老年人阻挡在消费经济以外,从而影响他们晚年的生活质量。

A	无关选项。既没有涉及老年人是否被排除在消费经济以外,也不涉及生活质量
B	正确选项。说明即使老年人不熟悉移动支付,但是,既没有被排除在消费经济以外,生活质量也没有受到影响
C	无关选项。有关国家关于支付政策和一些商家的情况与专家观点无关
D	干扰选项。仅说明老年人学会了移动支付,既不涉及消费经济,也不涉及生活质量
E	无关选项。说明老年人既不熟悉也不会使用移动支付,但不涉及消费经济和他们的生活质量

11. 答案选 E。将已知七天的天气与各个选项对照即可。周三天气情况排除 A、B;周一天气情况排除 C;周六天气情况排除 D。

A	周三的天气既无风又无雨,排除
B	周三的天气既无风,又不是晴天,排除
C	周一的天气既有风,又下雨,排除
D	周六的天气风力超过 3 级,但不是晴天,排除
E	周一、周四和周六都有风并且风力不超过 3 级,并且不是晴天,正确答案

12. 答案选 A。将"③和④安排在假期第二天"作为推理的起点,具体步骤如下:

第一步	结合(2)可以推知:假期第二天做③、④和⑤
第二步	根据(3)可以推知:②在假期第一天
第三步	由于每天至少做两件事情,不重复,故排除 B、C、E;要休息一天,排除 D,答案选 A

13. 答案选 C。将"第二天只做⑥等 3 件事"作为推理的起点,具体步骤见下表。所以,由此可以确定答案选 C。

第一步	根据(2)和(3)可推知:⑥不能与④和⑤安排在同一天;否则第二天做了以上三件事,②在③就不能安排在连续前后两天了
第二步	④和⑤与②或者③安排在同一天,但具体是②或者③不确定
第三步	和⑥安排在同一天,故正确答案选 C

14. 答案选 D。表面上看,已知条件仅有大前提,没有小前提。需考虑(1)。具体步骤如下:

第一步	由(2)可知:丙未合并到丑公司,戊和甲合并到丑公司,再由(3)可知,戊合并到寅公司;这样,当丙未合并到丑公司时,戊既合并到丑公司,又合并到寅公司,与题意不符,故"丙未合并到丑公司"不合题意
第二步	丙合并到丑公司,结合(3)可以推知:甲、乙、庚都合并到卯公司
第三步	在结合(2)可以推知:丁和丙都合并到丑公司。故正确答案选 D

15. 答案选 C。要加强李教授的观点是"不吃早餐会增加患糖尿病的风险,还会增加患其他疾病的风险"。

A	无关选项。吃早饭对人体有益,但不涉及不吃早饭的害处
B	干扰选项。该选项是已经患糖尿病的人某个时间段摄入一天所需的卡路里有好处,这与要加强的观点无关
C	正确选项。"不利于血糖调节"加强"患糖尿病的风险",还容易患胃溃疡、胆结石等疾病,加强了"患其他风险"的观点
D	无关选项。人们很难按时吃早饭,并且身体常常处于亚健康状态,并没有涉及糖尿病和其他疾病
E	无关选项。不吃早饭的人缺乏某些知识和具有不良生活习惯,与李教授的观点无关

16. 答案选 A。直接验证即可。A 中【aWb(有涵义语词)】c(无涵义语词)【dXe(有涵义语词)Z(有涵义的语词)】。验证其他选项都不符合题干"合法的语句"的涵义。

注意:选项 E 是 XWbaZdWc,【XW(有涵义语词)a(无涵义语词)aZd(有涵义的语词)Wc】,前面的 6 个字母可以构成合法的语句,但是后面多了 Wc,这样 E 选项整体便不是合法的语句了。

17. 答案选 E。将"种银杏"作为小前提,具体推理步骤如下:(2)(3)结合可以推知,如果既种椿树又种枣树,会推知既种雪松又不种雪松的矛盾。所以,不能"既种椿树也种枣树"。由"种银杏"结合(3)可推知不种枣树;这样,种椿树,于是种植楝树但不种植雪松。注意 6 种树选 4 种,故种桃树,E 是不可能的,是正确答案。

第一步	"种银杏"与(3)结合,可以推知:不种枣树(结论 1)
第二步	结论 1 与(1)结合,可以推知:种椿树(结论 2)
第三步	结论 2 与(2)结合,可以推知:种楝树,不种雪松
第四步	考虑 6 种树要选 4 种种植,故剩下的桃树要种植
第五步	注意问题要求选"不可能的",故答案选 E

18. 答案选 C。要加强的观点是:西藏披毛犀具有更原始的形态。这一观点在表述上有些歧义,正确理解为:**西藏披毛犀是具有更原始形态的物种。**C 说明。不选 A,因为 A 中的"起源地"与论证无关。

A	干扰选项。由于论证不涉及"起源地",所以该选项与论证无关
B	无关选项。西藏披毛犀的化石是已知最早的,与该物种是否是更早的物种无关
C	正确选项。披毛犀的鼻中隔从软到硬、从不完整到完整的进化过程,由此可知具有不完整鼻中隔的西藏披毛犀比亚洲北部、西伯利亚地区的披毛犀在形态上更原始,加强了观点
D	无关选项。该选项不涉及西藏披毛犀在形态上是否更原始
E	无关选项。西藏披毛犀能够向北迁徙,同样不涉及它们是否在形态上更原始

19. 答案选 C。专家的观点是：现在黄土高原不长植物,是因为这里的黄土都是生土。**注意:**不选 A,该选项"土壤改造"题干并未涉及;不选 E,该选项中的"熟土"题干并未涉及。

A	干扰选项。该选项不涉及水土流失的后果,并且专家的观点不涉及"黄土高原土壤改造"
B	无关选项。专家的观点仅是黄土高原上的土是生土,并不涉及生土是否有人愿意耕种
C	正确选项。专家的进一步分析是建立在以下已知上的:黄土高原是植被被破坏后水流冲刷大地的后果。这样,生土既是水土流失的后果,又是不长植物的原因。该选项起到既说明了生土产生的原因,又说明了生土造成的结果
D	无关选项。黄土高原的情况与东北的黑土地无关
E	无关选项。专家的观点中并未涉及"熟土"

20. 答案选 B。要加强的观点是：某项技术开创了未来新型食物生产的新路,有助于解决全球饥饿问题。注意问题中的"除了"。

　　该选项不涉及题干中所说明的技术,故不能支持科学家的观点。其他选项都与技术、解决饥饿问题有关。注意问题中的"除了"。

A	加强选项。确认了这项技术能够产生有营养价值的食物
B	正确选项。仅说明粮食问题更严重,既不说明技术,也不涉及该技术是否有助于解决粮食问题
C	加强选项。说明技术不仅可以生产食物,还具有其他优点
D	加强选项。说明技术生产的食物确实具有营养价值
E	加强选项。说明技术有助于解决沙漠或者其他饥荒地区的饥饿问题

21. 答案选 E。(1)是大前提,并且注意条件中的数字:每人都去两个国家并且每个国家都至少 2 人以上去过。具体推理步骤如下:(3)说明丁和戊去了英国和法国;没有去韩国和日本。由于每个国家都有 2～3 人去旅游,结合(2)可推知,丙、戊去了韩国、日本,故答案选 E。

第一步	根据(3)可以推知:丁和乙去了英国和法国,没有去日本和韩国
第二步	根据(2)可以推知:丙和戊都去了日本和韩国,因为他们如果都不去韩国和日本,则韩国和日本就不足两人都去了。故答案选 E

22. 答案选 A。接上题结论,由于丙、戊都去日本、韩国;丁、乙都去法国、英国。又 5 人去亚洲和欧洲国家人次一样多,故甲一定去了一个亚洲国家和一个欧洲国家。根据(1)可以推知,甲不去韩国,故他去了日本。

23. 答案选 A。已知规定是"所有鱼油都需经过检查并缴纳检查费",而商人认为"鲸鱼不是鱼",由此推出"鲸鱼油不是鱼油",因此问题的关键点在于"鲸鱼油是不是鱼油"? 只要法律规定"鱼油中包括鲸鱼油",那么陪审员的判决就是正确合法的,故 A 最能支持陪审员所做的判决。其他选项都没有说明"鲸鱼油是鱼油",故均不能支持陪审员的判决。

24. 答案选 C。要加强的专家观点是:我国高层次人才引进工作急需进一步加强。

A	无关选项。专家的观点并未涉及不同学科高层次人才
B	无关选项。专家的观点并且涉及一般性人才
C	正确答案。注意到专家的论据有:发展中国家的高层次人才紧缺状况更甚于发达国家。这样,要建立"我国"和"发展中国家"的关系,即 C 既是专家论证的假设,也加强了专家的论证
D	无关选项。仅说明人才指标涉及综合国力,但并没有说明我国高层次人才的情况
E	无关选项。专家既没有说明"领军人才",同时,引进数量比欧美国家少不等于引进的数量就少

25. 答案选 E。要加强的观点是:数字阅读具有重要价值,是阅读的未来发展趋势。

A	干扰选项。仅说明数字阅读可能对生活产生影响,但并不说明数字阅读是否有价值
B	无关选项。数字阅读可能读到虚假信息,不能加强数字阅读有价值
C	无关选项。说明"听书"效率低,不涉及数字阅读有价值
D	无关选项。说明纸质阅读更好,不能加强师资阅读有价值
E	正确选项,直接说明数字阅读的作用和意义,对"数字阅读具有重要价值"给予加强

26. 答案选 E。由于题干只有大前提,没有小前提,故对照各个选项:

A	建设部负责环境,平安部负责协调,分别与(1)(2)结合,推知综合部和民生部都负责秩序,排除
B	建设部负责秩序,结合(1)推知,综合部负责协调,与民生部负责协调冲突,排除
C	综合部负责安全,结合(1)推知,建设部负责协调,与民生部负责协调冲突,排除
D	民生部负责安全,结合(2)推知,平安部负责秩序,与综合部负责秩序冲突,排除
E	平安部负责安全,建设部负责秩序,与(1)结合,综合部负责协调;环境部负责环境,完全符合题意

27. 答案选 E。题干已知是一段古文(韩愈的"师说"),阅读理解后,对照各个选项。

A	无关选项。已知条件中没有"与吾生乎同时"的情况
B	无关选项。已知条件是"道之所存,师之所存"
C	无关选项。已知条件是"无贵无贱,无长无少,道之所存,师之所存也"
D	无关选项。解析与 A 相同
E	正确选项。已知条件:惑而不从师,其为惑也,终不解矣。即如果有疑惑而不向老师学习,疑惑就不能解决。所以,如果疑惑解决了,那么是向老师学习了

28. 答案选 B。题干论证与 B 具有类似方式是：A，又如果 B，则非 A。所以非 B。**注意：**不能选 C，其结构是：应该是 A，又如果 B，则非 A。其中"应该可以判断"不等于"可以判断"。

A	干扰选项。论证方式是：A，又如果 B，则非 A。所以很难有 C。注意"人工椎间盘"和"椎间盘"是不同的概念
B	正确选项。论证方式是：A，又如果 B，则非 A。所以非 B
C	干扰选项。论证方式是：应该是 A，又如果 B，则非 A。所以非 B。注意"应该是 A"不等于 A
D	无关选项。论证方式是：A，又只有 B，才 A。所以非 A
E	无关选项。论证方式是：A，又如果坚信 A，就会 B。所以，不应该只是 A

29. 答案选 D。阅读理解题干已知条件：4 题都是单选题，并且给出各人选择情况。仅有王和李各答对 1 题。可以看出，4 人在第一题和第二题上的选择包括 A、B、C、D，故两题都必有一人答对，这样第三题和第四题，4 人都错。由于第四题 4 人的选择有 B、C、D，这些选择都错，故第四题正确答案是 A，因此本题答案选 D。

30. 答案选 A。接上题解析，第四题答案选 A，又第三题没有人答对，即第三题正确答案不选 B。王和李有 1 人答对第二题，即第二题的正确答案是 D 或者 C，也不选 B。由于每一题答案均不同，由此可以推知，第一题正确答案选 B，故本题答案选 A。

2019 年管理类专业学位
全国联考逻辑真题解析

1. 答案选 B。试题已知条件没有表示假言命题的关键词,对照各个选项。

A	无关选项,已知条件中并没有"质优价高的产品"相关信息
B	正确选项,从已知中的"低质量的产能必然会过剩"和"顺应市场需求不断更新换代的产能不会过剩",可以推知"顺应市场需求不断更新换代的产能不是低质量的产能"
C	无关选项,已知条件"低质量的产品必然产能过剩",这与"满足个性化需求"无关
D	无关选项,已知条件中并没有"不断更新换代的产品"和"满足个性化、多样化消费需求"之间的关系
E	无关选项,已知条件中仅仅说明"供给侧改革是满足需求",并没有"新常态下必须进行供给侧改革"这一信息

2. 答案选 A。争议试题,答案详细解析参见第三部分"历年有争议试题辨析"。

3. 答案选 D。三句前提都是假言命题,问题中给出小前提,推理步骤如下:

第一步	(1)和(3)与"李诗不爱好苏轼和辛弃疾的词"结合,可以推知"李诗不爱好王维和杜甫的诗"
第二步	根据"每人不爱好同姓唐诗作者的诗"可知,李诗不爱好李白的诗。所以,李诗爱好刘禹锡的诗
第三步	将"李诗爱好刘禹锡的诗"与(2)结合,可知,李诗爱好岳飞的词

4. 答案选 C。科学家的观点是"狗比猫更聪明",论据是狗的大脑皮层神经细胞数量比猫多,要求寻找科学家论证的假设。

A	无关选项,狗对人类的贡献比猫大,与科学家的观点和论据都没有关系
B	无关选项,狗能够相互配合,需要做出一些复杂行为,既与"狗比猫更聪明"的观点无关,也不涉及科学家"大脑皮层神经数量"的论据
C	正确选项,该选项是从前提到观点的过渡性假设,建立了"大脑皮层神经细胞数量和动物聪明程度之间的关系"
D	无关选项,对猫的神经细胞数量比狗少的原因进行解释,这与科学家的论证无关
E	无关选项,对棕熊的情况进行说明,与"狗和猫"的论证无关

5. 答案选 D。由于选项是 3 名派遣者的完整罗列，所以可以采取"从上往下"验证，具体步骤如下：

第一步	根据条件(1)排除 B、E 选项
第二步	根据条件(2)排除 A、C 选项
第三步	剩下唯一选项 D 是正确答案

6. 答案选 E。注意条件是 6 选 3。又：陈甲和刘戊至少派一人；可以采取假设法，步骤如下：

第一步	假设派了陈甲，由(1)可知派邓丁
第二步	假设不派陈甲而派了刘戊，根据条件(2)可知，傅乙和赵丙都不派。这样剩下两人邓丁和张己都要派，这说明也派邓丁
第三步	派陈甲或者不派陈甲，都得出"要派邓丁"，所以邓丁必派，答案选 E

7. 答案选 D。争议试题，答案详细解析参见第三部分"历年有争议试题辨析"。

8. 答案选 D。试题首先需要读懂，这样可以确定"①今天，我们仍然要提倡勤俭节约"是观点。而为什么要节约呢？关于"节约的好处"是直接支持该观点的论据，所以②和④说明节约的两种好处，是支持①的两个证据；③和⑤则是为什么"节约有好处"原因的说明。这样，答案选 D。

9. 答案选 E。要加强的观点是"母亲与婴儿对视有助于婴儿的学习和交流"，该观点的论据是"母亲与婴儿对视时双方的脑电波趋于同步"。

A	无关选项，两个成年人之间的情况，与论证中的"母婴关系"无关
B	无关选项，父母与孩子"互动"未必就是论证中的"母婴对视"，而"情绪和心率可能会同步"与"有助学习和交流"也无直接关系
C	无关选项，学生对某学科感兴趣而产生的脑电波情况与"母婴脑电波同步"无关，而"学生的学习效果提高"也与"婴儿的学习和交流"无关
D	干扰选项，母婴之间发出信号表明"愿意与对方交流"，这与"交流效果"无关，也不表示"有助于婴儿的学习和交流"
E	正确选项，母婴对视使双方脑电波趋于同步，该选项说明趋于同步的脑电波有助于双方对话和交流，这样加强了"有助于婴儿的学习和交流"

10. 答案选 B。根据(3)可知，密码组合中的数字之和不等于 15，所以结合(2)可知，4 个英文字母不连续排列，这样 A、C、D；根据(1)，可知密码中的数字大于丙，排除 E。

11. 答案选 A。类似于"数独游戏"，但是由于逻辑考试已经有了选项，所以不必从头到尾计算填写。而应采取"从上往下"进行验证，步骤如下：

第一步	根据表格中第一列有"射""御"，对照各个选项均合乎要求
第二步	根据表格中第二列有"乐""御""数"，排除 E 选项
第三步	根据表格中第三列有"书""数"，对照剩下的 A、B、C、D 均合乎要求
第四步	根据表格中第四列有"御""乐"，排除 C 选项
第五步	根据表格中第五列有"书""礼""数"，排除 B 选项。仅剩下两个选项 A 和 D
第六步	由于表格第三行第四列这一格不能填"乐"，只能填"数"，所以排除 D 选项

12. 答案选 C。试题计算步骤如下：

第一步	注意条件是 7 选 6，即只能排除 1 项，条件(2)说明排除的 1 项在流行、民谣和摇滚中
第二步	因为排除的 1 项在流行、民谣和摇滚中，所以，电音和说唱都入围了
第三步	根据条件(3)推知：摇滚或者民族未入围；结合条件(2)，民族不在不入围之中，所以摇滚未入围

13. 答案选 D。五人的话仅有一真，并且五句话之间没有矛盾关系。采取逐项假设验证法，步骤如下：

第一步	假设甲做好事，丙、丁、戊的话都真，不合题意，排除
第二步	假设乙做好事，甲、丙、戊的话都真，不合题意，排除
第三步	假设丙做好事，乙、戊的话都真，不合题意，排除
第四步	假设丁做好事，仅丙的话为真，合乎题意
第五步	假设戊做好事，丙、戊的话都真，不合题意，排除。所以答案选 D

14. 答案选 D。争议试题，答案详细解析参见第三部分"历年有争议试题辨析"。

15. 答案选 B。要验证"每张卡片至少有一面印的是偶数或者花卉"，由于卡片"6""菊""8"已经表明印有偶数或花卉了，所以这三张卡片不必翻看，仅需翻看"虎""7"和"鹰"这三张卡片。

16. 答案选 D。试题已知三个条件都是假言命题，为大前提，将"每人只能选择一种岗位应聘，且每种岗位都有其中一人应聘"作为小前提。具体推理步骤如下：

第一步	已知条件即"每个岗位有并且只有一人应聘"，由(3)可知：乙不应聘保洁
第二步	再由(2)可知：甲应聘保洁，丙应聘销售
第三步	再由(1)可知：丁不应聘网管。这样，乙应聘网管

17. 答案选 C。要质疑的观点是"未来智能导游必然取代人工导游,传统的导游职业行将消亡"。

A	无关选项,说明中国出境游客对智能导游App需求强烈,对观点有加强,不能削弱
B	无关选项,说明智能导游App在保持用户黏性、取得商业价值上有一定的问题,这与"智能导游未来取代人工导游"的观点无关
C	正确选项,说明人工导游具有智能导游App所不具有的优点,因此人工导游不会被智能导游App所取代,对观点质疑
D	无关答案,说明当前智能导游App用户总量还有待于发展,这与它是否未来能取代人工导游无关
E	无关选项,说明人工导游有缺点,未来退出市场需要一定时间,对观点有加强,无削弱

18. 答案选 E。阅读理解甲和乙的对话,注意问题是"除了哪项,其余各项均可得出"。由于"医生没有医德"是甲的观点,并且甲在表达此观点后,乙并没有相应的回应,所以无法推出乙也同意此观点,故 E 是从对话中所推不出的结论。

19. 答案选 B。阅读题干,考生需要具有对简单的传统汉语的理解能力。论证的观点最后一句"君子战必胜",前提是"得道者多助,失道者寡助"。按照论证的观点和前提,该论证隐含的前提有"君子是得道者""多助者必胜寡助者"。所以 B 是正确答案。注意不能选 C,因为该选项没有涉及前提中的"君子"和"多助者与寡助者"。

20. 答案选 C。要加强的观点是"家长陪孩子写作业,会对孩子的成长产生不利影响。"

A	无关选项,说明家长陪伴孩子做作业重要,对观点有削弱
B	无关选项,说明家长没有精力辅导孩子做作业,但没有说明"陪孩子做作业对孩子的害处"
C	正确选项,说明家长陪孩子做作业使孩子在学习兴趣和人格养成上都有害处,对观点加强
D	无关选项,说明家长不能有效地辅导孩子做作业,但没有说明陪孩子做作业对孩子有什么害处
E	无关选项,说明家长如何才能有效地辅导孩子做作业,对观点有削弱

21. 答案选 B。注意问题是"以下哪项是不可能的"。由于选项是各种植被形态的组合,所以对照各个选项,步骤如下:

第一步	条件(1)说明由低到高:荒漠、山地草原、森林,各选项都满足
第二步	条件(2)说明由低到高:荒漠、山地草原、森林,各选项都满足
第三步	条件(3)说明由低到高:山地草原、森林、山地草甸,各选项都满足
第四步	条件(4)说明由低到高:山地草甸草原、山地草甸、高寒草甸,B选项不满足

22. 答案选 D。已知三个条件,具体推理步骤如下:

第一步	根据(2)可知,乙和丁选的是《论语》和《史记》,尽管不能确定两人具体选择哪一本书,但戊肯定不选《史记》
第二步	戊不选《史记》,结合(3)可知,乙不选《论语》,乙选的是《史记》
第三步	条件(2),乙选了《史记》,那么丁选的是《论语》

23. 答案选 B。已知条件有假言命题,为大前提,加上没有小前提,所以只能对照各个选项:

A	无关选项,该选项中的"那么重担就能将他压倒"推不出,排除
B	正确选项,从已知条件"这是为大家而献身……我们的幸福将属于千百万人,……而面对我们的骨灰,高尚的人们将洒下热泪"推出
C	无关选项,该选项中"如果我们没有选择最能为人类福利而劳动的职业"推不出,排除
D	无关选项,该选项中"成为著名学者、大哲人和成为完美无瑕的伟大人物",仅与"如果只为自己劳动"有联系,而与"为人类福利而劳动"无关,排除
E	无关选项,该选项中"我们的事业就不会默默地,永恒发挥作用地存在下去"无法推出,排除

24. 答案选 A。观察四个条件中,"黄椒"出现两次,条件(2)说明芹菜不能在黄椒那一组,而条件(4)黄椒和豇豆一组,由此可以推知"芹菜与豇豆不在同一组",故 A 是正确的。

25. 答案选 B。将三组记为 M 组、N 组、L 组。韭菜、青椒、黄瓜在同一组,L 组;红椒在 N 组;黄椒在 M 组。这样,三种叶菜:芹菜(非 M)、菠菜、韭菜(L);三种椒菜:青椒(L)、红椒(N)、黄椒(M);三种瓜菜:黄瓜(L)、冬瓜、丝瓜;三种豆菜:扁豆、毛豆(N 或者 L)、豇豆(M)。显然,菠菜肯定在 M 组,即菠菜、黄椒、豇豆在同一组,故 B 是正确答案。

26. 答案选 E。要加强民俗专家的观点是"牛肉汤的起源不会晚于春秋战国时期",证据是《淮南子·齐俗训》中有关于牛肉汤做法的文献资料。

A	无关选项,《淮南子》这本书的完成年代与论证中内容无关
B	无关选项,我国在春秋时代开始使用耕牛,这与"牛肉汤的起源时间"无关
C	无关选项,《淮南子》的作者有来自齐国故地的人,这与论证中内容无关
D	干扰选项,春秋时代有熬汤的鼎器,并不意味着所熬制的汤就是牛肉汤,与牛肉汤的起源也没有关系
E	正确选项,《淮南子》中记述的是春秋战国时期齐国的风俗习惯,而根据记载当时的齐国已经熬制牛肉汤,故加强了民俗专家的观点

27. 答案选 D。争议试题,答案详细解析参见第三部分"历年有争议试题辨析"。

28. 答案选 A。要削弱的观点是"为了降尘,北京应当大力推广阔叶树,并尽量减少针叶林面积"。

A	正确选项,由于阔叶树和针叶树具有一定的比例,不能比例失调,对"大力推广阔叶树尽量减少针叶林面积"构成削弱
B	无关选项,针叶林在冬天的生物活性差,这对"尽量减少针叶林的比例"有加强
C	无关选项,论证的观点是"为了降尘"这一目的,与其他植树造林的目的无关
D	干扰选项,仅仅说明种植阔叶树的成本高,但与"为了降尘,应当推广阔叶树尽量减少针叶林的面积以降尘"无关
E	无关选项,建造通风走廊的好处与论证的观点无关

29. 答案选 E。对试题中的"相邻格子"涵义给予理解:有共同边的两个格子。例如,格子 5 的相邻格子有 2、3、4、6。对照图像,可以知道,格子 5 与格子 1 的花是相同种类;格子 3 和格子 4 的花是相同种类;格子 2 和格子 6 的花是相同种类。又已知,格子 5 是红花,而菊花没有红花,所以格子 5 不是菊花,这样格子 2 中的花不是菊花,故 E 是正确答案。

30. 答案选 D。格子 5 是红色的玫瑰,这样格子 5 旁边的 2、3、4、6 是两种兰花(不能红色,只能黄色和白色)和两种菊花。格子 3 是黄色的花,只能是黄色的兰花,因为若是黄色的菊花,那么格子 2 和 6 便无法填入黄色的兰花。这样可以推知,格子 4 是白色的兰花;格子 2 和 6 分别是蓝色的菊花和白色的菊花。

2018 年管理类专业学位
全国联考逻辑真题解析

1. 答案选 A。阅读题干后,由于没有小前提,故对照各个选项:A"只有不离开人民,文艺才不会变成无根的浮萍、无病的呻吟、无魂的躯壳"等价于已知条件中的"离开人民,文艺就会变成无根的浮萍、无病的呻吟、无魂的躯壳",所以它是正确答案。

A	正确选项,与已知条件等价
B	无关选项,假。从已知条件"人民既是历史的创造者,也是历史的剧中人"可以推出"有些历史的创造者是历史的剧中人"
C	无关选项,不确定。从已知条件"人民既是历史的创造者,也是历史的见证者"可以推注"有些历史的创造者是历史的见证者",但不能推出"都是"
D	无关选项,不确定。解释与 C 选项类似
E	无关选项,不确定。已知条件"关注人民的生活、命运、情感,表达人民的心愿、心情、心声,我们的作品才会在人民中传之久远"表示"关注人民生活等"是"作品传之久远"的必要条件,选项错误地理解为充分条件

2. 答案选 C。早报仅仅罗列了若干城市的天气情况,这些天气一共是 9 种情况。由于所罗列地既不涉及所有城市的情况,也不是根据所有天气情况而罗列,故上述 9 种天气类型只是"可能是全部类型或者可能不是全部类型",这样正确答案只能选 C。

3. 答案选 E。争议试题,答案详细解析参见第三部分"历年有争议试题辨析"。

4. 答案选 A。要加强的专家观点是"分心驾驶已成为我国道路交通事故的罪魁祸首"。

A	正确选项,由于分心驾驶导致的交通事故占比最高,所以它是我国道路交通事故的罪魁祸首
B	无关选项,仅说明驾驶时用手机会使反应时间延迟,但不涉及实际交通事故及其发生原因的排序情况
C	无关选项,仅说明开车时使用手机发短信会使车祸概率增加,但同样不涉及实际交通事故及其发生原因的排序情况
D	无关选项,仅说明了"分心驾驶"的主要表现形式是使用手机,但是同样不涉及实际交通事故及其发生原因的排序情况
E	无关选项,不涉及我国情况

5. 答案选 B。小前提"丙周日值日"与相应大前提结合，具体解题步骤见下表。

第一步	丙周日值日与大前提(2)结合，推知：甲不在周一值日
第二步	甲不在周一值日与大前提(3)结合，推知：己在周四值日，庚在周五值日
第三步	己在周四值日与大前提(4)结合推知：乙不在周二值日，考虑(1)，推知：乙在周六值日

6. 答案选 D。将小前提"庚在周四值日"作为起点，注意问题是"以下哪项为假"。具体解题步骤见下表。

第一步	庚在周四值日与大前提(3)结合，推知：甲在周一值日；排除 A 选项
第二步	甲在周一值日与大前提(2)结合，推知：丙在周三，戊在周五，这样 D 选项为假

7. 答案选 E。已知条件"弟子不必不如师，师不必贤于弟子"等价于"有些弟子可能如师，有些师可能不贤于弟子"，故答案选 E。

A	无关选项，已知条件推出"可能"命题，不能推出"必然"命题
B	无关选项，"有些弟子可能如师"是肯定命题，推不出"有些弟子可能不如师"这句否定命题
C	无关选项，"有些师不可能贤于弟子"等价于"有些师必然不贤于弟子"，这是"必然判断"，不能推出
D	无关选项，解释与 B 选项相同
E	正确选项，与已知条件"师不必贤于弟子"等价

8. 答案选 E。注意问题是"以下哪项不可能"，识别已知条件中(3)和(4)是大前提，而(1)和(2)中隐藏的小前提。具体推理步骤见下表：

第一步	(2)说明"雨水"在春季，和大前提(4)结合，推知："霜降"在秋季
第二步	"霜降"在秋季和大前提(3)结合，推知："清明"在春季
第三步	对照各个选项，由于 E 中"清明"在夏季，所以 E 是不可能的

9. 答案选 C。题干论述结构：若 A，则 B；若 C，则 D。所以，如果非 D，则非 A。

A	无关选项，结构：若 A，则 B，若 C，则 D。所以，若非 D，则非 C
B	无关选项，前提中没有假言判断
C	正确选项，结构：若 A，则 B；若 C，则 D。所以，如果非 D，则非 A
D	无关选项，前提中没有假言判断
E	无关选项，前提中的"有志"和"无志"是矛盾的，与题干不符

10. 答案选 D。注意问题是"以下哪项最可能与上述信息不一致",阅读后理解已知条件(1)(2)(3)是大前提,(4)是小前提。推理步骤见下表:

第一步	小前提(4)和大前提(3)结合,推知:小李乘8站,转2次车
第二步	小前提(4)和大前提(1)结合,推知:小张乘7站,换1次车
第三步	小前提(4)和大前提(2)结合不能推知小王的具体情况
第四步	由于换乘、步行、地铁运行加停靠时间都相同,所以小张应当比小李先到达单位,故选项 D 最可能与题干信息不一致

11. 答案选 C。论证由"某年龄段患病人数增多"得出结论"该年龄段人口患病率上升",削弱上述论证的关键在于"患病人数增多"一定是由于或者可以推出"患病率上升"吗?

A	无关选项,"该国民众更有条件关注自己的身体健康"与"某些疾病年轻人中发病率上升"没有直接关系
B	无关选项,"老年人"的最低年龄提高而不是降低,所以这与老年病在年轻人中发病率提高无关
C	正确选项,患病人数增加是由于这一年龄段人口增加了,对"患病率上升"给予削弱
D	无关选项,没有涉及年轻人患老年病数量增加及其原因
E	无关选项,与论证中的年轻人患老年病数量增多及其原因无关

12. 答案选 A。题干中张教授"如果每一个体在不损害他人利益的前提下,尽可能满足其自身的利益需求,那么由这些个体组成的社会就是一个良善的社会"与选项 A 表述的假言命题是等价的,所以 A 选项是正确答案。选项 C、D、E 说明了"良善的社会"的必要条件,而不是张教授所表明的充分条件,排除;选项 B 与张教授观点无关,排除。

13. 答案选 C。试题要求选择某个选项结合题干的已知可以推出"赵珊珊选修的是宋词选读"。具体解题步骤如下:

第一步	由(2)可知:赵珊珊选修的是:"《诗经》鉴赏""唐诗鉴赏""宋词选读"中的某一门
第二步	由(3)可知:赵珊珊没有选"唐诗鉴赏"和"《诗经》鉴赏"中某一门
第三步	如果再排除"唐诗鉴赏"和"《诗经》鉴赏"中一门,就可以推知:赵珊珊选修"宋词选读",这样,C 是正确答案

14. 答案选 D。要解释的矛盾现象是"河流流速缓慢有利于水草生长的情况下,水草总量却没有增加"。

A	无关选项,"以水草为食的水生动物数量减少"有利于说明水草的增加而不是减少
B	无关选项,"水温变化小有利于水草生长"不能解释水草数量少
C	无关选项,水草数量多有什么后果与"为什么水草数量少"无关
D	正确选项,考虑到水草也是属于"水生物",干旱导致大量水生物死亡,即水草在干旱中死亡了,所以即使河流的流速缓慢,水草总量也没有增加
E	无关选项,与论证中的现象完全没有关系

15. 答案选 D。将已知条件在题干中直接作出如下标注:

甲(✗)、乙、丙(✓,两者仅 1 个在一编队)、丁、戊(两者仅 1 个在一编队)、已(二编队)、庚。标注完毕后,根据题干知,甲(二编队),所以丙(一编队),这样,戊(二编队)。所以答案选 D。

16. 答案选 D。注意到已知条件(4)是大前提,根据(4)假设"乙在第一编队",则丁在第一编队,庚也在第一编队。而甲和丙中也有一艘舰在第一编队,这样第一编队有 4 艘舰,不合题意,故乙只能在第二编队。这样,乙、已确定在第二编队,由于甲和丙分属两个编队,所以丁、庚在第一编队,戊在第二编队。

17. 答案选 C。题干反驳结构可以概括为:X 最重要的是 A。反驳,X 最重要的是 B,(因为)如果没有 B,就没有 X。

A	无关选项,结构:X 最重要的是 A。反驳,X 最重要的是 B,(因为)所有优秀的 X 都来源于 B
B	无关选项,结构:X 最重要的是 A。反驳,X 最重要的是 B,(因为)如果没有 B,就没有 A
C	正确选项,结构:X 最重要的是 A。反驳,最重要的是 B,(因为)如果没有 B,就没有 X
D	无关选项,结构:X 最重要的是 A。反驳,最重要的是 B,(因为)只有 B,才有 A
E	无关选项,结构:X 最重要的是 A。反驳,最重要的是 B,(因为)如果没有 B,就没有 A

18. 答案选 C。已知条件"若要人不知,除非己莫为,若要人不闻,除非己莫言",等价于"如果希望人不知,则己不为,如果希望人不闻,则己不言"。

A	无关选项,与已知前提"若人不知,则己不为"不等价
B	无关选项,与已知前提"若人不闻,则己不言"不等价
C	正确选项,与已知前提"若人不知,则己不为;若人不闻,则己不言"等价
D	无关选项,已知前提"言之而欲人不闻"和"捕雀而掩耳"之间存在假言条件关系
E	无关选项,解释与 D 选项解释类似

19. 答案选 D。根据已知条件,假设中国 2013 年卷烟消费量是 X,则 2014 年为 X(1＋2.4％),2015 年为 X(1＋2.4％)(1－2.4％),由此排除选项 A、B。2015 年中国卷烟消费量下降了 2.4％,但是世界卷烟消费量下降了 2.1％,这样可以得出,中国以外的其他国家卷烟消费量下降的比例低于中国,故正确答案选 D。

20. 答案选 D。注意问题是"以下哪项是不可能的",逐项验证。根据条件(1),哲学类新书不限位置,前 3 排书橱中有哲学类新书,但不排除其他排书橱也有哲学类新书,这样排除选项 A 和 C;由条件(2)可以确定"法学类新书只放在第 5 排书橱",所以选项 D 是不可能的,故它是正确答案。注意,条件(3)说明管理类新书放在最后一排书橱,但是最后一排是第几排没有说明,所以 E 选项是可能的。

21. 答案选 A。由已知条件"本次会议只欢迎有主办方邀请函的科研院所的学者参加",又"只有论文通过审核才能收到会议主办方发出的邀请函",可以推知,论文没有通过审核,就不能收到邀请函,就不被本次会议欢迎。对照各个选项:

A	正确选项,论文没有通过审核,本次学术会议就不会欢迎
B	无关选项,推不出。论文即使通过审核,也不意味着就收到邀请函,不能推出这些学者"都可以参加"
C	无关选项,推不出。论文即使通过审核并且有了邀请函,也未必就受到本次会议的欢迎
D	无关选项,假。只要没有邀请函,本次会议就肯定不欢迎其参加
E	无关选项,推不出。"是否欢迎某学者参加"与"该学者实际是否能参加"无关

22. 答案选 B。阅读题干,条件(1)(2)(3)是大前提,(4)是小前提。具体推理步骤见下表:

| 第一步 | 小前提(4)和大前提(3)结合可以推知:菊园不在园林的中心 |
| 第二步 | 对照各个选项,B 为正确答案 |

23. 答案选 C。将"北门位于兰园"作为小前提,具体推理步骤见下表。

第一步	小前提"北门位于兰园",与大前提(2)结合可以推知南门位于竹园
第二步	"南门位于竹园",在与大前提(1)结合可以推知,东门既不位于松园也不位于菊园,所以东门只能位于梅园
第三步	对照各个选项,C 为正确答案

24. 答案选 E。要加强专家的观点是"雌性青蛙数量减少会导致青蛙数量下降"。

A	无关选项,路盐可能给其他水生物造成危害,破坏青蛙的食物链,与"雌性青蛙及相关区域青蛙数量"没有直接关系
B	无关选项,不确定青蛙是否以雌性为主,也不确定"可能受到影响"是什么具体影响
C	无关选项,水池中盐含量增加会减少雌性青蛙的数量,这与观点"相关区域青蛙数量受影响"无关
D	无关选项,"青蛙的生长发育过程受到影响"与"相关区域青蛙数量受影响"没有直接关系
E	正确选项,该选项是"雌性青蛙数量减少使相关区域青蛙总的数量减少"的大前提

25. 答案选 D。已知条件没有明确的小前提,对照各个选项:

A	无关选项,"意义重大"和"关注度高"之间没有确定的联系
B	无关选项,解释与 A 选项解释相同
C	无关选项,涉及民生问题的项目都意义重大,但是不能确定它们是否引起关注
D	正确选项。由已知条件"凡意义重大的项目均涉及民生问题"和"有些最终审定的项目并不涉及民生问题",可以推知:有些最终审定的项目不是意义重大的。再结合:最终审定的项目或者意义重大或者关注度高,可以推知这些项目"关注度高"
E	无关选项,意义重大的项目都涉及民生问题,所以,不涉及民生问题的项目意义都不重大

26. 答案选 E。题干对话的结构可以概括为:A 比 B 难,先 A 后 B;反对,B 比 A 难,先 B 后 A。

A	无关选项,甲的话中不涉及两件事情的难和易
B	无关选项,甲和乙的对话都不涉及两件事情的难和易
C	无关选项,甲和乙的对话不涉及先做和后做,讨论的是两件事情谁更重要
D	干扰选项,不同于题干先做难的事情,甲和乙的结论是先做容易的事情
E	正确选项,结构:A 比 B 难,先 A 后 B;反对,B 比 A 难,先 B 后 A

27. 答案选 C。已知条件中没有明确的小前提,注意问题是"以下哪项是不可能的"。对照各个选项:

A	无关选项,可能为真。"值得拥有专利的产品是否都申请了专利"是不确定的
B	无关选项,可能为真。"创新者"与"受惩罚"之间关系不确定
C	正确选项,假。根据"所有值得拥有专利的产品或设计方案都是创新"和"所有的模仿都不是创新"可以推知,所有值得拥有专利的产品都不是模仿。C 与此矛盾,故假
D	无关选项,可能为真。创新都值得拥有专利,但不能确定"模仿是否值得拥有专利"
E	干扰选项,可能为真。注意:"应该受到惩罚"与"受到惩罚"是不同的概念

28. 答案选 A。选项都是确定的结论,但已知条件却没有小前提,故考虑二难推理结构。具体推理步骤见下表:

第一步	(4)中的"若进口丙,就不进口丁"与(3)中的"若丙不进口(有违禁成分),就不能进口丁"结合,二难推理,可以推知:不进口丁。再与(4)中的"若不进口丁,则进口丙"结合,推知:进口丙
第二步	不进口丁,结合(3)中"如果进口戊,就进口乙和丁",推知:不进口戊
第三步	不进口戊,与(2)结合可推知:甲和乙都没有违禁成分。结合(1)可知:甲、乙都进口
第四步	对照各个选项,A 为正确答案

29. 答案选 B。在题干中将已知条件标注如下:

陈琳、张芳(A)、王玉(在李龙的右边)、杨虹(4 桌)和四位男生范勇、吕伟(A)、赵虎、李龙。总积分最高的是获得 3 胜积 6 分的。由条件(4)可知,她是与李龙对弈的某位女生。具体推理步骤见下表。

第一步	由(1)可知:张芳和王玉都不与李龙对弈
第二步	又由(1)"王玉的比赛桌在李龙的右边",所以李龙不在 4 号桌,而杨虹在 4 号桌比赛,所以,与李龙对弈的也不是杨虹
第三步	与李龙对弈的只能是陈琳,陈琳是积 6 分总积分最高的选手,答案选 B

30. 答案选 C。和局的是 3∶3 比分的一对选手。具体推理见下表。

第一步	由上一题可知:李龙对陈琳,比分 6∶0,排除上述两位选手
第二步	由(4)排除范勇
第三步	由(3)赵虎及其对手没有和局,赵虎的积分也不领先其对手,说明赵虎与其对手的比分也不是 3∶3。因此,比分 3∶3 的男生只能是吕伟
第四步	由(1)张芳、吕伟对弈,故答案选 C

2017年管理类专业学位
全国联考逻辑真题解析

1. 答案选A。从倪教授陈述中"任何涉及核心技术的项目都不能受制于人"和"我国许多网络安全建设项目涉及信息核心技术"结合可以推知"我国许多网络安全建设项目不能受制于人",故A为正确答案。倪教授的陈述中,"可以考虑与国外先进技术合作","与国外先进技术合作"两个概念是不周延的,所以B、D、E都无法推出;C的主项是"工程技术领域的所有项目",这个概念在前提中没有出现,故排除C。

2. 答案选B。从已知条件可以得出:"任何结果"的"背后都是有原因的",而"任何背后有原因的事物均可以被认识",并且它们"必然不是毫无规律的",所以,"任何结果必然不是毫无规律的"。这样B为假。注意试题问题是"以下哪项为假"。

A	无关选项,不确定真假,试题条件不涉及人的认识
B	正确选项,假,从已知条件可以推知"所有结果必然不是毫无规律的",所以"有些结果的出现可能毫无规律"为假
C	无关选项,真,从已知条件"所有可以被人认识的事物都必然不是毫无规律的",所以,该选项为真
D	无关选项,真,从已知条件"任何结果出现的背后都是有原因的",该选项为真
E	无关选项,真,从已知条件可以推知"任何结果背后都有原因、都可以被认识",该选项为真

3. 答案选D。要求加强专家的观点是"政府应该严厉打击海外代购的行为",专家观点的前提是"政府损失了税收收入"。对照各个选项,同时考虑税收。

A	无关选项,仅仅说明有人因为海外代购被严厉打击了,但是是否需要严厉打击并没有涉及
B	削弱选项,说明了海外代购的原因,对于需要严厉"打击海外代购"给予削弱
C	削弱选项,说明海外代购的好处,对于需要严厉"打击海外代购"给予削弱
D	加强选项,说明海外代购的不是生活所必需的奢侈品,同时关税流失,加强"需要严厉打击海外代购"的观点
E	无关选项,仅仅说明与海外代购有联系的消费升级是必要的,基本上不涉及海外代购,所以与"需要严厉打击海外代购"这一观点基本无关

4. 答案选 E。由于已知条件只有大前提,没有小前提,所以对照各个选项。具体过程见下表:

A	推不出,戊和己出演路人时,已知条件不涉及甲,所以无法推出甲出演的角色
B	推不出,由于(1)只有甲、乙才能出演外国游客,所以己不能出演外国游客
C	推不出,由于6人出演4类角色,所以每个人的角色都可以不变,没有2人必须在不同场景出演不同的角色
D	推不出,在同一场景中,甲和丙是购物者,乙是外国游客,丁是商贩,他们共同出现是合乎题意的
E	真,丁和戊是购物者,由(3)可知:乙和丁都不是商贩;由(4)可知,该场景不允许有路人,所以:乙不能出演购物者、商贩和路人,他只能出演外国游客。(注意:结论是"乙只能出演外国游客",而不是"乙必然出演外国游客")

5. 答案选 E。法院驳回原告"让孩子就近入学"的理由必须是合乎法律,E 选项说教育主管部门做法合乎法律,所以最可能是法院判决的合理依据。

A	干扰选项,尽管解释了"就近入学"不是"最近入学",但是不涉及教育局安排是否合乎法律,所以不能作为法院判决的依据
B	无关选项,家长的诉讼和教育局的安排都不涉及该选项的内容
C	无关选项,略有干扰,是否支持家长诉讼关键在于政府主管部门的做法是否合乎法律,该选项不涉及法律,隐含着"政府的任何做法都是正确的"这一不合理的假设
D	无关选项,法院判决的依据是法律,而不是"特定情况下可以变通"
E	正确选项,法院判决的依据是教育局的行为合乎法律,这样家长的诉讼要求才能被驳回

6. 答案选 C。阅读题干,(1)(2)(3)是大前提,(4)是一个带有数字的简单判断,为小前提。具体解题步骤如下表:

第一步	(4)与(2)结合,可以推知,股票投资比例不低于1/3
第二部	(4)与(3)结合,可以推知,外汇投资比例不低于1/4
第三部	对照各个选项,由于股票投资不低于1/3,所以C是正确选项

7. 答案选 E。题干对通识教育(掌握基本常识)和人文教育(了解生活世界的意义)给予介绍后,得出观点"人文教育对个人的影响会更大一些"。

A	无关选项,仅仅说明有些大学开设的不同课程之间的数量关系,不涉及哪一种课程更重要
B	无关选项,仅仅说明通识教育和人文教育不能相互替代,没有说明哪一种教育更为重要
C	无关选项,说明通识教育重要,人文教育也重要,不涉及两者相比如何的说明
D	无关选项,仅仅说明人文教育的结果"价值和意义判断"重要,但不涉及两种教育的比较
E	正确选项,说明不接受通识教育危害不大,但是不接受人文教育危害很大,通过对比说明人文教育更重要

8. 答案选 C。阅读完题干后,将确定位置和相对位置用下面的数字表示:

江西(1或者7),江苏(3),安徽(2'),浙江(5'),福建(1'或者6'),湖南、湖北(没有条件限制),加'的数字仅表示相对前后位置,不表示确定的位置。

又第一个调研安徽省,即安徽(1),所以:江西(7),江苏(3),浙江(4),福建(5),所以正确答案选 C。

9. 答案选 C。总的条件仍然是:

江西(1或者7),江苏(3),安徽(2')浙江(5'),福建(1'或者6'),湖南、湖北(没有条件限制),加'的数字仅表示相对前后位置,不表示确定的位置。

又第二个调研安徽省,即安徽(2),所以,江苏(3),浙江省(5)。因此,正确答案选 C。

注意:不能选 E,因为对福建的调查可以排在第1页可以排在第6,不能确定具体位次。

10. 答案选 D。王研究员认为创业的重点是"需要一种坚持精神",李教授的看法是创业重要在于"尝试新技术",对照各个选项,对两人对话分歧最合适说明的选项为 D。

A	无关选项,两人都没有涉及"迎接各种创业难题的挑战"
B	干扰选项,李教授的说法是"尝试新技术"而不是"坚持创新"
C	无关选项,与两人的观点都没有关系
D	正确选项,王研究员强调"坚持精神",李教授则认为"尝试新技术"重要
E	无关选项,两人的观点不涉及"成立小公司还是挑战大公司的分歧"

11. 答案选 A。要加强的专家观点是"如果不采取紧急措施改善空气质量,有关眼睛的疾病的发病率和相关并发症将会增加"。

A	加强选项,"有毒颗粒影响泪腺细胞"与"眼睛疾病和并发症"有关,加强
B	无关选项,不涉及"眼睛疾病"
C	无关选项,不涉及"空气质量"
D	无关选项,患者年龄与论证无关
E	无关选项,在重污染环境中如何防止眼睛疾病,与空气质量恶化导致眼睛疾病发生没有直接关系

12. 答案选 E。要注意题干已知条件的细微差别:一年级是所有学生"名句、诗名、作者"都能对应;二年级是2/3的学生"名句、作者"能对应;三年级是1/3的学生不能将"名句、诗名"对应,即2/3的学生能够对应"名句和诗名"。

A	推不出,由于二年级学生不涉及名句与诗名的对应情况,三年级学生不涉及名句与作者的对应情况,所以无法推出该选项
B	推不出,名句,诗名和作者都能对应的只有一年级学生是确定的,即只有1/3学生确定,推不出"大部分"

(续表)

C	假,一年级学生都能对应,二年级学生中有 1/3 不能将名句与作者对应
D	假,一年级学生都能对应,不能对应的一、二年级学生在 1/2 以内
E	真,一年级学生都能对应,三年级学生 2/3 能够对应,所以总的占比超过 2/3

13. 答案选 B。已知前提是"婴儿通过触碰物体、四处玩耍和观察成人行为等方式来学习",由此,科学家认为,"婴儿是地球上最有效率的学习者"。显然,概念之间存在由此及彼的过渡,即需要假设"通过触摸物体、四处玩耍和观察成人行为等学习方式是地球上最有效率的学习方式",即正确答案选 B。

A	无关选项,既不涉及婴儿特殊的学习方式,也不涉及"最有效率的学习方式"
B	正确选项,将婴儿特殊的学习方式与"最有效率的学习方式"建立联系
C	无关选项,论证不涉及机器人和婴儿"学习能力"的比较,而是讨论"学习方式"
D	无关选项,目前机器人不能像婴儿那样学习,但论证没有涉及机器人能像婴儿那样学习的假设
E	干扰选项,论证没有涉及成人的学习方式和学习能力,所以有关成人和婴儿学习方式的比较与论证无关

14. 答案选 D。要加强的观点是"黄金纳米粒子能提升癌细胞化疗的效果,并能降低化疗的不良反应",观点中的关键词是"化疗"。

A	无关选项,疗效还需要大量临床检验,对科学家的观点有削弱无加强
B	干扰选项,说明黄金纳米粒子有疗效,但是不涉及不良反应
C	无关选项,黄金纳米粒子与人体细胞不会发生反应仅仅说明也许没有不良反应,但是不涉及疗效
D	正确选项,既说明黄金纳米粒子携带的化疗物质能够作用癌细胞,有疗效,又说明不伤及其他细胞,没有不良反应
E	无关选项,能够判断黄金纳米粒子是否已经投放到癌细胞,既不涉及疗效也不涉及是否存在不良反应

15. 答案选 B。题干对话的结构是:"甲:A→B;乙:反对,非 A→非 B"。

A	无关选项,结构:"A 不是 B,A 具有 C;反对,B 没有 C,但是 A 有 C"
B	正确选项,结构:"A→B;反对,非 A→非 B"
C	无关选项,结构:"A→B;反对,非 A 并且 B"
D	干扰选项,结构:"A→B;反对,非 A→非 C",注意"谋其政"和"行其政"是不同的命题
E	无关选项,结构:"A→B;反对,非 B→非 A"

16. 答案选 C。每个人说的话都是假言命题,是大前提。已知条件没有小前提,对照各

个选项：

A	可能为真,曾寅是主持人时,根据条件(2),孟申是项目组成员,合乎题意
B	可能为真,孟申是主持人时,根据条件(4),荀辰是项目组成员,合乎题意
C	假,曾寅是主持人,根据条件(2),颜子或孟申作为项目组成员;荀辰是主持人,根据条件(3),颜子是项目组成员。两人任何一人是主持人都不合乎题意
D	可能为真,孟申是主持人,根据条件(4),荀辰或颜子是项目组成员,合乎题意
E	可能为真,荀辰是主持人,根据条件(3),颜子是项目组成员,合乎题意

17. 答案为 E。论证认为体重增加的原因是"有规律的工作",显然关键问题是,"其他情况相似但是不从事有规律工作的人体重是否增加"是关键问题。

A	无关选项,不涉及"有规律的工作",与论证无关
B	无关选项,同上
C	无关选项,同上
D	无关选项,论证不涉及性别
E	正确选项,如果没有从事有规律工作的人体重没有类似增加,对论证加强;如果没有从事有规律工作的人体重也有类似增加,对论证削弱

18. 答案选 E。已知题干论证的特点是：前提中有充分条件假言命题,并且前提和结论都是肯定命题。

A	无关选项,假言命题中有否定命题,与题干不相似
B	无关选项,前提中没有假言命题,与题干不相似
C	无关选项,前提中是必要条件假言命题,而不是充分条件,与题干不相似
D	无关选项,假言命题中有否定命题,与题干不相似
E	正确选项,既是充分假言命题,同时,前提和结论都是肯定命题

19. 答案选 D。由已知"有些藏书家却因喜爱书的价值和精致装帧而购书收藏,至于阅读则放到了以后闲暇的时间",所以,这些藏书家不会立即读自己新购的书,正确答案选 D。

A	无关选项,已知条件是"藏书家的书被友人借去",藏书家并没有将书当作友人
B	干扰选项,藏书家会在以后闲暇时间阅读,但是否"喜欢在闲暇时间阅读"不确定
C	无关选项,不能确定是否有藏书家会"读遍自己收藏的书"
D	正确答案,由于"阅读放在了以后的闲暇时间",所以可以确定这些藏书家不会立即读自己新购的书
E	无关选项,有些藏书家不会立即读自己新购的书,不等于"从来不读"

20. 答案选 D。论证根据调查"幸福或不幸福并不意味着死亡的风险会相应地变得更低或更高"、得出结论,"疾病可能会导致不幸福,但不幸福本身并不会对健康状况造成损害"。很明显,论证在"死亡的风险"和"健康状况"之间存在概念跳跃。

A	无关选项,只是说明个人较难把握自己是否幸福,但该选项不涉及健康,也不涉及死亡风险,与论证无关
B	加强选项,给出不幸福而高寿的例子,即不幸福本身没有对健康造成危害
C	无关选项,给出幸福感高但是患重大疾病的例子,与论证对象"不幸福的人"无关
D	削弱选项,论证将"死亡风险"与"健康"相联系,该选项说明两者没有联系,对论证削弱
E	无关选项,只是说明个体死亡风险高低难以进行准确评估,但该选项不涉及健康,也不涉及死亡风险,与论证无关

21. 答案选 B。乙在反驳中的特点:偷换概念,将"强化知识产权保护"偷换成"过分强化知识产权保护";结论是确定的"肯定不能"。

A	干扰选项,丈夫的反驳具有偷换概念的特点,但是结论不确定,表达为"不一定"
B	正确选项,孩子的反驳偷换概念,将"从小事做起"偷换成"只是做小事",结论肯定,表达为"肯定做不成"
C	无关选项,反驳中没有偷换概念的特点
D	无关选项,反驳中没有偷换概念的特点
E	无关选项,反驳中没有偷换概念的特点

22. 答案选 D。将确定位置和相对位置以不同的数字标注如下:

猴子观海(1')妙笔生花(2')美人梳妆(3')禅心向天(4)仙人晒靴(5 或者 6)阳关三叠(在"仙人晒靴"前)。数字 1'、2'、3'仅表示相对前后位置,不表示确定的位置。

一个简单的可能排序是:

猴子观海(1)妙笔生花(2)美人梳妆(3)禅心向天(4)阳关三叠(5)仙人晒靴(6)。但是"阳关三叠"的位置除了在"仙人晒靴"之前,它还可以排在前三位。一旦"阳关三叠"排在前三位,落入第 5 或者 6 位的只能是"美人梳妆",而"猴子观海"和"妙笔生花"不可能排在第 5 和第 6 位。注意在问题"以下哪项不可能为真",故答案选 D。

23. 答案选 C。对题干中关键概念"自我陶醉人格"特点的概括有:高估自己(A、E 选项合乎此特点);对批评反应强烈(B 选项合乎此特点);人际关系不稳定(D 选项合乎此特点)。只有 C 选项描述的特点几乎是与该种人格特征相反的"自卑感"的体现。所以,正确答案选 C。注意问题中的"除了"。

24. 答案选 E。争议试题,答案详细解析参见第三部分"历年有争议试题辨析"。

25. 答案选 A。要支持的观点是"配音已失去观众,必将退出历史舞台"。

A	正确选项,说明一些观众需要配音,某些国外大片也需要配音,从而削弱"配音已失去观众"
B	干扰选项,尽管说明了配音有价值,但是仅仅说明一些人不需要配音,而没有说明有人需要配音,所以对论证不仅没有削弱,反而加强
C	无关选项,说明很多人不需要配音,对论证加强
D	无关选项,说明配音已经不能满足人们的及时需要,对论证加强
E	无关选项,说明配音具有缺陷,对论证加强

26. 答案选 B。已知条件(1)(2)(3)都是假言命题,是大前提。条件(4)和(5)是小前提。根据已知(5)可以推知,小明和小花仅收到一份礼物;这样排除 A、C、D、E,所以正确答案为 B。

27. 答案选 D。解题的起点是小前提(5),具体步骤如下表:

第一步	(5)小花只收到紫色礼物,与(3)结合,推知:小刚收到黄色礼物,再与(4)结合推知,小刚不能收到绿色礼物
第二步	(5)小明收到橙色礼物,与(1)结合,推知:小芳收到蓝色礼物,再与(2)结合推知,小雷收到红色礼物
第三步	小刚的两份礼物,一份是黄色,另一份不能是橙色、紫色、绿色、蓝色、红色,只能是青色,所以正确选项选 D

28. 答案选 D。由于题干仅有大前提,没有小前提,所以对照各个选项,具体过程如下表:

A	不能推出,条件没有涉及的乐器是否购买不确定,所以不能推出该选项
B	不能推出,箫和笛子都不购买,购买古筝、唢呐即可满足所有条件
C	不能推出,同上,只需要购买古筝和唢呐两种乐器即可满足所有条件
D	正确选项,假设古筝、二胡都不购买,由(2)可以推知,要买笛子,再由(4)推知,不能买箫,再由(3)推知,买古筝,与假设矛盾
E	不能推出,不买唢呐,由(3)推知,买箫和古筝,即可满足所有条件

29. 答案选 A。根据已知,周四放映两部科幻片;周日放映一部爱情片;另外 3 部武侠片(A)和科幻片(B)不能在同一天放映;所以 A 和 B 一共要占据 6 个位置,所以武侠片和科幻片需要在周一、二、三、五、六、日放映,如下表(A 和 B 位置可以调换,但是 A 和 B 不能在同一天)。因此,周日与爱情片同映的或者是科幻片或者是武侠片。所以,警匪片和爱情片不

能在同一天放映,故正确答案选 A。

周一	周二	周三	周四	周五	周六	周日
			科幻片			爱情片
武侠片(A)	武侠片(A)	武侠片(A)	科幻片	科幻片(B)	科幻片(B)	科幻片(B)

30. 答案选 C。由于要求同类影片放映日期连续;所以三部警匪片只能排在周一、二、三放映;战争片只能排在周五、六放映;注意武侠片和科幻片的放映日期可以对调;所以周六可以放映战争片和科幻片,也可以放映战争片和武侠片,故正确答案选 C。

周一	周二	周三	周四	周五	周六	周日
警匪片	警匪片	警匪片	科幻片	战争片	战争片	爱情片
武侠片(A)	武侠片(A)	武侠片(A)	科幻片	科幻片(B)	科幻片(B)	科幻片(B)

2016年管理类专业学位
全国联考逻辑真题解析

1. 答案选D。题干已知条件中的假言命题可以等价为：自主创新活力→企业创建科技创新中心→合作；企业催生重大科技成果→搭建平台。对题干自然语言这种形式化是本书解析试题时给予简化的处理方法，表示"充分→必要"，解答试题时并不需要这样"翻译"。

A	无关选项，搭建平台→激发自主创新活力，充分与必要条件混淆
B	无关选项，搭建平台→催生重大科技成果，充分与必要条件混淆
C	无关选项，不属于假言命题，与题干条件无关
D	正确答案，不搭建平台→不催生重大科技成果，与题干已知条件属于逆否命题等价
E	无关选项，合作→自主创新活力；充分与必要条件混淆

2. 答案选C。题干已知条件中的假言命题可以等价为：为生态文明建设提供可靠保障→实行最严格的制度和法治→追究责任。

A	无关选项，追究责任→为生态文明建设提供可靠保证，充分与必要条件混淆
B	无关选项，不涉及假言命题，与题干条件无关
C	正确答案，不追求责任→不能为生态文明提供可靠保证，与题干已知条件属于逆否命题等价
D	无关选项，造福于民→制度保护墙，题干之中没有上述信息
E	无关选项，责任追究→实行最严格的制度和法治；充分与必要条件混淆

3. 答案选D。题干的陈述结构可以概括为：采取A行为，可以得到较好的B结果；不采取A行为，可以得到较差的C结果。陈述结构的关键特点在于一分为二，"采取"和"不采取"某一行为属于矛盾的两个方面。

A	干扰选项，注意"脱离环境搞经济"和"离开经济发展抓环境保护"不是矛盾的两种行为，而且两种做法的结果都不好，没有较好、较差的区别
B	无关选项，"说一种语言的人"和"说三种语言以上的人"不是行为的区别，也不矛盾
C	无关选项，现在和过去人们行为和期盼有区别，与矛盾的行为无关
D	正确选项，"注重调查研究"和"闭门造车"（可以理解为"不注重调查研究"）属于矛盾的两种行为，两种行为的结果具有较好、较坏的区别
E	无关选项，一句假言命题，没有行为的区别

4. 答案选 E。此题需要理解"天干"和"地支"搭配的具体规则,若不理解天干与地支的搭配规则,则无法解答试题。天干有 10 个,地支有 12 个,依次搭配:

第一个十年:甲子,乙丑…癸酉天干 10 个搭配完毕,而地支还有 2 个;第二个十年:甲戌,乙亥,丙子…癸未;第三个十年:甲申…。显然,天干中的"甲"配地支每 10 年依次只能是甲子、甲戌、甲申、甲辰、甲寅,不可能出现甲丑相配,所以排除 B;A 和 C 与题干无关,排除;2024 年比 2014 年多了 10 年,2014 是甲午年,故 2024 应当是甲辰年,排除 D,正确答案选 E。

5. 答案选 D。两人争论应当招募什么样的新队员,所以,两人争论的是"招募标准"而非"招募目的"。

A	无关选项,两人都没有涉及"理想"和"现实"
B	无关选项,两人都没有涉及"研究辩论规律",且不涉及招募的目的
C	无关选项,两人都没有涉及"培养新人",且不涉及招募的目的
D	正确选项,赵的观点是"一定要招募喜爱辩论的人",王的观点是"喜爱辩论与否不是必要条件,只要辩论能力强,就可以招募",所以两人的争论焦点是"招募是以喜爱(爱好)辩论还是以辩论能力为标准"
E	无关选项,两人都没有涉及"集体荣誉",且不涉及招募的目的

6. 答案选 A。这意味着,缺少任意一个必要条件,甲国队就不能出线。甲国主教练的观点涵义是:小组出线需要两个同时存在的必要条件,甲国第三轮胜利并且第三轮另外一组平局,A 说明,第三轮比赛另外一组没有平局,但甲国也出线了,故不可能为真,A 为正确答案。注意,不能选 C,因为即使有必要条件,没有结果也是可能的。

7. 答案选 D。要支持考古学家的推测"某件土坯砖是使用木质模具压制成型,再经过高温烧制而成",考古学家推测的关键不在于年代,而在于土坯砖是"模具压制"成型。

A	无关选项,仰韶文化晚期的时间与考古学家的观点无关
B	无关选项,仰韶文化晚期人们是否掌握高温冶炼技术与考古学家的观点无关
C	无关选项,出土的烧结砖是仰韶文化晚期的,这与砖是怎样烧制的无关
D	正确选项,"没有采用模具而成型的土坯砖,其边缘或者不整齐,或者有切割痕迹",即"边缘整齐并且没有切割痕迹的土坯砖都是采用模具成型的",对"模具压制成型"给予加强
E	无关选项,人们在西周时期可以烧制地砖和空心砖与考古学家的观点无关

8. 答案选 D。题干论据是"甲类人死亡时间是上午 11 时,乙类人死亡时间是下午 6 时",结论是"乙类人比甲类人平均晚死 7 小时"。显然,论据不能证明论点,因为假设甲乙两人出生时间相同,乙在 1 月 1 号下午 6 时死亡,而甲在同年 1 月 2 日上午 11 时死亡,甲事实上是比乙晚死,而非相反。因此,论据用"死亡时间"来证明论点中的"晚死、早死"是没有意义的。

A	干扰选项,论证的观点涉及死亡的早晚,并不涉及人的寿命长短
B	无关选项,人们在死亡临近时的感觉与死亡时间早晚无关
C	无关选项,死亡具有不同的原因与死亡时间的早晚无关
D	正确选项,死亡的早晚是绝对时间序列的前后排序,这一排序中"哪一天、哪一年"比"哪一时刻"更重要,但是题干论证只考虑"哪一时刻"却忽略"哪一天、哪一年"
E	无关选项,某些人更容易患上心血管疾病既与死亡无关,更与死亡早晚无关

9. 答案选 E。要质疑商家阻挠退货的理由,即"特价处理、商品开封或者使用等就不能退货"。

A	无关选项,加强了商家,说明不能退货
B	无关选项,加强了商家,特价商品质量本来就没有保证,所以不能退货
C	干扰选项,仅仅说明"开封验货的必要性",但并没有说明"开封验货后的商品能否退货",所以不能削弱
D	无关选项,加强了商家,说明政府条例规定"无理由退货"对商家不公平,即商家拒绝无理由退货是公平的
E	正确选项,商品即使开封或使用,即使不存在问题,消费者也可以选择退货,这是对商家"不能退货"的削弱

10. 答案选 B。已知条件中假言命题等价于:

(1) 王书记下乡调研→张副书记或者李副书记在县城值班;

(2) 李副书记县城值班→他参加宣传工作例会;

(3) 张副书记县城值班→他做信访接待工作;

(4) 王书记不下乡调研→他参加宣传工作例会或者做信访接待工作。

由于关于张和李两位副书记的已知条件的形式上完全相同,所以 A、C、D、E 即使不看内容,在形式上也可以排除;故答案选 B。选择 B 的理由是,条件(5)说明,王书记既不参加宣传工作例会也不做信访工作,与条件(4)结合,推知"王书记下乡调研"。

11. 答案选 D。要质疑专家的观点"机器人战争技术的出现可以使人类远离危险,更安全、更有效地实现战争目标",即"机器人使未来战争中人类更安全"。

A	无关选项,人与机器人未来谁掌控谁,与未来战争中人类是否更安全无关
B	干扰选项,由于"部分国家远离危险"不意味着"其他国家更危险",所以,总体上"人类也可能更安全",不能削弱
C	无关选项,现代战争更为人道说明人类在战争中更安全,对观点加强
D	正确选项,"未来战争的发生更为频繁也更为血腥",说明未来战争中人类不是更安全
E	无关选项,战争破坏生态环境与人类在战争中是否更安全无关

12. 答案选 A。陈安和李康的话矛盾,一真一假;两真两假排除这对矛盾后剩下两人,张幸和汪福的话也是一真一假。若汪福的话是真话,则张幸的话就是真话,这与题意不符;所以,汪福的话是假话,张幸的话为真话;由此推出陈安的话为假话,李康的话为真话。故答案选 A。

13. 答案选 E。对于题干中"理性计算"的理解就是"自己开车守法,但如果自己有麻烦就也要在开车时避让其他人,即使其他人违法"。注意问题中的"除"字,A、B、C、E 都说明"不要让"对"让别人"给予削弱,只有 E 说明"不让不好",对论证加强,故正确答案选 E。

14. 答案选 E。题干给出的当前城市缺陷的信息是:当前城市中大气污染滞留时间延长,易形成雾霾天气和热岛效应。要加强的结论是"建立城市风道",因为城市风道能够促进城市空气更新循环。

A	无关选项,仅仅说明对建筑物没有安全上的不利影响,没有针对当前城市的缺陷说明城市风道建设是否有好处
B	无关选项,说明城市风道的设想主观和随意,事实上对观点削弱
C	无关选项,对观点削弱,说明城市风道没有用处
D	干扰选项,只是说明具有建设城市风道的基础,但没有说明建设城市风道的好处
E	正确选项,说明城市风道不仅有利于"驱霾",还有利于散热,这对于解决目前城市缺陷正好对症下药

15. 答案选 E。试题要求解释为什么不能长期采取"APEC 治理模式"? APEC 治理模式的特点是短期实施的最严格的减排措施。注意问题中的"除"字。

A	无关选项,能解释,最严格的减排在落实中有困难,所以,很难长期采取
B	干扰选项,能解释,说明采取上述措施影响了经济与社会发展
C	无关选项,能解释,说明采取上述措施代价太大
D	无关选项,能解释,说明 APEC 的治理模式仅仅是短期的,不能长期采取
E	正确选项,不能解释,仅仅说明雾霾会影响国家形象,所以短期采取了 APEC 治理模式,但不涉及长期为什么不采取这种治理模式的原因

16. 答案选 C。天文学家根据观测及其得出的观测数据来做出"光速不变定律需要修改"的结论,要求削弱上述结论。在阅读选项时,要理解"要么、要么"的涵义。

A	无关选项,加强,说明如果观测没有错误,光速不变的定律确实要修改
B	无关选项,加强,涵义与 A 选项类似
C	正确选项,该选项说明,天文学家做出结论的观测是错误的,或者是观测结论被篡改,两者必居其一,由此削弱其结论
D	干扰选项,"可能"不能质疑现实
E	无关选项,仅仅说明过去没有出现反例,但不表示未来就不会出现反例

17. 答案选 A。要解释的现象是"当职员看到眼睛图片时,更多的人主动投钱,即自律性提高"。

A	正确选项,看到"眼睛"图片就"联想到背后可能有人看着他们"说明感觉到有监督,所以自律水平高了
B	无关选项,不能解释"眼睛"图片与其他图片对职员影响的不同
C	无关选项,与"眼睛"图片无关
D	无关选项,"看到眼睛图片会有莫名的感动"与"自律性提高"没有必然的联系
E	无关选项,不能解释"眼睛"图片与其他图片对职员影响的不同

18. 答案选 D。已知条件(3)说明"金""月""木""水"要占据连续或者对称的四个位置,同时条件(2)说明"火""土"庭院占据两个连续的位置。这样考虑"日"不能在第一,它可以在的位置是 3、5、7;因为如果"日"在 2、4、6,就不能同时满足条件(2)和(3),所以,D 选项是正确答案。

19. 答案选 E。当"土 2"时,由于"火"与"土"相邻,因此"火 1"或者"火 3";假设"土 2 火 3"再考虑"日不是 1",这时候,已知条件(3)无法满足,所以"火"不能是 3,故"火只能是 1"。

20. 答案选 C。要解释的发现是"与人为善的人寿命更长"。

A	无关选项,没有涉及"与人为善的人的健康或者寿命问题"
B	无关选项,仅仅说明男性,与题干要解释的联系无关
C	正确选项,说明"与人为善带来轻松愉快的情绪,而这有益于身体健康",这就建立"与人为善"和"寿命长"的关系
D	干扰选项,仅仅说明心存善念的人健康,但是为什么健康却没有给予解释
E	无关选项,没有涉及"与人为善的人的健康或者寿命问题"

21. 答案选 B。牛师傅论证的观点是:超市销售的水果上有农药,消费者买回后要清洗干净方能食用。论据是:水果在收摘之前都被喷洒了农药。该论证的关键在于"水果在收摘前喷洒了农药,收摘后是否被彻底清洗了?"注意,牛师傅的观点与苹果上的"油脂痕迹"无关。

A	干扰选项,论证不是根据"油脂痕迹"来进行推导,所以无关
B	正确选项,如果水果已经得到彻底清洗,那么就不必要再清洗了,所以,这是牛师傅看法所依赖的假设
C	无关选项,由于"油脂痕迹"在论证中没有作用,所以,涉及"油脂痕迹"的属于无关选项
D	无关选项,"消费者是否在意水果清洗"与"水果是否需要清洗"无关
E	干扰选项,不选理由与 A、C 一致

22. 答案选 D。论证的已知条件和结论分析如下面表格：

前提	1. 许多人不理解别人,也不理解自己;2. 不理解自己→不能理解别人
结论	1. 这些人不能理解别人;2. 不理解自己→不理解别人

显然,结论在内容和形式上都是前提的重复,所以答案选 D。

A	无关选项,由于"自我理解"按照上下文的涵义就是"理解自己",所以不必给予定义
B	无关选项,"这些人不理解自己"的原因可能是"自己不愿意",与论证本身无关
C	无关选项,论证已经明确"理解自己"是"理解别人"的必要条件
D	正确选项,仅仅重复前提,结论与前提即使在形式上也没有逆否命题等价转换
E	无关选项,与论证内容完全无关

23. 答案选 B。(1)(3)都涉及 1,2,3 号,结合后可以推知:绿、红、白在 1,2,3 范围内,由于一种茶只能装在一个盒子中,这样根据(2)可以推知,花茶在 4 号盒子中,即答案选 B。

24. 答案选 C。三句命题中仅有一真,由于仅有一人中标,所以考虑(1),若赵嘉或者钱宜之中的某人中标,则(1)、(2)、(3)都为真,与题意不符;这样,赵、钱都没有中标,仅有 C 包括赵、钱没有中标,故正确答案选 C。至于李汀没有中标,可以这样推知:当李汀中标时,(2)(3)都为真,不合题意,所以李汀也没有中标,当然在考试时,对于李汀的推导是不必要的。

25. 答案选 E。专家的观点是:电子学习机可能不利于儿童成长,家长要与孩子一起阅读纸质图书,通过交流促进孩子心灵成长。专家观点中的关键词是"家长与孩子的交流"。

A	无关选项,没有涉及电子学习机,也没有涉及"家长与孩子交流"
B	无关选项,没有说明电子学习机本身有什么不利之处
C	无关选项,"电子瘾"是否有利于孩子成长不明确,也没有涉及家长与孩子"交流"
D	无关选项,仅说明没有时间或者条件进行交流
E	正确选项,说明电子学习机不利于家长与孩子的交流,加强了"电子学习机可能不利于孩子成长"的结论

26. 答案选 D。田先生的观点是:使用者的游戏体验取决于电脑的硬盘,所以换电脑硬盘可以提升使用者的游戏体验。D 说明使用者的游戏体验很大程度上取决于笔记本的电脑显卡,这就意味着即使换了硬盘对于提升游戏体验也没有用处。所以,D 对论证削弱。其他选项都没有涉及"游戏体验",均属于无关选项。

27. 答案选 C。钟医生的观点是：如果研究者在经过匿名评审前就公布研究成果，公共卫生水平就能更快获得提高。论据是：新医学信息更及时公布是有利于人们利用其提高健康水平的。论证假设"即使这些医学信息没有在杂志发表，人们也会关注并且使用这些信息"，即 C 选项。A、B、E 选项与论证无关，D 选项中"愿意放弃在杂志上发表"是不必假设的。

28. 答案选 A。争议试题，答案详细解析参见第三部分"历年有争议试题辨析"。

29. 答案选 C。五个人简称"金、木、水、火、土"，所用五种食材也是"金、木、水、火、土"。在具体推理时，已知条件给出了大前提，但同时需要注意"每人所选食材名称的第一个字与自己的姓氏均不相同"和数字规定的小前提。具体计算思路和步骤如下：

第一步：由已知(2)可知，木不选金也不选土；由已知(3)可知，火不选水。下表列是人名，行是食材，第一步记为1(第0步是根据已知"每人所选食材名称的第一个字与自己的姓氏均不相同")。

第二步：由表格可知，木选水和火，第二步记为2。

第三步：木选火，根据已知(4)可知，火不选金，这样，从表中可以看出三人不选金，所以水和土选金；火有三种食材不选，所以火选木和土。第三步记为3。

第四步：水选金，由已知(1)可知，金不选水；所以水有三人不选，因此土选水，这样土选金和水，得到本题答案选 C。第四步记为4。

	金	木	水	火	土
金	×(0)		×(4)		
木	×(1)	×(0)	√(2)	√(2)	×(1)
水	√(3)		×(0)		
火	×(3)	√(3)	×(1)	×(0)	√(3)
土	√(3)	×(4)	√(4)	×(4)	×(0)

30. 答案选 E。在解答上一问表格的基础上，进行第五步计算：将水选土记入表格，可以得出金选木和火，所以本题答案选 E。第五步记为5。

	金	木	水	火	土
金	×(0)	√(5)	×(4)	√(5)	×(5)
木	×(1)	×(0)	√(2)	√(2)	×(1)
水	√(3)	×(5)	×(0)	×(5)	√(5)
火	×(3)	√(3)	×(1)	×(0)	√(3)
土	√(3)	×(4)	√(4)	×(4)	×(0)

2015年管理类专业学位
全国联考逻辑真题解析

1. 答案选B。问题属于解释题，要求解释为什么"太阳系外的行星大多数无法用现有的光学望远镜看到"。要注意题干中有"人们可以看到一些自身发光的恒星或者是自身不发光但可以发射附近恒星光的行星"。因此"看不到"的原因便是将上述看得到的原因"自身发光和反射光"都否定。

A	无关选项，要解释"看不到"的原因，什么条件下"能看到"与"看不到"无关
B	正确选项，人们看得到是由于恒星自身发光或者行星反射光。行星自身不发光，这样，地球上看不到这些太阳系外的行星，是因为这些行星的反射光无法达到地球
C	干扰选项，即使现有的光学望远镜只能看自身发光或者反射光的天体，但由于行星能够反射光，故该选项还是不能解释为什么人们看不到太阳系外的这些行星
D	无关选项，需要解释为什么人们看不到行星，这与恒星无关
E	无关选项，要解释大多数太阳系外的行星为什么人们看不到，这与太阳系内的行星无关

2. 答案选B。题干中的专家建议，由于使用移动电话通话可能具有电磁辐射，所以，采用其他如固定电话或者短信进行沟通，这样可以避免可能的电磁辐射威胁健康。

A	无关选项，辐射是否威胁健康，与辐射强度是否符合国家标准无关
B	正确选项，目前存在于人类生活空间中的电磁强度已经超过手机通话产生的电磁强度，这说明，即使不使用移动电话，也不能避免电磁辐射产生的健康威胁
C	无关选项，能够适应强电磁环境不等于这种环境对人体无害
D	干扰选项，注意"有些人"健康，不等于所有人都健康或者多数人健康
E	干扰选项，短信不安全，不表示建议中的"固定电话"也不安全；另外，"瞬间"产生的电磁辐射肯定不同于使用移动电话30分钟长时间的电磁辐射

3. 答案选E。由于试题涉及空间排座位，可以简单作图如下：① 将甲和乙正面相对；② 丙和丁既不相邻，也不正面相对，只需要将丙的位置按照要求安置后，丁就可以确定。但注意到己与乙不相邻，只能是丙与乙相邻；这样，乙的两边是丙和丁；所以，甲的两边是戊和己；所以，答案是E。

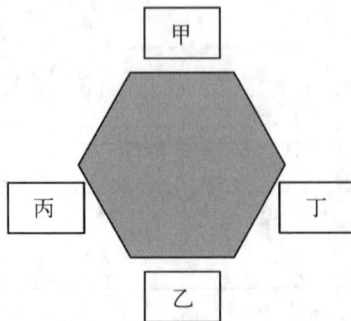

4. 答案选 E。题干论述的结论是"计算机不能达到甚至超过人类智能"，已有前提是"人类具有直觉、多层次抽象等独特智能，而计算机能够学习"，所以，人类直觉、多层次抽象等独特智能是不能通过学习获得的，即 E 是上述论证的假设。

5. 答案选 B。题干给出的交警支队要求是：凡属于交通信号不一致、有证据证明救助危难等产生的交通违法情形，一律不得录入道路交通违法信息系统；对已录入信息系统的违法记录，必须完善异议受理、核查、处理等工作规范，最大限度减少执法争议。要求中事实上给出了"不录入交通违法信息系统"的充分条件。

A	无关选项，有证据证明属于救助危难而产生的违法情形不录入，但是缺少证据证明上述情况的违法情形是否录入不能确定
B	正确选项，该选项的情况属于交通信号不一致造成的违法情形，可以不录入
C	无关选项，是否录入与是否有证据有关，但关键不在于是否有证据，录入与否的关键在于违法及其原因
D	无关选项，必须做的是完善上述工作规范，而不是工作本身
E	无关选项，同不选 D 选项的解释

6. 答案选 D。由(2)和(3)可以推知：女教师至少 6 名中年人，7 名年轻人，所以，女教师至少 13 名。

7. 答案选 C。(1)若假，则(3)必假，由于只有一句为假话，所以，(1)是真话。这样，至少有 5 名女性青年教师，所以答案选 C。

8. 答案选 B。题干观点是：一个企业的办公大楼设计得越完美，装饰越豪华，则该企业离解体时间就越近。可以将此理解为假言命题，选项中只有 B 与该假言命题矛盾，所以对观点削弱。

注意：题干只是说明了办公楼豪华与企业兴衰之间的关系，没有将企业衰败的原因归因于建造豪华办公楼投入太多时间和精力，所以，E 属于无关选项。

9. 答案选 E。已知条件都是大前提，没有小前提，只能对照各个选项。由于三人都乘坐大巴，即王涛没有乘坐飞机，这样，根据(3)推知，二月初北京预报有雨雪天气，即答案选 E。其他选项都无法推出：李华不选择高铁和飞机，即他选择大巴，但从李华选择大巴，不能推出他与张云同行，排除 A；在验证过程中，要注意已知条件是"除非预报二月初北京有雨雪天气"，这不等于"北京二月初有雨雪天气"，所以，排除 B、C；从李华乘飞机，由(2)推知"高铁不比飞机更便宜"，但两者有可能相等，所以，排除 D。

10. 答案选 C。要削弱"李祥连续四个月中签的原因是由于作弊"，只要说明四次中签的李祥不是同一个人即可。

A	无关选项,张磊多次中签,说明可能有人作弊对论证加强
B	无关选项,仅仅说明有人会重名,但重名的未必是李祥,这就与"李祥多次中签"无关
C	正确选项,报名者中,重名"李祥"的人很多可以解释"李祥多次中签",他因削弱
D	无关选项,"摇号抽签是否有监督"与"是否有作弊"是不同的问题
E	无关选项,摇号系统在抽签程序上给予不重复的编码,这仅仅说明了抽签的程序规定,这与"是否存在作弊"无关

11. 答案选 D。题干已知条件为"消费者分不清扁桃仁、杏仁"（即"相关产品本来面目不清晰"），结论是"必须制定林果统一标准"。显然，论证假设了"目前还没有统一的林果标准"，因为如果目前已经有统一的林果标准，就无需再制定了，故 D 是正确答案。

12. 答案选 A。已知条件有多句大前提，小前提是"张强不可能与秦玲事先约定"，以此作为推理的起点，具体步骤如下：

步骤一	"张强不可能与秦玲事先约定"和"只有张强事先与秦玲约定,张强才能拜访她"结合
推知	"张强没有拜访朋友秦玲"
步骤二	再与"张强要么去电影院看电影,要么去拜访朋友秦玲"结合
推知	"张强去电影院看电影"
步骤三	再与"如果那天晚上张强开车回家,他就没去电影院看电影"结合
推知	"张强那天晚上没有开车回家"

13. 答案选 A。注意对相互冲突的元素进行标注，具体解题方法如下：

已知条件	赵婷、唐玲(A)、殷倩(二选一)
	周艳(B)、李环(C)、文琴、徐昂(B)、朱敏(A,C)(五选三)
对已知条件的处理	同一学院的用符号直接在题干中标注出来,如两个 A,两个 B,两个 C
解题思路	两个 B 二选一,两个 C 二选一;所以文琴必选,即答案选 A

14. 答案选 D。根据上题标注的已知条件（根据符号，同 A、同 B、同 C 不选）：唐玲入选，朱敏不入选；朱敏不入选，李环入选，所以答案选 D。

15. 答案选 B。要反驳"阔叶树都不生长在寒带地区"，只需要从"有些阔叶树是常绿植物"中得出"有些阔叶树生长在寒带地区"即可。将共同概念"阔叶树"去掉，得到"常绿植物"

和"生长在寒带地区"两个概念,两者之间必须是全称肯定关系,所以答案为 B。

16. 答案选 C。试题的已知条件可以理解为数学题:4 个不同的且不为零的正整数和为 12,其中一个数字是另外两个数字的积,则这 4 个数字中最大的是多少? 按照简单的特殊值法可以知道这 4 个数字为 1、2、3、6(注意:逻辑题不是数学题,不需要严格的数学证明),所以,最大的数字是 6。

17. 答案选 C。"该年级选长跑"是小前提,与"如果选择长跑,就不能选短跑或跳高"结合,推知该年级不能选"短跑、跳高";再与"如果选跳远,就不能选长跑或铅球"结合,推知该年级不能选"跳远"。所以,该年级既不能选短跑也不能选跳远。

18. 答案选 C。已知条件都是大前提,没有小前提,只能对照各个选项。在验证过程中,注意已知条件中的"查杀""防御""目前已知所有病毒"等这些概念。将已知条件等价于以下形式:
(1) 甲程序查杀目前已知病毒;
(2) 丙程序查杀一号病毒→乙程序防御一号病毒;
(3) 电脑查杀目前已知所有病毒→丙程序防御一号病毒;
(4) 启动丙程序→启动甲程序。

A	无关选项,注意"启动丙程序"是充分条件,而不是必要条件
B	无关选项,题干中没有"启动乙程序"的条件
C	正确选项,启动丙程序,结合(1)推知"电脑查杀目前已知所有病毒";结合(3)推知"丙程序防御一号病毒",由此,推知"电脑能防御并且查杀一号病毒"
D	无关选项,解释同 B 选项
E	无关选项,注意"启动甲程序"是必要条件,而不是充分条件

19. 答案选 B。题干研究人员得出结论的方式可以概括为:有 A 时有 B,无 A 时无 B;所以,A 是 B 的原因。只有 B 具有类似的方式。注意 C 没有建立因果关系,故排除 C。

20. 答案选 C。已知条件可以理解为:中进士(包括第一名状元)具有必要条件,中贡士(包括第一名会员),后者又具有必要条件,中举人(包括第一名解元),再后者又具有必要条件,中生员,即"较低级考试通过"是"参加较高级考试的必要条件"。所以,中会员者必然中举,故 C 不可能真。

21. 答案选 E。要削弱的观点是"如果某人在原来级别岗位上干得出色,就会被提拔,而被提拔者得到重用后却碌碌无为",这是一个假言命题,与该假言命题矛盾,对此削弱,故 E 是正确答案。

22. 答案选 D。题干有若干句假言命题,由于没有小前提,所以对照各个选项:

A	无关选项。"如果不将一杯污水倒入一桶酒中",题干中无此充分条件
B	无关选项。"如果一个正直能干的人进入组织",题干中无此充分条件
C	无关选项。"如果组织中存在几个难缠人物",题干中无此充分条件
D	正确选项。与题干"如果一个组织不加强内部管理,一个正直能干的人进入某低效的部门就会被吞没"等价
E	无关选项。"如果一个无德无才的人把组织变成一盘散沙",题干中无此充分条件

23. 答案选 C。题干通过实验获得结论"神经连接蛋白合成量越多,越可能患自闭症"。

A	无关选项,削弱结论,说明自闭症与生活中是否独处有关
B	无关选项,削弱结论,说明自闭症与性别有关
C	正确选项,减少神经蛋白(无原因),缓解自闭症(无结果),属于正面例子加强
D	无关选项,没有涉及自闭症
E	无关选项,既多了"老年"这一新的因素,同时也没有涉及神经连接蛋白多少的问题

24. 答案选 A。张教授的观点概括为"由于受世界石油资源短缺、环保和全球气候变化的影响,所以,许多国家日益重视生物燃料的发展,并取得显著成效",张教授观点中含有"发展生物燃料"与"使用石油资源"之间的关系,即 A 是张教授的假设,其他选项均无关,且无干扰性。

25. 答案选 D。题干有若干句假言命题,由于没有小前提,所以对照各个选项:

A	无关选项。死亡率涉及病人总数,但题干仅给出新增病人数量,无法计算死亡率
B	无关选项。有了安全、廉价疫苗是控制结核病的必要条件,而非充分条件
C	无关选项。题干中关于抗生素的耐药性不涉及假言条件
D	正确选项。与题干"如果不能在近几年消除结核病,那么还会有数百万人死于结核病"等价
E	无关选项。题干不涉及新疫苗的具体情况

26. 答案选 A。题干已知条件可以等价于:守住道德底线→具有崇高信仰→加强理论学习。只有 A 与已知条件等价。

27. 答案选 B。题干实验说明即使在酒驾法定值以下的饮酒者计算能力也受到影响,由此专家认为应重新界定酒驾法定值(即将酒驾的法定值降低)。

A	无关选项,削弱论证,说明酒驾法定值不宜重新界定
B	正确选项,说明饮酒者即使低于酒驾法定值,但由于视力和反应速度受到影响,其驾车也不安全
C	无关选项,没有涉及驾车是否安全
D	无关选项,削弱论证,说明目前酒驾规定已经可以将少量饮酒者包括在内,不必提高了
E	无关选项,"饮酒过量有害"与题干论证无关

28. 答案选 E。争议试题,答案详细解析参见第三部分"历年有争议试题辨析"。

29. 答案选 D。计算步骤如下:

步骤一	(2)"怡和公司招聘的专业,风云公司也招聘"是大前提,又小前提:仅一家公司招聘文秘专业和物理专业
推知	怡和公司既不能招聘文秘专业,也不能招聘物理专业
步骤二	与(5):如果宏宇公司没有招聘文秘专业,那么怡和公司招聘文秘专业,结合
推知	宏宇公司招聘文秘专业
步骤三	由(3)只有一家公司招聘文秘专业,且该公司没有招聘物理专业
推知	宏宇公司没有招聘物理专业,并且"有公司招聘物理专业"
步骤四	由于"只有一家公司招聘物理专业"并且"怡和公司招聘的专业,风云公司也招聘"
推知	怡和公司不能招聘物理专业,唯一招聘物理专业的是风云公司

30. 答案选 D。计算步骤如下:

步骤一	由(2)"怡和公司招聘的专业,风云公司也招聘",和(3)仅一家公司招聘文秘专业
推知	怡和公司不能招聘文秘专业
步骤二	由(4)如果怡和公司招聘管理专业,那么也招聘文秘专业
推知	怡和公司没有招聘管理专业
步骤三	(1)招聘化学专业的也招聘数学专业,即"不招聘数学专业也就不招聘化学专业",与"怡和公司要招聘三个专业的若干毕业生"结合
推知	怡和公司招聘数学专业(因为如果怡和公司不招数学专业,就不能招化学专业,这样该公司就不能招三个专业的毕业生了)
步骤四	再由(2)"怡和公司招聘的专业,风云公司也招聘"
推知	风云公司招聘数学专业

2014 年管理类专业学位
全国联考逻辑真题解析

1. 答案选 D。要质疑的专家观点是：光纤网络将大幅提高人民的生活质量，专家的观点事实上说明"只要有光纤网络，人民的生活质量就可以提高"，即"光纤网络是提高人民生活质量的充分条件"。

A	无关选项，"网上的贴心服务和美妙体验有时是虚幻的"与"生活质量高低"无关
B	无关选项，没有光纤网络也能够提高生活质量不能削弱光纤网络能够提高生活质量
C	无关选项，生活质量提高和相应的生活成本提高无关
D	正确选项，说明人民生活质量与光纤网络无关，并且由于生活质量仅决定于社会生产力的发展水平，所以生产力较低的国家不可能生活质量高
E	无关选项，生活质量提高与"人们把大量时间消耗在娱乐"上无关

2. 答案选 C。题干李栋辩论的结构是：前提是"郑强知道某数字""这一数字是某人的电话号码"；结论是"他知道某人的电话号码"，错误在于"这一数字是某人的电话号码"郑强未必知道。即"A 是 B"和"某人知道 A 是 B"是不同的命题。类似的错误出现在 C 中。其他选项基本上没有干扰性，A、B、E 的错误属于偷换概念。D 的错误是推理的前提和结论无关。

3. 答案选 B。陈先生的观点是"不见风雨就不能见彩虹"，即"经历风雨"是"见彩虹"的必要条件，而他孩子的反驳是针对的是"经历风雨就见彩虹"，即"经历风雨"是"见彩虹"的充分条件，B 表达了上述充分条件，是正确答案。

4. 答案选 B。最简单的方法是将已知条件从上往下对照验证，根据每位考生至少答对其中一题，具体验证步骤如下：

第一步	第一位考生至少答对一题，故排除 C，E
第二步	第二位考生至少答对一题，故排除 D
第三步	剩下选项中，第四、第五两位学生都有答对的
第四步	第六位学生至少答对一题，排除 A
第五步	答案选 B

5. 答案选 A。要质疑的观点是"番茄红素能够降低中风发生率",论据是"被调查者中番茄红素最高的 1/4 比最低的 1/4 中风人数低"。

A	正确选项,另一半有 50 人中风,但由于不知道这些中风者番茄红素水平的高低,因为不是最高或最低的 1/4 者,但并不排除他们番茄红素水平也低,故该选项削弱力度不大
B	无关选项,"中风"与"中风是否严重"是不同的
C	干扰选项,年龄较大调查对象可能使调查结论不同,这不能明确调查结论如何,所以不能削弱番茄红素与中风之间的关系
D	干扰选项,如果改为"番茄红素水平高的人比其他人更喜欢进行适量的体育运动",就是正确的他因削弱了
E	无关选项,题干没有说明番茄红素水平低的人具有吸烟等这些诱发中风的原因

6. 答案选 C。阅读可知,题干结论是"恐龙腿部所能承受的最大体重被高估了",论据是"恐龙腿骨是弯曲而不是圆柱形的"。

A	无关选项,结论是高估了承重,此选项既与论证无关,并且直接否定结论
B	无关选项,不涉及恐龙腿部是圆柱形和腿部具有弯曲度之间的区别
C	正确选项,说明圆柱形和腿部具有弯曲度在承重上具有区别,是论证的假设,也是对论证的加强
D	无关选项,论据仅仅涉及腿部的形状,所以肌肉在承重时的作用是否存在与论证无关
E	无关选项,题干研究对象是恐龙,与翼龙无关

7. 答案选 D。小明的观点认为,只要知道两个条件(男女生最高者的具体身高或者男女生平均身高)之一,就能够确定"所有学生最高和最低者之间的差距",但根据数学关系可知,如果仅仅知道男女生平均身高,是无法推知该结果的,D 指出其漏洞,从而构成对小明的有效反驳,其他选项都没有干扰性。

8. 答案选 B。某电脑公司个人笔记本电脑销量持续增长,但增长率比该公司其他产品的增长率都低,由此可以推知个人笔记本电脑的销量占该公司所有产品总销量的比重近几年来是降低的,注意问题要求选择"相冲突"的信息,所以正确答案选 B,其他选项都与题干已知信息不冲突。

9. 答案选 B。题干中张某的观点是"因为每个人包括凡夫俗子都会面临很多问题,而解决问题的方法只有少数人、如华尔街的分析大师们能够掌握,所以这些人就身价百倍"。

A	干扰选项,由于题干张某仅仅说每个凡夫俗子是面临很多问题,并没有说每个凡夫俗子都需要掌握分析问题的方法和技巧,故该选项不能削弱
B	正确选项,张某的观点之一是"每一个凡夫俗子都将面临许多问题",该选项对此给予否定

(续表)

C	加强选项,张某观点有"掌握分析问题方法和技巧的人是少数",所以该选项实际上加强了张某的观点
D	加强选项,正是由于"掌握分析问题的方法和技巧对于大多数人很重要",所以,少数掌握的人才有价值。加强了张某的观点
E	加强选项,华尔街的分析大师之所以趾高气扬、身价百倍,正是假设了该选项

10. 答案选 A。争议试题,答案详细解析参见第三部分"历年有争议试题辨析"。

11. 答案选 A。争议试题,答案详细解析参见第三部分"历年有争议试题辨析"。

12. 答案选 C。注意试题问题中"每个回答提到的人是经办人,则该回答为假;否则为真"。假设每个人所提到的人是经办人,或者不是经办人,具体解题思路如下:

第一步	假设赵的回答"审批领导的签名不是钱仁礼"中提到的钱仁礼如果是经办人
第二步	"审批领导的签名不是钱仁礼"为假,这样得到"审批领导是钱仁礼"
第三步	钱仁礼既是经办人,又是审批领导,这与题意不符;所以钱仁礼不是经办人
第四步	同以上三步,可以知道钱仁礼回答中提到的李信和孙智回答中提到的赵毅也不是经办人
第五步	所以,经办人是孙智,答案选 C

13. 答案选 D。在上一问已知经办人是孙智的基础上,按照以下步骤计算。

第一步	由于孙智是经办人,而四人的回答中都没有提到孙智,所以四人的回答都是真话
第二步	钱仁礼既不是审批领导,也不是复核;所以钱仁礼是出纳
第三步	复核不是李信,所以李信是审批领导
第四步	赵毅是复核
第五步	答案选 D

14. 答案选 E。科学家观点是"存在更加宜居的行星",而论据是"其他行星有放射性元素,这样行星内部温度高,有助于行星板块运动,于是行星表面有水体"。

A	无关选项,科学家的观点并未涉及地球外生命,更没有假设这种生命一定存在
B	削弱选项,说明"是否有水"与"是否存在生命"无关
C	无关选项,仅说明"行星内部温度"和"行星板块运动"的关系,没有涉及"水"与观点的关系
D	无关选项,与观点"存在更加宜居的行星无关"
E	正确选项,在"行星表面有水"和"行星上存在生命"之间建立了联系

15. 答案选 B。可以将已知条件整理成以下表格：

	行政学	管理学	科学前沿	逻辑	国际政治
第一支部	√	×	×	×	√
第二支部	×	√	×	√	×
第三支部			√		
第四支部			×		

　　由于每一个支部所学课程不能完全相同,所以第四支部只能在"行政学"和"国际政治"中二选一,在"管理学"和"逻辑"中二选一,表示上述二选一的选项只有 B。

16. 答案选 C。要解释的是为什么全球变暖的情况下,北半球的冬天却更加冷。

A	无关选项,与北半球没有联系
B	干扰选项,尽管可以解释北半球冬季变冷,但没有全球变暖相结合。"南极附近海水温度升高"与"全球变暖"的关系不明朗。另外,考虑该选项与 D 类似,故排除
C	正确选项,全球变暖是因为全球夏季平均气温上升,同时北半球冬季变冷是因为北半球极地寒流频繁,将两者的矛盾给予兼容解释
D	干扰选项,尽管可以解释北半球冬季变冷,但没有全球变暖相结合。"赤道附近海水温度升高"与"全球变暖"的关系不明朗。另外,考虑该选项与 B 类似,故排除
E	无关选项,仅仅解释了北半球冬季变冷,但没有与全球变暖相结合

17. 答案选 D。这两个《通知》或者是规章或者是规范性文件;等价于"这两个《通知》如果不是规范性文件,那么就是规章",所以答案选 D。

18. 答案选 D。试题仅有大前提,没有小前提,所以只能逐项验证。具体的验证思路是:由第一句已知条件,可以推知:若一个管理者是"某领域优秀的专家学者",那么他"一定会管理好公司的基本事物",再根据最后一句已知条件,可以推知:"作为某领域优秀专家的管理者,就不会被浩瀚公司董事会解除职务"。所以答案选 D。注意,"只会解除某人的职务"不等于"一定会解除某人的职务"。

19. 答案选 C。已知"或者甲党控制或者乙党控制政府",又"甲党控制则出现经济问题""乙党控制则陷入军事危机"。所以,该国或者出现经济问题,或者陷入军事危机,即答案选 C。所用的到推理规则是二难推理规则:已知 A→B,C→D;又 A 或者 C;所以 B 或者 D。

20. 答案选 D。试题没有可供推理的大、小前提,只能对照各个选项。由题干可知"一般师范生肯定不是免费师范生";而"所有非免费师范生都需要自谋职业",所以"该校一般师范生都需要自谋职业"，即答案选D。注意，由于该学校的学生除了免费师范生和一般师范生还包括其他学生，所以"免费师范生"和"一般师范生"不矛盾，即"不是一般师范生"未必就是"免费师范生"。

21. 答案选D。题干说明"轮岗"（三人岗位都变化），"办公室轮换"（三人办公室都变化）。由此可以推知：文珊接孔瑞的工作；孔瑞接姚薇的工作；姚薇接文珊的工作。办公室则是文珊由110调111，孔瑞从111调112；姚薇从112调110。所以答案选D。

22. 答案选B。作图。由于建国出现两次，于是根据建国来定位，确定在建国右手边是向明；所以，建国是高校教师；嘉媛是园艺师；向明是邮递员。图中数字表示推理步骤。

```
            ┌─────────────┐
            │    晨桦      │
            │ （软件工程师）│
            └─────────────┘
┌─────────────┐ ┌─────────┐ ┌─────────────┐
│    建国      │ │         │ │    嘉媛      │
│（2 高校老师）│ │         │ │（3 园艺师）  │
└─────────────┘ └─────────┘ └─────────────┘
            ┌─────────────┐
            │   1 向明     │
            │ （4 邮递员） │
            └─────────────┘
```

23. 答案选E。问题要求从已知"不善于思考的人不可能成为优秀管理者""没有谦逊的智者学习占星术""占星家都学习占星术"中补充什么前提可以推出"有些占星家是优秀管理者"的矛盾命题，即推出"所有占星家都不是优秀的管理者"。将前提和结论出现两遍的概念"占星家""学习占星术""优秀管理者"去掉，剩下只出现一遍的概念"善于思考的人"和"谦逊的智者"，要补充两者之间的关系，排除A；前提中已经有一句否定，所以要补充两者之间的肯定关系，排除B、D。由于两个概念在结论中都不出现，都是中项，中项都至少要周延一次，而"谦逊的智者"在已知前提中已经周延了，所以要保证"善于思考的人"周延，这样答案选E。

24. 答案选C。争议试题，答案详细解析参见第三部分"历年有争议试题辨析"。

25. 答案选D。要加强的观点是"男性在嘈杂环境中比女性辨别声音来源的能力更强"。

A	无关选项，"是否熟悉声音"与"能否辨别出声源"无关
B	无关选项，与A选项类似
C	无关选项，由于结论是关于"嘈杂的环境中"的情况，所以，关于安静环境中的信息与论证无关
D	正确选项，因为在嘈杂的环境中，男性比女性注意力更集中，所以，这就解释了男性比女性辨别声源能力更强的原因，从而加强了观点
E	干扰选项，由于没有说明在嘈杂环境中男女注意力的差别，所以该选项不如D

26. 答案选 D。题干第一句已知条件为"孙先生的所有朋友都声称知道某事"而最后一句已知条件是"事实上,孙先生的朋友中也有像他这样不知情的",两者结合可以推知:孙先生的朋友中至少有人没有说真话,即答案选 D。

27. 答案选 E。根据题干已知信息,可知:所有学生的人均经费投入＝(本科生人均经费×本科生人数)＋(研究生人均经费×研究生人数)/学生总人数(本科生＋研究生),同时已知每个学校的研究生人均经费大于本科生人均经费。在本科生人均经费上,甲校低于乙校;但在所有学生人均经费上,甲校却高于乙校。根据以上人均经费计算可以确定:或者是甲校的研究生人均经费高于乙校;或者是甲校的研究生人数所占比例比乙校高。故 E 是正确答案。

28. 答案选 E。将"荀睿参加中国象棋比赛"作为小前提,与(5)结合可知:墨灵不参加中国象棋比赛,再与(3)结合,可以推知:韩敏参加国际象棋,故答案选 E。

29. 答案选 D。将"庄聪和孔智参加项目相同"作为小前提,与(2)结合可知:庄聪和孔智不参加围棋比赛;又由于孟睿参加了中国象棋比赛;所以庄聪与孔智只能共同参加国际象棋比赛。这样,韩敏不参加国际象棋比赛,再与(3)结合推知:墨灵参加中国象棋比赛,这样,荀慧和韩敏共同参加围棋比赛。即答案选 D。

30. 答案选 D。由于没有给出小前提,所以只能对照各个选项。

A	无关选项,庄聪和韩敏参加中国象棋比赛,由(3)可知墨灵也参加中国象棋比赛,参加中国象棋比赛一共有三人,不合题意
B	无关选项,韩敏和荀慧参加中国象棋比赛,由(3)可知墨灵也参加中国象棋比赛,参加中国象棋比赛一共有三人,不合题意
C	无关选项,孔智参加围棋比赛,由(1)可知孟睿参加中国象棋,不可能也参加围棋,所以两人不能同时参加围棋比赛
D	正确选项,该选项建立在排除其他选项的基础上
E	无关选项,孔智参加围棋比赛,由(1)可知庄聪和孟睿都参加中国象棋比赛;而韩敏参加围棋,不参加国际象棋比赛,由(3)可知,墨灵也参加中国象棋比赛,这样三人参加中国象棋比赛,不合题意

2013 年管理类专业学位
全国联考逻辑真题解析

1. 答案选 E。争议试题,答案详细解析参见第三部分"历年有争议试题辨析"。

2. 答案选 B。经理得出结论的推理结构是:有些 A(高分者)不是 B(能力高的),a(你)是 A(高分者),所以 a(你)很可能不是 B(能力高的)。各个选项的推理结构具体如下:

A	无关选项,结构是:有些 A(管理者)不是 B(聪明人),a(陈然)不是 A(管理者),所以 a(陈然)可能是 B(聪明人)
B	正确选项,有些 A(闪光的)不是 B(金子),a(这块东西)是 A(闪光的),所以 a(这块东西)很可能不是 B(金子)
C	无关选项,A(猫)是 B(爱吃鱼),A(猫)不是 C(近视),所以 B(爱吃鱼)不是 C(近视)
D	无关选项,在前提中缺乏"健康开心"与"名利"的关系
E	无关选项,有些 A(歌手)是 B(演员),所有 B(演员)是 C(富有的),所以,有些 A(歌手)可能不是 C(富有的)

3. 答案选 E。阅读后,可以理解三个人在三个地方的旅游时间各不相同,但都是两天、三天、四天三种情况。根据已知"李明赴南山的计划是三日游,王刚赴南山的计划是四日游",得"张波赴南山的计划是二日游",再根据"李明赴东湖的计划天数与王刚赴西岛的计划天数相同",他们既不能是三天,也不能是四天,所以只可能是两天。具体推导步骤如下所示:

李明东湖两天(第二步)	李明南山三天(已知)	李明西岛四天(第三步)
王刚东湖三天(第三步)	王刚南山四天(已知)	王刚西岛两天(第二步)
张波东湖四天(第四步)	张波南山两天(第一步,已知推得)	张波西岛三天(第四步)

4. 答案选 C。题干中教授的观点可以等价为:能举过头顶且随意挥舞→不可能是实心的纯金杯,这是一个假言命题,寻找与此假言命题等价的命题。

A	无关选项,形式化:纯金但不是实心杯→可能举过头顶并随意挥舞,不等价
B	无关选项,形式化:能举过头顶并随意挥舞→可能是空心的纯金杯,不等价

(续表)

C	正确选项,形式化:实心的纯金杯→不能举过头顶且随意挥舞,逆否命题,等价
D	无关选项,形式化:纯金杯→实心,不等价
E	无关选项,形式化:纯金杯→空心

5. 答案选 E。原始动机是人的本能需要为基础的动机,本题一方面需要阅读理解,另一方面也需要基本的常识,"对异性的追求,属于人的本能"是基本的常识。

6. 答案选 D。已知条件是大前提,将"丙不相通于丙"作为小前提,这是解题的起点,与各个大前提结合进行推理,具体步骤和结论如下:

前　　提	步 骤 与 结 论
(1) 甲主机相通于任一不相通于丙的主机	(1)和(4)结合推知:甲相通于丙
(2) 丁主机不相通于丙。	(1)和(2)结合推知:甲相通于丁
(3) 丙主机相通于任一相通于甲的主机。 又(4)丙不相通于丙	所以,答案选 D

7. 答案选 E。小前提"丙不相通于任何主机",又大前提"丙相通于任一相通于甲的主机",所以可以推知:没有任何主机相通于甲(否则丙将相通于该主机)。

A	无关选项,不确定,因为题干没有关于乙主机的明确信息
B	无关选项,不确定,同 A 选项,没有关于乙主机的明确信息
C	无关选项,真,因为若丁相通于甲,则丙就相通于丁,不符合题意,所以,丁不相通于甲
D	无关选项,真,该命题等价于"或者丁不相通于甲,或者乙相通于甲","丁不相通于甲"为真,所以该命题为真
E	正确选项,假,该命题等价于"丁或者乙相通于甲",这与推知的结论"没有任何主机相通于甲"不符

8. 答案选 C。已知前提"某现象无法使用现有的科学理论进行解释",小王的结论"某现象是错觉";划去两句之中的共同概念"某现象",剩下只出现一遍的两个概念"错觉"和"使用现有科学理论进行解释",要使小王的断言不成立,必须建立上述两个概念之间的否定关系,即"错觉都不是无法使用已有科学理论解释的",即 C 是正确答案。注意不能选 A,它是特称命题,不能作为单称命题结论的前提。

9. 答案选 D。题干中科学家的发现是:鸟类利用右眼(A)判断方向(B)。对照各个选项,D 说明蒙上右眼(无 A)就不能判断方向(无 B,鸟类向任一方向飞行);而没戴眼罩或者仅左眼戴眼罩,右眼不受影响(有 A),能够判断方向(有 B,鸟类顺利飞出),这是正面例子加强。

10. 答案选 B。这一题最简单的解题方法是构造一个符合试题要求的获奖可能,这种构造不考虑唯一,只考虑满足试题所有要求,构造的结果如下表,根据下表可知答案选 B。

1	2	3	4	5	6	7	8	9	10
				王	王	王	王		
		郑	郑	郑	郑				
	吴	吴	吴	吴					
周	周	周	周						

11. 答案选 B。直接根据第 10 题的构造表格确定正确选项。

12. 答案选 B。争议试题,答案详细解析参见第三部分"历年有争议试题辨析"。

13. 答案选 B。按照已知条件画出相应图表如下。陈露可以坐在座位 1 上,这时候,张霞可在座位 2 和 5;陈露也可以坐在座位 2 上,这时候张霞可以坐在座位 1、3 和 5 上。这样,张霞的位置有四种可能。

3	4 李丽	5
1(陈露)	2(陈露)	

14. 答案选 C。总的录取比例为,女性 6/12,男性 7/12,女性低于男性。但是,哲学学院录取比例为,女性 3/8,男性 1/3;管理学院录取比例为,女性 3/4,男性 6/9,都是女性高于男性。这样,"总体性质"和"部分性质"存在区别,说明这种区别的选项只能是 C。

注意:不能选 A,因为讨论的是总体和部分性质上的差别,而不是部分加总是否等于总体的问题。

15. 答案选 C。李教授的陈述中有假言命题等价为:基础好并且不断努力→比别人更早成功。对照各个选项,C"基础好并且不断努力,但没有比别人更早成功"。与李教授上述假言命题矛盾,所以 C 一定为假,即 C 是正确答案。

16. 答案选 A。研究发现的结论是"海水颜色能够让飓风方向改变",科学家的判断建立在上述结论上,这一研究发现和科学家的判断与"全球气候变暖"和"海水温度"没有关系。由于 B,C,D,E 都涉及"海水温度"和"全球变暖",与科学家的判断无关。A 是正确答案,它建立"海水颜色"和"飓风方向"的联系,是科学家判断的假设。

17. 答案选 E。注意问题要求选"一定为假",具体推理步骤见下表:

已知四人的回答(1)非乙→非甲,等价于"乙或者非甲";(2)非乙并且丙;(3)甲或者乙;(4)乙或者丙	
①	若干句仅有一真,真假话题。已知命题中是否有矛盾?四句命题之间没有矛盾,那么命题之间是否有真假依存关系?
②	乙不是,因为若乙是,则(1),(3),(4)都真,不合题意
③	丙不是,因为若丙是,(2),(4)真,不合题意,所以,乙和丙都不是窃贼,所以(4),即丁的话必假
④	丁的话为假,所以答案选 E

18. 答案选 D。既可以采取逐项带入验证的方法,也可以首先观察选项,C 和 D 是全称命题,首先验证;A,B,E 是特称命题,最后验证。C 中的"参加此次运动会的选手"具有周延的性质,在前提中,该词项也周延,没有发现错误。D 中的"极少生病的选手"具有周延的性质,但是在前提中,该词项不周延,违反了推理周延性规则,推不出,故答案选 D。

19. 答案选 A。记者的结论是:友南是上赛季西海队核心球员。而题干给出的"核心球员"的定义是:能在关键场次带领全队赢得比赛。显然,A 说明,友南上场,并没有带领全队赢得关键比赛的胜利。所以,最能质疑记者的结论,其他选项没有根据"核心球员"的定义来进行削弱,属于无关选项。

注意: C 是"本赛季开始以来",与"上赛季"无关。

20. 答案选 E。题干论证方式是:A(坚守程序正义)→B(结案率提高),B(结案率提高),所以,A(坚守程序正义)。

A	无关选项,方式:A(品学兼优)→B(获奖学金),非 B(没有获奖学金),所以,非 A(不是品学兼优)
B	无关选项,方式:A(获奖学金)→B(品学兼优),A(获奖学金),所以,B(品学兼优)
C	无关选项,方式:A(品学兼优)→B(获奖学金),非 A(不是品学兼优),所以,非 B(没有获奖学金)
D	无关选项,方式:A 并且非 B(品学兼优但没有获奖学金),所以,A(品学兼优)并不一定导致 B(获奖学金)
E	正确选项,方式:A(品学兼优)→B(获奖学金),B(获奖学金),所以,A(品学兼优)

21. 答案选 E。将试题已知条件综合为下表:

	经 济	管 理	哲 学	数 学	化 学
甲	×(由结论一得)				×(由条件1和条件3推知)
乙	×(由结论一得)	×(由条件3推知)	×(由条件3和条件5推知)	×(由条件3和条件5推知)	√(结论二)

(续表)

	经 济	管 理	哲 学	数 学	化 学
丙	×（由结论一得）		×（由条件4推知）		×（由结论二得）
丁	√（结论一）	×（由条件5和条件6推知）	×（由条件5和条件6推知）	×（由条件5和条件6推知）	×（由条件2和条件6推知）
戊	×（由结论一得）				×（由结论二得）

可以推知,丁来自经济学院,乙来自化学学院;丙来自管理学院或者数学学院。由于乙来自化学学院,和3名选手比赛过,他没有和管理学院的选手比赛过,他比赛对象一定来自哲学学院、数学学院和经济学院;这样,哲学学院和数学学院的选手都赛过3场比赛,而甲仅与两名选手比赛过,所以甲不来自哲学学院和数学学院,而是来自管理学院。由此可以推知丙来自数学学院。

22. 答案选 B。根据已知条件列出下表,表中右列说明解题过程:

总人数385,女生189,所以男生196		
男生196,应届理科考生256	文科男生41	(1) 假设理科男生都是应届生,得到:应届理科男生最多155
	理科男生155	(2) 假设文科男生都是应届生,得到:应届理科男生最少127
	非应届男生28	(3) 当应届理科男生最多时,得到应届理科女生最少256−155＝101
	应届男生168	(4) 当应届理科男生最少时,得到应届理科女生最多256−127＝129

23. 答案选 B。已知命题"不可能所有应聘者都被录用"等价于"必然有些应聘者不被录用",即 B 所表达的命题,与题干已知可以互推。

24. 答案选 A。由于试题已知条件只有大前提,没有小前提,故只能对照各个选项,具体验证过程如下:

A	正确选项。已知"物理学会做学术报告的都来自高校",又,张嘉不是来自高校,两者结合推知"张嘉不是物理学会做学术报告的",所以,如果张嘉做了学术报告,那么他不是物理学会的
B	无关选项。已知"来自高校的学术报告者都具有副教授以上职称",又,张嘉不是来自高校;前假不能推后假,所以,张嘉和副教授之间的关系不确定
C	无关选项。李默不是来自中学;已知"化学学会做学术报告的大部分来自中学"是特称,所以,无法得到李默和化学学会的确定关系
D	无关选项。与 A 选项解释相同,只能得到"张嘉不是物理学会做学术报告的"
E	无关选项。与 C 选项解释相同,无法推知李默和化学学会的确定关系

25. 答案选 A。要关注已知条件中的全称命题。从"至少有两个国家希望与每个国家建交"和"有的国家不希望与任一国家结盟"可以推知：每一个国家都至少有两个国家希望与之建交同时也至少有一个国家不希望与之结盟。这样可推知 A 必真，其他选项都无法从已知条件中推出。

26. 答案选 B。由于试题已知条件只有大前提，没有小前提，所以只能对照各个选项，具体验证过程见下表：

A	无关选项。已知：洞松是该德资企业的部门经理，该德资企业的员工有些来自淮安。其中"德资企业员工"都不周延，不能推理
B	正确选项。已知：翠竹的大学同学都在某德资企业工作，溪兰是翠竹的大学同学，该德资企业的员工都会说德语。推知：溪兰是该德企员工，会说德语
C	无关选项。已知：翠竹的大学同学都在某德资企业工作，洞松是该德资企业的部门经理。其中"德资企业员工"都不周延，不能推理
D	无关选项。与 C 选项类似，不能推理
E	无关选项。与 C 选项类似，不能推理

27. 答案选 A。论证论据是："心跳速度快"和"心血管疾病"相关，结论是：心跳快导致心血管疾病。

A	正确选项，因果倒置。不是心跳快导致心血管疾病，而是心血管疾病导致心跳快
B	无关选项，老年人与心血管疾病没有必然联系
C	无关选项，类似于 B 选项
D	无关选项，兔子和人不具有可比性
E	无关选项，选项中不涉及心血管疾病

28. 答案选 B。专业人士的预测可以等价为连续的假言命题形式：粮价稳定→蔬菜价格稳定→食用油价格稳定。老李断定：粮价稳定并且肉类价格上涨。对老李的断定提出质疑的命题就是老李断定的矛盾命题：粮价稳定→肉类价格不上涨。将专业人士的预测与 B"食用油价格稳定→肉类价格不上涨"结合，就可以得到老李断言的矛盾命题，故答案选 B。

29. 答案选 B。试题已知条件给出两个大前提，问题中给出了小前提，将小前提与大前提结合，具体推理步骤如下表：

条　　件	步骤与结论
(1) 如果在东区或者南区种植银杏，那么在北区不能种植龙柏或者乌柏	(1)和(3)推知结论一：东区和南区不种银杏
(2) 北区或者东区要种植水杉或者银杏之一	结论一，(3)和(2)推知结论二：东区种水杉

(续表)

条　　件	步 骤 与 结 论
(3) 北区种植龙柏	(3),结论一、二推知结论三：南区种乌柏,即答案 B
(4) 四个区种植的树种都不同	

30. 答案选 D。具体推理步骤如下表：

条　　件	步 骤 与 结 论
(1) 如果在东区或者南区种植银杏,那么在北区不能种植龙柏或者乌柏	(2)和(3)推知结论一：北区或者东区种银杏
(2) 北区或者东区要种植水杉或者银杏之一	假设：东区种银杏,由(1)推知：北区不种龙柏也不种乌柏,所以北区只能种水杉,这与(3)相矛盾
(3) 水杉种植于西区或南区	所以,只能是北区种银杏,即答案 D
(4) 四个区的树种都不同	

2012 年管理类专业学位
全国联考逻辑真题解析

1. 答案选 E。某科学家提议是：因为火山喷发形成的霾使地球表面温度下降，所以，可以用火箭弹将二氧化硫充入大气层，形成与火山喷发类似的效果，从而给地球表面降温。论证是建议论证，即建议采取 A 行动，可以获得 B 结果。削弱上述建议论证的方法是，即使采取了 A 行动，也不能获得 B 结果，至于采取 A 行动需要什么成本或者有其他什么害处，与建议能否获得结果无关。

A	无关选项，建议会有其他危害，与建议是否能够获得结果无关
B	无关选项，可以采取其他方法获得降温的效果，不能削弱建议能获得效果的论证
C	无关选项，减少大气中的碳含量与温度没有直接关系，论证也没有涉及
D	无关选项，与 A 选项类似，建议产生了其他害处，与建议获得效果无关
E	正确选项，该选项说明即使接受了建议，用火箭弹将二氧化硫充入大气层，与火山喷发类似，获得的降温效果是暂时的

2. 答案选 B。题干中"不是所有流感者均需接受达菲等抗病毒药物的治疗"等价于"有些流感患者不需要接受达菲等抗病毒药物的治疗"，Ⅱ与该命题矛盾，假。Ⅰ是特称肯定命题，与该命题不矛盾也不等价，不确定。

注意：不能选Ⅲ，题干仅仅是"医生建议老人等需要用药"为真，这不等于"老人等需要用药"就是真的。

3. 答案选 D。题干已知假言命题等价为：可能 A 并且 B（可能既获得绩效工资并且又获得奖励工资）→C（都出勤），各个选项假言命题等价如下，可以看出，D 是与已知假言命题等价的逆否命题。

A	无关选项，形式化：C（都出勤）→必然 A 并且 B（必然既获得绩效工资并且获得奖励工资）
B	无关选项，形式化：C（都出勤）→可能 A 并且 B（可能既获得绩效工资并且获得奖励工资）
C	无关选项，形式化：非 C（某日不出勤）→可能 A 或者 B（可能获得绩效工资或者获得奖励工资）
D	正确选项，形式化：非 C（某日不出勤）→必然非 A 或者非 B（必然或者不能获得绩效工资或者不能获得奖励工资）
E	无关选项，形式化：都不出勤→必然非 A 并且非 B（必然既不能获得绩效工资并且不能获得奖励工资）

4. 答案选 C。题干已知假言命题为：A(读懂)→B 并且 C(有文学造诣并且具有生物学专业背景)，与此相矛盾的并且命题"读懂这篇文章的人，并且没有文学造诣或者没有生物学专业背景"是不可能真的。选项中，只有 C,D 中的人是"读懂的人"，同时 C 中"小李不具有生物学专业知识"，与已知假言命题矛盾，故 C 不可能是真，是正确答案。

5. 答案选 D。题干的推理结构是：所有 A(726 车间生产的产品)是 B(合格的)，所以，所有非 B(不合格产品)不是 A(726 车间生产的)。前提和结论是等价的逆否命题。

A	无关选项，结构是：所有 A(入场考生)是 B(经过体温测试)，所以，所有非 A(不入场考生)不是 B(经过体温测试)
B	无关选项，结构是：所有 A(出厂设备)是 B(检测合格)，所以，所有 B(检测合格)是 A(出厂设备)
C	无关选项，结构是：所有 A(已发表文章)是 B(认真校对)，所以，所有 B(认真校对)是 B(已发表文章)
D	正确选项，结构是：所有 A(真理)是 B(不怕批评的)，所以，所有非 B(怕批评的)不是 A(真理)。前提和结论是等价的逆否命题
E	无关选项，结构是：所有 A(不及格学生)是 B(没有好好复习)，所以，所有 B(没有好好复习)是 A(不及格学生)

6. 答案选 D。已知或者命题"或者 A 或者 B"为真，正确的推理只能是：A 假，推知 B 真；B 假，推知 A 真。当 A 真时，B 不确定；同理，当 B 真时，A 不确定。具体到本题，已知的是理科(1)班的人，或者喜欢物理，或者喜欢化学。正确的推理只能是：某人若不喜欢物理，那么他喜欢化学；某人不喜欢化学，那么他喜欢物理。所以，能够推知为真的只有 I,III。

7. 答案选 D。题干三人的预测都为真，具体的解题步骤如下：

已 知	步 骤
(1) 只有股票 A 不上涨，股票 B 才不上涨(非 B→非 A)	① (3)表明两种股票同涨或者同跌
(2) 股票 A 和股票 B 至少有一个不上涨	② (2)表明两种股票至少一跌；结合(3)推知，两种股票同跌
(3) 股票 A 上涨当且仅当股票 B 上涨	③ 将两种股票同跌带入(1)验证，(1)为真，所以两种股票同跌为正确选项

8. 答案选 D，具体推理步骤如下：

已知(1) 西 3→北 4；(2) 南 2→非西 1；(3) 非南 2；(4) 北 4	
①	若干句仅有一真，属于真假话题。已知命题中是否有矛盾？四句命题之间没有矛盾，那么命题之间是否有真假依存关系
②	(3)真，则(2)真，两句都真，不符合题意，所以(3)假；因此南为第二
③	(4)真，则(1)真，两句都真，不符合题意，所以(4)假；因此北不是第四
④	(3),(4)假，唯一一真在(1),(2)中；如果(1)真,(2)假，则推知西为第一；这样得到东为第四；如果(2)真,(1)假，则推知西为第三；这样得到东为第四。无论仅一真是命题(1)，还是命题(2)，都推知临东区为第四，所以答案选 D

9. 答案选 E。公司经理的承诺是假言命题,形式化为:A(小张争取到项目)→B(奖励笔记本电脑或者有项目提成);经理没有兑现承诺意味着该假言命题为假,"前真并且后假",即:A(小张争取到项目)并且非 B(既没有奖励笔记本电脑也没有项目提成)。所以,注意到 E 中,奖励的是"台式电脑",不是"笔记本电脑",故答案为 E。

10. 答案选 E。"两位都采访了"为假,说明"至少没有采访到某一位";"两位都没有采访到"为假,说明"至少采访到某一位";至于具体采访到谁,已知信息无法推出,所以答案选 E。

11. 答案选 B。已知大前提等价为连续的假言命题:允许上公司内网→通过身份认证→有良好业绩;又小前提"张辉有良好业绩,王纬没有良好业绩"。根据假言推理规则,不能推出张辉的确切结论,王纬可以推出,王纬不能通过身份认证,也不允许上公司内网,所以答案选 B。

12. 答案选 C。张教授的观点是:汉字是象形文字,字形和字义相关;英语是拼音文字,字形和字义无关。

A	无关选项,加强了张教授观点,实例说明汉字是字形和字义有联系,英语则没有联系
B	无关选项,类似于 A 选项,用实例加强了张教授观点
C	正确选项,削弱张教授观点,以实例说明英语的字形与字义也具有联系性
D	无关选项,仅涉及英语和汉语的文字对应,没有涉及张教授关于字形、字义的观点
E	无关选项,汉语、英语和德语某词如何表达与张教授关于字形、字义的观点没有联系

13. 答案选 E。要解释在"用手机打电话不会对专供飞机通信系统或全球定位系统使用的波段造成干扰"的情况下,为什么"航空公司仍然禁止乘客使用手机等电子设备"?

I	能解释,说明不对"专供飞机通信系统或全球定位系统"造成影响,但会对"地面导航网络"造成干扰,此项说明了"在空中"禁止使用的原因
II	能解释,说明"在起飞和降落时禁止使用手机等电子设备",此项与 I 结合,解释了所有时间"航空公司禁止使用手机等电子设备"的原因
III	能解释,该选项理解为"使用便携式电脑或者游戏设备会造成危害"可以解释"在飞机上禁止使用这些设备"

14. 答案选 B。具体推理过程如下:

已 知 建 议	步骤(已知建议都没有接受)
(1) 如果参观沙特馆,就不参观石油馆	参观沙特馆,也参观石油馆
(2) 石油馆和中国国家馆择一参观	中国馆和石油馆都参观或都不参观
(3) 中国国家馆和石油馆不都参观	中国馆和石油馆都参观
结论:三个馆都参观	

15. 答案选 C。将董事长的观点等价为：没有自信→一定输。各个选项表述的命题等价如下：

A	无关选项,等价于：输和赢矛盾
B	无关选项,形式化：自信→一定赢
C	正确选项,形式化：可能不输→自信,与董事长的观点互为逆否命题,等价
D	无关选项,形式化：可能输→自信
E	无关选项,形式化：可能更自信→赢

16. 答案选 A。总经理介绍的经验可以等价为以下假言命题：赢得农民青睐→最流行畅销的明星产品。对总经理的质疑就是对该假言命题的否定,即"赢得农民青睐并且不是最流行畅销的明星产品",故答案选 A。

17. 答案选 A。工作人员做出结论的方式可以概括为：不能证明 p(鹌鹑蛋有质量),所以非 p(鹌鹑蛋没有质量问题)成立。

A	正确选项,结构是：不能证明 p(宇宙没有边际),所以非 p(宇宙有边际)成立
B	无关选项,结构是：没有规则,所以没有权力做某事
C	无关选项,结构是：没有责任,所以不做某事
D	干扰选项,结构是：并非 p,所以非 p(注意：没有关于"证明"的涵义)
E	无关选项,结构是：不属于某部门管辖,所以,某部门无权处罚

18. 答案选 A。按照常识可以知道,有些人物画是工笔画,但不是全部;并且有些工笔画是人物画,并且也不是全部。其他选项涉及的概念之间的关系如下：

B	《盗梦空间》如果被评上最佳影片,两者是种属关系,否则是全异关系
C	全异关系
D	全异关系
E	全异关系

19. 答案选 D。题干中小李的错误是偷换概念,"绿地属于小区所有的人"中的"小区所有人"是"集合概念",而"小李是小区里的人"中的"小区里的人"是非集合概念。D 选项具有类似的偷换概念的错误,其中"莫尔碧骑士组成的军队不可战胜"中的"莫尔碧骑士"是集合概念,而"翼雅王是莫尔碧骑士之一"中的"莫尔碧骑士"是非集合概念。

20. 答案选 E。题干中李四光推理方式可以概括为：A 具有 1,2 特点;B 具有特点 1,所以

B也可能具有特点2。同时,实践证明,B确实具有特点2。具有类似的推理方式是E选项。

　　注意:不能选B,C,因为B,C中实践证明结果是错误的;不能选D,因为D选项中,冬季种西瓜的实践结果如何并没有得到说明。

　　21. 答案选E。将已知条件中假言命题等价,其具体推理过程如下:

已　　知	推理步骤和结论
大前提(1) 勇于承担责任→(直面媒体,不逃避)	(1)和(4),后假推前假得到结论(1):他不勇于承担责任
大前提(2) 没有责任→聘请律师	(2)和(3),后假推前假得到结论(2):他有责任
小前提(3) 没有聘请律师	所以,结论是:他不仅有责任,而且不勇于承担责任,即答案E
小前提(4) 逃避	

　　22. 答案选A。将已知前提"有些通信网络维护涉及个人信息安全"和已知结论"不是所有通信网络的维护都可以外包"中的共同概念"通信网络维护"划去,剩下仅出现一次的两个概念,"涉及个人信息安全"和"外包",考虑到结论是否定的,同时已知前提是特称,所以补充的前提是这两个概念之间的全称否定关系,故A是正确答案。

　　23. 答案选B。论证的论据是:白藜芦醇能防止骨质疏松和肌肉萎缩,论点是:那些长时间在国际空间站或者宇宙飞船上的宇航员或许可以补充一些白藜芦醇。

A	干扰选项,对于论据"白藜芦醇能防止骨质疏松和肌肉萎缩"有加强,但是,对于"失重状态下的宇航员是否有益"没有涉及
B	正确选项,加强了失重状态下"服用白藜芦醇能防止骨质疏松和肌肉萎缩"这一结论
C	干扰选项,类似于A选项,仅仅对于论据具有加强,不涉及论点
D	无关选项,由于没有说明负面影响的具体涵义,所以与论证无关
E	无关选项,类似D选项,由于没有说明"某些机能的退化"的具体涵义,所以与论证无关

　　24. 答案选D。要求对"艺术品成交价格高,甚至过高于其价值(底价)"这一现象做出解释,注意问题选"最无助于解释"的选项。

A	无关选项,能解释,艺术品唯一性,不可再造使其成交价格高
B	无关选项,能解释,艺术品的收藏需求大
C	无关选项,能解释,炒作导致艺术品价格高
D	正确选项,不能解释,赝品充斥,若对艺术品成交价格产生影响,会使成交价格下跌;没有产生影响,只能说明成交价格反映其价值,不能解释高价
E	无关选项,能解释,国外资金推高了需要,需求大从而解释了价格高

25. 答案选 E。已知陈老师的陈述为以下命题：有些同学对自己的职业定位不准确，这是特称否定命题，要判断的命题具体形式如下：

Ⅰ	否定"全称肯定"等价于"特称否定"，与已知命题等价，真
Ⅱ	否定"全称否定"等价于"特称肯定"，与已知命题既不等价，也不矛盾，不确定
Ⅲ	特称肯定，同Ⅱ，不确定
Ⅳ	全称否定，与已知命题既不等价，也不矛盾，不确定

26. 答案选 A。题干都是简单命题，对照各个选项，考虑到正确答案的位置也可能是 E，所以，下表对所有选项都进行了验证。在验证推理过程中，推不出的结果都是可能的，题干没有涉及的内容，也是可能的。

A	正确选项。东向房屋→别墅→南麓；护城河两岸房屋→租金廉价→廉租房→北麓；这样，A 中的房屋既在凤凰山南麓又在凤凰山北麓，自相矛盾
B	无关选项。北麓→不是别墅→非东向；两限房，题干是特称推不出结果；可能
C	无关选项。单室套，题干是特称，推不出结果；廉租房→北麓；可能
D	无关选项。护城河两岸房屋→租金廉价→廉租房→北麓；单室套，题干是特称；可能
E	无关选项。南向房屋，题干没有涉及；廉租房→北麓；可能

27. 答案选 C。要减轻医院对鲜花的担心，或者说明鲜花是有益的，或者说明鲜花无害或者比较无害。注意问题中的"除"字。

A	无关选项，能减轻对鲜花的担心，因为鲜花比较无害
B	无关选项，能减轻对鲜花的担心，因为鲜花有益
C	正确选项，不能减轻对鲜花的担心，因为鲜花可能有危害
D	无关选项，能减轻对鲜花的担心，因为鲜花对空气无害
E	无关选项，能减轻对鲜花的担心，因为鲜花对电子设备无害

28. 答案选 D。由于选项是三个学院候选人的组合，所以直接将大前提"从上往下"带入选项验证，具体如下：

大　前　提	验　证
哲学学院北清→管理学院西京	排除 B、C
管理学院南山→哲学学院南山	已排除了 B，剩下选项都满足
经济学院北清或者西京→管理学院北清	排除 A、E
选项只剩下 D，是正确答案	

29. 答案选 B。将"哲学学院录用西京大学的候选人"作为小前提,寻找到能够与此结合进行推理的大前提:如果管理学院录用南山大学的候选人,那么哲学学院也录用南山大学的候选人;两者结合可以推知:管理学院不录用南山大学的候选人。所以,如果管理学院录用了南山大学的候选人,说明李先生预测错误,故 B 是正确答案。

30. 答案选 B。由于三个学院录用的候选人来自不同的大学,根据李先生的预测,如果管理学院录用南山大学的候选人,那么哲学学院也录用南山大学的候选人。这意味着,当管理学院录用南山大学的候选人时,它与哲学学院录用的候选人来自同一所大学,不合题意,所以将明确表明和隐含表明"管理学院录用南山大学候选人"D 和 A、C 排除。根据李先生的预测,如果经济学院录用北清大学或者西京大学的候选人,那么管理学院录用北清大学的候选人。这意味着,当经济学院录用北清大学的候选人时,它与管理学院录用的候选人来自同一所大学,不合题意,所以在剩下两个选项中,将隐含表明"经济学院录用北清大学候选人"的 E 排除,故答案选 B。

2011 年管理类专业学位
全国联考逻辑真题解析

1. 答案选 D。要求解释巴斯德和普歇所做实验结果为什么不同。

注意： 实验中的"培养液"，普歇所用是"干草浸液"，这与巴斯德用的培养液存在区别，解释要从这一点出发。

A	无关选项，不能解释巴斯德实验"微生物少"这一结果
B	无关选项，与 A 类似，不能解释巴斯德实验"微生物少"这一结果
C	无关选项，与 A，B 类似，不能解释巴斯德实验"微生物少"这一结果
D	正确选项，普歇的培养液与巴斯德的培养液有区别，所以实验结果有区别
E	无关选项，两人对于某一事情的共同看法与实验结果存在差别无关

2. 答案选 B。已知命题都是简单命题，所以，推理所用的规则就是三段论推理规则，具体步骤如下：

题干已知条件	推理步骤与结论
① 张教授的所有初中同学都不是博士	①和②共同项是"博士"，将"博士"划掉，考虑①是否定，得到结论一：张教授所有初中同学都不能通过张教授认识其哲学研究所的同事
② 通过张教授认识其哲学研究所同事的都是博士	
③ 张教授的一个初中同学通过张教授认识了王研究员	结论一和③的共同项是"通过张教授认识某种人的初中同学"，将此项划掉，考虑结论一是否定，得到结论二：王研究员不是张教授的哲学研究所同事，故 B 是正确答案

3. 答案选 A。对题干给出的条件进行概括：老坑玉透明度越高价值越大；没有价值最高的老坑玉。由此推知：没有透明度最高的老坑玉。其他选项或者与已知条件相悖（B，E），或者是题干没有的信息（C，D）。

4. 答案选 E。要削弱的专家观点可以概括为：男孩子之所以落后于同年龄段的女孩子是由于教育方法不当。

A	无关选项，独生子女没有区分男孩、女孩，不能解释两者的差别
B	无关选项，男孩比过去表现更喜欢表现的"更绅士"与男孩落后于女孩无关
C	无关选项，男孩子在大学比以后更有成就与男孩危机没有关系

（续表）

D	无关选项,女性在学校教育中充当主要角色或者与男孩危机没有必然联系,如果这是导致男孩危机的原因,那么教育仍然是原因,对专家的观点给予加强
E	正确选项,男孩落后于女孩的原因是由于男孩比女孩更喜欢游戏而耗费更多精力,削弱教育方法是原因,他因削弱

5. 答案选 A。题干论证的观点是：抚仙湖虫是昆虫的远祖,也是食泥的动物。证据是：泥盆纪直虾是昆虫的祖先,而抚仙湖虫与泥盆纪直虾相似。抚仙湖虫的消化道充满泥沙。

A	正确选项,昆虫的远祖有不食泥的生物,而抚仙湖虫食泥,两者不同,对论证削弱
B	无关选项,加强论证,泥盆纪直虾和抚仙湖虫的外骨骼三部分相同
C	无关选项,加强论证,抚仙湖虫与泥盆纪直虾相似,相似的都是昆虫的远祖,加强"抚仙湖虫是昆虫的远祖"
D	无关选项,加强论证,"抚仙湖虫是真节肢动物中比较原始的类型",所以昆虫由后者进化而来,加强了前者是昆虫的远祖
E	无关选项,加强了"抚仙湖虫是食泥的动物"

6. 答案选 D。要解释"总物价水平涨幅不高"和"人们感觉物价水平涨幅很大"两种表面矛盾的现象。

A	无关选项,"人们对数据认识的偏差"与题干中要解释的表面矛盾现象没有关系
B	无关选项,解析与 A 类似
C	干扰选项,要解释的是两种数据共存,而非解释居民的感受是否明显
D	正确选项,总的物价水平还包括工业品的价格,工业品价格下降既解释了总的物价水平涨幅不大,又解释了日用消费品的物价水平涨幅很大
E	无关选项,家庭的不同收入、消费偏好、消费结构的区别与解释数据差异没有关系

7. 答案选 E。刘教授的观点是"将来会有更多的网络商店取代实体商店"。

A	无关选项,"网络商店存在缺点"与"网络商店取代实体商店"没有关系,因为任何形式的商店都有缺点
B	无关选项,结论是"更多实体商店被取代",这不意味着"实体商店消失"
C	干扰选项,与 A 类似,仅仅说明网络商店的缺点
D	无关选项,与 B 类似,仅仅说明将来仍然会有某些实体商店
E	正确选项,网络商店的必要条件是实体商店,这样网络商店不但不会取代实体商店,后者还会随前者的增加而增加

8. 答案选 A。张先生的理解概括而言就是："平均婚姻存续时间为 8 年是因为长久的婚

姻少了"。

A	正确选项,尽管"平均婚姻存续时间只有8年"但其原因是"存在很多闪婚",使平均时间缩短,这样"长久的婚姻少"被削弱
B	无关选项,张先生的观点并不涉及"婚姻质量"问题
C	无关选项,"自由恋爱"与婚姻时间没有关系
D	无关选项,"谈恋爱的时间变长"与"婚姻存续时间长短"没有关系
E	无关选项,论证完全不涉及婚姻与爱情的关系

9. 答案选 B。具体推理步骤见下表:

已知(1) 手机;(2) 冰箱→非彩电;(3) 非手机→非电脑;(4) 冰箱并且彩电	
①	若干句仅有一真,属于真假话题。已知命题中是否有矛盾? (2)和(4)矛盾,其中必有一真
②	唯一一真在(2)和(4)之中,所以(1)和(3)都是假话
③	(1)假,推得"手机部门没有赢利";(3)假,推得"电脑部门赢利",这样,B选项的后一句为假,不可能真

10. 答案选 C。要解释为什么有电子图书,人们还是喜欢阅读纸质书籍。选项中关于电子出版物的缺点或者纸质出版物的优点都能解释,注意问题要求选择"最不能提供解释"的选项。

A	无关选项,纸质书籍的优点,能解释
B	无关选项,电子书籍的缺点,能解释
C	正确选项,要解释"人们为什么喜欢阅读纸质书籍",收藏与此无关,不能解释
D	无关选项,电子书籍的缺点,能解释
E	无关选项,电子书籍比起纸质书籍的缺点,能解释

11. 答案选 B。陈华反驳的论据是"他不是故意的",结论是"他不应被判违规",如果能够建立从论据到结论的联系,即"不是故意→不应被判违规"就是对陈华反驳的加强。B表达的就是上述命题,故 B 是正确答案。

12. 答案选 E。要削减演员的担心,即"未来计算机代替真人表演"。

A	干扰选项,导演只能与真人交流,不涉及"真人表演",所以无法削弱"未来电脑代替真人表演"的担心
B	无关选项,"演员的真人表演会不会被计算机取代"与"演员能否跟上时代的发展"无关
C	无关选项,人们对 3D 电影是否喜好与演员的担心无关
D	无关选项,解析与 C 类似
E	正确选项,电影故事的表现需要"真人表演"这一必要条件,所以即使到了未来,真人表演也不可能被电脑取代

13. 答案选 A。论证论据是：公达律师事务所具有特征 X,老王不具有特征 X;结论是：老王不是公达律师事务所的。显然"公达律师事务所的特征"和"公达律师事务所成员的特征"是不同的概念,A 明确指出了上述不同,是正确答案。注意：不能选 E,因为论证是从老余不具有公达律师事务所的特征来推老余不是该事务所成员,而非相反。

14. 答案选 C。要加强的观点是：将形式语言和自然语言结合起来使用,会具有强大的力量。

A	无关选项,只强调要重视形式语言,没有涉及两者的结合
B	无关选项,只说明自然语言更基础,没有涉及两者的结合
C	正确选项,说明仅用一种语言表示都有缺点,这样加强了两者结合的作用
D	无关选项,人们没有认识到形式语言的重要性,没有涉及两种语言的结合
E	无关选项,对两种语言的结合重要性事实上是一种削弱

15. 答案选 B。题干得出结论的方法可以概括为：有 A(喝茶)时,有 B(抗坏血症);无 A(不喝茶),无 B(不能抗坏血症);所以,A(喝茶)是 B(抗坏血症)的原因。方法类似的只有 B 选项中的推理：有 A(氮肥)时,有 B(产量高);无 A(没有氮肥),无 B(产量低);所以, A(氮肥)是 B(产量高)的原因。注意不能选 E,因为该选项不涉及有和没有的区别,仅仅是两个变量在变化上相关。

16. 答案选 C。题干推理的形式可以概括为：所有 A(重点大学的学生)是 B(聪明的学生),有些 B(聪明的学生)是 C(喜欢逃学),D(小杨)不是 C(喜欢逃学);所以,D(小杨)不是 A(重点大学的学生)。注意,问题中的"除"要求选出不同形式的推理。

A	相同形式,所有 A(经济学家)是 B(懂经济学),有些 B(懂经济学)是 C(爱投资企业),D(你)不是 C(爱投资企业);所以,D(你)不是 A(经济学家)
B	相同形式,所有 A(鹅)是 B(吃青菜),有些 B(吃青菜)是 C(吃鱼),D(兔子)不是 C(吃鱼);所以,D(兔子)不是 A(鹅)
C	正确选项,不同形式,所有 A(人)是 B(爱美的),有些 B(爱美的)是 C(研究哲学),D(亚里士多德)不是 A(普通人);所以,D(亚里士多德)不是 A(研究哲学)
D	相同形式,所有 A(被高校录取的)是 B(超过录取线),有些 B(超过录取线)是 C(大龄考生),D(小张)不是 C(大龄考生);所以,D(小张)不是 A(被高校录取的)
E	相同形式,所有 A(外交官)是 B(学外语),有些 B(学外语)是 C(重视人际交往),D(小王)不是 C(重视人际交往);所以,D(小王)不是 A(外交官)

17. 答案选 E。要注意题干中有两种数据：生活质量指数及其增速。前者,挪威最高,后者莫桑比克最大。同时要注意统计时间。

A	无关选项,题干没有所有发展中国家在生活质量上与西方国家对比数据
B	无关选项,题干没有莫桑比克和中国对比
C	无关选项,题干没有日本和中国直接对比
D	干扰选项,题干是从1990年到2007年的17年以来莫桑比克增速最快,这并不涉及2006年
E	正确选项,由于2007年挪威生活质量最高,所以它高于非洲各国

18. 答案选 B。由于选项个人成绩排序的组合,所以,将已知自上往下带入排除。刘强不是优秀,且比周梅高,又只有两人不是优秀,可推知:最后两名是刘强、周梅。具体步骤如下:

① 蒋明比王丽高	排除 A
② 最后两名是刘强、周梅	排除 C
③ 张华和刘强的得分之和大于蒋明和王丽的得分之和	排除 D,E
	答案只有 B

19. 答案选 B。一共三句命题,仅有一真,三句之中没有矛盾,将三句命题之中的假言命题转换成等价的或者命题形式,形式化和解题步骤具体如下:

已知(1) 纳米并且生物;(2) 生物→智能(等价于:或者非生物,或者智能);(3) 纳米并且生物→智能(等价于:或者非纳米,或者非生物,或者智能)	
①	三句中仅有一真,彼此不矛盾,观察命题之间的共同项
②	(2)和(3)可知:发展生物[否则(2)、(3)都真,不合题意],不发展智能[否则(2)、(3)都真,不合题意]
③	发展纳米,仅(1)真;不发展纳米,仅(3)真;都合乎题意。所以答案选 B

20. 答案选 C。教授调查结论是:外表年龄看起来越老,生命更可能短暂。即:外表年龄与生命老化之间具有因果联系。

A	无关选项,调查对象扩大到40岁以上,结果"可能"出现不同,由于既不确定是否存在不同,也不确定不同的结果具体如何,故与目前调查结论无关
B	无关选项,助手是否有经验与调查结论是否可靠无关
C	正确选项,说明外表年龄与生命老化无关,直接对调查结论形成否定
D	干扰选项,对生命老化原因的说明与是否更可能先死亡没有直接关系
E	无关选项,看起来更老的人有什么心理特点与论证没有关系

21. 答案选 D。要支持李教授的观点，即"无糖饮料未必使人体重减轻"。

A	无关选项，关于无糖饮料的结论与茶无关
B	无关选项，对论证削弱，属于反面例子，即喝无糖饮料的人瘦
C	无关选项，没有说明这些胖子是否喝无糖饮料
D	正确选项，正面例子，胖子经常喝无糖饮料，说明喝了无糖饮料仍然胖，加强无糖饮料不会减轻体重的观点
E	干扰选项，由于没有说明这些喝无糖饮料并且少健身的人的胖瘦，故该选项与李教授结论无关

22. 答案选 C。题干已知条件既有大前提，也有小前提，具体推理步骤如下：

已知	大前提：年终奖→考评合格；小前提：财务部"有些合格"，综合部"所有获奖"，赵强考评合格
Ⅰ	不确定，财务部"有些员工考评合格"推不出"财务部员工都考评合格"
Ⅱ	不确定，后真不能推前真
Ⅲ	假，综合部的员工都考评合格，前真推后真
Ⅳ	不确定，"财务部有些员工考评合格"推不出他们是否获奖

23. 答案选 C。要解释"古代人为什么很少患近视"，注意问题中的"除"字。

A	无关选项，能解释，因为古代人读书人少
B	无关选项，能解释，古代人运动多，可预防近视
C	正确选项，不能解释，"患近视危害大小"与"为什么不患近视"无关
D	无关选项，能解释，因为古代人读的书少
E	无关选项，能解释，因为古代人看到的字大

24. 答案选 E。题干中家长将想象力、创造性劳动、非逻辑、荒谬等作为一组；知识、合乎逻辑、科学等作为对立的另一组；并且认为，对于某人，知识驱逐想象力以后，他就终身只能重复前人发现。所以，三句命题都是论证依赖的假设。

25. 答案选 D。注意到题干中家长的观点"有想象力才能进行创造性劳动"，即"想象力是进行创造性劳动的必要条件"，与之矛盾的命题是"没有想象力却能进行创造性劳动"，故 D 是正确答案。注意不能选 C，"发现知识的人"和"有知识的人"是两个不同的概念，不要混淆。

26. 答案选 B。总裁的言论概括为：因为"不喜欢被批评"，所以"不要批评"，建立两者之间的联系"不喜欢→不批评"就是总裁言论的假设，故 B 是正确答案。

27. 答案选 C。题干已知条件只有大前提,没有小前提,对照各个选项。在对照以前,将三个大前提合并为连续的假言命题形式,解题会容易一些。具体过程见下表:

条件一	如果大熊猫灭绝,则西伯利亚虎也将灭绝,即:大熊猫→虎
条件二	如果北美玳瑁灭绝,则巴西红木不会灭绝,即:玳瑁→非红木
条件三	或者北美玳瑁灭绝,或者西伯利亚虎不会灭绝,等价于:虎→玳瑁
将三个条件合并为一个条件,即:大熊猫→虎→玳瑁→非红木,这样,显然 C 与此条件矛盾,故答案选 C	

28. 答案选 D。论证是一个建议,基本结构是:为了获得 B,建议 A。对此削弱的方法是:即使采取建议 A,也不能获得结果 B。至于采取 A 可能有什么成本或者其他不利后果,与建议无关。

A	无关选项,建议只涉及不同时间段上下班是否能缓解交通压力,与工作积极性无关
B	无关选项,与 A 类似,与工作效率无关
C	无关选项,建议是"不同单位在不同时间上下班",这不等于"同一单位内部也不同时间上下班"
D	正确选项,说明即使"不同单位不同时间上下班",也不能解决交通拥堵
E	无关选项,与不同单位不同时间上下班的建议没有关系

29. 答案选 E。注意选择最不能加强"乘飞机出行越来越安全"的选项,A,B,C,D 都是有关乘坐飞机出行更安全的各种情况说明,只有 E 说明"驾车更危险",这与"乘飞机安全"完全没有关系。

30. 答案选 D。陈医生的观点是:以硅基化合物通过吸收铝来治疗行为痴呆症。

A	无关选项,铝含量高需要假设,但不需要假设"具体数量不会变化"
B	干扰选项,硅基化合物能够治病即可,即使有副作用,只要副作用的害处小于行为痴呆症,也可以进行治疗,故无须假设"硅基化合物吸收铝不会产生副作用"
C	无关选项,论证不涉及患者的年龄
D	正确选项,通过吸收铝来治病,必须假设铝是患病的原因,这样才能消除病因而治病
E	无关选项,只需假设铝是患病的原因,铝含量与病情严重程度之间的关系无须假设

第三部分

历年有争议试题辨析

2010年管理联考以来,有一些试题的答案是有争议的,这些答案有争议的试题基本上都是削弱加强等论证逻辑试题。由于这类试题不像推理逻辑那样具有真假的客观性,所以,考生对于争议的答案往往无所适从,再加上一些答题者不负责任地以"强度更大"或者"力度较弱"做出似是而非的解释,使考生更加认为逻辑难学,逻辑试题难以捉摸。为了正本清源,本书将历年管理联考中的所有答案有争议的试题集中辨析。作者对这些试题的解析是严肃且认真的,对其他答题者给出何种选择及其选择和排除的理由均了然于心。

　　逻辑试题的解析首先必须合乎逻辑,这样才能说服自己,说服大家。以下所有有争议试题作者在给出的答案时均反复推敲,对每一题各个选项排除和选择的理由不仅与多人讨论、辩论,而且假设正、反两方面的场景,思考可能的漏洞。可以说,每一题的答案和其解析不仅仅是作者的思维结晶,更是与广大考生辩论的结果。如果考生对这些试题有新的思路,欢迎继续参加辩论。

　　作者认为,逻辑解题的思路必须是在不知道答案时,找出正确答案的方法;而不是在知道结果后,对结果的一种解释,哪怕结果不合理也要勉强解释。逻辑思路更不是一种抽象的"力度""强度"的比较,由于缺乏客观的标准,说"A 比 B 的削弱力度更强"就像说"猪八戒比牛魔王更漂亮"一样荒诞。所有逻辑试题的选项在排除和选择时必须有客观的标准,这是逻辑在解答逻辑试题时基本的要求。

　　注意: 这一部分的一些试题的解析中涉及某些逻辑术语,建议考生可以先阅读、学习第四部分内容后,再阅读本部分的内容。

　　下面各题题干前括号中的数字表示年代和试题序号,如(2019,2)表示 2019 年第 2 题。

2020 年管理联考争议试题

　　1.(2020,2)某教授组织了 120 名年轻的参与者,先让他们熟悉电脑上的一个虚拟城市,然后让他们以最快速度寻找由指定地点到达关键地标的最短路线,最后再让他们识别茴香、花椒等 40 种芳香植物的气味。结果发现,寻路任务中得分较高者其嗅觉也比较灵敏。该教授由此推测,一个人空间记忆力好,方向感强,就会使其嗅觉更为灵敏。

　　以下哪项如果为真,最能质疑该教授的上述推断?

　　A. 大多数动物主要靠嗅觉寻找食物、躲避天敌、其嗅觉进化有助于"导航"

　　B. 有些参与者是美食家,经常被邀请到城市各处参观品尝美食

　　C. 部分参与者是马拉松运动员,他们经常参加一些城市举办的马拉松比赛

D. 在同样的检测中，该教授本人的嗅觉灵敏度和空间方向感方面都不如年轻人

E. 有的年轻人喜欢玩方向感要求较高的电脑游戏，因过分投入而食不知味

要削弱的观点是：一个人空间记忆力好，方向感强，就会使其嗅觉更为灵敏。依据是：在电脑虚拟城市中快速找到最短路线的人，嗅觉也较为灵敏。试题各个选项事实上都令人困惑，给出勉强能够质疑的选项为 B。具体分析如下：

A	干扰选项。大多数动物是因为嗅觉灵敏而更具有方向感，表面上看将嗅觉和方向感之间的因果关系颠倒。但是动物的情况与人很难具有可比性，更何况参与者的寻路任务只是在虚拟城市中寻找最短路线，并非实际的寻找线路
B	正确选项。参与者中有美食家，而美食家一般嗅觉灵敏。由于这些美食家经常被邀请到城市各处参观，这使他们具有较强的空间记忆和方向感，两者结合说明了参与者中空间记忆力好，方向感强和嗅觉灵敏之间不存在因果关系
C	无关选项。马拉松运动员既不涉及空间记忆力，也不涉及嗅觉灵敏
D	无关选项。教授的嗅觉灵敏度和空间方向感不如年轻人，与嗅觉灵敏度和空间方向感之间的关系无关
E	干扰选项。有些年轻人喜欢玩方向感要求高的游戏，这些年轻人与实验的参与者无关；另外"食不知味"中是"味觉"而非"嗅觉"

2019 年管理联考争议试题

2.(2019,2)据碳 14 检测，卡皮瓦拉山岩画的创作时间最早可追溯到三万年前。在文字尚未出现的时代，岩画是人类沟通交流、传递信息、记录日常生活的方式。于是今天的我们可以在这些岩画中看到：一位母亲将孩子举起嬉戏，一家人在仰望并试图碰触头上的星空……动物是岩画的另一个主角，比如巨型犰狳、马鹿、螃蟹等。在许多画面中，人们手持长矛，追逐着前方的猎物。由此可以推断，此时的人类已经居于食物链的顶端。

以下哪项如果为真，最能支持上述推断？

A. 岩画中出现的动物一般是当时人类捕猎的对象

B. 三万年前，人类需要避免自己被虎豹等大型食肉动物猎杀

C. 能够使用工具使得人类可以猎杀其他动物，而不是相反

D. 有了岩画，人类可以将生活经验保留下来供后代学习，这极大地提高了人类的生存能力

E. 对星空的敬畏是人类脱离动物、产生宗教的动因之一

分析 试题要加强的观点是"人类已经居于食物链的顶端"，得出观点的论据是岩画中出现了很多动物。此题选项 A 和 C 在选择时令人困惑，具体辨析如下：

A	正确选项。岩画中出现的动物是当时人类捕猎的对象，说明人类是动物的捕猎者，加强了"人类居于食物链的顶端"
B	无关选项。人类需要避免自己被大型食肉动物捕杀，这不意味着人就能捕杀其他动物，不能加强观点"人类已经居于食物链的顶端"

（续表）

C	干扰选项。该选项的信息与"岩画"完全无关。由于"能够使用工具使得人类可以猎杀其他动物"不等于"能够使用工具使得人类可以猎杀其他所有动物"，即，从该选项无法推知，岩画中的动物是人类捕猎对象。
D	无关选项。岩画能够使后代学习，提高人类的生存能力，这与要加强的观点没有关系
E	无关选项。对星空敬畏使宗教产生，这与要加强的观点没有关系

说明　所有选 C 的答题者认为 C 中的"而不是相反"说明了捕猎方向使该选项"力度更强"，不选 A 的理由便是 A"力度较弱"。事实上，A 说明岩画中的动物是人类捕猎对象，已经充分说明了方向，完全不必再加上什么方向说明。选择 C 的答题者完全忽略了该选项"不涉及岩画"这一巨大漏洞，尽管人类使用工具能够捕猎其他动物，但这不等于，岩画中的动物就是人类捕猎对象，就像"甲有枪，可以杀其他人而不是相反被其他人杀"无法由此加强"甲是杀人犯"。

3.（2019，7）近年来，手机、电脑的使用导致工作与生活界限日益模糊，人们的平均睡眠时间一直在减少，熬夜已成为现代人生活的常态。科学研究表明，熬夜有损身体健康，睡眠不足不仅仅是多打几个哈欠那么简单。有科学家据此建议，人们应该遵守作息规律。

以下哪项如果为真，最能支持上述科学家所作的建议？

A. 长期睡眠不足会导致高血压、糖尿病、肥胖症、抑郁症等多种疾病，严重时还会造成意外伤害或死亡

B. 缺乏睡眠会降低体内脂肪调解瘦素激素的水平，同时增加饥饿激素，容易导致暴饮暴食、体重增加

C. 熬夜会让人的反应变慢、认知退步、思维能力下降，还会引发情绪失控，影响与他人的交流

D. 所有的生命形式都需要休息与睡眠，在人类进化过程中，睡眠这个让人短暂失去自我意识、变得极其脆弱的过程并未被大自然淘汰

E. 睡眠是身体的自然美容师，与那些睡眠充足的人相比，睡眠不足的人看上去面容憔悴，缺乏魅力

分析　要加强的是科学家的建议："人们应该遵守作息规律"，这一建议的涵义就是"不要熬夜，要有足够睡眠"，那么，重点在于"要做什么"。

A	干扰选项。首先排除，该选项说明"长期睡眠不足有危害"，但这与题干说的"熬夜"不是同一个概念，就像"运动有益身体健康"不等于"过度运动有益于身体健康"一样
B	干扰选项。同样说明"缺乏睡眠"的害处，尽管这一害处不直接涉及健康，但仍然没有正面加强"要睡眠"，类似选项还有 C 选项
C	干扰选项。解释与 B 选项相同
D	正确选项。说明所有生命形式都需要睡眠，而人类的睡眠没有被大自然淘汰，从正面说明人类"要睡眠"，加强科学家的建议
E	干扰选项。说明睡眠的好处，但是仍然没有从正面加强"人类要睡眠"

　　说明　这一题在解答时,看起来都说明了"熬夜的害处",但是由于 A 是描述"长期熬夜的害处",所以通过概念辨析可以最先排除。有些选 A 的人以"强度最强"来解释,但这完全无视了概念上的不同,既牵强又违反基本的逻辑规则! 对于其他各个选项如何选择,思路是抓住题干的观点"人们应该遵守作息规律",这意味着仅说明"缺乏睡眠的害处"是不够的,就像"缺乏运动有害处"不能加强"人人都应该运动",所以直接加强观点"要遵守作息规律"的只有 D。

　　4. (2019,14)作为一名环保爱好者,赵博士提倡低碳生活,积极宣传节能减排,但我不赞同他的做法,因为作为一名大学老师,他这样做,占用了大量的科研时间,到现在连副教授都没评上,他的观点怎么能令人信服呢?

　　以下哪项论证中的错误和上述最为相似?

　　A. 张某提出要同工同酬,主张在质量相同的情况下,不分年龄、级别一律按件计酬。她这样说不就是因为她年轻、级别低吗? 其实她是在为自己谋利益

　　B. 公司的绩效奖励制度是为了充分调动广大员工的积极性,它对所有员工都是公平的。如果有人对此有不同意见,则说明他反对公平

　　C. 最近听说你对单位的管理制度提了不少意见,这真令人难以置信! 单位领导对你差吗? 你这样做,分明是和单位领导过不去

　　D. 单位任命李某担任信息科科长,听说你对此有意见。大家都没有提意见,只有你一个人有意见,看来你的意见是有问题的

　　E. 有一种观点认为,只有直接看到的事物才能确信其存在。但是没有人可以看到质子、电子,而这些都被科学证明是客观存在的。所以,该观点是错误的

　　分析　首先辨析出题干论证结构的错误在于：某人的观点是不正确的,因为一个理由(该理由不足以反驳)。这一论证错误的关键在于无效反驳。

A	干扰选项。对张某的观点没有进行反驳,而仅仅是说明张某提出某一观点的原因和动机,有论证错误,但不是类似的"无效反驳"
B	无关选项。错误是偷换概念。"某制度是公平的"但"某人反对该制度",这并不等于"某人就反对公平",就像"反对一项有关环保的政策",反对的是政策,但不等于"反对环保"
C	干扰选项。对"提的意见"本身并没有反驳,而从"提意见"说明"这是与领导过不去",尽管有论证错误,但不是类似的"无效反驳"
D	正确答案。反驳某人的意见,理由是"大家都没有意见"。显然,从"大家都没有意见"不能得出"意见就不正确",属于"无效反驳"
E	无关选项。举出客观存在的例子,来反驳一种观点,是正确而有效的反驳

　　说明　这一题原本不应该存在争议,但是由于选择 A 选项的人很多反而产生了争议。他们给出选择 A 的理由是"诉诸人身"。这个选择和解释都非常牵强。"诉诸人身"作为一种方法必须应用于证明或者反驳,由于 A 选项仅仅说明张某提出观点的动机,并没有反对张某的观点,所以在论证错误的比较中可以首先排除 A 选项。

5. (2019,27)某研究机构以约 2 万名 65 岁以上的老人为对象,调查了笑的频率与健康状态的关系。结果显示,在不苟言笑的老人中,认为自身现在的健康状态"不怎么好"和"不好"的比例分别是几乎每天都笑的老人的 1.5 倍和 1.8 倍。爱笑的老人对自我健康状态的评价往往较高。他们由此认为,爱笑的老人更健康。

以下哪项如果为真,最能质疑上述调查者的观点?

A. 乐观的老年人比悲观的老年人更长寿

B. 病痛的折磨使得部分老人对自我健康状态的评价不高

C. 身体健康的老年人中,女性爱笑的比例比男性高 10 个百分点

D. 良好的家庭氛围使得老年人生活更乐观,身体更健康

E. 老年人的自我健康评价往往和他们实际的健康状况之间存在一定的差距

要质疑的观点是"爱笑的老人更健康"。

A	无关选项。乐观的老人一般是爱笑的老人,更长寿一般会更健康,对观点加强
B	无关选项。有病痛的折磨说明老人不健康,不健康的老人对自我健康状态评价也不高,对观点加强
C	无关选项。论证并不涉及不同性别老人之间爱笑比例的区别,该选项也未涉及不同性别老人之间健康状况的区别
D	正确选项。说明"良好的家庭氛围"使老人更乐观,这既是老人爱笑的原因,也是他们身体更健康的原因,属于共因削弱
E	干扰选项。自我健康评价与实际健康之间存在差距,这既不表示两者之间没有联系,更不表示自我健康评价高的老人实际就不健康,论证并不需要两者之间完全一致的假设,所以两者之间存在不一致对论证不能构成削弱

说明　这一题较难,选择 E 选项的人对选项 D 完全不理解。选择选项 E 的理由是概念不一致,即"老人对健康的自我评价"与"实际健康状况"不是一个概念。但是论证并不建立在两者是一个概念的基础上,就像"根据 GDP 统计,中国大于日本",由此得出"中国经济总量大于日本",这不需要假设"GDP 统计与经济总量完全一致",只要统计得出的"中国和日本的 GDP 总量差值存在"即可,但如果"中国 GDP 统计中的水分远大于日本"便能够削弱。由于 E 不表示"自我健康评价高的老人评价水分更大",所以它不能削弱论证。要理解 D 选项作为共因削弱需要一定的逻辑水平,它实际上说明"乐观爱笑"和"健康"不存在因果关系,其原因共同是'良好的家庭氛围'。可能有选 E 的人认为,题干的观点仅表示"爱笑的老人中健康的人数更多"不表示因果关系,即使不表示因果关系,也不是选 E 选项的理由,更何况,题干已经说明"调查了笑的频率与健康状态的关系",这就表明,调查是为了确定两者之间的因果关系。

2018 年管理联考争议试题

6. (2018,3)现在许多人很少在深夜 11 点以前安然入睡,他们未必都在熬夜用功,大多

是在玩手机或看电视,其结果就是晚睡,第二天就会头晕脑涨,哈欠连天。不少人常常对此感到后悔,但一到晚上他们多半还会这么做。有专家就此指出,人们似乎从晚睡中得到了快乐,但这种快乐其实隐藏着某种烦恼。

以下哪项如果为真,最能支持上述专家的结论?

A. 晨昏交替,生活周而复始,安然入睡是对当天生活的满足和对明天生活的期待。而晚睡者只活在当下,活出精彩

B. 晚睡者具有积极的人生态度。他们认为,当天的事必须当天完成,哪怕晚睡也在所不惜

C. 大多数习惯晚睡的人白天无精打采,但一到深夜就感觉自己精力充沛,不做点有意义的事情就觉得十分可惜

D. 晚睡其实是一种表面难以察觉的,对"正常生活"的抵抗,它提醒人们现在的"正常生活"存在着某种令人不满的问题

E. 晚睡者内心并不愿意晚睡,也不觉得手机或电视有趣,甚至都不记得玩过或看过什么,他们总是要在睡觉前花比较长时间磨蹭

分析 要加强的专家的结论是"晚睡表面的这种快乐其实隐藏着某种烦恼"。

A	无关选项。仅仅说明晚睡者活在当下,活出精彩,未涉及"某种烦恼"
B	无关选项。肯定了晚睡者具有积极的人生态度,但同样没有涉及"某种烦恼"
C	无关选项。说明了晚睡者之所以晚睡的原因,但也未涉及"某种烦恼"
D	干扰选项。说明了"正常生活"即不晚睡的生活,存在某种令人不满的问题,但是没有说明"晚睡生活有什么烦恼"
E	正确选项。人们内心并不愿意晚睡,并且不觉得手机或者电视有趣,但却违背意愿晚睡,说明事实上"晚睡"不仅不是快乐,事实上是烦恼。

说明 这一题也不应当存在争议,因为选项 D 中的"正常生活"涵义是与"晚睡"相对立的一种生活,即"早睡早起的不晚睡的生活",这样选项 D 的涵义是"晚睡说明了人们早睡早起的正常生活中存在着某种令人不满的东西",这与观点无关,甚至可以说削弱了观点。当然,选 D 的人可能认为,"正常生活"难道不可以是"晚睡生活中的日常白天生活"吗?这是错误的!因为"正常生活"与"晚睡"相对立,表示一种不同于"晚睡"的生活,不可能与"晚睡"是部分与整体的关系。

2017 年管理联考争议试题

7. (2017,24)通常情况下,长期在寒冷环境中生活的居民可以有更强的抗寒能力。相比于我国的南方地区,我国北方地区冬天的平均温度要低很多。然而有趣的是,现在很多北方地区的居民并不具有我们所以为的抗寒能力,相当多的北方人到南方来过冬,竟然难以忍受南方的寒冷天气,怕冷程度甚至远超于当地人。

以下哪项如果为真,最能解释上述现象?

A. 一些北方人认为南方温暖，他们去南方过冬时往往对保暖工作做得不够充分

B. 南方地区冬天虽然平均气温比北方高，但也存在极端低温的天气

C. 北方地区在冬天通常启用供暖设备，其室内温度往往比南方高出很多

D. 有些北方人是从南方迁过去的，他们没有完全适应北方的气候

E. 南方地区湿度较大，冬天感受到的寒冷程度超出气象意义上的温度指标

分析　要解释为什么"北方人到了南方，却更难以忍受南方的冬天"。

A	无关选项。要解释的是普遍现象，即"所有北方人到了南方普遍怕冷"，而不仅仅是保暖工作做得不够充分的一些北方人
B	无关选项。要解释冬天更冷地方的北方人到平均温度比北方高的南方，反而觉得南方更冷，这不仅是在南方极端低温环境下，而是一般情况下的冬天
C	干扰选项。要解释北方人在南方的南方无论室内室外都更怕冷，不是仅仅指北方人在南方的室内更怕冷
D	无关选项。要解释的是北方人到南方怕冷，与从南方人没有适应北方气候无关
E	正确选项。北方人在南方更怕冷的原因不是因为南方的气温，而是因为南方的湿度

说明　这一题原本也应该存在争议，结果因为有部分人选 C，理由是"要解释北方人为什么没有人们所以为的抗寒能力"，因为北方人冬天的室内温度比南方高，所以北方人冬天"暖和惯了"，因此不具有抗寒能力，所以到了南方反而觉得冷。这一解释非常牵强，因为它假设了冬天到南方感到冷的人都是在北方一直待在室内的人，但题干却是一般的北方人，这些北方人在北方未必一直待在室内。另外，要解释"抗寒能力弱"还需要兼顾"北方人到了南方反而怕冷超过当地人"这一表面矛盾的现象，即为什么这些北方人，就算抗寒能力弱，在北方更冷的室外却不感到冷，反而到了温度高得多的南方室外却感到更冷了呢？选 C 事实上无法解释。

2016 年管理联考争议试题

8.(2016,28)钟医生："通常，医学研究的重要成果在杂志发表之前需要经过匿名评审，这需要耗费不少时间。如果研究者能放弃这段等待时间而事先公布其成果，我们的公共卫生水平就可以伴随着医学发现而更快获得提高。因为新医学信息的及时公布将允许人们利用这些信息提高他们的健康水平。"

以下哪项如果为真，最能削弱钟医生的论证？

A. 社会公共卫生水平的提高还取决于其他因素，并不完全依赖于医学新发现

B. 大部分医学杂志不愿意放弃匿名评审制度

C. 人们常常根据新发表的医学信息来调整他们的生活方式

D. 有些媒体常常会提前报道那些匿名评审杂志准备发表的医学研究成果

E. 匿名评审常常能阻止那些含有错误结论的文章发表

分析　注意到钟医生的观点是一个假言命题：如果研究者在经过匿名评审前就公布

研究成果,公共卫生水平就能更快获得提高,即"医学新发现的信息"是"公共卫生水平提高"的充分条件。A直接对上述充分条件给予否定,所以是对钟医生论证的削弱。

说明 这一题原本也应该不存在争议,因为钟医生的观点很明确,但是有很多人选E。他们认为这一选项说明匿名评审具有作用,并且认为,如果不匿名评审,就会有错误的结论发表,这样就不能促进公共卫生水平提高。选择E的错误纯粹是一个低级错误:完全忽视要削弱的观点。注意钟医生的观点与匿名评审无关,并且钟医生并没有否认匿名评审的用处,更没有认为未经匿名评审的医学新信息都是正确的,所以选项E完全与钟医生的论证无关!

2015年管理联考争议试题

9.(2015,28)某研究人员在2004年对一些12～16岁的学生进行了智商测试,测试得分为77～135分,4年之后再次测试,这些学生的智商得分为87～143分。仪器扫描显示,那些得分提高了的学生,其脑部比此前呈现更多的灰质(灰质是一种神经组织,是中枢神经的重要组成部分)。这一测试表明,个体的智商变化确实存在,那些早期在学校表现不突出的学生仍有可能成为佼佼者。

以下除哪项外,都能支持上述实验结论?

A. 有些天才少年长大后智力并不出众

B. 言语智商的提高伴随着大脑左半球运动皮层灰质的增多

C. 学生的非言语智力表现与他们大脑结构的变化明显相关

D. 部分学生早期在学校表现不突出与其智商有关

E. 随着年龄的增长,青少年脑部区域的灰质通常也会增加

分析 题干中的实验结论有以下三点:① 个体智商变化确实存在;② 智商提高的原因是大脑结构中灰质的增加;③ 一个人学校表现的变化是智商变化的结果。**注意**:观点①是"个体智商会变化"而不是"智商会提高"。

A	无关选项。能够加强"个体智商会变化"
B	无关选项。能够加强"智商的变化是由于大脑结构中灰质的增加"
C	无关选项。能够加强"智商变化的原因是由于大脑结构的变化"
D	无关选项。能够加强"智商变化的结果是个体表现的变化"
E	正确选项。削弱了"智商变化的原因是由于大脑结构中灰质的增加",因为"青少年年龄增长,灰质都增加",这意味着"青少年智商都只能提高,而不是下降"

说明 这一题也应该不存在争议,但是一些人给出的答案选D,其解释是"那些早期表现不突出的学生以后也可能成为佼佼者"说明这些人的智商是高的,这一解释说明他们完全没有理解题干中的实验结论。未来这些人成为佼佼者,说明这些人未来智商会变化(提高),而早期的智商却不高,这样选项D正是对论证的加强。由于论证认为"智商提高表现为灰质增加",这

样选项 E 说明每两个人的智商随年龄而提高,与实验结论①不仅相悖,甚至削弱了论证。

2014 年管理联考争议试题

10. (2014,10)试验发现,孕妇适当补充维生素 D 可以降低新生儿感染呼吸道合胞病毒的风险。科研人员检测了 156 名新生儿脐带血中维生素 D 的含量,其中 54％的新生儿被诊断为维生素 D 缺失,这当中有 12％的孩子在出生后一年内感染了呼吸道合胞病毒,这一比例远高于维生素 D 正常的孩子。

以下哪项如果为真,最能对科研人员的上述发现提供支持?

A. 上述实验中,54％的新生儿维生素 D 缺失是由于他们的母亲在妊娠期间没有补充足够的维生素 D 造成的

B. 孕妇适当补充维生素 D 可降低新生儿感染流感病毒的风险,特别是在妊娠后期补充维生素 D 预防效果会更好

C. 上述实验中,46％补充维生素 D 的孕妇所生的新生儿也有一些在出生一年内感染呼吸道合胞病毒

D. 科研人员试验时所选的新生儿在其他方面跟一般新生儿的相似性没有得到明确验证

E. 维生素 D 具有多种防病健体功能,其中包括提高免疫系统功能,促进新生儿呼吸系统发育,预防新生儿呼吸道病毒感染等

分析　题干试验发现的结论是"孕妇适当补充维生素 D 可以降低新生儿感染呼吸道合胞病毒的风险",论据是"新生儿缺乏维生素 D 易于感染合胞病毒"。

A	正确选项。题干论据是新生儿缺乏维生素 D 更易患病,论点是孕妇补充维生素 D 可降低新生儿患病率。该选项说明新生儿缺乏维生素 D 的原因是孕妇没有补充足够的维生素 D。既是论证的假设,也是加强
B	无关选项。论证讨论的是"呼吸道合胞病毒",与流感病毒无关
C	削弱选项。说明补充维生素 D 孕妇所生的新生儿也会患病,对论证削弱
D	无关选项。由于试验所选新生儿其他方面是否与一般新生儿相似没有明确验证,所以对论证略有削弱,即可能有其他原因导致新生儿患病
E	干扰选项。仅说明维生素 D 确实有用,但不能证明"孕妇补充维生素 D"和"新生儿不患病"之间的关系

说明　这一题也不应该具有争议性,但因为选项 E 会混淆视听,所以考生们反而不清楚选项 A 还是选项 E 是正确答案了。解答论证逻辑试题的第一步也是重点在于明确要加强削弱的观点！本题的观点是"孕妇补充维生素 D 对婴儿有益",因此必须建立孕妇和婴儿之间的关系,即选项 A 是正确答案。至于选项 E,不管如何说明维生素 D 的用处,也与观点无关。就像"甲生活困顿是也因为甲的父亲没有钱",无论怎么说明"有钱的作用",如钱可以买东西,可以改善生活,等,都与"甲与其父亲的关系"无关！

11. (2014,11)英国有家小酒馆采取客人吃饭付费"随便给"的做法,即让顾客享用葡萄酒,蟹柳及三文鱼等美食后,自己决定付账金额。大多数顾客均以公平或慷慨的态度结账,实际金额比那些酒水菜肴本来的价格高出20%。该酒馆老板另有4家酒馆,而这4家酒馆每周的利润与付账"随便给"的酒馆相比少5%。这位老板因此认为:"随便给"的营销策略很成功。

以下哪项如果为真,最能解释老板营销策略的成功?

A. 部分顾客希望自己看上去有教养,愿意掏足够甚至更多的钱

B. 如果顾客所付低于成本价格,就会收到提醒而补足差价

C. 另外4家酒馆位置不如这家"随便给"酒馆

D. 客人常常不知道酒水菜肴的实际价格,不知道该付多少钱

E. 对于过分吝啬的顾客,酒馆老板常常也无可奈何

分析 要解释"随便给"营销策略成功,即顾客自己决定付账金额时,大多数顾客均以公平或慷慨的态度结账,于是酒店利润高。

说明 这一题考生会对选项A和选项B纠结。选项A给人的感觉是"部分"的解释"力度不足"(排除A的人都会以此"神秘理由")。但是考虑到要解释的事实中已经有"大多数顾客均以公平或慷慨的态度结账",那么这些"大多数顾客"中,部分顾客希望自己看上去有教养,便完全可以解释了。至于B,事实上其涵义是"给得多随便,给得少便不随便了",这是诡辩,实质上不是解释"随便给"而是否定"随便给",当然不是正确答案。

A	正确选项。因为部分顾客给的是足够甚至是更多的钱,这样解释了利润因此高的原因,当然该选项"部分顾客"在解释上存在漏洞
B	干扰选项。由于要解释"随便给"营销策略为什么成功,即给多少都可以。该选项实际上否定了"随便给",所以不能解释
C	无关选项。另外四家利润少的原因不能解释该酒家营销策略的成功
D	干扰选项。"客人不知道该付多少钱"不等于"客人一定多付钱",所以不能解释利润高
E	无关选项。这实际上说明该营销策略很可能没有利润

12. (2014,24)不仅人上了年纪会难以集中注意力,就连蜘蛛也有类似的状况。年轻蜘蛛的网整齐均匀,角度完美;年老蜘蛛的网可能出现缺口,形状怪异。蜘蛛越老,结的网就越没有章法。科学家由此认为,随着时间的流逝,这种动物的大脑会像人脑一样退化。

以下哪项如果为真,最能质疑科学家的上述论证?

A. 优美的蛛网更容易受到异性蜘蛛的青睐

B. 年老蜘蛛的大脑较之年轻蜘蛛,其脑容量明显偏小

C. 运动器官的老化会导致年老蜘蛛结网能力下降

D. 蜘蛛结网只是一种本能的行为,并不受大脑控制

E. 形状怪异的蛛网较之整齐均匀的蛛网,其功能没有大的差别

分析 要削弱的观点可以概括为:老蜘蛛结的网残破的原因是因为它们的大脑退

化了。

A	无关选项。"优美蛛网更容易受异性蜘蛛青睐"与"蛛网为什么不优美"没有关系
B	加强选项。"脑容量偏小"可以加强"老年蜘蛛大脑退化"
C	正确选项。对老年蛛网残破的原因给予新的解释,即不是大脑退化,而是因为运动器官老化
D	干扰选项。"蜘蛛结网是本能行为"与"蛛网结的好坏"是两件事情,正如"吃饭是本能"与"烹调手艺好坏"是两回事情
E	无关选项。"蛛网功能没有差别"与"结网好与坏的原因"是两回事情

说明　这一题较难,考生肯定会在C、D连个选项中犹豫。有的人会选选项D,而排除选项C的理由便是"C力度不如D"。事实上,C是正确答案。那为什么不选D? 因为选项D混淆了概念。题干讨论的是"蜘蛛结网结的好还是结的不好"的原因,而不是"蜘蛛结网"。就像"人老了,口味越来越重,越来越喜欢吃的咸,这一定大脑感觉退化了",用"食色者,性也"不能削弱吧? 因为这讲的完全不是一个层面的事情。

2013 年管理联考争议试题

13. (2013,1)某公司自去年初开始实施一项"办公用品节俭计划",每位员工每月只能免费领用限量的纸笔等各类办公用品。年末统计时发现,公司用于各类办公用品的支出较上年度下降了30%。在未实施该计划的过去 5 年间,公司年均消耗办公用品 10 万元。公司总经理由此得出:该计划去年已经为公司节约了不少经费。

以下哪项如果为真,最能构成对总经理推论的质疑?

A. 另一家与该公司规模及其他基本情况均类似的公司,未实施类似的节俭计划,但在过去的 5 年间办公用品人均消耗额越来越低

B. 去年,该公司在员工困难补助、交通津贴等方面的开支增加了 3 万元

C. 另一家与该公司规模及其他基本情况均类似的公司,未实施类似的节俭计划,在过去的 5 年间办公用品消耗额年均也为 10 万元

D. 在过去的 5 年间,该公司大力推广无纸化办公,并且取得很大成效

E. "办公用品节俭计划"是控制支出的重要手段,但说该计划为公司"一年内节约不少经费",没有严谨的数据分析

分析　论证论据是:去年实施某计划后,去年比前年支出下降了。结论是:该计划去年为公司节约了不少经费。在排除干扰选项的过程中,一定要注意时间。

A	干扰选项。注意到时间,如果改为"另外一家类似的公司去年没有实施类似的节俭计划,但是去年这家公司的办公经费支出较上年度也下降了30%"就属于反例削弱了
B	无关选项。在办公用品上节约经费与其他方面的支出增加无关
C	无关选项。类似的其他公司没有实施类似节俭计划,过去 5 年办公经费消耗额也没有变化,对论证具有弱的加强作用

（续表）

D	干扰选项。注意到时间,如果改为"去年该公司大力推广无纸化办公,并且取得很大成效"就属于他因削弱了
E	正确选项。"办公用品支出去年比前年下降"与"节约经费"是不同的概念,前者有数据,但后者缺乏数据,论据不能有效地证明结论

说明　这一题较难,选 A 的人很多,完全忽略 A 中关于时间的漏洞。由于另一家相似的公司过去 5 年没有搞计划,但每年办公经费人均消耗越来越低,而对比该公司,过去 5 年没有搞计划,办公经费就不变,所以另一家公司不能作为反例证明该公司去年搞计划就没有用。类似的选项 D,也有这样的时间漏洞,因此均是干扰选项。有人可能会质疑选项 E,认为"办公经费"不正是"经费"中的一部分,前者节约不就意味着后者节约吗? 这种说法既没有逻辑概念辨析,也没有管理常识。工人工资是成本的一部分,是不是减少工资就一定降低成本? 当然不是,如果减少工资的同时,工人劳动态度等方面的变化,导致其他成本增加更多呢? 所以,一种经费的减少,是否可以推出总经费的减少,还需要严谨的数据分析,即选项 E 是正确答案。

14. (2013,12)若成为白领的可能性无性别差异,按正常男女出生率 102：100 计算,当这批人中的白领谈婚论嫁时,女性与男性数量应当大致相等。但实际上,某市妇联近几年举办的历次大型白领相亲活动中,报名的男女比例约为 3：7,有时甚至达到 2：8,这说明,文化越高的女性越难嫁,文化低的反而好嫁;男性则正好相反。

以下除哪项外,都有助于解释上述分析与实际情况的不一致?

A. 与男性有所不同,女性白领要求高,往往只找比自己更优秀的男性

B. 与本地女性竞争的外地优秀女性多于与本地男性竞争的外地优秀男性

C. 大学毕业后出国的精英分子中,男性多于女性

D. 一般说来,男性参加大型相亲会的积极性不如女性

E. 男性因长相身高、家庭条件等被女性淘汰者多于女性因长相身高、家庭条件等被男性淘汰者

分析　要求解释为什么男性白领数量和女性白领数量理论上相同的情况下,更多的女性白领参加相亲活动,以及女性白领更难嫁? 注意问题要求选择"不能解释"的选项。

A	无关选项,能解释,因为女性白领要求高,只找更优秀的,而男性白领可以找不是白领的女性
B	正确选项,不能解释,外地的优秀女性多于外地的优秀男性,由于不知道本地优秀女性和优秀男性数量关系,所以无法解释总体人数差异
C	无关选项,能解释,优秀男性出国的更多,所以国内优秀女性比优秀男性多
D	无关选项,能解释,男性不积极参加相亲活动,解释了更多女性参加相亲活动
E	干扰选项,能解释,事实上该选项说明女性对男性的要求比男性对女性的要求更高,类似于 A 选项

说明 尽管这一题较难,但是思考细致的话,应该不会有争议。有些人选择 E 选项,这导致一些争议。选项 E 事实上与选项 A 类似,都说明了女性比男性在择偶标准上更高,所以能解释"女性白领更难嫁"。选择 E 选项的人认为 B 选项能解释,他们认为 B 选项说明这个城市外地来的优秀女性多于外地来的优秀男性,这样优秀女性数量总体上多于优秀男性。那么,本地的优秀女性和优秀男性哪一种更多呢? 他们会假设相等。这个假设的理由是题干说明男女出生比例接近 1∶1,并且成为白领的可能性无性别差异,但是题干上述说明是假设了没有人口流动,既然有外地人来本市的情况,就一定有本市人去外地的情况,所以选项 B 无法确定本地优秀男性和女性白领的数量了。认为选项 B 能为正确的人,既没有理解 E 的涵义,又同时将选项 B 错误地理解为"比外地优秀男白领更多的外地优秀女白领来到本市,而本市的白领基本都不流出到其他城市"了。

第四部分

联考逻辑真题考点、特点和趋势

历年真题的考点、特点和趋势

目前管理类联考考试大纲中关于逻辑科目的要求自从 2013 年以来就未曾变化,其具体内容有:"综合能力考试中的逻辑推理部分主要考查考生对各种信息的理解、分析和综合,以及相应的判断、推理、论证等逻辑思维能力,不考查逻辑学的专业知识。试题题材涉及自然、社会和人文等各个领域,但不考查相关领域的专业知识。"大纲除了上述总体要求,还比较详细地罗列了考试的以下知识点:

(1) 概念① 概念的种类;② 概念之间的关系;③ 定义;④ 划分。

(2) 判断① 判断的种类;② 判断之间的关系。

(3) 推理① 演绎推理;② 归纳推理;③ 类比推理;④ 综合推理。

(4) 论证① 论证方式分析;② 论证评价:a. 加强;b. 削弱;c. 解释;d. 其他;③ 谬误识别:a. 混淆概念;b. 转移论题;c. 自相矛盾;d. 模棱两可;e. 不当类比;f. 以偏概全;g. 其他谬误。

考生要注意到大纲中的逻辑考试"不考查逻辑学专业知识"。所以,对上述逻辑知识点不能死记硬背,更不能将这些知识点作为"公式",认为解答逻辑试题就是"套公式"。那么,这些逻辑的知识点对于解答逻辑试题有什么用处呢?

逻辑考试的实质是"汉语的阅读理解",大纲中的这些逻辑知识点事实上就是"阅读理解的规则"。逻辑考试与数学考试最大的不同在于:尽管一些试题的解答像数学试题那样可以"从上往下"推导得出,但是大部分逻辑试题需要"自下往上",即将选项逐项与题干进行对照,对各个选项的阅读、理解和比较是解题必需的步骤;而数学解题则是"从上往下"的过程,不需要阅读比较选项,只需要根据已知条件计算相应结果,然后去找答案即可。

这样,逻辑规则就是阅读、理解题干和选项、并由此对选项做出"选"和"不选"的判断,考试大纲中给出的内容是按照逻辑学的知识体系罗列的,这些内容尽管有些在考试中直接使用,但大部分内容仅在考试中作为阅读理解的工具而不是直接考核的对象。所以,考生需要对考纲中涉及的上述知识点进行梳理,掌握它们在考试中的作用。下面对照历年真题,对大纲中的这些"考点"一一做出说明。

概 念

考试大纲在概念这部分列出四节内容,但是这些内容在考试中很少直接被考查,而是结合论证,要求考生理解谬误中的"混淆概念",考查考生对概念进行辨析的能力。

考生首先要能有效辨析"集合概念"和"非集合概念"。

集合概念是指概念所指的对象是一个集合,如"军队"("士兵"的集合)"学生们"("学生"

集合);非集合概念是指所指的对象是个体,如"士兵""学生"。上述例子比较容易理解,因为表示集合和非集合概念所用到的词语不同。较难理解的是:同一个词语,在某一语句中表达的是集合概念,而在另外一语句中表达的则是非集合概念。例如:

(1) A 部落的人是勤劳的。

(2) A 部落的人都姓王。

(3) 甲是 A 部落的人。

(4) A 部落的人住在黄河流域的大片土地上。

(5) A 部落的人比起 B 部落的人,他们的个子普遍要高。

上述"A 部落的人"在(1)、(4)、(5)中是集合概念;在(2)、(3)中是非集合概念。

那么如何辨析呢? 任何一个语句在结构上都包括两部分,即主项和谓项,它们由不同的(也可以是相同的概念)充当。例如:所有运动员都是强壮的。其中主项是"运动员",谓项是"强壮的"。辨析一个概念是集合还是非集合概念,首先要看这个概念在句子中是主项还是谓项。

如果要辨析的概念在谓项位置(如例句 3"甲是 A 部落的人"中的"A 部落的人"),而主项是个体(如例句 3"甲是 A 部落的人"中的"甲"),那么"A 部落的人"就表示个体,即非集合概念。

如果要辨析的概念在主项位置(如例句 1、2、4、5 中的"A 部落的人"),这时候需要理解谓项所表示的性质能否可能合理地被每一个主项("A 部落的人")所具有,若能,则主项("A 部落的人")表示个体,即非集合概念,否则是集合概念。例如,例句 2 中,每一个"A 部落的人"可以合理地认为都"姓王",所以例句 2 中的"A 部落的人"是非集合概念;而例句 1 中,每一个"A 部落的人(包括婴儿)"都是"勤劳的"吗? 很难合理地这样认为,所以例句 1 中的"A 部落的人"表示的是集合,即"A 部落的人"作为一个族群具有"勤劳"的特点,而不是每一个 A 部落的人都勤劳,所以例句 1 中"A 部落的人"是集合概念。概言之,当"X 是 Y"等价于"每一个 X 都是 Y"时,主项"X"是非集合概念,否则就是集合概念。

对集合概念和非集合概念的辨析在考试中一般与"混淆概念"(或者"偷换概念")这一逻辑谬误的理解相结合很少。

除了辨析集合和非集合概念,考生对于概念之间的关系应有所了解。这种了解不必死记硬背逻辑学的术语和规则,只需要理解下列小练习答案及其解析即可。

(1) 教室里有 3 位青年教师,4 位女教师,3 位男性物理老师。以上介绍涉及教室中的所有老师,问,教室中最少可能几位老师? 最多可能几位老师?

(2) 教室里有 5 位青年教师,4 位女性教师,3 位青年物理老师。以上介绍涉及教室中的所有老师,问,教室中最少可能几位老师? 最多可能几位老师?

答案如下:第一题,最多 10 位教师(将 3 位青年教师、4 位女教师和 3 位男性物理老师相加即可),最少 7 位教师(4 位女教师与 3 位男性物理老师相加,3 位青年教师可能是他们7 位中的 3 位)。第二题,最多 9 位教师(将 5 位青年教师、4 位女教师相加即可,3 位青年物理老师不能相加,他们就是 5 位青年教师中的三位),最少 5 位教师(4 位女教师可能也是青年教师)。

下面将前面一些真题分类罗列,考生再次练习,每一题下面都有简单的要点点评,但不直接给出答案,考生可以按照考试年代和题号,查阅答案详解。看看自己在掌握了相关考点所涉及的逻辑理论和规则后,是否对试题及其解答有了更深的认识。

(2010,24)克鲁特是德国家喻户晓的"明星"北极熊,北极熊是名副其实的北极霸主。因此,克鲁特是名副其实的北极霸主。

以下除哪项外,均与上述论证中出现的谬误相似?

A. 儿童是祖国的花朵,小雅是儿童。因此,小雅是祖国的花朵

B. 鲁迅的作品不是一天能读完的,《祝福》是鲁迅的作品。因此,《祝福》不是一天能读完的

C. 中国人是不怕困难的,我是中国人。因此,我是不怕困难的

D. 康怡花园坐落在清水街,清水街的建筑属于违章建筑。因此,康怡花园的建筑属于违章建筑

E. 西班牙语是外语,外语是普通高等学校招生的必考科目。因此,西班牙语是普通高等学校招生的必考科目

要点点评: 克鲁特这只"北极熊"和作为北极霸主的"北极熊"分别属于非集合概念和集合概念。

(2010,28)参加某国际学术研讨会的60名学者中,亚裔学者31人,博士33人,非亚裔学者中无博士学位的4人。

根据上述陈述,参加此次国际研讨会的亚裔博士有几人?

A.1人　　　B.2人　　　C.4人　　　D.7人

E.8人

要点点评: 在统计亚裔学者和博士的时候,"亚裔学者"和"博士"各被统计一遍,所以分类统计的情况多于总人数的原因是因为"亚裔学者"和"博士"被多统计了一遍。

(2011,13)公达律师事务所以为刑事案件的被告进行有效辩护而著称,成功率达90%以上。老余是一位以专门为离婚案件的当事人成功辩护而著称的律师。因此,老余不可能是公达律师事务所的成员。

以下哪项最为确切地指出了上述论证的漏洞?

A. 公达律师事务所具有的特征,其成员不一定具有

B. 没有确切指出老余为离婚案件的当事人辩护的成功率

C. 没有确切指出老余为刑事案件的当事人辩护的成功率

D. 没有提供公达律师事务所统计数据的来源

E. 老余具有的特征,其所在工作单位不一定具有

要点点评: "律师事务所"具有的特点与"律师事务所中的律师"具有的特点是不同的。

(2012,19)小李将自家护栏边的绿地毁坏,种上了黄瓜。小区物业管理人员发现后,提醒小李:护栏边的绿地是公共绿地,属于小区的所有人。物业为此下发了整改通知书,要求

小李限期恢复绿地。小李辩称:"我难道不是小区的人吗?护栏边的绿地既然属于小区所有人,当然也属于我。因此,我有权在自己的土地上种黄瓜。"

以下哪项论证,与小李的错误最相似?

A. 所有人都要对他的错误行为负责,小梁没有对他的这次行为负责,所以小梁的这次行为没错

B. 所有参展的兰花在这次博览会上被订购一空,李阳花大价钱买了一盆花,由此可见,李阳买的必定是兰花

C. 没有人能够一天读完大仲马的所有作品,没有人能够一天读完《三个火枪手》,因此,《三个火枪手》是大仲马的作品之一

D. 所有莫尔碧骑士组成的军队在当时的欧洲是不可战胜的,翼雅王是莫尔碧骑士之一,所以翼雅王在当时的欧洲是不可战胜的

E. 任何一个人都不可能掌握当今世界的所有知识,地心说不是当今世界的知识,因此,有些人可以掌握地心说

要点点评: "小区所有的人"是一个集合;"小区里的某一个人"是一个个体。

混淆概念未必就是"集合概念"和"非集合概念"之间的混淆,考生在阅读过程中,只要发现论证的前后存在"概念的跳跃",就必须关注是否存在"混淆概念"这一逻辑谬误。事实上,逻辑一个最基本的要求就是概念明确,前后一致。例如:

甲:我认为,张三是一个好人。

乙:是的,我也这样认为。

上述对话表面上看不出什么漏洞,但是,从逻辑角度而言存在以下问题:

(1) 甲和乙所谈到的张三是同一个人吗?

(2) 好人是什么涵义?甲所说的好人在内涵上与乙所说的好人是相同的吗?

概念上的这些要求,表现在考生对题干论证的阅读理解中,以下真题的考试要求考生需要重点掌握。

(2013,19)足球是一项集体运动,若想不断取得胜利,每个强队都必须有一位核心队员,他总是能在关键场次带领全队赢得比赛。友南是某国甲级联赛强队西海队队员。据某记者统计,在上赛季参加的所有比赛中,有友南参赛的场次,西海队胜率高达75.5%,另有16.3%的平局,8.2%的场次输球,而在友南缺阵的情况下,西海队胜率只有58.9%,输球的比率高达成23.5%。该记者由此得出结论,友南是上赛季西海队的核心队员。

以下哪项如果为真,最能质疑该记者的结论:

A. 上赛季友南上场且西海队输球的比赛,都是西海队与传统强队对阵的关键场次

B. 西海队队长表示:"没有友南我们将失去很多东西,但我们会找到解决办法。"

C. 本赛季开始以来,在友南上阵的情况下,西海队胜率暴跌20%

D. 上赛季友南缺席且西海队输球的比赛,都是小组赛中西海队已经确定出线后的比赛

E. 西海队教练表示:"球队是一个整体,不存在有友南的西海队和没有友南的西海队。"

要点点评: 关注"核心球员"的确切涵义。

⬀ (2016,8)研究人员发现,人类存在 3 种核苷酸基因类型:AA 型,AG 型以及 GG 型,一个人有 36％的概率是 AA 型,有 48％的概率是 AG 型,有 16％的概率是 GG 型,在 1 200 名参与实验的老年人中,拥有 AA 型和 AG 型基因类型的人都在上午 11 时之前去世,而拥有 GG 型基因类型的人几乎都在下午 6 时左右去世,研究人员据此认为:GG 型基因类型的人会比其他人平均晚死 7 个小时。

以下哪项如果为真,最能质疑上述研究人员的观点?

A. 平均寿命的计算依据应是实验对象的生命存续长度,而不是实验对象的死亡时间

B. 当死亡临近的时候,人体会还原到一种更加自然的生理节律感应阶段

C. 有些人是因为疾病或者意外事故等其他因素而死亡的

D. 对人死亡时间的比较,比一天中的哪一时刻更重要的是哪一年、哪一天

E. 拥有 GG 型基因类型的实验对象容易患上心血管疾病

要点点评: "死亡的时间"(时刻)与"死亡的早晚"是两个不同的概念,死亡的早晚不仅看时刻,还要看哪一天、哪一年。

除"混淆概念"以外,直接涉及概念知识点的试题很少,并且相对而言比较简单,有时候,作为阅读理解,题干给出某一概念的"涵义",要求考生在选项中找出符合(或者不符合)上述涵义的选项。

⬀ (2010,17)在某次思维训练课上,张老师提出"尚左数"这一概念的定义:在连续排列的一组数字中,如果一个数字左边的数字都比其大(或无数字),且其右边的数字都比其小(或无数字),则称这个数字为尚左数。

根据张老师的定义,在 8,9,7,6,4,5,3,2 这列数字中,以下哪项包含了该列数字中的所有的尚左数?

A. 4、5、7 和 9　　　B. 2、3、6 和 7　　　C. 3、6、7 和 8　　　D. 5、6、7 和 8

E. 2、3、6 和 8

要点点评: 作为阅读理解的考试,只要读懂"尚左数"的涵义,便很容易选出正确答案。

⬀ (2017,23)"自我陶醉人格",是以过分重视自己为主要特点的人格障碍。它有多种具体特征:过高估计自己的重要性,夸大自己的成就;对批评反应强烈,希望他人注意自己和美慕自己;经常沉湎于幻想中,把自己看成是特殊的人;人际关系不稳定;嫉妒他人,损人利己。

以下各项自我陈述中,除了哪项均能体现上述"自我陶醉人格"的特征?

A. 我是这个团队的灵魂,一旦我离开了这个团队,他们将一事无成

B. 他有什么资格批评我? 大家看看,他的能力连我一半都不到

C. 我的家庭条件不好,但不愿意被别人看不起,所以我借钱买了一部智能手机

D. 这么重要的活动竟然没有邀请我参加,组织者的人品肯定有问题,不值得跟这样的人交往

E. 我刚接手别人很多年没有做成的事情,我跟他们完全不在一个层次,相信很快就会将事情搞定

要点点评: 关注的重点在于"自我陶醉人格",要理解其特点有:高估自己、不喜欢批评、人际关系不稳定、嫉妒他人。注意问题中的"除了"二字。

(2018,4)分心驾驶是指驾驶人为满足自己的身体舒适、心情愉悦等需求而没有将注意力全都集中于驾驶过程的驾驶行为,常见的分心行为有抽烟、饮水、进食、聊天、刮胡子、使用手机、照顾小孩等。某专家指出,分心驾驶已成为我国道路交通事故的罪魁祸首。

以下哪项如果为真,最能支持上述专家的观点?

A. 一项统计研究表明,相对于酒驾、药驾驶、超速驾驶、疲劳驾驶等情形,我国由分心驾驶导致的交通事故占比最高

B. 驾驶人正常驾驶时反应时间为 0.3～1.0 秒,但是用手机时反应时间则延迟 3 倍左右

C. 开车使用手机会导致驾驶人注意力下降 20%;如果驾驶人边开车边发短信,则发生车祸的概率是正常驾驶时的 23 倍

D. 近来使用手机已成为我国驾驶人分心驾驶的主要表现形式,59% 的人开车过程中看微信,31% 的人玩自拍,36% 的人刷微博、微信朋友圈

E. 一项研究显示,在美国超过 1/4 的车祸是由驾驶人使用手机引起的

要点点评: 要加强的"分心驾驶已成为我国道路交通事故的罪魁祸首",既要注意"分心驾驶",也要关注"罪魁祸首",即分心驾驶引发的交通事故是最多的。

(2020,8)小王:在这次年终考评中,女员工的绩效都比男员工高。

小李:这么说,新入职员工中绩效最好的还不如绩效最差的女员工。

以下哪项如果为真,最能支持小李的上述论断?

A. 男员工都是新入职的

B. 新入职的员工有些是女性

C. 新入职的员工都是男性

D. 部分新入职的女员工没有参与绩效考评

E. 女员工更乐意加班,而加班绩效翻倍计算

要点点评: 女员工、男员工和新入职的员工是三个不同的概念,需要辨析并理解在小李的论断中,三个不同的概念之间的关系。

判断和推理

判断(又称"命题"),首先,判断分为简单判断和复合判断。两者区分的标志在于"是否含有逻辑连接词,如并且、或者、如果则等表示假言的逻辑连接词",没有逻辑连接词的判断是简单判断,有逻辑连接词的判断是复合判断。例如:

(1) 如果明天下雨,运动会就顺延至下周同一时间;

(2) 有些木制品的硬度比金属制品还大;

(3) 或者你不签订合同,或者你可以继续留在公司;

(4) 有些不明智的人可能会认为自己可以胜任所有工作;

（5）张教授精通法语，但是在学校里他一直说英语；

（6）没有人相信他的观点。

以上 6 句判断中，（1）（3）（5）是复合判断，（2）（4）（6）是简单判断。推理也由此分为简单判断推理和复合判断推理。

简单判断考生需要掌握：简单判断的种类及其关系；简单判断推理。

简单判断在结构上一般包括两个概念：主项和谓项，形式上具有三个特点：性质、范围和程度。例如：

（1）所有金属必然是导电的。主项"金属"，谓项"导电的"；性质"肯定"，范围"全称"，程度"必然"。

（2）有些与会者可能不是精通经济学的专家。主项"与会者"，谓项"精通经济学的专家"；性质"否定"，范围"特称"，程度"可能"。

表示三个特点的关键词具体来说有：

简单判断有三个特点：性质、范围和程度。表示性质的是判断中的联项，包括：肯定（是）、否定（不是）；表示范围的是判断中的量项，包括：全称（所有、都）、特称（有些、一些）、单称（判断对象是单独概念，如张三、南京市、太阳等）；表示程度的是模态词，包括：必然性（必然，一定等）、可能性（可能、也许等）、现实性（判断中没有模态词）。下表是简单判断的三个特点。

性质	否定：不是	明天不下雨	否定判断
	肯定：是	今天是好天气	肯定判断
范围	全称：所有	所有学生都通过了考试	全称判断
	特称：有些	有些考生不是很有信心	特称判断
	单称	小王迟到了	单称判断
程度	必然性：必然	第一工程队必然中标	必然判断
	可能性：可能	有些人可能不会游泳	可能判断
	现实性	南京是江苏省省会	现实判断

主、谓项相同的简单判断之间具有矛盾和推导关系。

判断的矛盾关系是指两个判断不能同真，不能同假；即两个判断在任何情况下一真一假的关系。除了通过内容理解判断之间是否具有矛盾关系，在形式上，简单判断的矛盾是简单判断，复合判断的矛盾是复合判断；简单判断之间如果是矛盾的，那么两个简单判断的主、谓项必须都相同，并且表示三个特点的关键词全部相反。下表是简单判断矛盾关系在形式上特点的总结。

判　　断	矛盾判断	形式上特点
明天是晴天	明天不是晴天	"是"和"不是"相反
有些人是聪明的	所有人不是聪明的	"有些"和"所有"；"是"和"不是"都相反
所有金属必然是导电的	有些金属可能不是导电的	"所有"和"有些"；"必然"和"可能"；"是"和"不是"都相反

否定一句判断,在涵义上等价于该判断的矛盾,这时候考生要注意否定词"不""并非"等的位置。例如:

"不可能所有人都不及格"中的"不"在最前面,这是对"可能所有人都不及格"的否定,所以该句等价于"必然有些人不及格";

"所有人可能不都及格"中的"不"在"都及格"的前面,这是对"都及格"的否定,所以该句等价为"有些人可能不及格";

"所有人都不可能及格"中的"不"在"可能都及格"的前面,这是对"可能都及格"的否定,所以这句等价为"所有人都必然不及格"。

简单判断的推导关系是指:一判断为真,推出另一判断为真。推导关系具有以下要求:

(1)在性质上,前提和结论的性质必须相同。具体来说,主项、谓项都相同的简单判断之间,前提是肯定判断,只能推出肯定判断作为结论;前提是否定判断,只能推出否定判断作为结论。

(2)在方向上,"全称判断"真,推"单称判断"真,推"特称判断"真;"必然判断"真,推"现实判断"真,推"可能判断"真。

下表是简单判断推导关系的总结。

推导只能存在于相同性质判断之间,即肯定判断为真的前提,推出真的结论是肯定判断;否定判断为真的前提,推出真的结论是否定判断			
已　知	结论一	结论二	规　则
所有天鹅都是白的(真)	这只天鹅是白的(真)	有些天鹅是白的(真)	全称判断真,推单称判断真,推特称判断真
中国必然不会受到金融危机的影响(真)	中国不会受到金融危机的影响(真)	中国可能不会受到金融危机的影响(真)	必然判断真,推现实判断真,推可能判断真

简单判断种类及其关系的直接应用试题较少,一般也比较简单,"真假话"试题是矛盾和推导关系的典型应用。这种试题的特点是:题干给出若干句判断,并且这些判断中仅有一真或者仅有一假(某些情况下,也可能是多句真或者多句假),要求据此推出相应的结论。试题在解答时,寻找彼此矛盾的判断是一种重要方法,这确定了唯一一句真话(或者唯一一句假话)的范围。当已知条件中没有相互矛盾的判断时,判断之间的推导关系是解答"真假话题"的另一种方法。其思路是:已知判断1和2中仅有一真,如果判断1真能推出判断2真,则判断1必假。同理,已知判断3和4中仅有一假,如果判断3真能推判断4真,即判断4若假,则判断3必假,那么判断4必真。

下面是包括简单判断"真假话"题在内的一些历年真题中的典型试题。

(2010,19)小东在玩"勇士大战"游戏,进入第二关时,界面出现四个选项。第一个选项是"选择任意选项都需支付游戏币",第二个选项是"选择本项后可以得到额外游戏奖励",第三个选项是"选择本项后游戏不会进行下去",第四个选项是"选择某个选项不需支付游戏币"。

如果四个选项中的陈述只有一句为真,则以下哪项一定为真?

A. 选择任意选项都需支付游戏币

B. 选择任意选项都无需支付游戏币

C. 选择任意选项都不能得到额外游戏奖励

D. 选择第二选项后可以得到额外游戏奖励

E. 选择第三选项后游戏能继续进行下去

要点点评: 命题之间关系。第一个选项和第四个选项命题矛盾。

(2012,2)近期流感肆虐,一般流感患者可采用抗病毒药物治疗。虽然并不是所有流感患者均需接受达菲等抗病毒药物的治疗,但不少医生仍强烈建议老人、儿童等易出现严重症状的患者用药。

如果以上陈述为真,则以下哪项一定为假?

Ⅰ. 有些流感患者需接受达菲等抗病毒药物的治疗

Ⅱ. 并非有的流感患者不需接受抗病毒药物的治疗

Ⅲ. 老人、儿童等易出现严重症状的患者不需要用药

A. 仅Ⅰ　　　　　B. 仅Ⅱ　　　　　C. 仅Ⅲ　　　　　D. 仅Ⅰ、Ⅱ

E. 仅Ⅱ、Ⅲ

要点点评: 已知条件"有些流感患者不需要接受药物治疗"(真),可以推出其矛盾判断为假;而已知判断"医生建议有些人需要用药"(真)并不等于"有些人需要用药"为真,注意区别"建议"和"建议的内容"。

(2012,25)近期国际金融危机对毕业生的就业影响非常大,某高校就业中心的陈老师希望广大同学能够调整自己的心态和预期。他在一次就业指导会上提到,有些同学对自己的职业定位还不够准确。

如果陈老师的陈述为真,则以下哪项不一定为真?

Ⅰ. 不是所有的人对自己的职业定位都准确

Ⅱ. 不是所有人对自己的职业定位都不够准确

Ⅲ. 有些人对自己的职业定位准确

Ⅳ. 所有人对自己的职业定位都不够准确

A. 仅Ⅱ和Ⅳ　　　B. 仅Ⅲ和Ⅳ　　　C. 仅Ⅱ和Ⅲ　　　D. 仅Ⅰ、Ⅱ和Ⅲ

E. 仅Ⅱ、Ⅲ和Ⅳ

要点点评: 已知条件"有些同学对自己的职业定位不够准确"(真),注意问题的要求。

(2013,23)某公司人力资源管理部人士指出:由于本公司招聘职位有限,在本次招聘考试中,不可能所有的应聘者都被录用。

基于以下哪项可以得出该人士的上述结论?

A. 在本次招聘考试中,必然有应聘者被录用

B. 在本次招聘考试中,必然有应聘者不被录用

C. 在本次招聘考试中,可能有应聘者被录用

D. 在本次招聘考试中,可能有应聘者不被录用

E. 在本次招聘考试中,可能有应聘者被录用,也可能有应聘者不被录用

> **要点点评:** "不可能所有应聘者都被录用"等价于"必然有些应聘者不被录用"。

(2014,9)学者张某说:"问题本身并不神秘,因与果也不仅仅是哲学家的事。每个凡夫俗子一生中都将面临许多问题,但分析问题的方法技巧却很少有人掌握,无怪乎华尔街的分析大师们趾高气扬,身价百倍"。

以下哪项如果为真,最能反驳张某的观点?

A. 有些凡夫俗子可能不需要掌握分析问题的方法和技巧

B. 有些凡夫俗子将要面临的问题并不多

C. 凡夫俗子中很少有人掌握分析问题的方法和技巧

D. 掌握分析问题的方法和技巧对多数人来说很重要

E. 华尔街的大师们大都掌握分析问题的方法和技巧

> **要点点评:** 在 A 和 B 两个选项中辨析、寻找与张某说的话矛盾的判断。

(2015,7)某次讨论会共有 18 名参与者。已知:

(1) 至少有 5 名青年教师是女性;

(2) 至少有 6 名女教师年过中年;

(3) 至少有 7 名女青年是教师。

如果上述三句话有两真一假,那么关于参与人员可以得出以下哪项?

A. 女青年都是教师　　　　　　B. 青年教师都是女性

C. 青年教师至少 5 名　　　　　D. 男教师至多 10 名

E. 女青年至少有 7 名

> **要点点评:** 命题之间的关系,若(1)假,则(2)假,所以(1)真。

(2016,3)注重对孩子的自然教育,让孩子亲身感受大自然的神奇与美妙,可促进孩子释放天性,激发自身潜能。而缺乏这方面教育的孩子容易变得孤独,道德、情感与认知能力的发展都会受到一定影响。

以下哪项与以上陈述方式最为类似?

A. 脱离环境保护搞经济是"涸泽而渔",离开经济发展抓环境保护是"缘木求鱼"

B. 只说一种语言的人,首次被诊断出患阿尔茨海默病的平均年龄为 76 岁;说三种语言的人首次被诊断出患阿尔茨海默病的平均年龄约为 78 岁

C. 老百姓过去"盼温饱",现在"盼环保",过去"求生存",现在"求生态"

D. 注重调查研究,可以让我们掌握第一手资料;闭门造车只能让我们脱离实际

E. 如果孩子完全依赖电子设备来进行学习和生活,将会对环境越来越漠视

> **要点点评:** 关注题干陈述两句前提的矛盾性。

(2018,2)盛夏时节的某一天,某市早报刊载了由该市专业气象台提供的全国部分城市当天的天气预报,择其内容列表如下:

天津	阴	上海	雷阵雨	昆明	小雨
呼和浩特	阵雨	哈尔滨	多云	乌鲁木齐	晴
西安	中雨	南昌	大雨	香港	多云
南京	雷阵雨	拉萨	阵雨	福州	阴

根据上述信息,以下哪项做出的论断最为准确?

A. 由于所列城市盛夏天气变化频繁,所以上面所列的 9 类天气一定就是所有的天气类型

B. 由于所列城市并非我国的所有城市,所以上面所列的 9 类天气一定不是所有的天气类型

C. 由于所列城市在同一天不一定展示所有的天气类型,所以上面所列的 9 类天气可能不是所有的天气类型

D. 由于所列城市在同一天可能展示所有的天气类型,所以上面所列的 9 类天气一定是所有的天气类型

E. 由于所列城市分处我国的东南西北中,所以上面所列的 9 类天气一定就是所有的天气类型

要点点评: 关注选项中唯一的一句"可能"命题。

(2018,7)唐代韩愈在《师说》中指出:"孔子曰:三人行,则必有我师。是故弟子不必不如师,师不必贤于弟子,闻道有先后,术业有专攻,如是而已。"

根据上述韩愈的观点,可以得出以下哪项?

A. 有的弟子必然不如师　　　　　　B. 有的弟子可能不如师

C. 有的师不可能贤于弟子　　　　　D. 有的弟子可能不贤于师

E. 有的师可能不贤于弟子

要点点评: 已知条件"弟子不必不如师,师不必贤于弟子"中的"不"将后面的命题否定,所以已知条件等价于"弟子可能如师,师可能不贤于弟子"。

简单判断的推理包括:简单判断变型推理和叠加推理。

在了解简单判断推理以前,首先必须掌握周延及其规则。

周延是指在一个判断中,主项和谓项的范围是否涉及全部,如果涉及全部,此概念是周延的,否则是不周延的。简单判断中,主、谓项是否周延的判别依据如下:

主项是否周延依据判断的范围。全称判断主项周延,特称判断主项不周延,单称判断主项只有一个,所以规定单称判断的主项周延。

例如:"所有美国人都是自大的"中的"美国人"周延;"有些人是学生"中的"人"不周延;"华盛顿可能是美国第一任总统"中的"华盛顿"周延。

谓项是否周延依据判断的性质,肯定判断谓项不周延,否定判断谓项周延。

例如,"有些动物不是会飞的"中的"会飞的"周延;"所有泰国人都是亚洲人"中的"亚洲人"不周延。

周延规则具体来说就是:推理结论中周延的概念,在前提中也必须周延。注意:对于结论不周延的概念,前提没有要求。例如:

中国人都是亚洲人,美国人都不是中国人,所以,美国人都不是亚洲人。

上述推理是错误的,因为结论中"亚洲人"周延,但是在前提中不周延。再例如:

中国人都是亚洲人,美国人都不是亚洲人,所以有些美国人不是中国人。

上述推理是正确的,因为结论中的"中国人"周延,前提中也周延。注意,结论中的"美国人"不周延,但是对于不周延的概念,前提没有要求。

将周延规则结合推导中的性质要求(同性质可推,肯定命判断只能推肯定判断,否定判断只能推否定判断),简单判断变型推理有以下正确的形式:

"所有 A 都是 B"为真,可以推出"有些 B 是 A"为真。例如:"所有中学生都是有小学毕业证书的"可以推出"有些有小学毕业证书的人是中学生";

"所有 A 都不是 B"与"所有 B 都不是 A"等价,两者之间可以互推。例如:"所有美国总统都不是女性"与"所有女性都不是美国总统"等价,可以互推;

"有些 A 是 B"与"有些 B 是 A"等价,两者之间可以互推。例如:"有些大学生是创业者"与"有些创业者是大学生"等价,可以互推。

注意:"有些 A 不是 B"和"有些 B 不是 A"之间不具有推理关系。例如:"有些鱼不是鸟类"不能推出"有些鸟类不是鱼"。考生是否理解两者之间为什么不能推理?

简单判断与其双重否定判断等价,具体有以下形式:

"所有 A 是 B"等价于"所有 A 不是非 B"。例如:"所有金属都导电"等价于"所有金属都不是不导电";

"所有 A 不是 B"等价于"所有 A 是非 B"。例如:"所有乌鸦都不是白的"等价于"所有乌鸦都是非白色的";

"有些 A 是 B"等价于"有些 A 不是非 B"。例如:"有些阿拉伯人会汉语"等价于"有些阿拉伯人不是不会汉语";

"有些 A 不是 B"等价于"有些 A 是非 B"。例如:"有些人不是理性的"等价于"有些人是非理性的"。

简单判断与其逆否判断等价,具体形式是:

"所有 A 都是 B"与"所有 A 都不是非 B"(双重否定)等价,再与"所有非 B 都不是 A"(逆否命题)等价。例如:"所有学习好的学生都勤于思考"等价于"所有学习好的考生都不是懒于思考",再等价于"所有懒于思考的学生学习都不好"。

注意:逻辑试题的出题者经常采取以下两种形式"不好好说话"。

没有 A 是 B=所有 A 都不是 B。例如:"没有人会相信你"等价于"所有人都不会相信你";

非(不)A 不是 B=所有 B 是 A。例如:"不听话的孩子没有糖吃"等价于"有糖吃的孩子都听话"。

叠加推理是多句简单判断组合由此推出相应结论的推理,叠加推理的基本形式是三段论推理:其前提只有两个,通过一个共同概念(中项)作为媒介,推出两个前提中仅出现一遍的另外两个概念之间的关系,例如:

所有金属都是导电的,橡胶都不导电,所以橡胶不是金属。

两句前提中的共同概念是"导电的",它是中项,通过"导电的"作为媒介建立两句前提中仅出现一遍的两个概念"金属"和"橡胶"之间的关系。

一个正确的三段论推理需要遵循以下规则:(1)有中项,并且中项至少要周延一次;(2)结论中周延的概念前提必须周延;(3)当两句前提都是肯定时,结论必然是肯定或者双重否定;(4)当两句前提一句肯定、一句否定时,结论必然是否定;(5)当两句前提都是否定时,不能得出任何结论。

简单判断推理涉及的试题在历年考试中都有一些,但是数量不多,重点是叠加推理,具体类型有推结论、补前提等。下面是一些典型的历年真题。

(2010,2)张教授的所有初中同学都不是博士;通过张教授认识其哲学研究所同事的都是博士;张教授的一个初中同学通过张教授认识了王研究员。

以下哪项能作为结论从上述断定中推出?

A. 王研究员是张教授的哲学研究所同事

B. 王研究员不是张教授的哲学研究所同事

C. 王研究员是博士

D. 王研究员不是博士

E. 王研究员不是张教授的初中同学

要点点评: 可以将两句命题中的共同项"博士"去掉后,将三句前提转变为两句。

(2011,3)一般将缅甸所产的经过风化或经河水搬运至河谷、河床中的翡翠大砾石,称为"老坑玉"。老坑玉的特点是"水头好"、质坚、透明度高,其上品透明如玻璃,故称"玻璃种"或"冰种"。同为老坑玉,其质量相对也有高低之分,有的透明度高一些,有的透明度稍差些,所以价值也有差别。在其他条件都相同的情况下,透明度高的老坑玉比透明度较其低的单位价值高,但是开采的实践告诉人们,没有单位价值最高的老坑玉。

以上陈述如果为真,可以得出以下哪项结论?

A. 没有透明度最高的老坑玉

B. 透明度高的老坑玉未必"水头好"

C. "新坑玉"中也有质量很好的翡翠

D. 老坑玉的单位价值还决定于其加工的质量

E. 随着年代的增加,老坑玉的单位价值会越来越高

要点点评: 透明度越高的老坑玉价值越高,而没有价值最高的老坑玉,所以,没有透明度最高的老坑玉。

(2012,5)经过反复核查,质检员小李向厂长汇报说,"726车间生产的产品都是合格的,

所以不合格的产品都不是726车间生产的。"

以下哪项和小李的推理结构最为相似?

A. 所有入场的考生都经过了体温测试,所以没能入场的考生都没有经过体温测试

B. 所有出厂设备都是检测合格的,所以检测合格的设备都已出厂

C. 所有已发表文章都是认真校对过的,所以认真校对过的文章都已发表

D. 所有真理都是不怕批评的,所以怕批评的都不是真理

E. 所有不及格的学生都没有好好复习,所以没好好复习的学生都不及格

要点点评: 小李的推理结构是:命题与其逆否命题等价。

(2012,22)有些通信网络维护涉及个人信息安全,因而,不是所有通信网络的维护都可以外包。

以下哪项可以使上述论证成立?

A. 所有涉及个人信息安全的都不可以外包

B. 有些涉及个人信息安全的不可以外包

C. 有些涉及个人信息安全的可以外包

D. 所有涉及国家信息安全的都不可以外包

E. 有些通信网络维护涉及国家信息安全

要点点评: 去掉前提和结论中的共同项。

(2012,26)一位房地产信息员通过对某地的调查发现:护城河两岸房屋的租金都比较廉价,廉租房都坐落在凤凰山北麓,东向的房屋都是别墅,非廉租房不可能具有廉价的租金,有些单室套的两限房建在凤凰山南麓,别墅也都建筑在凤凰山南麓。

根据该房地产信息员的调查,以下哪项不可能存在?

A. 东向的护城河两岸的房屋　　　　B. 凤凰山北麓的两限房

C. 单室套的廉租房　　　　　　　　D. 护城河两岸的单室套

E. 南向的廉租房

要点点评: 已知条件较多,不能无的放矢地从题干推理,而是直接将选项逐项验证即可。

(2013,8)某科研机构对市民所反映的一种奇异现象进行研究,该现象无法使用已有的科学理论进行解释。助理研究员小王由此断言:该现象是错觉。

以下哪项如果为真,最可能使小王的断言不成立?

A. 有些错觉可以用已有的科学理论进行解释

B. 有些错觉不能用已有的科学理论进行解释

C. 错觉都可以用已有的科学理论进行解释

D. 所有错觉都不能用已有的科学理论进行解释

E. 已有的科学理论尚不能完全解释错觉是如何形成的

要点点评: 实质就是三段论补充前提,去掉前提和结论中的共同项。

⬀ (2013,18)所有参加此次运动会的选手都是身体强壮的运动员,所有身体强壮的运动员都是极少生病的,但是有一些身体不适的选手参加了此次运动会。

以下哪项不能从上述前提中得出?

A. 有些身体不适的选手是极少生病的

B. 有些极少生病的选手感到身体不适

C. 参加此次运动会的选手都是极少生病的

D. 极少生病的选手都参加了此次运动会

E. 有些身体强壮的运动员感到身体不适

要点点评: 问题要求"推不出",所以,关注选项中周延的概念。

⬀ (2013,24)在某次综合性学术年会上,物理学会作学术报告的人都来自高校;化学学会作学术报告的人有些来自高校,但是大部分来自中学;其他做学术报告者均来自科学院。来自高校的学术报告者都具有副教授以上职称,来自中学的学术报告者都具有中高级以上职称。李默、张嘉参加了这次综合性学术年会,李默并非来自中学,张嘉并非来自高校。

以上陈述如果为真,可以得出以下哪项结论?

A. 张嘉如果做了学术报告,那么他不是物理学会的

B. 张嘉不具有副教授以上职称

C. 李默不是化学学会的

D. 张嘉不是物理学会的

E. 李默如果做了学术报告,那么他不是化学学会的

要点点评: 逐项验证可以推出"张嘉不是来自物理学会作学术报告的人",这等价于"如果张嘉做了学术报告,那么他不是物理学会的"。

⬀ (2014,20)某大学顾老师在回答有关招生问题时强调:"我们学校招收一部分免费师范生,也招收一部分一般师范生。一般师范生不同于免费师范生,没有免费师范生毕业时可以留在大城市工作,而一般师范生毕业时都可以选择留在大城市工作,任何非免费师范生毕业时都需要自谋职业,没有免费师范生毕业时需要自谋职业。"

根据顾老师的陈述,可以得出以下哪项?

A. 该校需要自谋职业的大学生都可以选择留在大城市工作

B. 不是一般师范生的该校大学生都是免费师范生

C. 该校需要自谋职业的大学生都是一般师范生

D. 该校所有一般师范生都需要自谋职业

E. 该校可以选择留在大城市工作的唯一一类毕业生是一般师范生

要点点评: 直接将选项代入前提验证即可。

⬀ (2014,23)兰教授认为:不善于思考的人不可能成为一名优秀的管理者,没有一个谦逊的智者学习占星术,占星家均学习占星术,但是有些占星家确是优秀的管理者。

以下哪项如果为真,最能反驳兰教授的上述观点?

A. 有些占星家不是优秀的管理者　　B. 有些善于思考的人不是谦逊的智者

C. 所有谦逊的智者都是善于思考的人　　D. 谦逊的智者都不是善于思考的人

E. 善于思考的人都是谦逊的智者

要点点评: 实质就是三段论补充前提,去掉前提和结论中的共同项。注意对前提中"不好好说明"的简单判断要明确其等价形式。

(2014,26)孙先生的所有朋友都声称,他们知道某人每天抽烟至少两盒,而且持续了40年,但身体一直不错,不过可以确信的是,孙先生并不知道有这样的人,在他的朋友中也有像孙先生这样不知情的。

根据以上信息,可以得出以下哪项?

A. 抽烟多少和身体健康与否无直接关系

B. 朋友之间的交流可能会夸张,但没有人想故意说谎

C. 孙先生的每位朋友知道的烟民一定不是同一个人

D. 孙先生的朋友中有人没有说真话

E. 孙先生的大多数朋友没有说真话

要点点评: 孙先生朋友声称的与事实不符,所以,一定有人没有说真话。

(2015,15)有些阔叶树是常绿植物,因此阔叶树都不生长在寒带地区。

以下哪项如果为真,最能反驳上述结论?

A. 有些阔叶树不生长在寒带地区　　B. 常绿植物都生长在寒带地区

C. 寒带某些地区不生长常绿植物　　D. 常绿植物都不生长在寒带地区

E. 常绿植物不都是阔叶树

要点点评: 实质就是三段论补充前提,去掉前提和结论中的共同项。

(2016,7)考古学家发现,那件仰韶文化晚期的土坯砖边缘整齐,并且没有切割痕迹,由此他们推测,这件土坯砖应当是使用木质模具压制成型的,而其他5件由土坯砖经过烧制而成的烧结砖,经检测当时的烧制它们的温度为850~900℃,由此考古学家进一步推测,当时的砖是先使用模具将黏土做成土坯,然后再经过高温烧制而成的。

以下哪项如果为真,最能支持上述考古学家的推测?

A. 仰韶文化晚期的年代约为公元前3 500年~公元前3 000年

B. 仰韶文化晚期,人们已经掌握了高温冶炼技术

C. 出土的5件烧结砖距今已有5 000年,确实属于仰韶文化晚期的物品

D. 没有采用模具而成型的土坯砖,其边缘或者不整齐,或者有切割痕迹

E. 早在西周时期,中原地区人们就可以烧制铺地砖和空心砖

要点点评: 加强考古学家观点的重点是已知条件"边缘整齐并且没有切割痕迹",并由此推出"土胚砖是木制模具压制成型的"。

(2017,2)任何结果都不可能凭空出现,它们的背后都是有原因的,任何背后有原因的事

物均可以被认识,而可以被人认识的事物都必然不是毫无规律的。

根据以上陈述,以下哪项为假?

A. 人可能认识所有事物　　　　　B. 有些结果的出现可能毫无规律

C. 那些可以被人认识的事物,必然有规律　　D. 任何结果出现的背后都是有原因的

E. 任何结果都可以被人认识

要点点评: 已知条件可以推知"任何结果都必然不是毫无规律的",注意选"假"!

(2017,19) 爱书成痴注定会藏书。大多数藏书家也会读一些自己收藏的书;但有些藏书家却因喜爱书的价值和精致装帧而购书收藏,至于阅读则放到了以后闲暇的时间,而一旦他们这样想,这些新购的书就很可能不被阅读了。但是,这些受到"冷遇"的书只要被友人借去一本,藏书家就会失魂落魄,整日心神不安。

根据上述信息,可以得出以下哪项?

A. 有些藏书家将自己的藏书当作友人　　B. 有些藏书家喜欢闲暇时读自己的藏书

C. 有些藏书家会读遍自己收藏的书　　D. 有些藏书家不会立即读自己新购的书

E. 有些藏书家从不读自己收藏的书

要点点评: 有些藏书家购书后将阅读放到了以后闲暇的时间,所以,有些藏书家不会立即读自己新购的书。

(2018,13) 某学期学校新开设 4 门课程:"《诗经》鉴赏""老子研究""唐诗鉴赏""宋词选读",李晓明、陈文静、赵珊珊和庄志达 4 人各选修了其中一门课程。已知:

(1) 他们 4 个选修的课程各不相同;

(2) 喜爱诗词的赵珊珊选修的是诗词类课程;

(3) 李晓明选修的不是"《诗经》鉴赏"就是"唐诗鉴赏"。

以下哪项如果为真,就能确定赵珊珊选修的是"宋词选读"?

A. 庄志达选修的是"老子研究"　　B. 庄志达选修的不是"老子研究"

C. 庄志达选修的是"《诗经》鉴赏"　　D. 庄志达选修的不是"《诗经》鉴赏"

E. 庄志达选修的不是"宋词选读"

要点点评: 要结合条件(2)推出赵珊珊选修的是"宋词选读",需要将其他诗词类课程排除。

(2018,25)最终审定的项目或者意义重大或者关注度高,凡意义重大的项目均涉及民生问题。但是有些最终审定的项目并不涉及民生问题。

根据以上陈述,可以得出以下哪项?

A. 意义重大的项目比较容易引起关注

B. 有些项目意义重大但是关注度不高

C. 涉及民生问题的项目有些没有引起关注

D. 有些项目尽管关注度高但并非意义重大

E. 有些不涉及民生问题的项目意义也非常重大

要点点评：已知条件可以推出"有些最终审定的项目不是意义重大的"，所以这些项目是关注度高的项目。

(2018,27)所有值得拥有专利的产品或设计方案都是创新,但并不是每一项创新都值得拥有专利;所有的模仿都不是创新,但并非每一个模仿者都应该受到惩罚。

根据以上陈述,以下哪项是不可能的?

A. 有些值得拥有专利的创新产品并没有申请专利

B. 有些创新者可能受到惩罚

C. 有些值得拥有专利的产品是模仿

D. 没有模仿值得拥有专利

E. 所有的模仿者都受到了惩罚

要点点评：从"模仿都是不是创新"和"所有值得拥有专利的产品或者设计方案都是创新"可以推出"所有模仿都不值得拥有专利",即"值得拥有专利的都不是模仿"。

(2019,1)新常态下,消费需求发生深刻变化,消费拉开档次,个性化、多样化消费渐成主流。在相当一部分消费者那里,对产品质量的追求压倒了对价格的考虑。供给侧结构性改革,说到底是满足需求。低质量的产能必然会过剩,而顺应市场需求不断更新换代的产能不会过剩。

根据以上陈述,可以得出以下哪项?

A. 只有质优价高的产品才能满足需求

B. 顺应市场需求不断更新换代的产能不是低质量的产能

C. 低质量的产能不能满足个性化需求

D. 只有不断更新换代的产品才能满足个性化、多样化消费的需求

E. 新常态下,必须进行供给侧结构性改革

要点点评：逐项验证,寻找前提中带有"顺应市场需求不断更新换代的产能"和"低质量产能"的判断。

(2020,3)有学校提出,将效仿免费师范生制度,提供减免学费等优惠条件以吸引成绩优秀的调剂生,提高医学人才培养质量。有专家对此提出反对意见:医生是即崇高又辛苦的职业,要有足够的爱心和兴趣才能做好。因此,宁可招不满,也不要招收调剂生。

以下哪项最可能是上述专家论断的假设?

A. 没有奉贤精神,就无法学好医学

B. 如果缺乏爱心,就不能从事医学这一崇高的职业

C. 调剂生往往对医学缺乏兴趣

D. 因优惠条件而报考医学的学生往往缺乏奉贤精神

E. 有爱心并对医学有兴趣的学生不会在意是否收费

要点点评：要建立"爱心和兴趣"与"调剂生"之间的关系才能使专家的观点成立。

复合命题有三种：两种基本的复合判断是：联言（并且）判断，逻辑连接词是"并且"等，如"小王迟到了并且耽误了考试"；选言（或者）判断，逻辑连接词是"或者""至少"等，如"明天是周一或者是周二""甲和乙至少一人获得了优秀"。选言命题的逻辑连接词除了以"或者"表示相容选言判断，还以"要么"表示不相容选言判断，"要么 p 要么 q"的逻辑涵义表示"p 和 q 之中有一个为真，并且仅有一个为真"。第三种复合判断是假言判断，假言判断根据逻辑连接词的不同有"充分条件""必要条件""充要条件"三种类型。

充分条件假言命题的连接词是"只要、就"（"只要"的同义词有"若""如果""假如"等，"就"的同义词有"那么""则"等），其涵义是"有了充分条件就一定有结果，但是没有充分条件，结果不确定，可能有也可能没有"。例如：

只要工作满三年，就能够获得带薪休假。表示"工作满三年"是"获得带薪休假"的充分条件，即工作满三年的人一定有带薪休假，但是工作没有满三年的人，可能有也可能没有带薪休假。

必要条件假言命题的连接词是"只有、才"，其涵义是"没有必要条件就一定没有结果，但是有了必要条件，可能有也可能没有结果"。例如：

只有工作满三年，才能报考研究生。表示"工作满三年"是"能报考研究生"的必要条件，即没有工作满三年的人一定不能报考研究生，但是工作满三年的人，也许能也许不能报考研究生。

充要条件假言命题的连接词是"当且仅当"，其涵义是"有充要条件就一定有结果，没有充要条件就一定没有结果"。例如：

三角形三边相等，当且仅当三角形三角相等。表示"三角形三边相等"和"三角形三角相等"互为充要条件，即一个三边相等的三角形，三角一定相等；一个三边不相等的三角形，三角一定不相等。充要条件假言命题涵义最简单，并且考试中涉及不多，考生理解即可，不必将此作为重点。

表示假言命题的连接词还有"除非、否则"，其中"除非"引导的是必要条件，"否则"引导的是缺乏必要条件后的结果，例如：

除非通过国家联考，否则不能被高校录取，表示"通过国家联考"是"被高校录取"的必要条件。

复合判断之间的关系包括：矛盾、等价和推导。

复合判断的矛盾关系也是不能同真，不能同假的关系，其中"并且判断"和"或者判断"之间互为矛盾；假言判断的矛盾是并且判断。例如：

有些人可能不理性，并且所有动物必然不是理性的。矛盾：所有人必然理性，或者有些动物可能是理性的。

假言判断统一表达为：p→q；它的矛盾命题为并且判断，即"p→q"的矛盾判断是"p 并且非 q"，例如：

"如果坚持，那么总会有收获"矛盾于"坚持但没有收获"

"只有勤奋，才能取得好成绩"矛盾于"不勤奋，也能取得好成绩"

"除非早到，否则领不到奖品"矛盾于"没有早到并且领到了奖品"

注意：考生必须从逻辑涵义角度理解假言命题的矛盾，而不能采取"背公式"的方式，否

则考试时便难以快速而正确解答。从逻辑涵义的角度理解矛盾具体来说如下:

"如果坚持,那么总会有收获",涵义是"坚持"是"有收获"的充分条件,充分条件假言命题的涵义是:有充分就有结果。充分条件假言命题的矛盾是"有充分并且没有结果",故该句矛盾"坚持但没有收获"

"只有勤奋,才能取得好成绩"涵义是"勤奋"是"取得好成绩"的必要条件,必要条件假言命题的涵义是"没有必要就没有结果"。必要条件假言命题的矛盾是"没有必要并且有结果",故该句矛盾"不勤奋,也能取得好成绩"

"除非早到,否则领不到奖品"涵义与"或者早到,或者领不到奖品"等价,故其矛盾盾是"没有早到并且领到了奖品"

复合判断的等价重点是假言命题之间的等价。

由于表示假言判断的逻辑连接词较多,为了快速而准确地理解其涵义,可以将假言判断等价为"充分条件→结果"和"结果→必要条件",即"充分→必要"这一统一形式。

"充分→必要"和"没有必要→没有充分"互为逆否命题,即"A→B"和"非 B→非 A"互为等价的逆否命题,例如"如果下雨,那么会议延期"和"只要会议不延期,就没有下雨"是等价的。通过假言命题的统一形式及其逆否命题等价,具有逻辑连词的假言判断之间是否具有等价关系便比较容易看出来了,例如:

(1) 如果努力学习,那么成绩优秀。等价于:努力学习→成绩优秀

(2) 若不努力学习,则成绩不优秀。等价于:不努力学习→成绩不优秀

(3) 努力学习,就必须成绩优秀。等价于:努力学习→成绩优秀

(4) 只有努力学习,才能成绩优秀。等价于:成绩优秀→努力学习

(5) 努力学习,就成绩优秀。等价于:努力学习→成绩优秀

(6) 努力学习,才成绩优秀。等价于:成绩优秀→努力学习

(7) 除非努力学习,否则成绩优秀。等价于:成绩不优秀→努力学习

(8) 努力学习,除非成绩优秀:不努力学习→成绩优秀

(9) 努力学习否则成绩优秀:成绩不优秀→努力学习

以上判断中,(1)、(3)、(5)是等价的;(2)、(4)、(6)是等价的;(7)、(8)、(9)是等价的。

考生要能理解不同的逻辑连接词所表达的复合判断的涵义,尤其是不同逻辑连接词所表达的假言判断之间是否等价,例如下面的真题,考生要理解相关逻辑连接词的涵义,对于不同的假言判断,将其统一等价为"→"的形式,同时注意到逆否命题之间相互等价,这是一个理解的方法,但是需要注意的是,考生不能将此作为唯一的和必需的方法。快速解答逻辑试题完全没有时间将自然语言一一"翻译",所以,考生入门时可以通过"→"来理解,但是在考试时,必须针对阅读到的自然语言本身来理解。记住,逻辑考试是阅读理解的考试,而不是"翻译理解"!

由于假言判断的矛盾等价于并且判断,所以可以将假言判断等价于或者判断。即假言判断"p→q"的矛盾是"p 并且非 q",所以,在假言判断"p→q"等价于或者判断"非 p 或者 q",例如:

"如果股票上涨,我就发财了"等价于"或者股票没有上涨,或者我发财了"

"或者刮风,或者下雨"等价于"如果不刮风,那么下雨"。

"除非甲当选,否则乙不当选"等价于"或者甲当选,或者乙不当选"理解上述等价关系,便可以理解假言判断与其他判断之间的推理关系事实上就是或者判断与其他判断之间的推理关系。例如:

判断1"只有天才,才能发明创造"与判断2"所有人都不能发明创造"之间的推理关系,等价于判断1"或者是天才,或者不能发明创造"与判断2"所有人不都能发明创造"之间的关系。所以,判断2若真,则判断1必真。

以下历年真题涉及假言判断与其他判断直接的推理关系。

复合判断的推导不仅涉及复合判断之间,它还涉及相应的简单判断。具体来说有以下推导规则:

(1) 在性质上,肯定的前提只能推出肯定的结论;否定的前提只能推出否定的结论;

(2) 在方向上,"联言判断"真,推"简单判断"真,推"选言判断"真。

下表是推导关系的总结。

推理只能存在于相同性质判断之间,即肯定判断为真的前提,推出真的结论是肯定判断;否定判断为真的前提,推出真的结论是否定判断			
已　知	结论一	结论二	规　则
甲及格并且乙及格(真)	甲及格(真)	甲及格或者乙及格(真) 甲及格或者明天下雨(真)	联言判断真,推简单判断真,推选言判断真
	乙及格(真)	乙及格或者甲及格(真) 乙及格或者甲不及格(真)	

注意: 由于假言判断等价于或者判断,所以,以上推导得出的结论如果是或者判断,同样可以得出相应的假言判断。

复合判断之间的关系既是复合判断推理的基础,同时在历年考试中试题数量相当丰富,可以说,这是逻辑考试的重点内容,试题不仅是涉及复合判断的"真假话"试题,更包括判断之间的等价转换等多种类型试题。下面是一些典型的历年真题。

⬈ (2010,14)奥尔特星云浮游在太阳系边缘,极易受附近星体引力作用的影响。据研究人员计算,有时这些力量会将彗星从奥尔特星云拖出。这样,它们更有可能靠近太阳。两位研究人员据此分别作出了以下两种有所不同的判定:一、木星的引力作用要么将它们推至更小的轨道,要么将它们逐出太阳系;二、木星的引力作用或者将它们推至更小的轨道,或者将它们逐出太阳系。

如果上述两种断定只有一种为真,可以推出以下哪项结论?

A. 木星的引力作用将它们推至更小的轨道,并且将它们逐出太阳系

B. 木星的引力作用没有将它们推至更小的轨道,但是将它们逐出太阳系

C. 木星的引力作用将它们推至更小的轨道,但是没有将它们逐出太阳系

D. 木星的引力作用既没有将它们推至更小的轨道,也没有将它们逐出太阳系

E. 木星的引力作用如果将它们推至更小的轨道,就不会将它们逐出太阳系

要点点评: 已知判定一若真,则判定二真;所以,判定一假,判定二真。

(2011,9)某集团公司有四个部门,分别生产冰箱、彩电、电脑和手机。根据前三个季度的数据统计,四个部门经理对 2010 年全年的赢利情况作了如下预测:

冰箱部门经理:今年手机部门会赢利。

彩电部门经理:如果冰箱部门今年赢利,那么彩电部门就不会赢利。

电脑部门经理:如果手机部门今年没赢利,那么电脑部门也没赢利。

手机部门经理:今年冰箱和彩电部门都会赢利。

全年数据统计完成后,发现上述四个预测只有一个符合事实。

关于该公司各部门的全年赢利情况,以下除哪项外,均可能为真?

A. 彩电部门赢利,冰箱部门没赢利　　　　B. 冰箱部门赢利,电脑部门没赢利

C. 电脑部门赢利,彩电部门没赢利　　　　D. 冰箱部门和彩电部门都没赢利

E. 冰箱部门和电脑部门都赢利

要点点评: 命题之间关系。彩电部门经理和手机部门经理预测是矛盾的。

(2011,19)近日,某集团高层领导研究了发展方向问题。王总经理认为:既要发展纳米技术,也要发展生物医药技术;赵副总经理认为:只有发展智能技术,才能发展生物医药技术;李副总经理认为:如果发展纳米技术和生物医药技术,那么也要发展智能技术。最后经过董事会研究,只有其中一位的意见被采纳。

根据以上陈述,以下哪项符合董事会的研究决定?

A. 发展纳米技术和智能技术,但是不发展生物医药技术

B. 发展生物医药技术和纳米技术,但是不发展智能技术

C. 发展智能技术和生物医药技术,但是不发展纳米技术

D. 发展智能技术,但是不发展纳米技术和生物医药技术

E. 发展生物医药技术、智能技术和纳米技术

要点点评: 赵副总经理"生物医药→智能"等价于"或者不发展生物医药或者发展智能";李副总经理"纳米并且生物医药→智能"等价于"或者不发展纳米或者不发展生物医药或者发展智能"。

(2012,3) 某公司规定,在一个月内,除非每个工作日都出勤,否则任何员工都不可能既获得当月绩效工资,又获得奖励工资。

以下哪项与上述规定的意思最为接近?

A. 在一个月内,任何员工如果所有工作日不缺勤,必然既获得当月绩效工资,又获得奖励工资

B. 在一个月内,任何员工如果所有工作日不缺勤,都有可能既获得当月绩效工资,又获得奖励工资

C. 在一个月内,任何员工如果有某个工作日缺勤,仍有可能获得当月绩效工资,或者获

得奖励工资

　　D. 在一个月内,任何员工如果有某个工作日缺勤,必然或者得不了当月绩效工资,或者得不了奖励工资

　　E. 在一个月内,任何员工如果所有工作日缺勤,必然既得不了当月绩效工资,又得不了奖励工资

　　要点点评:　题干假言命题等价为"某员工可能既获得当月绩效工资又获得奖励工资→每日都出勤"。

　　(2012,4)只有具有一定文学造诣且具有生物学专业背景的人,才能读懂这篇文章。

　　如果上述命题为真,以下哪项不可能为真?

　　A. 小张没有读懂这篇文章,但他的文学造诣是大家所公认的

　　B. 计算机专业的小王没有读懂这篇文章

　　C. 从未接触过生物学知识的小李读懂了这篇文章

　　D. 小周具有生物学专业背景,但他没有读懂这篇文章

　　E. 生物学博士小赵读懂了这篇文章

　　要点点评:　题干已知条件等价为"读懂→文学造诣并且生物学专业背景",与此条件矛盾的是"读懂并且或者没有文学造诣或者没有生物学专业背景"。

　　(2012,8)临江市地处东部沿海,下辖临东、临西、江南、江北四个区。近年来,文化旅游产业成为该市新的经济增长点。2010年,该市一共吸引了全国数十万人次旅客前来参观旅游。12月底,关于该市四个区当年吸引游客人次多少的排名,各位旅游局局长作了如下预测:

　　临东区旅游局局长:如果临西区第三,那么江北区第四;

　　临西区旅游局局长:只有临西区不是第一,江南区才第二;

　　江南区旅游局局长:江南区不是第二;

　　江北区旅游局局长:江北区第四。

　　最终的统计表明,只有一位局长的预测符合事实,则临东区当年吸引游客人次的排名是

　　A. 第一　　　　　　B. 第二　　　　　　C. 第三　　　　　　D. 第四

　　E. 在江北区之前

　　要点点评:　江南区旅游局局长若真,则临西区旅游局局长真;江北区旅游局局长若真,则临东区旅游去局长真;所有,后两位旅游局局长都假。

　　(2012,16)在家电产品"三下乡"活动中,某销售公司的产品受到了农村农民的广泛欢迎。该公司总经理在介绍经验时表示:只有用了最流行畅销的明星产品面对农村居民,才能获得他们的青睐。

　　以下哪项如果为真,最能质疑总经理的论述?

　　A. 某品牌电视由于其较强的防潮能力,尽管不是明星产品,仍然获得了农村居民的青睐

　　B. 流行畅销的明星产品由于价格偏高,没有赢得农村居民的青睐

C. 畅销流行的明星产品只有质量过硬,才能获得农村居民的青睐

D. 有少数娱乐明星为某些流行畅销的产品做虚假广告

E. 流行畅销的明星产品最适合城市中的白领使用

要点点评: 题干总经理的话中有关键词"只有、才",说明他论述是假言判断,对此削弱,只要说明假言判断的矛盾为真即可。

(2013,4)国际足联一直坚称,世界杯冠军队所获得的"大力神"杯是实心的纯金奖杯。某教授经过精密测量和计算认为,世界杯冠军奖杯——实心的"大力神"杯不可能是纯金制成的,否则球员根本不可能将它举过头顶并随意挥舞。

以下哪项与这位教授的意思最为接近?

A. 只有球员能够将"大力神"杯举过头顶并自由挥舞,它才由纯金制成,并且不是实心的

B. 若球员能够将"大力神"杯举过头顶并自由挥舞,则它很可能是空心的纯金杯

C. 若"大力神"杯是实心的纯金杯,则球员不可能把它举过头顶并随意挥舞

D. 只有"大力神"杯是实心的,它才可能是纯金的

E. 若"大力神"杯是由纯金制成,则它肯定是空心的

要点点评: 教授观点作为假言命题等价为"球员将奖杯举顶并随意挥舞→奖杯不可能是实心纯金的"。

(2013,17)某金库发生了失窃案,公安机关侦查确定,这是一起典型的内盗案,可以断定金库管理员甲、乙、丙、丁中至少有一人是作案者。办案人员对四人进行了询问,四人的回答如下:

甲:"如果乙不是窃贼,我也不是窃贼。"

乙:"我不是窃贼,丙是窃贼。"

丙:"甲或者乙是窃贼。"

丁:"乙或者丙是窃贼。"

后来事实表明,他们四人中只有一人说了真话。

根据以上陈述,以下哪项一定为假?

A. 乙不是窃贼　　B. 丙不是窃贼　　C. 甲说的是真话　　D. 丙说的是假话

E. 丁说的是真话

要点点评: 命题之间关系。乙作案,则丙、丁都真;所以乙没有作案;丙作案,则乙、丁都真,所以,丙没有作案。

(2014,3)陈先生在鼓励他的孩子时说道:"不要害怕暂时的困难和挫折。不经历风雨怎么见彩虹?"他孩子不服气地说:"您说得不对。我经历了那么多风雨,怎么就没见到彩虹呢?"

陈先生孩子的回答最适宜用来反驳以下哪项?

A. 如果想见到彩虹,就必须经历风雨　　B. 只要经历了风雨,就可以见到彩虹

C. 只有经历风雨,才能见到彩虹　　　　D. 即使经历了风雨,也可能见不到彩虹

E. 即使见到了彩虹,也不是因为经历了风雨

要点点评: 陈先生孩子回答涵义"经历了风雨并且没有见彩虹",与"经历了风雨→见彩虹"矛盾。

(2014,15)为了加强学习型机关建设,某机关党委开展了菜单式学习活动,拟开设课程有"行政学""管理学""科学前沿""逻辑"和"国际政治"等五门课程,要求其下属的四个支部各选择其中的两门课程进行学习。已知:第一支部没有选择"管理学""逻辑",第二支部没有选择"行政学""国际政治",只有第三支部选择了"科学前沿",任意两个支部所选课程均不完全相同。

根据上述信息,关于第四支部的选课情况可以得出以下哪项?

A. 如果没有选择"行政学",那么选择了"逻辑"

B. 如果没有选择"管理学",那么选择了"逻辑"

C. 如果没有选择"国际政治",那么选择了"逻辑"

D. 如果没有选择"管理学",那么选择了"国际政治"

E. 如果没有选择"行政学",那么选择了"管理学"

要点点评: "如果没有选择管理学,那么选择了逻辑"矛盾等价于"没有选择管理,也没有选择逻辑",这与第一支部情况相同了。

(2014,17)这两个《通知》或者属于规章或者属于规范性文件,任何人均无权依据这两个《通知》将本来属于当事人选择公证的事项规定为强制公证的事项。

根据以上信息,可以得出以下哪项?

A. 规章或者规范性文件既不是法律,也不是行政法规

B. 规章或规范性文件或者不是法律,或者不是行政法规

C. 这两个《通知》如果一个属于规章,那么另一个属于规范性文件

D. 这两个《通知》如果都不属于规范性文件,那么就属于规章

E. 将本来属于当事人选择公证的事情规定为强制公证的事项属于违法行为

要点点评: "两个《通知》或者规章或者规范性文件"等价于"两个《通知》如果不属于规范性文件,那么就属于规章"。

(2015,20)张教授指出,明清时期科举考试分为四级,即院试、乡试、会试、殿试。院试在县府举行,考中者称"生员";乡试每三年在各省省城举行一次,生员才有资格参加,考中者为举人,举人第一名称"解元";会试于乡试后第二年在京城元都举行,举人才有资格参加,考中者称为"贡士",贡士第一名称"会元";殿试在会试当年举行,由皇帝主持,贡士才有资格参加,录取分为三甲,一甲三名,二甲三甲各若干名,统称为"进士",一甲第一名称"状元"。

根据张教授的陈述,以下哪项是不可能的?

A. 中举者不曾中进士　　　　　　　　B. 中状元者曾为生员和举人

C. 中会元者不曾中举　　　　　　　　D. 有连中三元者(解元、会元、状元)

E. 未中解元者,不曾中会元

要点点评: 张教授的陈述内容较多,但是其涵义可以概括为以下观点:低一级考试考中是参加高一级考试的必要条件,与张教授这一观点矛盾的选项是不可能为真的。

(2015,25)有关数据显示,2011 年全球新增 870 万结核病患者,同时有 140 万患者死亡。因为结核病对抗生素有耐药性,所以对结核病的治疗一直都进展缓慢。如果不能在近几年消除结核病,那么还会有数百万人死于结核病。如果要控制这种流行病,就要有安全、廉价的疫苗。目前有 12 种新疫苗正在测试之中。

根据以上信息,可以得出以下哪项?

A. 2011 年结核病患者死亡率已达 16.1%

B. 有了安全、廉价的疫苗,我们就能控制结核病

C. 如果解决了抗生素的耐药性问题,结核病治疗将会获得突破性进展

D. 只有在近几年消除结核病,才能避免数百万人死于这种疾病

E. 新疫苗一旦应用于临床,将有效控制结核病的传播

要点点评: 已知条件有两句假言命题,与上述假言命题等价的选项就是正确答案。

(2015,26)一个人如果没有崇高的信仰,就不可能守住道德的底线;而一个人只有不断加强理论学习,才能始终保持崇高的信仰。

根据以上信息,可以得出以下哪项?

A. 一个人只有不断加强理论学习,才能守住道德的底线

B. 一个人如果不能守住道德的底线,就不可能保持崇高的信仰

C. 一个人只要有崇高的信仰,就能守住道德的底线

D. 一个人只要不断加强理论学习,就能守住道德底线

E. 一个人没能守住道德的底线,是因为他首先丧失了崇高的信仰

要点点评: 题干的已知条件可以等价为"可能守住道德的底线→保持崇高的信仰→加强理论学习"。

(2016,2)生态文明建设事关社会发展方式和人民福祉。只有实行最严格的制度、最严密的法治,才能为生态文明建设提供可靠保障。如果要实行最严格的制度、最严密的法治,就要建立责任追究制度,对那些不顾生态环境盲目决策并造成严重后果者,追究其相应的责任。

根据以上信息,可以得出以下哪项?

A. 如果对那些不顾生态环境盲目决策并造成严重后果者追究相应责任,就能为生态文明建设提供可靠保障

B. 实行最严格的制度和最严密的法治是生态文明建设的重要目标

C. 如果不建立责任追究制度,就不能为生态文明建设提供可靠保障

D. 只有筑牢生态环境的制度防护墙,才能造福于民

E. 如果要建立责任追究制度,就要实行最严格的制度、最严密的法治

要点点评: 题干已知条件等价为"生态文明建设提供可靠保障→实行最严格的制度和

法治→追究责任"。

🡒 (2016,6)在某届洲际杯足球大赛中,第一阶段某小组单循环赛共有 4 支队伍参加,每支队伍需要在这一阶段比赛三场,甲国足球队在该小组的前两轮比赛中一平一负,在第三轮比赛之前,甲国队主教练在新闻发布会上表示:"只有我们在下一场比赛中取得胜利并且本组的另外一场比赛打成平局,我们才有可能从这个小组出线。"

如果甲国队主教练的陈述为真,以下哪项是不可能的?

A. 第三轮比赛该小组两场比赛都分出了胜负,甲国队从小组出线

B. 甲国队第三场比赛取得了胜利,但他们未能从小组出线

C. 第三轮比赛甲国队取得了胜利,该小组另一场比赛打成平局,甲国队未能从小组出线

D. 第三轮比赛该小组另外一场比赛打成平局,甲国队从小组出线

E. 第三轮比赛该小组两场比赛都打成了平局,甲国队未能从小组出线

要点点评: "只有我们在下一场比赛中取得胜利并且本组的另外一场比赛打成平局,我们才有可能从这个小组出线"与"在下一场我们没有胜利或者另外一场没有打成平局时,我们也从小组出线了"矛盾。

🡒 (2016,12)郝大爷过马路时不幸摔倒昏迷,所幸有小伙子及时将他送往医院救治。郝大爷病情稳定后,有 4 位陌生小伙陈安、李康、张幸、汪福来医院看望他,郝大爷问他们究竟是谁送他来医院,他们回答如下:

陈安:我们 4 人都没有送您来医院。李康:我们 4 人有人送您来医院。张幸:李康和汪福至少有一人没有送您来医院。汪福:送您来医院的人不是我。后来证实上述 4 人有两人说真话,两人说假话。

根据以上信息,可以得出哪项?

A. 说真话的是李康和张幸　　　　　B. 说真话的是陈安和张幸

C. 说真话的是李康和汪福　　　　　D. 说真话的是张幸和汪福

E. 说真话的是陈安和汪福

要点点评: 两真两假时,必有矛盾;矛盾以外的两句命题也是一真一假。

🡒 (2016,16)根据现有物理学定律:任何物质的运动速度都不可能超过光速,但最近一次天文观测结果向这条定律发起了挑战:距离地球遥远的 IC310 星系拥有一个活跃的黑洞,掉入黑洞的物质产生了伽马射线冲击波,有些天文学家发现,这束伽马射线的速度超过了光速,因为它只用了 4.8 分钟就穿越了黑洞边界,而光要 25 分钟才能走完这段距离。由此,这些天文学家提出,光速不变定律需要修改了。

以下哪项如果为真,最能质疑上述天文学家所作的结论?

A. 或者光速不变定律已经过时,或者天文学家的观测有误

B. 如果天文学家的观测没有问题,光速不变定律就需要修改

C. 要么天文学家的观测有误,要么有人篡改了天文观测数据

D. 天文观测数据可能存在偏差,毕竟 IC310 星系离地球很远

E. 光速不变定律已经历过多次实践检验,没有出现反例

　　要点点评: 要么观测有误,要么有人篡改天文观测数据;说明两种可能性之中必居一种,没有其他可能性。

　　(2016,24)在某项目招标过程中,赵嘉、钱宜、孙斌、李汀、周武、吴纪 6 人作为各自公司代表参与投标,有且只有一人中标,关于究竟谁是中标者,招标小组中有 3 位成员各自谈了自己的看法:(1) 中标者不是赵嘉就是钱宜;(2) 中标者不是孙斌;(3) 周武和吴纪都没有中标。经过深入调查,发现上述 3 人只有一人的看法是正确的。

　　根据以上信息,以下哪项中的 3 人都可以确定没有中标?

　　A. 钱宜、孙斌、周武　　　　　　　B. 孙斌、周武、吴纪

　　C. 赵嘉、钱宜、李汀　　　　　　　D. 赵嘉、周武、吴纪

　　E. 赵嘉、孙斌、李汀

　　要点点评: 没有矛盾关系时,假设某一句真可以推知若干句真,那么所假设的这一句必假。

　　(2018,12)张教授:利益并非只是物质利益,应该把信用、声誉、情感甚至某种喜好等都归入利益的范畴。根据这种"利益"的广义理解,如果每一个体在不损害他人利益的前提下,尽可能满足其自身的利益需求,那么由这些个体组成的社会就是一个良善的社会。

　　根据张教授的观点,可以得出以下哪项?

　　A. 如果一个社会不是良善的,那么其中肯定存在个体损害他人利益或自身利益需求没有尽可能得到满足的情况

　　B. 尽可能满足每一个体的利益需求,就会损害社会的整体利益

　　C. 只有尽可能满足每一个体的利益需求,社会才可能是良善的

　　D. 如果有些个体通过损害他人利益来满足自身的利益需求,那么社会就不是良善的

　　E. 如果某些个体的利益需求没有尽可能得到满足,那么社会就不是良善的

　　要点点评: 已知条件中的假言命题"如果每个人不损害其他人利益并且尽可能满足自身利益,那么这个社会是良善的"与假言命题"如果一个社会不是良善的,那么这个社会或者某人损害其他人利益或者其自身利益没有尽可能得到满足"互为逆否命题等价。

　　(2018,18)若要人不知,除非己莫为,若要人不闻,除非己莫言。为之而欲人不知,言之而欲人不闻,此犹捕雀而掩目者。

　　根据以上陈述,可以得出以下哪项?

　　A. 若己不为,则人不知　　　　　　B. 若己不言,则人不闻

　　C. 若己为,则人会知,若己言,则人会闻　　D. 若能做到捕雀而掩目,则可为之而人不知

　　E. 若能做到盗铃而掩耳,则可言之而人不闻

　　要点点评: 已知假言命题"若要人不知,除非己莫为,若要人不闻,除非己莫言"等价为"人不知→己莫为,人不闻→己莫言"。

(2019,13)某大学有位女教师默默资助一位偏远山区的贫困家庭长达15年。记者多方打听,发现做好事者是该大学传媒学院甲、乙、丙、丁、戊5位教师中的某一位。在接受采访时,5位老师都很谦虚,他们是这么对记者说的:

甲:这件事是乙做的。

乙:我没有做,是丙做了这件事。

丙:我并没有做这件事。

丁:我也没有做这件事,是甲做的。

戊:如果甲没有做,则丁也不会做。

记者后来得知,上述5位老师中只有一人说的话符合真实情况。

根据以上信息,可以得出做这件好事的人是?

A. 甲　　　　　B. 乙　　　　　C. 丙　　　　　D. 丁

E. 戊

要点点评: 甲、乙、丙三人的话必有一真,如果看不出以上三人话的关系,也可以直接逐项验证各个选项,看哪一个选项满足"仅有一真"的要求。

(2019,15)下面6张卡片,一面印的是汉字(动物或者花卉),一面印的是数字(奇数或者偶数)。

虎	6	菊	7	鹰	8

对于上述6张卡片,如果要验证"每张卡片至少有一面印的是偶数或者花卉"。至少需要翻看几张卡片?

A. 2　　　　　B. 3　　　　　C. 4　　　　　D. 5

E. 6

要点点评: 要验证的判断中有逻辑连接词"或者",要理解其确切涵义。

(2019,23)如果一个人只为自己劳动,他也许能成为著名学者、大哲人、卓越诗人,然而他永远不能成为完美无瑕的伟大人物。如果我们选择了最能为人类福利而劳动的职位,那么,重担就不能把我们压倒,因为这是为大家而献身:那时我们所感到的就不是可怜的、有限的、自私的乐趣,我们的幸福将属于千百万人,我们的事业将默默地,但是永恒发挥作用地存在下去,而面对我们的骨灰,高尚的人们将洒下热泪。

根据以上陈述,可以得出以下哪项?

A. 如果一个人只为自己劳动,不是为大家而献身,那么重担就能将他压倒

B. 如果我们为大家而献身,我们的幸福将属于千百万人,面对我们的骨灰,高尚的人们将洒下热泪

C. 如果我们没有选择最能为人类福利而劳动的职业,我们所感到的就是可怜的、有限的、自私的乐趣

D. 如果选择了最能为人类福利而劳动的职业,我们就不仅能够成为著名学者、大哲人、

卓越诗人,而且还能都成为完美无瑕的伟大人物

E. 如果我们只为自己劳动,我们的事业就不会默默地,但是永恒发挥作用地存在下去

要点点评: 每一个选项都是假言判断,其中某一个选项与题干中已知的假言判断是等价的。

(2020,1)领导干部对于各种批评意见应采取有则改之,无则加勉的态度,营造言者无罪,闻者足戒的氛围,只有这样,人们才能知无不言,言无不尽。领导干部只有从谏如流,并为说真话者撑腰,才能做到"兼听则明"或做出科学的决策;只有乐于和善于听取各种不同意见,才能营造风清气正的政治生态。

根据以上信息,可以得出以下哪项?

A. 领导干部必须善待批评,从谏如流,为说真话者撑腰

B. 大多数领导干部对于批评意见能够采取有则改之,无则加勉的态度

C. 领导干部如果不能从谏如流,就不能做出科学决策

D. 只有营造言者无罪、闻者足戒的氛围,才能形成风清气正的政治生态

E. 领导干部只有乐于和善于听取各种不同的意见,人们才能知不无言,言无不尽

要点点评: 题干有多句假言命题,寻找选项中与题干已知假言命题等价的假言命题。

(2020,11)下表显示了某城市过去一周的天气情况:

星期一	星期二	星期三	星期四	星期五	星期六	星期日
东南风 1~2级 小雨	南风 4~5级 晴	无风 小雪	北风 1~2级 阵雨	无风 晴	西风 3~4级 阴	东风 2~3级 中雨

以下哪项对该城市这一周天气情况的概括最为准确?

A. 每日或者刮风,或者下雨   B. 每日或者刮风,或者晴天

C. 每日或者无风,或者无雨   D. 若有风且风力超过3级,则该日是晴天

E. 若有风且风力不超过3级,则该日不是晴天

要点点评: 逐项对照,有四个选项的情况都能在一周的天气情况中找到矛盾的情况,只有一个选项与一周7天的情况不矛盾。

(2020,27)人非生而知之者,孰能无惑?惑而不从师,其为惑也,终不解矣。生乎吾前,其闻道也固先乎吾,吾从而师之;生乎吾后,其闻道也亦先乎吾,吾从而师之。吾师道也,夫庸知其年之先后生于吾乎?是故无贵无贱,无长无少,道之所存,师之所存也。

根据以上信息,可以得出哪项?

A. 与吾生乎同时,其闻道也,必先乎吾   B. 师之所存,道之所存也

C. 无贵无贱,无长无少,皆为吾师   D. 与吾生乎同时,其间道不必先乎吾

E. 若解惑,必从师

要点点评：已知条件中的"惑而不从师，其为惑也，终不解矣"与"若解惑，必从师"涵义等价。

复合判断推理的重点和难点是假言推理。将假言判断统一表示为：p→q，假言推理的规则是：

大前提是假言判断：p→q，小前提是简单判断（或者是能得出相应简单判断的复合判断）：p；结论：所以，q。

大前提是假言判断：p→q，小前提是简单判断（或者是能得出相应简单判断的复合判断）：非q；结论：所以，非p。

上述假言推理规则可以概括为两句话：前真则后真，后假则前假。

例如：如果列车正点到达，老王就不会迟到；星期五的列车是正点到达的，所以，星期五老王不会迟到。

只有工作五年以上才能获得忠诚奖；李明在公司只工作了三年，所以，李明不可能获得忠诚奖。

由于假言判断和或者判断等价，所以假言推理规则事实上和下面的或者推理规则是相同的。

已知：或者p，或者q；又，非p，（非q）。所以，q（所以，p）。

例如：环境污染或者是灾难性的，或者是可恢复的，A国的环境污染不是可恢复的。所以，A国的环境污染是灾难性的。

假言推理在考试中根据大前提、小前提的数量和难度，可以分为以下3种类型：

1. Y类推理

题干已知条件既有大前提，又有小前提，考生根据假言推理规则先对已知条件进行推理，然后去寻找答案即可。试题的已知条件给出的大前提可能不止一个，这时候，考生需要对这些大前提有所选择，进行合乎规则地推理。

注意：当大前提有多句时，如果能够将多句大前提表达为连续的形式，这就有助于快速解题。例如，已知(1)只要甲优秀，乙就优秀；(2)若丁不优秀，则丙不优秀；(3)只有乙不优秀，丙才不优秀。以上三句大前提可以连续为：甲优秀→乙优秀→丙优秀→丁优秀。

Y类试题在题干已知条件中既有大前提，又有小前提，所以在逐项对照验证选项以前就可以先进行"从上往下"的推理，这使解题时间更加快捷。每年这类试题都是考生在短时间解答同时获得高分的重点题型。以下是历年考试中的Y类推理典型试题。

(2010,1)针对威胁人类健康的甲型H1N1流感，研究人员研制出了相应的疫苗。尽管这些疫苗是有效的，但某大学研究人员发现，阿司匹林、羟苯基乙酰胺等抑制某些酶的药物会影响疫苗的效果。一位研究人员指出："如果你服用了阿司匹林或者对乙酰氨基酚，那么你注射疫苗后就必然不会产生良好的抗体反应。"

如果小张注射疫苗后产生了良好的抗体反应，那么根据上述研究结果可以得出以下哪项结论？

A. 小张服用了阿司匹林，但没有服用对乙酰氨基酚

B. 小张没有服用阿司匹林,但感染了 H1N1 流感病毒

C. 小张服用了阿司匹林,但没有感染 H1N1 流感病毒

D. 小张没有服用阿司匹林,也没有服用对乙酰氨基酚

E. 小张服用了对乙酰氨基酚,但没有服用羟苯基乙酰胺

要点点评: 大前提"如果你服用了阿司匹林或者对乙酰氨基酚,那么你注射疫苗后就必然不会产生良好的抗体反应",小前提"小张注射疫苗后产生了良好的抗体反应"。

(2010,25)在本年度篮球联赛中,长江队主教练发现,黄河队五名主力队员之间的上场配置有如下规律:

(1) 若甲上场,则乙也要上场;

(2) 只有甲不上场,丙才不上场;

(3) 要么丙不上场,要么乙和戊中有人不上场;

(4) 或者丁上场,或者乙上场。

若乙不上场,则以下哪项配置合乎上述规律?

A. 甲、丙、丁同时上场   B. 丙不上场,丁、戊同时上场

C. 甲不上场,丙、丁都上场   D. 甲、丁都上场,戊不上场

E. 甲、丁、戊都不上场

要点点评: 大前提有多句,小前提"乙不上场"是推理的起点,各个大前提分别结合推理。

(2010,30)某中药配方有如下要求:(1)如果有甲药材,那么也要有乙药材;(2)如果没有丙药材,那么必须有丁药材;(3)人参和天麻不能都有;(4)如果没有甲药材而有丙药材,则需要有人参。

如果含有天麻,则关于该配方的断定哪项为真?

A. 含有甲药材   B. 含有丙药材

C. 没有丙药材   D. 没有乙药材和丁药材

E. 含有乙药材或丁药材

要点点评: 大前提有多句,小前提"有天麻"是推理的起点。

(2012,11)只有通过身份认证的人才允许上公司内网,如果没有良好的业绩就不可能通过身份认证,张辉有良好的业绩而王纬没有良好的业绩。

如果上述断定为真,则以下哪项一定为真?

A. 允许张辉上公司内网   B. 不允许王纬上公司内网

C. 张辉通过身份认证   D. 有良好的业绩,就允许上公司内网

E. 没有通过身份认证,就说明没有良好的业绩

要点点评: 大前提有两句,小前提也有两句,注意大前提可以表达为连续的形式"允许上公司内网→身份认证→具有良好业绩"。

(2012,21)如果他勇于承担责任,那么他就一定会直面媒体,而不是选择逃避;如果他没

有责任,那么他就一定会聘请律师,捍卫自己的尊严。可是事实上,他不仅没有聘请律师,现在逃得连人影都不见了。

　　根据以上陈述,可以得出以下哪项结论?

　　A. 即使他没有责任,也不应该选择逃避

　　B. 虽然选择了逃避,但是他可能没有责任

　　C. 如果他有责任,那么他应该勇于承担责任

　　D. 如果他不敢承担责任,那么说明他责任很大

　　E. 他不仅有责任,而且他没有勇气承担责任

　　要点点评: 　大前提有两句,小前提也有两句,分别结合进行推理。

　　(2013,6)互联网好比一个复杂多样的虚拟世界,在互联网主机上的信息又构成了一个微观虚拟世界。若在某主机上可以访问本主机上的信息、则称该主机相通于自身;若主机 x 能通过互联网访问主机 y 的信息,则称 x 相通于 y,已知代号分别为甲、乙、丙、丁的四台联网主机有如下信息:

　　(1)甲主机相通于任一不相通于丙的主机;

　　(2)丁主机不相通于丙;

　　(3)丙主机相通于任一相通于甲的主机。

　　若丙主机不相通于自身,则以下哪项一定为真?

　　A. 若丁主机相通于乙,则乙主机相通于甲

　　B. 甲主机相通于乙,乙主机相通于丙

　　C. 只有甲主机不相通于丙,丁主机才相通于乙

　　D. 甲主机相通于丁,也相通于丙

　　E. 丙主机不相通于丁,但相通于乙

　　(2013,7)题干同上,若丙主机不相通于任何主机,则以下哪项一定为假?

　　A. 甲主机相通于乙　　　　　　　　　B. 乙主机相通于自身

　　C. 丁主机不相通于甲　　　　　　　　D. 若丁主机相通于甲,则乙主机相通于甲

　　E. 若丁主机不相通于甲,则乙主机相通于甲

　　要点点评: 　这两题看起来较难,但是分别将小前提"丙主机不相通于自身"和"丙主机不相通于任何主机"作为起点,寻找相应的大前提结合进行推理。

　　(2015,12)10 月 6 日晚上,张强要么去电影院看电影,要么去拜访朋友秦玲。如果那天晚上张强开车回家,他就没去电影院看电影;只有张强事先与秦玲约定,张强才能拜访她。事实上,张强不可能与秦玲事先约定。

　　根据上述陈述,可以得出以下哪项结论?

　　A. 那天晚上张强没有开车回家　　　　B. 张强那天晚上拜访了朋友

　　C. 张强晚上没有去电影院看电影　　　D. 那天晚上张强与秦玲一起看电影了

　　E. 那天晚上张强开车去电影院看电影

要点点评： 推理的起点是小前提"张强不可能与秦玲事先约定"，注意多句大前提是可以连续的。

(2017,6)张立是一位单身白领，工作5年积累了一笔存款，由于该笔存款金额尚不足以购房，他考虑将其暂时分散投资到股票、黄金、基金、国债和外汇等5个方面。该笔存款的投资需要满足如下条件：

(1) 如果黄金投资比例高于1/2，则剩余部分投入国债和股票；

(2) 如果股票投资比例低于1/3，则剩余部分不能投入外汇或国债；

(3) 如果外汇投资比例低于1/4，则剩余部分投入基金或黄金；

(4) 国债投资比例不能低于1/6。

根据上述信息，可以得出以下哪项？

A. 国债投资比例高于1/2   B. 外汇投资比例不低于1/3

C. 股票投资比例不低于1/4   D. 黄金投资比例不低于1/5

E. 基金投资比例低于1/6

要点点评： 已知条件三句都是假言命题都是大前提，仅有(4)为简单命题作为小前提，将小前提与大前提分别结合推理。

(2017,26)六一节快到了。幼儿园老师为班上的小明、小雷、小刚、小芳、小花等5位小朋友准备了红、橙、黄、绿、青、蓝、紫等7份礼物。已知所有礼物都送了出去，每份礼物只能由一人获得，每人最多获得两份礼物。另外，礼物派送还需要满足如下要求：

(1) 如果小明收到橙色礼物，则小芳会收到蓝色礼物；

(2) 如果小雷没有收到红色礼物，则小芳不会收到蓝色礼物；

(3) 如果小刚没有收到黄色礼物，则小花不会收到紫色礼物；

(4) 没有人既能收到黄色礼物，又能收到绿色礼物；

(5) 小明只收到橙色礼物，而小花只收到紫色礼物。

根据上述信息，以下哪项可能为真？

A. 小明和小芳都收到两份礼物   B. 小雷和小刚都收到两份礼物

C. 小刚和小花都收到两份礼物   D. 小芳和小花都收到两份礼物

E. 小明和小雷都收到两份礼物

(2017,27)题干同上，根据上述信息，如果小刚收到两份礼物，则可以得出以下哪项？

A. 小雷收到红色和绿色两份礼物   B. 小刚收到黄色和蓝色两份礼物

C. 小芳收到绿色和蓝色两份礼物   D. 小刚收到黄色和青色两份礼物

E. 小芳收到青色和蓝色两份礼物

要点点评： 这两题中条件(1)(2)(3)都是大前提，(5)是小前提作为解题起点。在第二问中，"小刚收到两份礼物"同时注意到已知条件(4)即可。

(2018,5)某工厂有一员工宿舍住了甲、乙、丙、丁、戊、己、庚7人，每人每周需要轮流值

日一天,且每天仅安排一人值日,他们值日的安排还需满足以下条件:

(1) 乙在周二或周六值日;

(2) 如果甲在周一值日,那么丙在周三值日且戊在周五值日;

(3) 如果甲不在周一值日,那么己在周四值日且庚在周五值日;

(4) 如果乙周二值日,那么己周六值日。

根据以上条件,如果丙周日值日,则可以得出以下哪项?

A. 甲在周日值日　　　　　　B. 乙在周六值日

C. 丁在周二值日　　　　　　D. 戊在周三值日

E. 己在周五值日

(2018,6)题干同上,如果庚在周四值日,那么以下哪项一定为假

A. 甲在周一值日　　　　　　B. 乙在周六值日

C. 丙在周三值日　　　　　　D. 戊在周日值日

E. 己在周二值日

要点点评: 这两题中已知条件给出的都是大前提,分别以小前提"丙在周日值日"和"庚在周四值日"作为推理起点,寻找可以与之结合的大前提,注意问题分别是"选真"和"选假"。

(2018,8)"二十四节气"是我国在农耕社会生产生活的时间活动指南,反映了从春到冬一年四季的气温、降水、物候的周期性变化规律。已知各节气的名称具有如下特点:

(1) 凡含"春""夏""秋""冬"字的节气各属春、夏、秋、冬季;

(2) 凡含"雨""露""雪"字的节气各属春、秋、冬季;

(3) 如果"清明"不在春季,则"霜降"不在秋季;

(4) 如果"雨水"在春季,则"霜降"在秋季。

根据以上信息,如果从春至冬每季仅列两个节气,则以下哪项是不可能的?

A. 雨水、惊蛰、夏至、小暑、白露、霜降、大雪、冬至

B. 惊蛰、春分、立夏、小满、白露、寒露、立冬、小雪

C. 清明、谷雨、芒种、夏至、立秋、寒露、小雪、大寒

D. 立春、清明、立夏、夏至、立秋、寒露、小雪、大寒

E. 立春、谷雨、清明、夏至、处暑、白露、立冬、小雪

要点点评: 已知条件(3)和(4)是大前提,已知条件(2)说明"雨水"在春季,这是小前提,可以与大前提(4)结合推理。

(2018,10)某市已开通运营一、二、三、四号地铁线路,各条地铁线每一站运行加停靠所需时间均彼此相同。小张、小王、小李三人是同一单位的职工,单位附近有北口地铁站。某天早晨,3人同时都在常青站乘一号线上来,但3人关于乘车路线的想法不尽相同。已知:

(1) 如果一号线拥挤,小张就坐2站后转三号线,再坐3站到北口站;如果一号线不拥挤,小张就坐3站后转二号线,再坐4站到北口站;

(2) 只有一号线拥挤,小王才坐2站后转三号线,再坐3站到北口站;

(3) 如果一号线不拥挤,小李就坐 4 站后转四号线,坐 3 站之后再转三号线,坐 1 站到达北口站;

(4) 该天早晨地铁一号线不拥挤。

假定三人换乘及步行总时间相同,则以下哪项最可能与上述信息不一致?

A. 小王和小李同时到达单位　　　　B. 小张和小王同时到达单位

C. 小王比小李先到达单位　　　　　D. 小李比小张先到达单位

E. 小张比小王先到达单位

要点点评: 条件(4)是小前提,条件(1)(2)(3)都是大前提,可以推知小张和小李的确定情况,但却不能推出小王的确定情况。

(2018,22)一江南园林拟建松、竹、梅、兰、菊 5 个园子,该园林拟设东、南、北 3 个门,分别位于其中的 3 个园子。这 5 个园子的布局满足如下条件:

(1) 如果东门位于松园或菊园,那么南门不位于竹园;

(2) 如果南门不位于竹园,那么北门不位于兰园;

(3) 如果菊园在园林的中心,那么它与兰园不相邻;

(4) 兰园与菊园相邻,中间连着一座美丽的廊桥。

根据以上信息,可以得出以下哪项?

A. 兰园不在园林的中心　　　　　　B. 菊园不在园林的中心

C. 兰园在园林的中心　　　　　　　D. 菊园在园林的中心

E. 梅园不在园林的中心

(2018,23)题干同上,如果北门位于兰园,则可以得出以下哪项?

A. 南门位于菊园　　　　　　　　　B. 东门位于竹园

C. 东门位于梅园　　　　　　　　　D. 东门位于松园

E. 南门位于梅园

要点点评: 这两题中条件(1)(2)(3)都是大前提,条件(4)小前提,作为推理的起点,寻找与之可以结合的大前提。注意多句大前提是可以连续的。在第二问中,又给出了"北门位于兰园"这个小前提。

(2019,3)李诗、王悦、杜舒、刘默是唐诗宋词的爱好者,在唐朝诗人李白、杜甫、王维、刘禹锡中 4 人各喜爱其中一位,且每人喜爱的唐诗作者不与自己同姓。关于他们 4 人,已知:

(1) 某人如果爱好王维的诗,那么他也爱好辛弃疾的词;

(2) 某人如果爱好刘禹锡的诗,那么他也爱好岳飞的词;

(3) 某人如果爱好杜甫的诗,那么他也爱好苏轼的词。

如果李诗不爱好苏轼和辛弃疾的词,则可以得出以下哪项?

A. 杜舒爱好辛弃疾的词　　　　　　B. 王悦爱好苏轼的词

C. 刘默爱好苏轼的词　　　　　　　D. 李诗爱好岳飞的词

E. 杜舒爱好岳飞的词

要点点评： 已知条件(1)(2)(3)给出的都是大前提,将"李诗不爱好苏轼和辛弃疾的词"作为小前提,同时不要忽视已知条件中"每人喜爱的唐诗作者不与自己同姓"。

2. W类推理

题干已知条件只有大前提,不直接给出小前提,而是在选项中,每个选项给出相应的小前提。这类推理试题考生无法根据已知条件而不考虑选项先行推理,只能对各个选项逐项验证。这类试题比Y类试题相对较难,在历年考试中数量也较多。当试题的已知条件给出的大前提不止一个时,考生在逐项验证时,也需要对这些大前提有所选择,进行合乎规则地推理。下面是一些典型的真题。

(2010,21)相互尊重是相互理解的基础,相互理解是相互信任的前提;在人与人的相互交往中,自重、自信也是非常重要的,没有一个人尊重不自重的人,没有一个人信任他所不尊重的人。

以上陈述可以推出以下哪项结论?

A. 不自重的人也不被任何人信任　　　B. 相互信任才能相互尊重

C. 不自信的人也不自重　　　D. 不自信的人也不被任何人信任

E. 不自信的人也不受任何人尊重

要点点评： "……的基础""……的前提"都表示必要条件。已知条件仅有大前提,只能对选项逐项验证。

(2011,27)在恐龙灭绝6 500万年后的今天,地球正面临着又一次物种大规模灭绝的危机。截至上个世纪末,全球大约有20%的物种灭绝。现在,大熊猫、西伯利亚虎、北美玳瑁、巴西红木等许多珍稀物种面临着灭绝的危险。有三位学者对此做了预测。

学者一：如果大熊猫灭绝,则西伯利亚虎也将灭绝;

学者二：如果北美玳瑁灭绝,则巴西红木不会灭绝;

学者三：或者北美玳瑁灭绝,或者西伯利亚虎不会灭绝。

如果三位学者的预测都为真,则以下哪项一定为假?

A. 大熊猫和北美玳瑁都将灭绝　　　B. 巴西红木将灭绝,西伯利亚虎不会灭绝

C. 大熊猫和巴西红木都将灭绝　　　D. 大熊猫将灭绝,巴西红木不会灭绝

E. 巴西红木将灭绝,大熊猫不会灭绝

要点点评： 已知条件的大前提可以表达为连续的假言命题"熊猫灭绝→虎灭绝→玳瑁灭绝→红木不灭绝",没有小前提,逐项验证。

(2014,18)若一个管理者是某领域优秀的专家学者,则他一定会管理好公司的基本事物;一位品行端正的管理者可以得到下属的尊重;但是对所有领域都一知半解的人一定不会得到下属的尊重。浩瀚公司董事会只会解除那些没有管理好公司基本事物者的职务。

根据以上信息,你可以得出以下哪个选项?

A. 浩瀚公司董事会不可能解除品行端正的管理者的职务

B. 浩瀚公司董事会解除了某些管理者的职务

C. 浩瀚公司董事会不可能解除受下属尊重的管理者的职务

D. 作为某领域优秀专家的管理者,不可能被浩瀚公司董事会解除职务

E. 对所有领域都一知半解的管理者,一定会被浩瀚公司董事会解除职务

要点点评： 由于已知条件没有小前提,只能将选项逐项代入验证,注意"只会解除某人职务"的涵义。

(2015,9)张云、李华、王涛都收到了明年2月初赴北京开会的通知,他们可以选择乘坐飞机、高铁与大巴等交通工具到北京,他们对这次进京方式有如下考虑：

(1) 张云不喜欢坐飞机,如果有李华同行,他就选择乘坐大巴；

(2) 李华不计较方式,如果高铁要比飞机更便宜,他就选择高铁；

(3) 王涛不在乎价格,除非预报二月初北京有雨雪天气,否则选择乘坐飞机；

(4) 李华和王涛家相隔很近,如果航班时间合适,他们将同行乘坐飞机。

如果上述3人愿望都得到满足,则可以得出以下哪项?

A. 如果李华没有选择乘坐高铁和飞机,则他肯定选择和张云一起乘坐大巴进京

B. 如果王涛和李华乘坐飞机进京,则二月初北京没有雨雪天气

C. 如果张云和王涛乘坐高铁,则二月初北京有雨雪天气

D. 如果三人都乘坐飞机,则飞机要比高铁便宜

E. 如果三人都乘坐大巴进京,则预报二月初北京有雨雪天气

要点点评： 已知条件中没有小前提,只能逐项验证。要注意其中"预报二月初北京有雨雪天气"的关键词。

(2015,18)为防御电脑受病毒侵袭,研究人员开发了防御病毒、查杀病毒的程序,前者启动后能使程序运行免受病毒侵袭,后者启动后能迅速查杀电脑中可能存在的病毒。某台电脑上现出甲、乙、丙三种程序。已知：

(1) 甲程序能查杀目前已知所有病毒；

(2) 若乙程序不能防御已知的一号病毒,则丙程序也不能查杀该病毒；

(3) 只有丙程序能防御已知一号病毒,电脑才能查杀目前已知的所有病毒；

(4) 只有启动甲程序,才能启动丙程序。

根据上述信息可以得出以下哪项?

A. 只有启动丙程序,才能防御并查杀一号病毒

B. 只有启动乙程序,才能防御并查杀一号病毒

C. 如果启动丙程序,就能防御并查杀一号病毒

D. 如果启动了乙程序,那么不必启动丙程序也能查杀一号病毒

E. 如果启动了甲程序,那么不必启动乙程序也能查杀所有病毒

要点点评： 已知条件中只有大前提,没有小前提,只能逐项验证。在验证时,注意已知条件"查杀目前已知的所有病毒"中的关键词。

（2016，10）某县县委关于下周一几位领导的工作安排如下：

（1）如果李副书记在县城值班，那么他就要参加宣传工作例会；（2）如果张副书记在县城值班，那么他就做信访接待工作；（3）如果王书记下乡调研，那么张副书记或李副书记就需在县城值班；（4）只有参加宣传工作例会或做信访接待工作，王书记才不下乡调研；（5）宣传工作例会只需分管宣传的副书记参加，信访接待工作也只需一名副书记参加。

根据上述工作安排，可以得出以下哪项？

A. 张副书记做信访接待工作　　　　B. 王书记下乡调研

C. 李副书记参加宣传工作例会　　　D. 李副书记做信访接待工作

E. 张副书记参加宣传工作例会

要点点评： 由于没有小前提，只能逐项验证。而在验证以前，注意到已知条件中关于张副书记和李副书记的情况在形式上是相同的，这样就不必从具体内容上进行推理，在形式上就可以确定正确选项了。

（2017，4）某剧组招募群众演员，为配合剧情，需要招4类角色，外国游客1~2名，购物者2~3名，商贩2名，路人若干。有甲、乙、丙、丁、戊、己等6人可供选择，且每人在同一个场景中只能出演一个角色。已知：

（1）只有甲、乙才能出演外国游客；

（2）上述4类角色每个场景中至少有3类同时出现；

（3）每一场景中，若乙或丁出演商贩，则甲和丙出演购物者；

（4）购物者和路人的数量之和在每个场景中不超过2。

根据上述信息，可以得出以下哪项？

A. 同一场景中，若戊和己出演路人，则甲只可能演外国游客

B. 同一场景中，若己出演外国游客，则甲只可能出演商贩

C. 至少有2人需要在不同的场景中出演不同的角色

D. 甲、乙、丙、丁不会出现在同一场景中同时出现

E. 同一场景中，若丁和戊出演购物者，则乙只可能出演外国游客

要点点评： 试题的难度在于已知条件仅给出大前提，并且这些大前提信息量较多，没有小前提，只能对选项逐项验证。

（2017，16）颜子、曾寅、孟申、荀辰申请一个中国传统文化建设项目。根据规定，该项目的主持人只能有一名，且在上述4位申请者中产生：包括主持人在内，项目组成员不能超过两位。另外，各位申请者在申请答辩时作出如下陈述：

（1）颜子：如果我成为主持人，将邀请曾寅或荀辰作为项目组成员；

（2）曾寅：如果我成为主持人，将邀请颜子或孟申作为项目组成员；

（3）荀辰：只有颜子成为项目组成员，我才能成为主持人；

（4）孟申：只有荀辰或颜子成为项目组成员，我才能成为主持人。

假定4人陈述都为真，关于项目组成员的组合，以下哪项是不可能的？

A. 孟申、曾寅　　B. 荀辰、孟申　　C. 曾寅、荀辰　　D. 颜子、孟申

E. 颜子、荀辰

要点点评： 已知条件都是假言命题,只有大前提,没有小前提,所以只能将选项逐项验证。

(2017,28)某民乐小组拟购买几种乐器,购买要求如下:

(1) 二胡、箫至多购买一种;

(2) 笛子、二胡和古筝至少购买一种;

(3) 箫、古筝、唢呐至少购买两种;

(4) 如果购买箫,则不购买笛子。

根据以上要求,可以得出以下哪项?

A. 至多购买了 3 种乐器　　　　B. 箫、笛子至少购买一种

C. 至少要购买 3 种乐器　　　　D. 古筝、二胡至少购买一种

E. 一定要购买唢呐

要点点评： 试题中的"至少""至多"引导的判断是或者判断,与假言判断等价,都是大前提。已知条件没有小前提,所以只能对选项逐项验证。

(2018,21)某次学术会议的主办方发出会议通知:只有论文通过审核才能收到会议主办方发出的邀请函,本次会议只欢迎有主办方邀请函的科研院所的学者参加。

根据以上通知,可以得出以下哪项?

A. 本次学术会议不欢迎论文没有通过审核的学者参加

B. 论文通过审核的学者都可以参加本次学术会议

C. 论文通过审核并持有主办方邀请函的学者,本次学术会议都欢迎其参加

D. 有些论文通过审核但未持有主办方邀请函的学者,本次学术会议欢迎其参加

E. 论文通过审核的学者有些不能参加本次学术会议

要点点评： 已知条件没有小前提,只能对选项逐项验证。在验证时,注意到已知条件"本次会议只欢迎有主办方邀请函的科研院所的学者参加"中的"只"字。

(2020,26)某街道的综合部,建设部,平安部和民生部四个部门,需要而安负责街道的秩序,安全,环境,协调等四项工作。每个部门负责其中的一项工作,各部门负责的工作各不相同。已知:

(1) 如果建设部负责环境或秩序,则综合部负责协调或秩序;

(2) 如果平安部负责环境或协调,则民生部负责协调或秩序。

根据以上信息,以下哪项工作安排是可能的?

A. 建设部负责环境,平安部负责协调　　B. 建设部负责秩序,民生部负责协调

C. 综合部负责安全,民生部负责协调　　D. 民生部负责安全,综合部负责秩序

E. 平安部负责安全,建设部负责秩序

要点点评： 由于没有小前提,只能逐项验证,在验证时注意四个部门和四项工作是一一对应的关系。

3. X 类推理

题干已知条件有大前提,事实上给出了小前提,但是考生可能看不出小前提,无法将大、小前提结合而进行正确推理。X 类试题包括两类,一类是小前提通过数字或者其他条件隐含地给出,考生没有发现。另一类是二难推理形式。

二难推理具有多种形式,考试重点主要是以下两种形式:

基本形式:

如果 p,则 q;

如果非 p,则 q;

所以,q 一定成立。

例如,如果交通畅通,那么老张将按时到会;如果交通拥堵,老张会提前出发,也将按时到会;所以,老张将按时到会。

一般形式:

如果 p,则 q;

如果 r,则 s;

又,p 或者 r;

所以,q 或 s 一定成立。

例如,如果周一下雨,那么晚会取消;如果周一晴天,那么晚会在操场举行。又,周一或者下雨或者晴天。所以,晚会或者取消,或者在操场举行。

上述二难推理在解题中形成特定的思路:分别假设两种可能性,从两种可能性中进行推理,得出相应的结论。

X 类推理在考试中较难,考生需要反复练习,具备充分经验,这样在解答此类试题才能游刃有余。下面是历年的一些典型真题。

(2010,11)太阳风中的一部分带电粒子可以到达 M 星表面,将足够的能量传递给 M 星表面粒子,使后者脱离 M 星表面,逃逸到 M 星大气中。为了判定这些逃逸的粒子,科学家们通过 3 个实验获得了如下信息:

实验一:或者是 x 粒子,或者是 y 粒子;

实验二:或者不是 y 粒子,或者不是 z 粒子;

实验三:如果不是 z 粒子,就不是 y 粒子。

根据上述 3 个实验,以下哪项一定为真?

A. 这种粒子是 x 粒子　　　　　　　B. 这种粒子是 y 粒子

C. 这种粒子是 z 粒子　　　　　　　D. 这种粒子不是 x 粒子

E. 这种粒子不是 z 粒子

要点点评: 实验二和实验三都是关于 x 粒子和 y 粒子的关系,两者结合构成二难推理形式。

(2014,19)某国大选在即,国际政治专家陈研究员预测,选举结果或者是甲党控制政府,或者是乙党控制政府。如果甲党赢得对政府的控制权,该国将出现经济问题;如果乙党赢得对政府的控制权,该国将陷入军事危机。

根据陈研究员上述预测,可以得出以下哪项?

A. 该国可能不会出现经济问题,也不会陷入军事危机

B. 如果该国出现经济问题,那么甲党赢得了对政府的控制权

C. 该国将出现经济问题,或者将陷入军事危机

D. 如果该国陷入了军事危机,那么乙党赢得了对政府的控制权

E. 如果该国出现了经济问题并且陷入了军事危机,那么甲党与乙党均赢得了对政府的控制权

> **要点点评:** 二难推理,A→B;C→D;又 A 或者 C。结论即"B 或者 D"。

(2014,12)某公司年度审计期间,审计人员发现一张发票,上面有赵义、钱仁礼、孙智、李信 4 个签名,签名者的身份各不相同,是经办人,复核,出纳或审批领导之中的一个,且每个签名都是本人所签。询问 4 位相关人员,得到以下回答:

赵 义:"审批领导的签名不是钱仁礼。"

钱仁礼:"复核的签名不是李信。"

孙 智:"出纳的签名不是赵义。"

李 信:"复核的签名不是钱仁礼。"

已知上述每个回答中,如果提到的人是经办人,则该回答为假,如果提到的人不是经办人,则为真。根据以上信息,可以得出经办人是:

A. 赵义   B. 钱仁礼   C. 孙智   D. 李信

E. 无法确定

(2014,13)题干同上,根据以上信息,该公司的复核和出纳分别是:

A. 李信、赵义   B. 孙智、赵义

C. 钱仁礼、李信   D. 赵义、钱仁礼

E. 孙智、李信

> **要点点评:** 首先理解问题中的"如果提到的人是经办人,则该回答为假,如果提到的人不是经办人,则为真"的涵义,在此基础上,分别假设各人所提到的人"是经办人"和"不是经办人"两种可能性。

(2018,28)某国拟在甲乙丙丁戊己 6 种农作物里面进口几种,用于该国庞大的动物饲料产业,考虑到一些农作物可能会有违禁成分,以及它们之间存在的互补或可替代因素,该国对进口这些农作物有如下要求:

(1) 它们当中不含违禁成分的都进口;(2) 如果甲或乙有违禁成分,就进口戊和己;(3) 如果丙含有违禁成分,那么丁就不进口了;如果进口戊,就进口乙和丁;(4) 如果不进口丁,就进口丙;如果进口丙,就不进口丁。

根据上述要求,以下哪项所列的农作物是该国可以进口的?

A. 甲、乙、丙   B. 乙、丙、丁   C. 甲、戊、己   D. 甲、丁、己

E. 丙、戊、己

要点点评：　条件(3)和(4)都涉及丙和丁的关系,两者结合可以构成二难推理形式。

↗ (2019,6)某单位拟派遣3名德才兼备的干部到西部山区进行精准扶贫。报名者踊跃,经过考察,最终确定了陈甲、傅乙、赵丙、邓丁、刘戊、张己6名候选人。根据工作需要,派遣还需要满足以下条件:

(1) 若派遣陈甲,则派遣邓丁但不派遣张己;

(2) 若傅乙、赵丙至少派遣1人,则不派遣刘戊。

如果陈甲、刘戊至少派遣1人,则可以得出以下哪项?

A. 派遣刘戊　　　　B. 派遣赵丙　　　　C. 派遣陈甲　　　　D. 派遣傅乙

E. 派遣邓丁

要点点评：　既然陈甲、刘戊至少派遣1人,分别假设"派遣陈甲"和"派遣刘戊"。

↗ (2019,12)某市音乐节设立了流行、民谣、摇滚、民族、电音、说唱、爵士这7大类的奖项评选。在入围提名中,已知:

(1) 至少有6类入围;

(2) 流行、民谣、摇滚中至多有2类入围;

(3) 如果摇滚和民族类都入围,则电音和说唱中至少有一类没有入围。

根据上述信息,可以得出以下哪项?

A. 流行类没有入围　　　　　　　　B. 民谣类没有入围

C. 摇滚类没有入围　　　　　　　　D. 爵士类没有入围

E. 电音类没有入围

要点点评：　从已知条件表面上看没有小前提,但是从(1)可知:仅一类没有入围;从(2)可知:没有入围的在流行、民谣和摇滚中,即"电音和说唱都入围了",这是隐藏的小前提。

↗ (2019,16)某地人才市场招聘保洁、物业、网管、销售等4种岗位的从业者,有甲、乙、丙、丁4位年轻人前来应聘。事后得知,每人只能选择一种岗位应聘,且每种岗位都有其中一人应聘。另外,还知道:

(1) 如果丁应聘网管,那么甲应聘物业;

(2) 如果乙不应聘保洁,那么甲应聘保洁且丙应聘销售;

(3) 如果乙应聘保洁,那么丙应聘销售并且丁也应聘保洁。

根据以上陈述,可以得出以下哪项?

A. 甲应聘网管岗位　　　　　　　　B. 丙应聘保洁岗位

C. 甲应聘物业岗位　　　　　　　　D. 乙应聘网管岗位

E. 丁应聘销售岗位

要点点评：　表面上已知条件中并没有小前提,但是"每人只能选择一种岗位应聘和每种岗位都有其中一人应聘"这一规定隐藏着小前提。

(2019,22)某大学读书会开展"一月一书"活动。读书会成员甲乙丙丁戊5人在《论语》《史记》《唐诗三百首》《奥德赛》《资本论》中各选一种阅读,互不重复。已知:

(1) 甲爱读历史,会在《史记》和《奥德赛》中选一本;

(2) 乙和丁只爱中国古代经典,但现在都没有读诗的心情;

(3) 如果乙选《论语》,则戊选《史记》。

事实上,每个人读选了自己喜爱的书。根据以上信息,可以得出哪项?

A. 甲选《史记》　　　　　　　　　　B. 乙选《奥德赛》

C. 丙选《唐诗三百首》　　　　　　　D. 丁选《论语》

E. 戊选《资本论》

要点点评: 表面上没有小前提,但是条件(2)说明"乙和丁选择的是《史记》和《论语》",即"戊没有选《史记》",这是隐藏的小前提。

(2020,4)某公司为员工免费提供菊花、绿茶、红茶、咖啡和大麦茶5种饮品。现有甲、乙、丙、丁、戊5为员工,他们每人都只喜欢其中的2种饮品,且每种饮品都只有2人喜欢,已知:

(1) 甲和乙喜欢菊花茶,且分别喜欢绿茶和红茶中的一种,

(2) 丙和戊分别喜欢咖啡和大麦茶中的一种,

根据上述信息,可以得出以下哪项?

A. 甲喜欢菊花茶和绿茶　　　　　　B. 乙喜欢菊花茶和红茶

C. 丙喜欢红茶和咖啡　　　　　　　D. 丁喜欢咖啡和大麦茶

E. 戊喜欢绿茶和大麦茶

要点点评: 由于题干仅给出大前提,没有小前提,而选项也没有小前提都是确定的结论,因此必须考虑隐藏的小前提。数字是关键!"每种饮品都只有2人喜欢","咖啡和大麦茶"目前条件仅有一人喜欢。

(2020,6)"立春""春分""立夏""夏至""立秋""秋分""立冬""冬至"是我国二十四中的八个节气;"凉风""广莫风""明庶风""条风""清明风""景风""阊阖风""不周风"是八种节风。上述八个节气与八种节风之间一一对应。已知:

(1) "立秋"对应"凉风";

(2) "冬至"对应"不周风""广莫风"之一;

(3) 若"立夏"对应"清明风",则"夏至"对应"条风"或者"立冬"对应"不周风";

(4) 若"立夏"不对应"清明风"或者"立春"不对应"条风",则"冬至"对应"明庶风";

根据上述信息,可以得出以下哪项?

A. "秋分"不对应"明庶风"　　　　　B. "立冬"不对应"广莫风"

C. "夏至"不对应"景风"　　　　　　D. "立夏"不对应"清明风"

E. "春分"不对应"阊阖风"

(2020,7)若"春分"和"秋分"两节气对应的节风在"明庶风"和"阊阖风"之中,则可以得

出以下哪项?

A."春分"对应"阊阖风"　　　　　　B."秋分"对应"明庶风"

C."立春"对应"清明风"　　　　　　D."冬至"对应"不周风"

E."夏至"对应"景风"

要点点评: 试题看起来很难,但是由于条件(3)(4)是大前提,因此解题方向便是寻找与之结合的小前提。

(2020,17)某单位拟在椿树、枣树、楝树、雪松、银杏、桃树等选择 4 中栽种在庭院中,已知:

(1) 椿树、枣树至少种植一种:

(2) 如果种植椿树,则种植楝树但不种植雪松;

(3) 如果种植枣树,则种植雪松但不种植银杏;

如果庭院中种植银杏,则以下哪项是不可能的?

A. 种植椿树　　　B. 种植楝树　　　C. 不种植枣树　　　D. 不种植雪松

E. 不种植桃树

要点点评: 将条件(1)作为二难推理的两个前提分别与(2)(3)结合推理。

假言推理除了上述直接推导结论以外,还可以假设题、削弱加强题、评价题和结构比较题等形式出现,尽管其解题的规则是相同的,但相同解题规则的应用是灵活而广泛的。下面是历年真题中假言推理其他类型的试题。

(2010,6)湖队是不可能进入决赛的。如果湖队进入决赛,那么太阳就从西边出来了。

以下哪项与上述论证方式最相似?

A. 今天天气不冷。如果冷,湖面怎么结冰了

B. 语言是不能创造财富的。若语言能够创造财富,则夸夸其谈的人就是世界上最富有的了

C. 草木之生也柔脆,其死也枯槁。故坚强者死之徒,柔弱者生之徒

D. 天上是不会掉馅饼的。如果你不相信这一点,那上当受骗是迟早的事

E. 古典音乐不流行。如果流行,那就说明大众的音乐欣赏水平大大提高了

要点点评: 推理结构比较,不仅要理解题干推理结构是:大前提 A→B,还要理解题干隐含着"非 B",即"太阳从西边出来是不可能的"。

(2011,26)某公司总裁曾经说过:"当前任总裁批评我时,我不喜欢那感觉,因此,我不会批评我的继任者。"

以下哪项最可能是该总裁上述言论的假设?

A. 当遇到该总裁批评时,他的继任者和他的感觉不完全一致

B. 只有该总裁的继任者喜欢被批评的感觉,他才会批评继任者

C. 如果该总裁喜欢被批评,那么前任总裁的批评也不例外

D. 该总裁不喜欢批评他的继任者,但喜欢批评其他人

E. 该总裁不喜欢被前任总裁批评,但喜欢被其他人批评

要点点评: 这是假设题,从前提"不喜欢"推出结论"不批评",所以补充大前提"不喜欢→不批评"。

(2013,28)专业人士预测:如果粮食价格保持稳定,那么蔬菜价格也将保持稳定,如果食用油价格不稳,那么蔬菜价格也将出现波动。老李由此断定:粮食价格将保持稳定,但是肉类食品价格将上涨。

根据上述专业人士的预测,以下哪项如果为真,最能对老李的观点提出质疑?

A. 如果食用油价格稳定,那么肉类食品价格将会上涨

B. 如果食用油价格稳定,那么肉类食用品价格不会上涨

C. 如果肉类食品价格不上涨,那么食用油价格将会上涨

D. 如果食用油价格出现波动,那么肉类食品价格不会上涨

E. 只有食用油价格稳定,肉类食品价格才不会上涨

要点点评: 要从已知条件"粮价稳定→蔬菜价格稳定→食用油价格稳定"来反驳老李的观点"粮食价格稳定并且肉类食品价格上涨",即从已知条件补充某一命题得到老李观点的矛盾判断"食用油价格稳定→肉类食品价格不上涨"。

(2015,8)当企业处于蓬勃上升时期,往往紧张而忙碌,没有时间和精力去设计和修建"琼楼玉宇";当企业所有重要工作都已经完成,其时间和精力就开始集中在修建办公大楼上。所以一个企业的办公大楼设计得越完美,装饰越豪华,则该企业离解体时间就越近。当某个企业大楼设计和建造趋于完美之际,它的存在就逐渐失去意义,这就是所谓的"办公大楼法则"。

以下哪项为真,最质疑上述观点?

A. 一个企业如果将时间和精力都耗在修建办公大楼上,则对其他重要工作就投入不足了

B. 某企业办公大楼修建的美轮美奂,入住后该企业的事业蒸蒸日上

C. 建造豪华的办公大楼,往往会增加运营成本,损害其利益

D. 企业的办公大楼越破旧,该企业就越来越有活力和生机

E. 建造豪华办公大楼并不需要投入太多时间和精力

要点点评: 质疑题干的观点,可以将要质疑的观点概括为假言判断:只要办公大楼设计得越完美,那么企业离解体时间就越近,对该观点的削弱就是寻找其矛盾判断。

(2016,22)许多人不仅不理解别人,而且也不理解自己,尽管他们可能曾经试图理解别人,但这样的努力注定会失败,因为不理解自己的人是不可能理解别人的。可见,那些缺乏自我理解的人是不会理解别人的。

以下哪项最能说明上述论证的缺陷?

A. 使用了"自我理解"概念,但并未给出定义

B. 没有考虑"有些人不愿意理解自己"这样的可能性

C. 没有正确把握理解别人和理解自己之间的关系

D. 结论仅仅是对其论证前提的简单重复

E. 间接指责人们不能换位思考,不能相互理解

要点点评: 分析推理的前提和结论会发现,前提和结论都是"不理解自己就不能理解别人"(A→B)。

(2017,15)甲:己所不欲,勿施于人。乙:我反对。己所欲,则施于人。

以下哪项与上述对话方式最为相似?

A. 甲:人非草木,孰能无情? 乙:我反对。草木无情,但人有情

B. 甲:人不犯我,我不犯人。乙:我反对。人若犯我,我就犯人

C. 甲:人无远虑,必有近忧。乙:我反对。人有远虑,亦有近忧

D. 甲:不在其位,不谋其政。乙:我反对。在其位,则行其政

E. 甲:不入虎穴,焉得虎子。乙:我反对。如得虎子,必入虎穴

要点点评: 推理结构比较,不仅要注意题干中乙反驳在形式上特点,还要注意概念的辨析以排除干扰选项。

(2018,9)刀不磨要生锈,人不学要落后。所以,如果不想落后,就应该多磨刀。

以下哪项与上述论证方式最为相似?

A. 妆未梳成不见客,不到火候不揭锅。所以,如果揭了锅,就应该是到了火候

B. 兵在精而不在多,将在谋而不在勇。所以,如果想获胜,就应该兵精将勇

C. 马无夜草不肥,人无横财不富。所以,如果你想富,就应该让马多吃夜草

D. 金无足赤,人无完人。所以,如果你想做完人,就应该有真金

E. 有志不在年高,无志空活百岁。所以,如果你不想空活百岁,就应该立志

要点点评: 推理结构比较,已知推理包含假言判断,并且在推理的结论和前提中,假言判断的充分条件被混淆了。

(2020,28)学问的本来意义与人的生命、生活有关,但是如果学问成为口号或者教条,就会失去其本来的意义,因此,任何学问都不应该成为口号或教条。

以下哪项与上述论证方式最为相似?

A. 椎间盘是没有血液循环的组织,但是如果要确保其功能正常运转,就需依靠其周围流过的血液提供养分,因此,培养功能正常运转的人工椎间盘应该很困难

B. 大脑会改编现实经历,但是如果大脑只是存储现实经历的文件柜,就不会对其进行改编,因此大脑不应该只是存储现实经历的文件柜

C. 人工智能应该可以判断黑猫和白猫都是猫。但是,如果人工智能不预先"消化"大量照片,就无从判断黑猫和白猫都是猫。因此,人工智能必须预先"消化"大量照片

D. 机器人没有人类的弱点和偏见。但是,只有数据得到正确采集和分析,机器人才不会"主观臆断"。因此,机器人应该也有类似的弱点和偏见

E. 历史包含必然性。但是,如果坚信历史只包含必然性,就会阻止我们用不断积累的

历史数据去证实或证伪它。因此,历史不应该只包含必然性

要点点评: 分析题干的推理结构为"A,如果 B,那么非 A,所以非 B",寻找类似的结构。

假言推理还可以应用于综合推理题之中。这种试题或者是将假言命题作为排序、组合的条件,或者是将假言命题与数字、简单命题结合,进行多步骤的推理。假言推理在这方面的应用本书统一放在下面"综合推理"内容中进行讲解。

归纳推理是从个别到一般的推理。其特点是归纳推理得出的结论是一般性结论,由于前提往往不能穷尽各种情况,所以,归纳出的结论只能是"最合适的"而未必是"真的"。

例如:金导电,银导电,铜导电,铁导电。由于金、银、铜、铁都是金属,所以,金属都导电。

这一论证得到的结论"金属都导电"既是一般性结论,也是可能为假的结论。

有关归纳的逻辑知识往往并不直接应用于解题,归纳一般与"概括"相联系。"概括"即题干是一段文字或者对话,考生在阅读理解题干的基础上,将文字或者对话的"中心思想"理解并据此在选项中做出正确选择。

相对而言,"概括"型试题相对较难,尤其以对话形式为题干的试题更是如此。这时候,要求通过上下文的阅读进行合理总结。这一类试题更多的是考查考生的阅读理解能力和文字归纳能力。在对一段文字或者对话进行概括时,以下四个经验是值得关注的:

第一,概括的结论一定要就事论事,不要走题、跑题。

第二,概括的结论不能偏激,所谓偏激,就是答案中有"只能""必然"等词时,这样的答案是偏激的,往往属于干扰选项。

第三,如果概括的答案是一种比较,那么比较一定要有根据,不能无根据地比较。

第四,概括出的结论必须是在对五个选项都阅读理解后,经过比较得出的"最合适"的选项。如果没有把选项读完,答案就未必是最合适的。

涉及归纳、概括的试题在近年来管理类联考中越来越少,考生可以不必作为重点。以下是历年关于归纳推理这一考点的一些典型真题。

(2016,5)赵明与王洪都是某高校辩论协会成员,在为今年华语辩论赛招募新队员问题上,两人发生了争执:

赵明:我们一定要选拔喜爱辩论的人,因为一个人只有喜爱辩论,才能投入精力和时间研究辩论并参加辩论比赛。

王洪:我们招募的不是辩论爱好者,而是能打硬仗的辩手,无论是谁,只要能在辩论赛中发挥应有的作用,他就是我们理想的人选。

以下哪项最可能是两人争论的焦点?

A. 招募的标准是从现实出发还是从理想出发

B. 招募的目的是研究辩论规律还是培养实战能力

C. 招募的目的是为了培养新人还是赢得比赛

D. 招募的标准是对辩论的爱好还是辩论的能力

E. 招募的目的是为了集体荣誉还是满足个人爱好

要点点评： 争论的焦点是"招募目标"和"招募标准"，同时考虑两个的观点而不是仅考虑一个人的观点。

(2017,10)王研究员：我国政府提出的"大众创业，万众创新"激励着每一个创业者。对于创业者来说，最重要的是需要一种坚持精神。不管在创业中遇到什么困难，都要坚持下去。

李教授：对于创业者来说，最重要的是要敢于尝试新技术。因为有些新技术一些大公司不敢轻易尝试，这就为创业者带来了成功的契机。

根据以上信息，以下哪项最准确地指出了王研究员与李教授的分歧所在？

A. 最重要的是敢于迎接各种创业难题的挑战，还是敢于尝试那些大公司不敢轻易尝试的新技术

B. 最重要的是坚持创业，有毅力有恒心把事业一直做下去，还是坚持创新，做出更多的科学发现和技术发明

C. 最重要的是坚持把创业这件事做好，成为创业大众的一员，还是努力发明新技术，成为创新万众的一员

D. 最重要的是需要一种坚持精神，不畏艰难，还是要敢于尝试新技术，把握事业成功的契机

E. 最重要的是坚持创业，敢于成立小公司，还是尝试新技术，敢于挑战大公司

要点点评： 归纳后两人的观点分别是"坚持"和"尝试新技术"。

(2019,18)甲：上周去医院，给我看病的医生竟然还在抽烟。乙：所有抽烟的医生都不关心自己的健康，而不关心自己健康的人也不会关心他人的健康。甲：是的，不关心他人健康的医生没有医德。我今后再也不会让没有医德的医生给我看病了。

根据上述信息，以下除了哪项，其余各项均可得出？

A. 甲认为他不会再找抽烟的医生看病

B. 乙认为上周给甲看病的医生不会关心乙的健康

C. 甲认为上周给他看病的医生不会关心医生自己的健康

D. 甲认为上周给他看病的医生不关心甲的健康

E. 乙认为上周给甲看病的医生没有医德

要点点评： 涉及"医德"的内容是甲最后提出的，乙的话对此并没有涉及。

类比推理是从个别到个别的推理过程，其特点是结论是个别的并且也未必真而仅是最合适的结论。例如，火星和地球与太阳的距离大致相同，火星半径与地球半径类似，自转和公转周期类似，并且具有相似的大气层；地球上具有生物，所以，火星上很可能具有生物。

具体来说，类比包括由此及彼和由古及今(由近及远)两种。前者如：北京是这样，所以上海也应当是这样；后者如：中国从古至今上下尊卑一贯如此，所以，中国未来也必将有上下尊卑。

类比推理知识直接作为考点的试题不多，但是每年都有以结构比较试题，并且这一类试题每年基本上都不少于2题，考生在解答这种比较试题时，对于前面概念、演绎推理的相关

知识也必须能熟练应用。前面已经介绍过假言推理结构比较试题,下面是一些假言推理以外的历年典型结构比较真题。

(2012,20)我国著名地质家李四光,在对东北的地质结构进行了长期、深入的调查研究后发现,松辽平原的地质结构与中亚细亚极其相似。他判断,既然中亚细亚蕴藏大量的石油,那么松辽平原很可能也蕴藏着大量石油。后来,大庆油田的开发证明了李四光的推断是对的。

以下哪项与李四光的推理方式相似?

A. 他山之石,可以攻玉

B. 邻居买彩票中了大奖,小张受此启发,也买了体育体彩,结果没有中奖

C. 某乡镇领导在考察了荷兰等国的花卉市场后认为要大力发展规模经济,回来后组织全乡镇种大葱,结果导致大葱严重滞销

D. 每到炎热的夏季,许多商店腾出一块地方卖羊毛衫、长袖衬衣、冬靴等冬令商品,进行反季节销售,结果都很有市场。小王受此启发,决定在冬季种植西瓜。

E. 乌兹别克地区盛产长绒棉。新疆塔里木河流域与乌兹别克地区在日照情况、霜期长短、气温高低、降雨量等方面均相似,科研人员受启发,将长绒棉移植到塔里木河流域,果然获得了成功

要点点评: 类比推理建立因果关系,并且所建立的因果关系还被证明为真。

(2013,2)公司经理:我们招聘人才时最看重的是综合素质和能力,而不是分数。人才招聘中,高分低能者并不鲜见,我们显然不希望招到这样的"人才"。从你的成绩单可以看出,你的学业分数很高,因此我们有点怀疑你的能力和综合素质。

以下哪项和经理得出结论的方式最为类似?

A. 公司管理者并非都是聪明人,陈然不是公司管理者,所以陈然可能是聪明人

B. 闪光的物体并非都是金子,考古队挖到了闪闪发光的物体,所以考古队挖到的可能不是金子

C. 猫都爱吃鱼,没有猫患近视,所以吃鱼可以预防近视

D. 人的一生中健康开心最重要,名利都是浮云,张立名利双收,所以很有可能张立并不开心

E. 有些歌手是演员,所有的演员都很富有,所以有些歌手可能不是很富有

要点点评: 三段论结构比较,注意判断的性质和范围即可。

(2014,2)李栋善于辩论,也喜欢论辩。又一次他论证道:"郑强知道数字 87654321,陈梅家的电话正好是 87654321,所以郑强知道陈梅家的电话号码。"

以下哪项与李栋论证中所犯的错误最为类似?

A. 中国人是勤劳勇敢的,李岚是中国人,所以李岚是勤劳勇敢的

B. 金砖是由原子构成的,原子不是肉眼可见的,所以金砖不是肉眼可见的

C. 黄兵相信晨星在早晨出现,而晨星其实就是暮星,所以黄兵相信暮星在早晨出现

D. 张冉知道如果 1∶0 的比分保持到终场,他们的队伍就出线了,现在张冉听到了终场比赛结束的哨声,所以张冉知道他们的队伍出线了

E. 所有蚂蚁都是动物,所以所有大蚂蚁都是大动物

要点点评: 知道"某数字"不等于就知道了"该数字是某人的电话号码"。

(2015,19)研究人员将角膜感觉神经断裂的兔子分为两组,实验组和对照组。他们给实验组兔子注射了一种从土壤霉菌中提取的化合物。3周后检查发现,实验组兔子的角膜感觉神经已经复合,而对照组兔子未注射这种化合物,其角膜感觉神经都没有复合。研究人员由此得出结论:该化合物可以使兔子断裂的角膜感觉神经复合。

以下哪项与上述研究人员得出的结论的方式最为类似?

A. 一个整数或者是偶数,或者是奇数

B. 绿色植物在光照充足的环境下能茁壮成长,而在光照不足的环境下只能缓慢生长。所以,光照有助于绿色植物生长

C. 年逾花甲的老王戴上老花镜可以读书看报,不戴则视力模糊。所以年龄大的人都要戴老花镜

D. 科学家在北极冰川地区的黄雪中发现了细菌,而该地区的寒冷气候与木卫的冰冷环境有着惊人的相似。所以木卫可能存在生命

E. 昆虫都有三对足,蜘蛛并非三对足。所以蜘蛛不是昆虫

要点点评: 通过有 A 有 B,无 A 无 B,建立因果关系。

(2017,21)甲:只有加强知识产权保护,才能推动科技创新。乙:我不同意。过分强化知识产权保护,肯定不能推动科技创新。

以下哪项与上述反驳方式最为类似?

A. 妻子:孩子只有刻苦学习,才能取得好成绩。丈夫:也不尽然。学习光知道刻苦而不能思考,也不一定会取得好成绩

B. 母亲:只有从小事做起,将来才有可能做成大事。孩子:老妈,你错了。如果我们每天只是做小事,将来肯定做不成大事

C. 老板:只有给公司带来回报,公司才能给他带来回报。员工:不对呀。我上月帮公司谈成一笔大业务,可是只得到1%的奖励

D. 老师:只有读书,才能改变命运。学生:我觉得不是这样。不读书,命运会有更大的改变

E. 顾客:这件商品只有价格再便宜些,才会有人来买。商人:不可能。这件商品如果价格再便宜一些,我就要去喝西北风了

要点点评: 题干中乙对甲的反驳,将"加强知识产权保护"偷换成"过分强化知识产权保护",并且结论还很确定。

(2018,17)甲:读书最重要的目的是增长知识、开阔视野。乙:你只见其一,不见其二。读书最重要的是陶冶性情、提升境界。没有陶冶性情、提升境界,就不能达到读书的真正目的。

以下哪项与上述反驳方式最为相似?

A. 甲:文学创作最重要的是阅读优秀文学作品。乙:你只见现象,不见本质。文学创

作最重要的是观察生活、体验生活。任何优秀的文学作品都来源于火热的社会生活

B. 甲：做人最重要的是讲信用。乙：你说的不全面。做人最重要的是要遵纪守法。如果不遵纪守法,就没法讲信用

C. 甲：作为一部优秀的电视剧,最重要的是能得到广大观众的喜爱。乙：你只见其表,不见其里。电视剧最重要的是具有深刻寓意与艺术魅力。没有深刻寓意与艺术魅力,就不能成为优秀的电视剧

D. 甲：科学研究最重要的是研究内容的创新。乙：你只见内容,不见方法。科学研究最重要的是研究方法的创新。只有实现研究方法的创新,才能真正实现研究内容的创新

E. 甲：一年中最重要的季节是收获的秋天。乙：你只看结果,不问原因。一年中最重要的季节是播种的春天。没有春天的播种,哪来秋天的收获

要点点评：对于"X 重要的是 Y"采取的反驳是：X 最重要的是 Z,如果没有 Z 就没有 X。

(2018,26) 甲：知难行易,知然后行。乙：不对,知易行难,行然后知。

以下哪项与上述对话方式最为相似?

A. 甲：知人者智,自知者明。乙：不对,知人者易,知己者难

B. 甲：不破不立,先破后立。乙：不对,不立不破,先立后破

C. 甲：想想容易做起来难,做比想要更重要。乙：不对,想到就能做到,想比做更重要

D. 甲：批评他人易,批评自己难;先批评他人后批评自己。乙：不对,批评自己易,批评他人难。先批评自己后批评他人

E. 甲：做人难做事易,先做人再做事。乙：不对,做人易做事难,先做事再做人

要点点评：两人对话的结构都是"A 比 B 困难,并且先做困难的"。

在 2013 年管理类联考考试大纲中,新增一节"综合推理"。这类试题特点是条件较多,近年来每年考试至少都有两题。一般情况下,综合推理试题一个题干问出几个关联性问题,考生在解答这类试题时,时间把握上会倍感压力。

综合推理可以根据已知条件分为：① 含有假言判断作为前提的综合推理;② 一般分组、排序、组合和对应的综合推理。①类试题,由于已知条件中含有假言判断,所以解题的基本规则仍然是三段论和假言推理规则,但可能涉及一些特殊的解题技巧,如条件带入法,特殊值法,列表法等;②类试题作为一般意义的分组、排序、组合和对应,考生在解答时要关注已知条件中的数字,学会对已知条件中的要素关系进行特殊标注以及在必要时对相应条件进行列表。

下面是一些典型的历年综合推理真题。

(2013,3) 某省大力发展旅游产业,目前已经形成东湖、西岛、南山 3 个旅游景点,每处景点都有 2 日游、3 日游、4 日游 3 种线路。李明、王刚、张波将赴上述 3 地进行 9 日游。每个人都设计了各自的旅游计划。后来发现,每处景点他们 3 人都选择了不同的线路,李明赴东湖的计划天数与王刚赴西岛的计划天数相同。李明赴南山的计划是 3 日游,王刚赴南山的计划是 4 日游。

根据以上陈述,可以得出以下哪项?

A. 张波计划东湖 3 日游,李明计划西岛 4 日游

B. 张波计划东湖 4 日游,王刚计划西岛 3 日游

C. 王刚计划东湖 3 日游,张波计划西岛 4 日游

D. 李明计划东湖 2 日游,王刚计划西岛 3 日游

E. 李明计划东湖 2 日游,王刚计划西岛 2 日游

要点点评：　在阅读理解的基础上,列表。

(2013,21)在东海大学研究生会举办的一次中国象棋比赛中,来自经济学院,管理学院,哲学学院,数学学院和化学学院的 5 名研究生(每学院 1 名)相遇在一起,有关甲、乙、丙、丁、戊 5 名研究生之间的比赛信息满足以下条件:

(1) 甲仅与 2 名选手比赛过。

(2) 化学学院的选手和 3 名选手比赛过。

(3) 乙不是管理学院的,也没有和管理学院的选手对阵过。

(4) 哲学学院的选手和丙比赛过。

(5) 管理学院、哲学学院、数学学院的选手相互都交过手。

(6) 丁仅与 1 名选手比赛过。

根据以上条件,请问丙来自哪个学院?

A. 哲学学院　　　　B. 管理学院　　　　C. 经济学院　　　　D. 化学学院

E. 数学学院

要点点评：　二维五元对应,列表计算。注意解题时间,学会放弃。

(2014,28)孔智、孟睿、荀慧、庄聪、墨灵、韩敏等 6 人组成一个代表队参加某次棋类大赛。其中两人参加围棋比赛,两人参加中国象棋比赛,还有两人参加国际象棋比赛。有关他们具体参加比赛项目的情况还需满足以下条件:

(1) 每位选手只能参加一个比赛项目;

(2) 孔智参加围棋比赛,当且仅当,庄聪和孟睿都参加中国象棋比赛;

(3) 如果韩敏不参加国际象棋比赛,那么墨灵参加中国象棋比赛;

(4) 如果荀慧参加中国象棋比赛,那么庄聪不参加中国象棋比赛;

(5) 荀慧和墨灵至少有一人不参加中国象棋比赛。

如果荀慧参加中国象棋比赛,那么可以得出以下哪项?

A. 庄聪和墨灵都参加围棋比赛　　　　B. 孟睿参加围棋比赛

C. 孟睿参加国际象棋比赛　　　　　　D. 墨灵参加国际象棋比赛

E. 韩敏参加国际象棋比赛

(2014,29)题干同上,如果庄聪和孔智参加相同的比赛项目,且孟睿参加中国象棋比赛,那么可以得出以下哪项?

A.墨灵参加国际象棋比赛　　　　　　B.庄聪参加中国象棋比赛

C.孔智参加围棋比赛   D.荀慧参加围棋比赛

E.韩敏参加中国象棋比赛

(2014,30)题干同上,根据题干信息,以下哪项可能为真?

A. 庄聪和韩敏参加中国象棋比赛   B. 韩敏和荀慧参加中国象棋比赛

C. 孔智和孟睿参加围棋比赛   D. 墨灵和孟睿参加围棋比赛

E. 韩敏和孔智参加围棋比赛

要点点评: 试题已知条件给出若干大前提,如果有小前提,就以此作为解题的起点;如果没有小前提,只能对选项逐项验证。

(2015,13)天南大学准备派2名研究生、3名本科生到山村小学支教。经过个人报名和民主决议,最终人选将在研究生赵婷、唐玲和殷倩等3人和本科生周艳、李环、文琴、徐昂、朱敏等5人中产生。按规定同一学院或者同一社团至多选派一人。已知:

(1)唐玲和朱敏均来自数学学院;

(2)周艳和徐昂均来自文学院;

(3)李环和朱敏均来自辩论协会。

根据上述条件,以下必定入选的是:

A. 文琴   B. 唐玲   C. 殷倩   D. 周艳

E. 赵婷

(2015,14)题干同上,如果唐玲入选,下面必定入选的是:

A. 赵婷   B. 殷倩   C. 周艳   D. 李环

E. 徐昂

要点点评: 学会在条件中进行标注,如唐玲(A)和朱敏(A),这样可以很清晰地看出两者的关系。

(2015,29)某高校数学、物理、化学、管理、文秘、法学等6个专业毕业生要就业,现有风云、怡和、宏宇三家公司前来学校招聘,已知,每家公司只招聘该校2至3个专业若干毕业生,且必须满足以下条件:

(1)招聘化学专业的也招聘数学专业;

(2)怡和公司招聘的专业,风云公司也招聘;

(3)只有一家公司招聘文秘专业,且该公司没有招聘物理专业;

(4)如果怡和公司招聘管理专业,那么也招聘文秘专业;

(5)如果宏宇公司没有招聘文秘专业,那么怡和公司招聘文秘专业。

如果只有一家公司招聘物理专业,那么可以得出以下哪项?

A. 风云公司招聘化学专业   B. 怡和公司招聘管理专业

C. 宏宇公司招聘数学专业   D. 风云公司招聘物理专业

E. 怡和公司招聘物理专业

(2015,30)题干同上,如果三家公司都招聘了三个专业若干毕业生,那么可以得出以下哪项?

A. 风云公司招聘化学专业　　　　B. 怡和公司招聘法学专业

C. 宏宇公司招聘化学专业　　　　D. 风云公司招聘数学专业

E. 怡和公司招聘物理专业

要点点评: 已知条件有大前提,要注意找出隐藏的以数字表示的小前提。

(2016,18)某皇家园林依中轴线布局,从前到后依次排列着七个庭院。这七个庭院分别以汉字"日""月""金""木""水""火""土"来命名。已知:

(1)"日"字庭院不是最前面的那个庭院;(2)"火"字庭院和"土"字庭院相邻;(3)"金""月"两庭院间隔的庭院数与"木""水"两庭院间隔的庭院数相同。

根据上述信息,下列哪个庭院可能是"日"字庭院?

A. 第一个庭院　　B. 第二个庭院　　C. 第四个庭院　　D. 第五个庭院

E. 第六个庭院

(2016,19)题干同上。如果第二个庭院是"土"字庭院,可以得出以下哪项?

A. 第七个庭院是"水"字庭院　　　　B. 第五个庭院是"木"字庭院

C. 第四个庭院是"金"字庭院　　　　D. 第三个庭院是"月"字庭院

E. 第一个庭院是"火"字庭院

要点点评: 要理解条件(3)的涵义,它表示"金""月""木""水"四间庭院是一个整体,需要占据连续的或者对称的四个位置。

(2016,29)江海大学的校园美食节开幕了,某女生宿舍有5人积极报名参加此项活动,她们的姓名分别为金燊、木心、水仙、火珊、土润。举办方要求,每位报名者只做一道菜品参加评比,但需自备食材。限于条件,该宿舍所备食材仅有5种:金针菇、木耳、水蜜桃、火腿和土豆,要求每种食材只能有2人选用,每人又只能选用2种食材,并且每人所选食材名称的第一个字与自己的姓氏均不相同。已知:

(1)如果金燊选水蜜桃,则水仙不选金针菇;

(2)如果木心选金针菇或土豆,则她也须选木耳;

(3)如果火珊选水蜜桃,则她也必须选木耳和土豆;

(4)如果木心选火腿,则火珊不选金针菇。

根据上述信息,可以得出以下哪项?

A. 金燊选用木耳、土豆　　　　B. 水仙选用金针菇、火腿

C. 土润选用金针菇、水蜜桃　　D. 火珊选用木耳、水蜜桃

E. 木心选用水蜜桃、土豆

(2016,30)题干同上。如果水仙选用土豆,则可以得出以下哪项?

A. 水仙选用木耳、土豆　　　　B. 火珊选用金针菇、土豆

C. 土润选用水蜜桃、火腿　　　D. 木心选用金针菇、水蜜桃

E. 金粲选用木耳、火腿

要点点评: 在具体推理时,已知条件给出了大前提,但同时需要注意"每人所选食材名称的第一个字与自己的姓氏均不相同"和数字规定的小前提。在第一问列表的基础上,第二问添加"水仙选用土豆"这一条件可以继续使用第一问的计算表格。

(2017,8)丰收公司邢经理需要在下个月赴湖北、湖南、安徽、江西、江苏、浙江、福建 7 省进行市场调研,各省均调研一次,他的行程需满足如下条件:

(1) 第一个或最后一个调研江西省;

(2) 调研安徽省的时间早于浙江省,在这两省的调研之间调研除了福建省的另外两省;

(3) 调研福建省的时间安排在调研浙江省之前或刚好调研完浙江省之后;

(4) 第三个调研江苏省。

如果邢经理首先赴安徽省调研,则关于他的行程,可以确定以下哪项?

A. 第二个调研湖北省   B. 第二个调研湖南省

C. 第五个调研福建省   D. 第五个调研湖北省

E. 第五个调研浙江省

要点点评: 在排序中,现将确定的第一、第三、第四和第七排好,然后将选项直接验证即可。

(2017,9)题干同上,如果安徽省是邢经理第二个调研的省份,则关于他的行程,可以确定以下哪项?

A. 第一个调研江西省   B. 第四个调研湖北省

C. 第五个调研浙江省   D. 第五个调研湖南省

E. 第六个调研福建省

要点点评: 对于确定的位置和相对位置使用不同的数字来标注。

(2017,22)某著名风景区有"妙笔生花""猴子观海""仙人晒靴""美人梳妆""阳关三叠""禅心向天"6 个景点。为方便游人,景区提示如下:

(1) 只有先游"猴子观海",才能游"妙笔生花";

(2) 只有先游"阳关三叠",才能游"仙人晒靴";

(3) 如果游"美人梳妆"就要先游"妙笔生花";

(4) "禅心向天"应第 4 个游览,之后才可游览"仙人晒靴"。

张先生按照上述提示,顺利游了上述 6 个景区。

根据上述信息,关于张先生的游览顺序,以下哪项不可能为真?

A. 第一个游览"猴子观海"   B. 第二个游览"阳关三叠"

C. 第三个游览"美人梳妆"   D. 第五个游览"妙笔生花"

E. 第六个游览"仙人晒靴"

要点点评: 确定和相对位置以不同的数字来标注。重点关注排序确定的"禅心向天",它是第 4 个游览,在它后面游览的有哪几个?

(2017,29)某影城将在"十一"黄金周 7 天(周一至周日)放映 14 部电影,其中有 5 部科幻片,3 部警匪片,3 部武侠片,2 部战争片,1 部爱情片。限于条件,影城每天放映两部电影,已知:

(1) 除科幻片安排在周四外,其余 6 天每天放映的两部电影都属于不同的类型;

(2) 爱情片安排在周日;

(3) 科幻片或武侠片没有安排在同一天;

(4) 警匪片和战争片没有安排在同一天。

根据以上信息,以下哪项两部电影不可能安排在同一天放映?

A. 警匪片和爱情片   B. 科幻片和警匪片

C. 武侠片和战争片   D. 武侠片和警匪片

E. 科幻片和战争片

(2017,30)题干同上,根据以上信息,如果同类影片放映日期连续,则周六可以放映的电影是哪项?

A. 科幻片和警匪片   B. 武侠片和警匪片

C. 科幻片和战争片   D. 科幻片和武侠片

E. 警匪片和战争片

要点点评: 3 部武侠片(A)和 3 部科幻片(B)不能在同一天放映,这意味着 A 和 B 一共要占据 6 个位置,A 和 B 的位置可以对调,但是 A 和 B 不能在同一天。

(2018,15)某海军部队有甲、乙、丙、丁、戊、己、庚 7 艘舰艇,拟组成两个编队出航,第一编队编列 3 艘舰艇,第二编队编列 4 艘舰艇,编列需满足以下条件:

(1) 舰艇己必须编列在第二编队;

(2) 戊和丙至多有一艘编列在第一编队;

(3) 甲和丙不在同一编队;

(4) 如果乙编列在第一编队,则丁也必须编列在第一编队。

如果甲在第二编队,则下列哪项中的舰艇一定也在第二编队?

A. 乙   B. 丙   C. 丁   D. 戊

E. 庚

(2018,16)题干同上,如果丁和庚在同一编队,则可以得出以下哪项?

A. 甲在第一编队   B. 乙在第一编队

C. 丙在第一编队   D. 戊在第二编队

E. 庚在第二编队

要点点评: 将条件标注在题干中,分属不同编队的舰艇标注不同的符号。

(2018,29)某校四位女生陈琳、张芳、王玉、杨虹和四位男生范勇、吕伟、赵虎、李龙进行中国象棋比赛。他们被安排在四张桌上,每桌一男一女对弈,四张桌从左到右分别记为 1、2、3、4 号,每对选手需要进行四局比赛,比赛规定:选手每胜一局得 2 分,和一局得 1 分,负一局得

0分。前三局结束时,按分差大小排列,四对选手的总积分分别是6∶0,5∶1,4∶2,3∶3。已知:

(1) 张芳跟吕伟对弈,杨虹在4号桌比赛,王玉的比赛桌在李龙比赛桌的右边;

(2) 1号桌的比赛至少有一桌是和局,4号桌的总积分不是4∶2;

(3) 赵虎前三局总积分并不领先他的对手,他们也没有下成过和局;

(4) 李龙已连输三局,范勇在前三局总积分上领先他的对手。

根据上述信息,前三局比赛结束时谁的总积分最高?

A. 杨虹　　　　　B. 陈琳　　　　　C. 范勇　　　　　D. 王玉

E. 张芳

(2018,30)题干同上,如果下列有位选手前三局均与对手下成和局,那么他(她)是谁?

A. 陈琳　　　　　B. 杨虹　　　　　C. 张芳　　　　　D. 范勇

E. 王玉

要点点评: 将确定对弈的男女选手直接在已知条件中进行标注。

(2019,11)有一个6×6的方阵,它所含的每个小方格中可填入一个汉字,已有部分汉字填入,现要求该方阵中的每行每列均含有礼、乐、射、御、书、数6个汉字,不能重复也不能遗漏。

根据上述要求,以下哪项是方阵底行5个空格中从左至右依次应填入的汉字?

	乐		御	书	
			乐		
射	御	书		礼	
	射			数	礼
御		数			射
					书

A. 数、礼、乐、射、御　　　　　　B. 乐、数、御、射、礼

C. 数、礼、乐、御、射　　　　　　D. 乐、礼、射、数、御

E. 数、御、乐、射、礼

要点点评: 尽管此题类似于"数独",但千万不能按部就班地按照"数独"的方法去计算,学会根据选项排除。

(2019,24)某食堂采购4类(各种蔬菜名称的后一个字相同,即为一类)共12种蔬菜:芹菜、菠菜、韭菜;青椒、红椒、黄椒;黄瓜、冬瓜、丝瓜;扁豆、毛豆、豇豆,并根据若干条件将其有分成3组,准备在早、中、晚三餐中分别使用。已知条件如下:

(1) 同一类别的蔬菜不在一组;

(2) 芹菜不能在黄椒那一组,冬瓜不能在扁豆那一组;

(3) 毛豆必须与红椒或韭菜同一组;

（4）黄椒必须与豇豆同一组。

根据以上信息,可以得出以下哪项?

A. 芹菜与豇豆不在同一组　　　　　B. 芹菜与毛豆不在同一组

C. 菠菜与扁豆不在同一组　　　　　D. 冬瓜与青椒不在同一组

E. 丝瓜与韭菜不在同一组

(2019,25)题干同上,如果韭菜、青椒与黄瓜在同一组,则可得出以下哪项?

A. 芹菜、红椒与扁豆在同一组　　　B. 菠菜、黄椒与豇豆在同一组

C. 韭菜、黄瓜与毛豆在同一组　　　D. 菠菜、冬瓜与豇豆在同一组

E. 芹菜、红椒与丝瓜在同一组

要点点评:　将三组菜标记为不同的符号,同组的菜、豆、椒以相同符号标注,不同组的以不同符号标注。

(2019,29)某园艺公司打算在如下形状的花圃中栽种玫瑰、兰花和菊花三个品种的花卉。该花圃的形状如下所示:

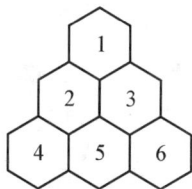

拟栽种的玫瑰有紫、红、白 3 种颜色,兰花有红、白、黄 3 种颜色,菊花有白、黄、蓝 3 种颜色。栽种需满足如下要求:

（1）每个六边形格子中仅栽种一个品种、一种颜色的花;

（2）每个品种只栽种两种颜色的花;

（3）相邻格子中的花,其品种与颜色均不相同。

若格子 5 中是红色的花,则以下哪项是不可能的?

A. 格子 1 中是白色的兰花　　　　　B. 格子 4 中是白色的兰花

C. 格子 6 中是蓝色的菊花　　　　　D. 格子 2 中是紫色的玫瑰

E. 格子 1 中是白色的菊花

(2019,30)题干同上,若格子 5 中是红色的玫瑰,且格子 3 中是黄色的花,则可以得出以下哪项?

A. 格子 4 中是白色的菊花　　　　　B. 格子 2 中是白色的菊花

C. 格子 6 中是蓝色的菊花　　　　　D. 格子 4 中是白色的兰花

E. 格子 1 中是紫色的玫瑰

要点点评:　要注意花的颜色和种类之间的关系。第一问中"红色的花",要注意没有菊花是红色的;第二问中,可以将已知条件填入相应的格子中验证。

(2020,29)某测试题共有 4 道题,每道题给出 A 、B、C、D 四个选项,其中只有一项是正确答案。现有张、王、赵、李 4 人参加了测试,他们的答案情况和测试结果如下:

答题者	第一题	第二题	第三题	第四题	测试结果
张	A	B	A	B	均不正确
王	B	D	B	C	只答对1题
赵	D	A	A	B	均不正确
李	C	C	B	D	只答对1题

根据以上信息,可以得出以下哪项?

A. 第二题的正确答案是 C   B. 第二题的正确答案是 D

C. 第三题的正确答案是 D   D. 第四题的正确答案是 A

E. 第四题的正确答案是 D

(2020,30)如果每道题的正确答案各不相同,则可以得出以下哪项?

A. 第一题的正确答案是 B   B. 第一题的正确答案是 C

C. 第二题的正确答案是 D   D. 第二题的正确答案是 A

E. 第三题的正确答案是 C

要点点评: 四人在第一题和第二题的答案上涉及所有选项,所以必有正确的答案。

论 证

题干给出一段议论文要求对题干给予削弱,加强,这是论证逻辑试题最常见的形式。对于论证进行分析包括以下 3 个步骤:

(1) 明确论证的论据和论点,考生在阅读过程中,最好养成标注论据和论点的习惯;

(2) 明确论据和论点是否涉及因果关系;

(3) 如果论据和论点涉及因果关系,明确论点属于原因还是属于结果? 如果论点属于原因,则论证是原因模式,将原因记为"A",简称"A 模式";如果论点属于结果,则论证是结果模式,将结果记为"B",简称"B 模式"。

在上述分析的基础上,加强削弱有以下典型的思路:

(1) 形式化加强削弱。在阅读试题时,如果发现题干或者选项中存在表示简单命题或者复合命题的关键词,例如"只有……才……""如果……则……"等,这时候考虑试题是否是形式化的加强削弱。题干如果是推理,那么对此加强削弱就是寻找出推理的前提,将该前提肯定就是加强,否定就是削弱。如果题干是一句命题,那么找到题干已知命题的矛盾命题就是对题干的削弱。形式化加强削弱解题所应用到的规则就是演绎推理规则和命题之间的矛盾关系,这一类试题,考生关注的重点就是关键词,不管关键词是在题干还是在选项中出现。

(2) 论证中论据和论点是否有关系? 在阅读题干时,考生快速分清表达论据和论点的命题,在进一步分析因果关系之前先思考论据和论点是不是有关系? 即论证尽管存在论据,但论据与所要证明的论点之间没有关系,对"论据不能证明论点"的说明是最强的削弱。

(3)论证中的因果关系是否存在? 论证一般情况下都与因果关系相联系,无论论证的目的是寻找原因还是寻找结果,其基本假设都是存在因果关系,但是如果说明该假设不成立,那么论证就不能成立。这种对论证存在"误置因果"逻辑谬误的说明也是最强的削弱。误置因果的说明往往表现为共因削弱。即题干所描述的两个现象尽管存在关联,但由于这两个现象都是由第三者共同原因所导致的,所以这两个现象之间事实上不存在因果联系。

(4)论证中的因果关系方向是否正确? 阅读题干时,考生即使认可题干所表示的因果关系确实存在,还需要思考该因果关系所表示的原因结果的方向是否正确? 论证因果方向颠倒的错误逻辑上称之为"因果倒置",对论证因果倒置的说明也是对论证很强的削弱。

(5)是否存在更好的因果关系,即是不是有更好的原因来解释结果? 或者是否有其他因素导致相反的结果? 这是论证中的"他因加强与削弱",具体表现在 A 模式和 B 模式论证中。

A 模式论证的一般结构是:题干描述 B 现象,论点认为 B 的原因是 A。那么是否有更好的理由来解释 B? 选项如果说明存在更好的理由 A'来解释 B,这是对 A 模式论证的他因削弱;选项如果说明不存在其他理由能解释 B,这是对 A 模式论证的无他因加强。

例如:从人口上说,上海是中国第一大城市,上海之所以汇聚了这么多人口,是因为上海具有中国最发达的经济。

他因削弱:上海具有良好的公共设施以及舒服的居住环境;

无他因加强:在经济以外的其他方面,上海在吸引人口上并无优势。

在进行他因削弱时,考生还需要注意用来削弱的他因与被削弱的本因不能存在因果关系。例如,上面的例子中,"上海的外资企业很多"就不能构成对论证的削弱,因为,这与"上海具有中国最发达的经济"是一致的。

B 模式论证的一般结构是:题干描述 A 现象,论点认为 A 将导致 B。那么是否有其他原因导致非 B? 选项如果说明存在原因 A'导致非 B,这是对 B 模式论证的他因削弱;选项如果说明其他原因 A'也将导致 B,这是对 B 模式论证的加强。

例如:北京具有良好的基础设施,公共服务又属于全国一流,所以,北京一定能够吸引世界各地的人才前来投资定居。

他因削弱:北京的气候不适合习惯湿润的南方人居住;

他因加强:北京市政府制定了各项保护投资者利益的政策。

(6)论证中的因果关系是否具有普遍性? 题干的论证认为 A 导致 B,如果选项说明"有 A 时也有 B"和"无 A 时也无 B"的情况,这是对论证的正面例子加强;如果选项说明"有 A 时却没有 B"和"无 A 时却有 B",这是对论证的反面例子削弱。

例如:清华大学是中国最好的大学,具有优秀的社会声誉,所以,清华大学的毕业生都具有良好的事业前景。

反面例子削弱:王强毕业于清华大学,一直找不到工作,只好与失业工人一起摆地摊谋生;

正面例子加强:赵毅毕业于清华大学,一毕业就做了中国银行的行长助理,前途一片光明。

注意：论证逻辑不同于推理,在选项中可能存在难以排除的干扰选项。面对干扰选项,考生一定既要有"选的理由",也要有"不选的理由"。而"不选的理由"千万不能是"强度或者力度",由于"不存在更强或较弱力度的标准",因此以"强度或者力度"作为"不选的理由"是自欺欺人。

论证逻辑近年来试题的数量和难度都明显降低,考生不要将2010年之前的管理类联考中的难题作为复习重点,另外,由于语言具有歧义性,所以论证逻辑试题的答案可能本身就有争议(见本书第三部分),所以考生在正确阅读理解题干和选项后,遵循基本的解题思路即可,不必要对这一类试题锱铢必较。下面给出2010年之后的管理类联考中的典型加强削弱试题。

(2010,9)一般认为,出生地间隔较远的夫妻所生子女智商较高。有资料显示,夫妻均是本地人,其所生子女的平均智商为102.45;夫妻是省内异地的,其所生子女的平均智商为106.17;而隔省婚配的,其所生子女的智商高达109.35。因此,异地通婚可提高下一代的智商水平。

以下哪项如果为真,最能削弱以上论述?

A. 统计孩子平均智商的样本数量不够多

B. 不难发现,一些天才儿童的父母均是本地人

C. 不难发现,一些低智商儿童父母的出生地间隔较远

D. 能够异地通婚者是智商比较高的,他们自身的高智商促成了异地通婚

E. 一些情况下,夫妻双方出生地相隔很远,但他们的基因可能接近

要点点评：当C既导致A,又导致B时,它既削弱了A和B具有因果关系,同时也解释了A和B之所以相关的原因。

(2010,15)鸽子走路时,头部并不是有规律的前后移动,而是一直在往前伸。行走时,鸽子脖子往前一探,然后,头部保持静止,等待着身体和爪子跟进。有学者曾就鸽子走路时伸脖子的现象作出假设:在等待身体跟进的时候,暂时停止的头部有利于鸽子获得稳定的视野,看清周围的事物。

以下哪项如果为真,最能支持上述假设?

A. 鸽子行走时如果不伸脖子,很难发现远处的食物

B. 步伐大的鸟类,伸缩脖子的幅度远比步伐小的要大

C. 鸽子行走速度的变化,刺激内耳控制平衡的器官,导致伸脖子

D. 鸽子行走时一举翅一投足,都可能出现脖子和头部肌肉的自然反射,所以头部不断运动

E. 如果雏鸽步态受到限制,功能发育不够完善,那么,成年后鸽子的步伐变小,脖子伸缩幅度则会随之降低

要点点评：题干的观点概括为"鸽子走路伸脖子是为了看清楚"。

(2010,18)一般认为,剑乳齿象是从北美洲迁入南美洲的。剑乳齿象的显著特征是具有

较直的长剑型门齿,腭骨较短,白齿的齿冠隆起,齿板数目为7～8个,并呈乳状凸起,剑乳齿象因此得名。剑乳齿象的牙齿结构比较复杂,这表明它能吃草。在南美洲的许多地方都有证据显示史前人类捕捉过剑乳齿象。由此可以推测,剑乳齿象的灭绝可能与人类的过度捕杀有密切关系。

以下哪项如果为真,最能反驳上述论证?

A. 史前动物之间经常发生大规模相互捕杀的现象

B. 剑乳齿象在遇到人类攻击时缺乏自我保护能力

C. 剑乳齿象也存在由南美洲进入北美洲的回迁现象

D. 由于人类活动范围的扩大,大型食草动物难以生存

E. 幼年剑乳齿象的牙齿结构比较简单,自我生存能力弱

要点点评:　题干中的剑乳齿象只是"能吃草",但未必就是大型食草动物。

(2011,5)抚仙湖虫是泥盆纪澄江动物群中特有的一种,属于真节肢动物中比较原始的类型,成虫体长10厘米,有31个体节,外骨骼分为头、胸、腹3部分,它的背、腹分节数目不一致。泥盆纪直虾是现代昆虫的祖先,抚仙湖虫化石与直虾类化石类似,这间接表明了抚仙湖虫是昆虫的远祖。研究者还发现,抚仙湖虫的消化道充满泥沙,这表明它是食泥的动物。

以下除哪项外,均能支持上述论证?

A. 昆虫的远祖也有不食泥的生物

B. 泥盆纪直虾的外骨骼分为头、胸、腹3部分

C. 凡是与泥盆纪直虾类似的生物都是昆虫的远祖

D. 昆虫是由真节肢动物中比较原始的生物进化而来的

E. 抚仙湖虫消化道中的泥沙不是在化石形成过程中由外界渗透进去的

要点点评:　解答专有名词较多的试题关键在于抓住其观点,如此题中的"抚仙湖虫是昆虫的远祖"。

(2011,7)随着互联网的发展,人们的购物方式有了新的选择。很多年轻人喜欢在网络上选择自己满意的商品,通过快递送上门,购物足不出户,非常便捷。刘教授据此认为,那些实体商场的竞争力会受到互联网的冲击,在不远的将来,会有更多的网络商店取代实体商店。

以下哪项如果为真,最能削弱刘教授的观点?

A. 网络购物虽然有某些便利,但容易导致个人信息被不法分子利用

B. 有些高档品牌的专卖店,只愿意采取街面实体商店的销售方式

C. 网络商店与快递公司在货物丢失或损坏的赔偿方面经常互相推诿

D. 购买黄金珠宝等贵重物品,往往需要现场挑选,且不适宜网络支付

E. 通常情况下,网络商店只有在其实体商店的支撑下才能生存

要点点评:　选项中存在关键词"只有……才……"时,对增加条件的削弱是常见的削弱方式。

(2011,8)受多元文化和价值观的冲击,甲国居民的离婚率明显上升。最近一项调查表明,甲国的平均婚姻存续时间为8年。张先生为此感慨,现在像钻石婚、金婚、白头偕老这样的美丽故事已经很难得,人们淳朴的爱情婚姻观一去不复返了。

以下哪项如果为真,最可能表明张先生的理解不确切?

A. 现在有不少闪婚一族,他们经常在很短的时间里结婚又离婚

B. 婚姻存续时间长并不意味着婚姻的质量高

C. 过去的婚姻主要由父母包办,现在主要是自由恋爱

D. 尽管婚姻存续时间短,但年轻人谈恋爱的时间比以前增加很多

E. 婚姻是爱情的坟墓,美丽感人的故事更多体现在恋爱中

要点点评: 张先生的理解可以概括为"平均婚姻存续时间为8年,所以(或者因为),长久的婚姻很难得了"。

(2011,12)3D立体技术代表了当前电影技术的尖端水准,由于使电影实现了高度可信的空间感,它可能成为未来电影的主流。3D立体电影中的银幕角色虽然由计算机生成,但是那些包括动作和表情的电脑角色的"表演",都以真实演员的"表演"为基础,就像数码时代的化妆技术一样。这也引起了某些演员的担心:随着计算机技术的发展,未来计算机生成的图像和动画会替代真人表演。

以下哪项如果为真,最能减弱上述演员的担心?

A. 所有电影的导演只能和真人交流,而不是和电脑交流

B. 任何电影的拍摄都取决于制片人的选择,演员可以跟上时代的发展

C. 3D立体电影目前的高票房只是人们一时图新鲜的结果,未来尚不可知

D. 掌握3D立体技术的动画专业人员不喜欢去电影院看3D电影

E. 电影故事只能用演员的心灵、情感来表现,其表现形式与导演的喜好无关

要点点评: 问题的关键是,在未来的电影拍摄中,计算机是否完全可以代替演员?

(2011,20)国外某教授最近指出,长着一张娃娃脸的人意味着他将享有更长的寿命,因为人们的生活状况很容易反映在脸上。从1990年春季开始,该教授领导的研究小组对1 826对70岁以上的双胞胎进行了体能和认知测试,并拍了他们的面部照片。在不知道他们确切年龄的情况下,三名研究助手先对不同年龄组的双胞胎进行年龄评估,结果发现,即使是双胞胎,被猜出的年龄也相差很大。然后,研究小组用若干年时间对这些双胞胎的晚年生活进行了跟踪调查,直至他们去世。调查表明:双胞胎中,外表年龄差异越大,看起来老的那个就越可能先去世。

以下哪项如果为真,最能形成对该教授调查结论的反驳?

A. 如果把调查对象扩大到40岁以上的双胞胎,结果可能有所不同

B. 三名研究助手比较年轻,从事该项研究的时间不长

C. 外表年龄是每个人生活环境、生活状况和心态的集中体现,与生命老化关系不大

D. 生命老化的原因在于细胞分裂导致染色体末端不断损耗

E. 看起来越老的人,在心理上一般较为成熟,对于生命有更深刻的理解

要点点评： 概括出题干中教授调查的结论是"外表年龄越大，生命老化越严重，越可能先去世"。

↗ (2012,1)1991 年 6 月 15 日，菲律宾吕宋岛上的皮纳图博火山突然大喷发，2 000 万吨二氧化硫气体冲入平流层，形成的霾像毯子一样盖在地球上空，把部分要照射到地球的阳光反射回太空。几年之后，气象学家发现这层霾使得当时地球表面的温度累计下降了 0.5 摄氏度，而皮纳图博火山喷发前的一个世纪，因人类活动而造成的温室效应已经使地球表面温度升高了 1 摄氏度。某位持"人工气候改造论"的科学家据此认为，可以用火箭弹等方式将二氧化硫充入大气层，阻挡部分阳光，达到给地球表面降温的目的。

以下哪项如果为真，最能对该科学家提议的有效性构成质疑？

A. 如果利用火箭弹将二氧化硫充入大气层，会导致航空乘客呼吸不适

B. 如果在大气层上空放置反光物，就可以避免地球表面受到强烈阳光的照射

C. 可以把大气中的碳提取出来存储在地下，减少大气层中的碳含量

D. 不论何种方式，"人工气候改造论"都将破坏地球的大气层结构

E. 火山喷发形成的降温效应只是暂时的，经过一段时间温度将再次回升

要点点评： 对建议的削弱关键是建议达不到效果，建议可能产生的成本不能构成对建议的削弱。

↗ (2012,23)葡萄酒中含有白藜芦醇和类黄酮等对心脏有益的抗氧化剂。一项新研究表明，白藜芦醇能防止骨质疏松和肌肉萎缩。由此，有关研究人员推断，那些长时间在国际空间站或者宇宙飞船上的宇航员或许可以补充一些白藜芦醇。

以下哪项如果为真，最能支持上述研究人员的推断？

A. 研究人员发现由于残疾或者其他因素而很少活动的人会比经常活动的人更容易出现骨质疏松和肌肉萎缩等症状。如果能喝点葡萄酒，则可以获益

B. 研究人员模拟失重状态，对老鼠进行试验，一个对照组未接受任何特殊处理。另一组则每天服用白藜芦醇。结果对照组的老鼠骨头和肌肉的密度都降低了。而服用白藜芦醇的一组则没有出现这些症状

C. 研究人员发现由于残疾或者其他因素而很少活动的人，如果每天服用一定量的白藜芦醇，则可以改善骨质疏松和肌肉萎缩等症状

D. 研究人员发现，葡萄酒能对抗失重所造成的负面影响

E. 某医学博士认为，白藜芦醇或许不能代替锻炼，但它能减缓人体某些机能的退化

要点点评： 结论是"在国际空间站或者宇宙飞船上的宇航员可以补充白藜芦醇"，所以，"失重"是关键因素。

↗ (2013,9)人们知道鸟类能感觉到地球磁场，并利用它们导航。最近某国科学家发现，鸟类其实是利用右眼"查看"地球磁场的。为检验该理论，当鸟类开始迁徙的时候，该国科学家把若干知更鸟放进一个漏斗形状的庞大的笼子里。笼壁上涂着标记性物质，鸟要通过笼子细口才能飞出去。如果鸟碰到笼壁，就会黏上标记性物质，以此判断鸟能否找到方向。

以下哪项如果为真,最能支持研究人员的上述发现?

A. 没戴眼罩的鸟和右眼戴眼罩的鸟顺利从笼中飞了出去,左眼戴眼罩的鸟朝哪个方向飞的都有

B. 没戴眼罩的鸟和左眼戴眼罩的鸟朝哪个方向飞的都有,右眼戴眼罩的鸟顺利从笼中飞了出去

C. 戴眼罩的鸟,不论左眼还是右眼,顺利从笼中飞了出去;没戴眼罩的鸟朝哪个方向飞的都有

D. 没戴眼罩的鸟和左眼戴眼罩的鸟顺利从笼中飞了出去,右眼戴眼罩的鸟朝哪个方向飞的都有

E. 没戴眼罩的鸟顺利从笼中飞了出去;戴眼罩的鸟,不论左眼还是右眼,朝哪个方向飞的都有

要点点评: 阅读理解,能够识别反例即可。

(2013,27)某国研究人员报告说,与心跳速度每分钟低于58次的人相比,心跳速度每分钟超过78次者心脏病发作或者发生其他心血管问题的概率高出39%,死于这类疾病的风险高出77%,其整体死亡率高出65%。研究人员指出,长期心跳过快导致了心血管疾病。

以下哪项如果为真,最能对该研究人员的观点提出质疑?

A. 各种心血管疾病影响身体的血液循环机能,导致心跳过快

B. 在老年人中,长期心跳过快的不到39%

C. 在老年人中,长期心跳过快的超过39%

D. 野外奔跑的兔子心跳很快,但是很少发现它们患心血管疾病

E. 相对于老年人,年轻人生命力旺盛,心跳较快

要点点评: "心跳快"和"心血管疾病"即使存在因果关系,也不能确定其关系是正向还是反向的。

(2014,1)随着光纤网络带来的网速大幅度提高,高速下载电影、在线看大片等都不再是困扰我们的问题。即使在社会生产力发展水平较低的国家,人们也可以通过网络随时随地获得最快的信息、最贴心的服务和最佳体验。有专家据此认为:光纤网络将大幅提高人民的生活质量。

以下哪项如果为真,最能质疑该专家的观点?

A. 网络上获得的贴心服务和美妙体验有时是虚幻的

B. 即使没有光纤网络,同样可以创造高品质的生活

C. 随着高速网络的普及,相关上网费用也随之增加

D. 人民生活质量的提高仅决定于社会生产力的发展水平

E. 快捷的网络服务可能使人们将大量时间消耗在娱乐上

要点点评: 人民的生活质量能够被光纤网络所提高吗?

(2014,6)最新研究发现,恐龙腿骨化石都有一定的弯曲度,这意味着恐龙其实并没有人

们想象的那么重。以前根据其腿骨为圆柱形的假定计算动物体重时,会使得计算结果比实际体重高出 1.42 倍。科学家由此认为,过去的那种计算方式高估了恐龙腿部所能承受的最大身体重量。

以下哪项如果为真,最能支持以上科学家的观点?

A. 恐龙腿骨所能承受的重量比之前人们所认为的要大

B. 恐龙身体越重,其腿部骨骼也越粗壮

C. 圆柱形腿骨能承受的重量比弯曲的腿骨大

D. 恐龙腿部的肌肉对于支撑其体重作用不大

E. 与陆地的恐龙相比,翼龙的腿骨更接近圆柱形

要点点评: "腿骨是弯曲的或者是圆柱形的"与"承受重量"之间要建立起关系。

(2014,7)已知某班共有 25 位同学,女生中身高最高者与最矮者相差 10 厘米;男生中身高最高者与最矮者则相差 15 厘米。小明认为,根据已知信息,只要再知道男生、女生最高者的具体身高,或者再知道男生、女生的平均身高,均可确定全班学生中身高最高者与最低者之间的差距。

以下哪项如果为真,最能构成对小明观点的反驳?

A. 根据已知信息,如果不能确定全班同学中身高最高者与最低者之间的差距,则也不能确定男生、女生最高者的具体身高

B. 根据已知信息,即使确定了全班同学中身高最高者与最低者之间的差距,也不能确定男生、女生的平均身高

C. 根据已知信息,如果不能确定全班同学中身高最高者与最低者之间的差距,则既不能确定男生、女生最高者的具体身高,也不能确定男生、女生的平均身高

D. 根据已知信息,尽管再知道男生、女生的平均身高,也不能确定全班同学中身高最高者与最低者之间的差距

E. 根据已知信息,仅仅再知道男生、女生最高者的具体身高,就能确定全班同学中身高最高者与最低者之间的差距

要点点评: 要理解小明推理的论据和论点,理解是否可以推理有效。

(2014,25)某研究中心通过实验对健康男性和女性听觉的空间定位能力进行了研究。起初,每次只发出一种声音,要求被试者说出声源的准确位置,男性和女性都非常轻松地完成了任务;后来多种声音同时发出,要求被试者只关注一种声音并对声源进行定位,与男性相比,女性完成这项任务要困难得多,有时她们甚至认为声音是从声源相反方向传来的。研究人员由此得出:在嘈杂环境中准确找出声音来源的能力,男性要胜过女性。

以下哪项如果为真,最能支持研究者的结论?

A. 在实验使用的嘈杂环境中,有些声音是女性熟悉的声音

B. 在实验使用的嘈杂环境中,有些声音是男性不熟悉的声音

C. 在安静的环境中,女性注意力更易集中

D. 在嘈杂的环境中,男性注意力更易集中

E. 在安静的环境中,人的注意力更容易分散;在嘈杂的环境中,人的注意力更容易集中

要点点评: 在嘈杂的环境中,男性比女性具有哪些准确找出声音来源的优势?

(2015,2)长期以来,手机生产的电磁辐射是否威胁人体健康一直是极具争议的话题。一项长达10年的研究显示,每天使用移动电话通话30分钟以上的人患神经胶质瘤的风险比从未使用者要高出40%,由此,某专家建议:在取得进一步证据之前,人们应该采取更加安全的措施,如尽量使用固定电话通话或使用短信进行沟通。

以下哪项如果为真,最能表明该专家的建议不切实际?

A. 大多数手机产生电磁辐射强度符合国家规定标准

B. 现有存在于人类生活空间中的电磁辐射强度已经超过手机通话产生的电磁辐射强度

C. 经过较长一段时间,人们的体质已经逐渐适应强电磁辐射的环境

D. 在上述实验期间,有些人每天使用移动电话通话超过40分钟,但他们很健康

E. 即使以手机短信进行沟通,发送和接收信息瞬间也会产生较强的电磁辐射

要点点评: 一方面不用手机就不会受到电磁辐射的影响吗? 另一方面,专家的建议是"发短信或者使用固定电话"。

(2015,10)某市推出一项月度社会公益活动,市民报名踊跃。由于活动规模有限,主办方决定通过摇号抽签方式选择参与者。第一个月中签率为1:20,随后连创新低,到下半年的十月份已达1:70,大多数市民屡摇不中。但从今年7月到10月,"李祥"这个名字连续4个月中签,不少市民据此认为有人作弊,并对主办方提出质疑。

以下哪项如果为真,最能消除市民质疑的是?

A. 已经中签的申请者中,叫"张磊"的有7人

B. 曾有一段时间,家长给孩子取名不回避重名

C. 在报名市民中,名叫"李祥"的近300人

D. 摇号抽签全过程是在有关部门监督下进行的

E. 在摇号系统中,每一位申请人都被随机赋予了一个不重复的编码

要点点评: 怎样进行摇号的做法与是否作弊是无关的。

(2016,7)考古学家发现,那件仰韶文化晚期的土坯砖边缘整齐,并且没有切割痕迹,由此他们推测,这件土坯砖应当是使用木质模具压制成型的,而其他5件由土坯砖经过烧制而成的烧结砖,经检测当时烧制它们的温度为850~900℃,由此考古学家进一步推测,当时的砖是先使用模具将黏土做成土坯,然后再经过高温烧制而成的。

以下哪项如果为真,最能支持上述考古学家的推测?

A. 仰韶文化晚期的年代约为公元前3500年~公元前3000年

B. 仰韶文化晚期,人们已经掌握了高温冶炼技术

C. 出土的5件烧结砖距今已有5000年,确实属于仰韶文化晚期的物品

D. 没有采用模具而成型的土坯砖,其边缘或者不整齐,或者有切割痕迹

E. 早在西周时期,中原地区人们就可以烧制铺地砖和空心砖

要点点评：考古学家的观点与时间无关，重点是因为"边缘整齐并且没有切割痕迹"，所以"土坯砖是木制模具压制成型的"。

(2016,13)开车上路，一个人不仅需要有良好的守法意识，也需要有特有的"理性计算"。在拥堵的车流中，只要有"加塞"的，你开的车就不一定要让它；但是你开着车在路上正常直行，有车不打方向灯在你近旁突然横过来要撞上你，原来它想要改变道，这时你也就得让着它。

以下除哪项外，均能质疑上诉"理性计算"的观点？

A. 有理的让着没有理的，只会助长歪风邪气，有悖于社会的法律与道德

B. "理性计算"其实就是胆小怕事，总觉得凡事能躲则躲，但有的事很难躲过

C. 一味退让就会给行车带来极大的危险，不但可能伤及自己，而且也有可能伤及无辜

D. 即便碰上也不可怕，碰上之后如果立即报警，警方一般会有公正的裁决

E. 如果不让，就会碰上。碰上之后，即便自己有理，也会有很多麻烦

要点点评：即使只看选项，也能够理解有四个选项是说明不要让。

(2017,3)近年来，我国海外代购业务量快速增长，代购者们通常从海外购买产品，通过各种渠道避开关税，再卖给内地顾客从中牟利，却让政府损失了税收收入，某专家由此指出，政府应该严厉打击海外代购的行为。

以下哪项如果为真，最能支持上述专家的观点？

A. 近期，有位前空乘服务员因在网上开设海外代购店而被我国地方法院判定犯有走私罪

B. 国内一些企业生产的同类产品与海外代购产品相比，无论质量还是价格都缺乏竞争优势

C. 海外代购提升了人民的生活水平，满足了国内部分民众对于品质生活的向往

D. 去年，我国奢侈品海外代购规模几乎是全球奢侈品国内门店销售额的一半，这些交易大多避开关税

E. 国内民众的消费需求提升是伴随着我国经济发展而产生的经济现象，应以此为契机促进国内同类消费品产业的升级

要点点评：加强的重要理由涉及税收。

(2017,7)通识教育重在帮助学生掌握尽可能全面的基础知识，即帮助学生了解各个学科领域的基本常识；而人文教育则重在培育学生了解生活的意义，并对自己及他人行为的价值和意义做出合理的判断，形成"智识"。因此有专家指出，相比较而言，人文教育对个人未来生活的影响会更大一些。

以下哪项如果为真，最能支持上述专家的断言？

A. 当今我国有些大学开设的通识教育课程远远要多于人文教育课程

B. "知识"是事实判断，"智识"是价值判断，两者不能相互替代

C. 没有知识就会失去应对未来生活挑战的勇气，而错误的价值观可能会误导人的生活

D. 关于价值和意义的判断事关个人的幸福和尊严,值得探究和思考

E. 没有知识,人依然可以活下去;但如果没有价值和意义的追求,人只能成为没有灵魂的躯壳

要点点评: 要对知识和价值、意义对比,说明哪一方更重要,没有比较就不能加强。

(2017,11)进入冬季以来,内含大量有毒颗粒物的雾霾频繁袭击我国部分地区。有关调查显示,持续接触高浓度污染物会直接导致10%至15%的人患有眼睛慢性炎症或干眼症。有专家由此认为,如果不采取紧急措施改善空气质量,这些疾病的发病率和相关的并发症将会增加。

以下哪项如果为真,最能支持上述专家的观点?

A. 有毒颗粒物会刺激并损害人的眼睛,长期接触会影响泪腺细胞

B. 空气质量的改善不是短期内能做到的,许多人不得不在污染环境中工作

C. 眼睛慢性炎症或干眼症等病例通常集中出现于花粉季

D. 上述被调查的眼疾患者中有65%是年龄在20~40岁之间的男性

E. 在重污染环境中采取戴护目镜、定期洗眼等措施有助于预防干眼症等眼疾

要点点评: "空气污染""雾霾"等与"眼睛疾病"的关系是关键。

(2017,14)针对癌症患者,一般采用化疗手段将药物直接注入人体杀伤癌细胞,但这也可能将正常细胞和免疫细胞一同杀灭,产生较强的不良反应。近来,有科学家发现,黄金纳米粒子很容易被人体癌细胞吸收,如果将其包上一层化疗药物,就可作为"运输工具",将化疗药物准确地投放到癌细胞中。他们由此推断,微小的黄金纳米粒子能提升癌细胞化疗的效果,并能降低化疗的不良反应。

以下哪项如果为真,能支持上述科学家所做出的结论?

A. 黄金纳米粒子用于癌症化疗的疗效有待大量临床检验

B. 在体外用红外线加热已进入癌细胞的黄金纳米粒子,可以从内部杀灭癌细胞

C. 因为黄金所具有的特殊化学性质,黄金纳米粒子不会与人体细胞发生反应

D. 现代医学手段已能实现黄金纳米粒子的精准投送,让其所携带的化疗药物只作用于癌细胞,并不伤及其他细胞

E. 利用常规计算机断层扫描,医生容易判定黄金纳米粒子是否已投放到癌细胞中

要点点评: 不仅要有疗效,而且还要求不能有不良反应。

(2017,17)研究者调查了一组大学毕业即从事有规律的工作正好满8年的白领,发现他们的体重比刚毕业时平均增加了8公斤。研究者由此得出结论,有规律的工作会增加人们的体重。

关于上述结论的正确性,需要询问的关键问题是以下哪项?

A. 和该组调查对象其他情况相仿且经常进行体育锻炼的人,在同样8年中体重有怎样的变化

B. 该组调查对象的体重在8年后是否会继续增加

C. 为什么调查关注的时间段是对象在毕业工作后 8 年,而不是 7 年或者 9 年

D. 该组调查对象中男性和女性的体重增加是否有较大差异

E. 和该组调查对象其他情况相仿但没有从事有规律工作的人,在同样的 8 年中体重有怎样的变化

要点点评: 关键是"是否有规律工作"和"体重是否增加"之间的关系。

(2017,20)人们通常认为,幸福能够增进健康、有利于长寿,而不幸福则是健康状况不佳的直接原因,但最近有研究人员对 3 000 多人的生活状况调查后发现,幸福或不幸福并不意味着死亡的风险会相应地变得更低或更高。他们由此指出,疾病可能会导致不幸福,但不幸福本身并不会对健康状况造成损害。

以下哪项如果为真,最能质疑上述研究人员的论证?

A. 幸福是个体的一种心理体验,要求被调查对象准确断定其幸福程度有一定的难度

B. 有些高寿老人的人生经历较为坎坷,他们有时过得并不幸福

C. 有些患有重大疾病的人乐观向上,积极与疾病抗争,他们的幸福感比较高

D. 人的死亡风险低并不意味着健康状况好,死亡风险高也不意味着健康状况差

E. 少数个体死亡风险的高低难以进行准确评估

要点点评: "健康状况好坏"与"死亡风险高低"不是同一个概念,建立或者否定两者联系构成对论证的加强或者削弱。

(2017,25)译制片配音,作为一种特有的艺术形式,曾在我国广受欢迎。然而时过境迁,现在许多人已不喜欢看配过音的外国影视剧。他们觉得还是听原汁原味的声音才感觉到位。有专家由此断言,配音已失去观众,必将退出历史舞台。

以下各项如果为真,则除哪项外都能支持上述专家的观点?

A. 很多上了年纪的国人仍习惯看配过音的外国影视剧,而在国内放映的外国大片有的仍然是配过音的

B. 配音是一种艺术再创造,倾注了配音艺术家的心血,但有的人对此并不领情,反而觉得配音妨碍了他们对原剧的欣赏

C. 许多中国人通晓外文,观赏外国原版影视剧并不存在语言的困难;即使不懂外文,边看中文字幕边听原声也不影响理解剧情

D. 随着对外交流的加强,现在外国影视剧大量涌入国内,有的国人已经等不及慢条斯理、精工细作的配音了

E. 现在有外国影视剧配音难以模仿剧中演员的出色嗓音,有时也与剧情不符,对此观众并不接受

要点点评: 要选择不能加强"人们不再需要配音"的选项,注意问题中的"除"字。加强削弱的选项与"配音是否是有价值的艺术形式"无关。

(2018,24)有研究发现,冬季在公路上撒盐除冰,会让本来要成为雌性的青蛙变成雄性,这是因为这些路盐中的钠元素会影响青蛙受体细胞并改变原可能成为雌性青蛙的性别。有

专家据此认为,这会导致相关区域青蛙数量的下降。

以下哪项如果为真,最能支持上述专家的观点?

A. 大量的路盐流入池塘可能会给其他水生物造成危害,破坏青蛙的食物链

B. 如果一个物种以雌性为主,该物种的个体数量就可能受到影响

C. 在多个盐含量不同的水池中饲养青蛙,随着水池中盐含量的增加,雌性青蛙的数量不断减少

D. 如果每年冬季在公路上撒很多盐,盐水流入池塘,就会影响青蛙的生长发育过程

E. 雌雄比例会影响一个动物种群的规模,雌性数量的充足对物种的繁衍生息至关重要

要点点评:“雌性青蛙数量”与“总的青蛙数量”要建立起联系。

(2019,7)研究人员使用脑电波图技术研究了母亲给婴儿唱童谣时两人的大脑活动,发现当母亲与婴儿对视时,双方的脑电波趋于同步,此时婴儿也会发出更多的声音尝试与母亲沟通。他们据此以为,母亲与婴儿对视有助于婴儿的学习和交流。

以下哪项为真,最能支持上述研究人员的观点?

A. 在两个成年人交流时,如果他们的脑电波同步,交流就会更流畅

B. 当父母与孩子互动时,双方的情绪与心率可能也会同步

C. 当部分学生对某学科感兴趣时,他们的脑电波会渐趋同步,学习效果也随之提升

D. 当母亲和婴儿对视时,她们都在发出信号,表明自己可以且愿意与对方交流

E. 脑电波趋于同步可优化双方对话状态,使交流更加默契,增进彼此了解

要点点评: 在排除干扰选项时,一定要关注支持的观点是“有助于婴儿的学习和交流”。

(2019,17)旅游是一种独特的文化体验。游客可以跟团游,也可以自由行。自由行游客虽避免了跟团游的集体束缚,但也放弃了人工导游的全程讲解,而近年来他们了解旅游景点的文化需求却有增无减。为适应这一市场需求,基于手机平台的多款智能导游App被开发出来。他们可定位用户的位置,自动提供景点讲解、游览问答等功能。有专家就此指出,未来智能导游必然会取代人工导游,传统的导游职业行将消亡。

以下哪项如果为真,最能质疑上述专家的论断?

A. 至少有95%的国外景点所配备的导游讲解器没有中文语音,中国出境游客因为语言和文化上的差异,对智能导游App的需求比较强烈

B. 旅行中才会使用的智能导游App,如何保持用户黏性、未来又如何取得商业价值等都是待解问题

C. 好的人工导游可以根据游客需求进行不同类型的讲解,不仅关注景点,还可表达观点,个性化很强,这是智能导游App难以企及的

D. 目前发展较好的智能导游App用户量在百万级左右,这与当前中国旅游人数总量相比还只是一个很小的比例,市场还没有培养出用户的普遍消费习惯

E. 国内景区配备的人工导游需要收费,大部分导游讲解的内容都是事先背好的标准化内容。但是,即使人工导游没有特色,其退出市场也需要一定的时间

要点点评： 没有干扰选项,读懂题干和选项的涵义便能够正确解答。

(2019,20)如今,孩子写作业不仅仅是他们自己的事,大多数中小学生的家长都要面临陪孩子写作业的任务,包括给孩子听写、检查作业、签字等。据一项针对 3 000 余名家长进行的调查显示,84％的家长每天都会陪孩子写作业,而 67％的受访家长会因陪孩子写作业而烦恼。有专家对此指出,家长陪孩子写作业。相当于充当学校老师的助理,让家庭成为课堂的延伸,会对孩子的成长产生不利影响。

以下哪项如果为真,最能支持上述专家的论断?

A. 家长是最好的老师,家长辅导孩子获得各种知识本来就是家庭教育的应有之义,对于中低年级的孩子,学习过程中的父母陪伴尤为重要

B. 家长通常有自己的本职工作,有的晚上要加班,有的即使晚上回家也需要研究工作、操持家务,一般难有精力认真完成学校老师布置的"家长作业"

C. 家长陪孩子写作业,会使得孩子在学习中缺乏独立性和主动性,整天处于老师和家长的双重压力下,既难激发学习兴趣,更难养成独立人格

D. 大多数家长在孩子教育上并不是行家,他们或者早已遗忘了自己曾学习过的知识,或者根本不知道如何将自己拥有的知识传授给孩子

E. 家长辅导孩子,不应围绕老师布置的作业,而应着重激发孩子的学习兴趣,培养孩子良好的学习习惯,让孩子在成长中感到新奇、快乐

要点点评： 没有干扰选项,理解要支持的专家观点和选项涵义便能够正确解答。

(2019,26)《淮南子·齐俗训》中有曰:"今屠牛而烹其肉,或以为酸,或以为甘,煎熬燎炙,齐味万方,其本一牛之体。"其中的"熬"便是熬牛肉制汤的意思。这是考证牛肉汤做法的最早文献资料。某民俗专家由此推测,牛肉汤的起源不会晚于春秋战国时期。

以下哪项如果为真,最能支持上述推测?

A.《淮南子·齐俗训》完成于西汉时期

B. 早在春秋战国时期,我国已经开始使用耕牛

C.《淮南子》的作者中有来自齐国故地的人

D. 春秋战国时期我国已经有熬汤的鼎器

E.《淮南子·齐俗训》记述的是春秋战国时期齐国的风俗习惯

要点点评： 难度不大,但是一定要读完选项理解涵义后,充分比较才能找到正确答案。

(2019,28)阔叶树的降尘优势明显,吸附 PM2.5 的效果最好,一棵阔叶树对一年的平均滞尘量达 3.16 公斤。针叶树叶面积小,吸附 PM2.5 的功效较弱。全年平均下来,阔叶林的吸尘效果要比针叶林强不少。阔叶树也比灌木和草的吸尘效果好得多。以北京常见的阔叶树国槐为例,成片的国槐林吸尘效果比同等面积的普通草地约高 30％。有些人据此认为,为了降尘,北京应大力推广阔叶树,并尽量减少针叶林面积。

以下哪项如果为真,最能削弱上述有关人员的观点?

A. 阔叶树与针叶树比例失调,不仅极易暴发病虫害、火灾等,还会影响林木的生长和健康

B. 针叶树冬天虽然不落叶,但基本处于"休眠"状态,生物活性差

C. 植树造林既要治理PM2.5,也要治理其他污染物,需要合理布局

D. 阔叶树冬天落叶,在寒冷的冬季,其养护成本远高于针叶树

E. 建造通风走廊,能把城市和郊区的森林连接起来,让清新的空气吹入,降低城区的PM2.5

要点点评: 要削弱的观点是"为了降尘,北京应大力推广阔叶树,并尽量减少针叶林面积"。该观点的关键在于"为了降尘,这种做法是否可行",而不是"为了降尘,这种做法的成本大小"或者是"降尘以外的目的"。

(2020,10)移动支付如今正在北京、上海等大中城市迅速普及。但是,并非所有中国人都熟悉这种新的支付方式,很多老年人仍然习惯传统的现金交易。有专家因此断言,移动支付的迅速普及会将老年人阻挡在消费经济之外,从而影响他们晚年的生活质量。

以下哪项如果为真,最能质疑上述专家的论断?

A. 到2030年,中国60岁以上人口将增至3.2亿,老年人的生活质量将进一步引起社会关注

B. 有许多老年人因年事已高,基本不直接进行购物消费,所需物品一般由儿女或社会提供,他们的晚年生活很幸福

C. 国家有关部门近年来出台多项政策指出,消费者在使用现金支付被拒时可以投诉,但仍有不少商家我行我素

D. 许多老年人已在家中或社区活动中心学会移动支付的方法以及防范网络诈骗的技巧

E. 有些老年人视力不好,看不清手机屏幕;有些老年人记忆力不好,记不住手机支付密码

要点点评: 要削弱的观点是"老年人被阻挡在消费经济以外,从而影响他们晚年的生活质量",与老年人是否能学会并熟悉移动支付无关。

(2010,15)王研究员:吃早餐对身体有害。因为吃早餐会导致皮质醇峰值更高,进而导致体内胰岛素异常,这可能引发Ⅱ型糖尿病。

李教授:事实并非如此。因为上午皮质醇水平高只是人体生理节律的表现,而不吃早餐不仅会增加患Ⅱ型糖尿病的风险,还会增加患其他疾病的风险。

以下哪项如果为真,最能支持李教授的观点?

A. 一日之计在于晨,吃早餐可以补充人体消耗,同时为一天的工作准备能量

B. 糖尿病患者若在9点至15点之间摄入一天所需的卡路里,血糖水平就能保持基本稳定

C. 经常不吃早餐,上午工作处于饥饿状态,不利于血糖调节,容易患上胃溃疡、胆结石等疾病

D. 如今,人们工作繁忙,晚睡晚起现象非常普遍,很难按时吃早餐,身体常常处于亚健

康状态

E. 不吃早餐的人通常缺乏营养和健康方面的知识,容易形成不良生活习惯

要点点评: 要加强的观点是"不吃早餐不仅会增加患糖尿病的风险,还会增加患其他疾病的风险",关键在于"患病"。

(2020,20)日前,科学家发明了一项技术,可以把二氧化碳等物质"电成"有营养价值的蛋白粉,这项技术不像种庄稼那样需要具备合适的气候、温度和土壤等条件。他们由此认为,这项技术开创了未来新型食物生产的新路,有助于解决全球饥饿问题。

以下各项如果为真,则除了哪项均支持上述科学家的观点?

A. 让二氧化碳,水和微生物一起接受电流点击,可以产出有营养价值的食物

B. 粮食问题是全球重大问题,联合国估计到 2050 年有 20 亿人缺乏基本营养

C. 把二氧化碳等物质"电成"蛋白粉,将有助于改变农业,还能避免对环境造成不利影响

D. 由二氧化碳物质"电成"的蛋白粉,约含 50% 的蛋白质、25% 的碳水化合物、核酸及脂肪

E. 未来这项技术将引入沙漠或其他面临饥荒的地区,为解决那里的饥饿问题提供重要帮助

要点点评: 要加强的观点是"新技术开创了新型食品生产的新路,有助于解决全球饥饿问题",注意问题中的"除了"。

论证中的"解释"是题干给出一对表面上看起来矛盾的现象,或者看起来与常识相悖的某一现象,要求对上述矛盾或者现象发生的原因给出合理的解释。作为解释的选项首先不能与题干要解释的现象冲突,即不能否定矛盾或者现象,要与已有现象相容。解释的关键在于建立合理的因果关系。历年试题中,有一些试题要求进行解释现象的原因可能是多方面的,这时候问题要求可能是找出"不能解释的"。下面是一些历年真题回顾。

(2010,10)成品油生产商的利润很大程度上受国际市场原油价格的影响,因为大部分原油是按国际市场价购进的。近年来,随着国际原油市场价格的不断提高,成品油生产商的运营成本大幅度增加。但某国成品油生产商的利润并没有减少,反而增加了。

以下哪项如果为真,最有助于解释上述看似矛盾的现象?

A. 原油成本只占成品油生产商运营成本的一半

B. 该国成品油价格根据市场供需确定。随着国际原油市场价格的上涨,该国政府为成品油生产商提供相应的补贴

C. 在国际原油市场价格不断上涨期间,该国成品油生产商降低了个别高薪雇员的工资

D. 在国际原油市场价格上涨之后,除进口成本增加以外,成品油生产的其他运营成本也有所提高

E. 该国成品油生产商的原油有一部分来自国内,这部分受国际市场价格波动影响较小

要点点评: 在运营成本提高的情况下,为什么利润还增加?

(2010,12)美国某大学医学院的研究人员在《小儿科杂志》上发表论文指出,在对2 702个家庭的孩子进行跟踪调查后发现,如果孩子在5岁前每天看电视超过2小时,他们长大后出现行为问题的风险将会增加1倍多。所谓行为问题是指性格孤僻、言行粗鲁、侵犯他人、难与他人合作等。

以下哪项如果为真,最能解释上述结论?

A. 电视节目会使孩子产生好奇心,容易导致孩子出现暴力倾向

B. 电视节目中有不少内容容易使孩子长时间处于紧张、恐惧的状态

C. 看电视时间过长,会影响儿童与他人交往。久而久之,孩子便会缺乏与他人打交道的经验

D. 儿童模仿力强,如果只对电视节目感兴趣,长此以往,会阻碍他们分析能力的发展

E. 每天长时间地看电视,容易使孩子神经系统产生疲劳,影响身心健康发展

要点点评: 要注意,电视节目内容对于5岁以下的孩子几乎是没有影响的。

(2011,1)巴斯德认为,空气中的微生物浓度与环境状况、气流运动和海拔高度有关。他在山上的不同高度分别打开装着煮过的培养液的瓶子,发现海拔越高,培养液被微生物污染的可能性越小。在山顶上,20个装了培养液的瓶子,只有1个长出了微生物。普歇另用干草浸液做材料重复了巴斯德的实验,却得出不同的结果:即使在海拔很高的地方,所有装了培养液的瓶子都很快长出了微生物。

以下哪项如果为真,最能解释普歇和巴斯德实验所得到的不同结果?

A. 只要有氧气的刺激,微生物就会从培养液中自发地生长出来

B. 培养液在加热消毒、密封、冷却的过程中会被外界细菌污染

C. 普歇和巴斯德的实验设计都不够严密

D. 干草浸液中含有一种耐高温的枯草杆菌,培养液一旦冷却,枯草杆菌的孢子就会复活,迅速繁殖

E. 普歇和巴斯德都认为,虽然他们用的实验材料不同,但是经过煮沸,细菌都能被有效地杀死

要点点评: 两人实验结果不同最合理的解释一定是某些实验要素存在不同。

(2011,6)2010年某省物价总水平仅上涨2.4%,涨势比较温和,涨幅甚至比2009年回落了0.6个百分点。可是,普通民众觉得物价涨幅较高,一些统计数据也表明,民众的感觉有据可依。2010年某月的统计报告显示,该月禽蛋类商品价格涨幅达12.3%,某些反季节蔬菜涨幅甚至超过20%。

以下哪项如果为真,最能解释上述看似矛盾的现象?

A. 人们对数据的认识存在偏差,不同来源的统计数据会产生不同的结果

B. 影响居民消费品价格总水平变动的各种因素互相交织

C. 虽然部分日常消费品涨幅很小,但居民感觉很明显

D. 在物价指数体系中占相当权重的工业消费品价格持续走低

E. 不同的家庭,其收入水平、消费偏好、消费结构都有很大的差异

要点点评：　物价统计指数不高,但人们感觉物价指数很高。合理的解释是人们感受的物价与统计的物价指数存在区别。

(2011,10)随着数字技术的发展,音频、视频的播放形式出现了革命性转变。人们很快接受了一些新形式,比如 MP3,CD,DVD 等。但是对于电子图书的接受并没有达到专家所预期的程度,现在仍有很大一部分读者喜欢捧着纸质出版物。纸质书籍在出版业中依然占据重要地位。因此有人说,书籍可能是数字技术需要攻破的最后一个堡垒。

以下哪项最不能对上述现象提供解释?

A. 人们固执地迷恋着阅读纸质书籍时的舒适体验,喜欢纸张的质感

B. 在显示器上阅读,无论是笨重的阴极射线管显示器还是轻薄的液晶显示器,都会让人无端地心浮气躁

C. 现在仍有一些怀旧爱好者喜欢收藏经典图书

D. 电子书显示设备技术不够完善,图像显示速度较慢

E. 电子书和纸质书籍的柔软沉静相比,显得面目可憎

要点点评：　阅读纸质书的好处,显示器上阅读的坏处都是解释,与阅读无关的就是与解释无关。

(2011,23)随着文化知识越来越重要,人们花在读书上的时间越来越多,文人学子中近视患者的比例也越来越高。即便在城里工人、乡镇农民中,也能看到不少人戴近视眼镜。然而,在中国古代很少发现患有近视的文人学子,更别说普通老百姓了。

以下除哪项外,均可以解释上述现象?

A. 古时候,只有家庭条件好或者有地位的人才读得起书;即便读书,用在读书上的时间也很少,那种头悬梁、锥刺股的读书人更是凤毛麟角

B. 古时交通工具不发达,出行主要靠步行、骑马,足量的运动对于预防近视有一定的作用

C. 古人生活节奏慢,不用担心交通安全,所以即使患了近视,其危害也非常小

D. 古代自然科学不发达,那时学生读的书很少,主要是四书五经,一本《论语》要读好几年

E. 古人书写用的是毛笔,眼睛和字的距离比较远,写的字也相对大些

要点点评：　要学会区分患近视眼的原因和结果。

(2012,13)乘客使用手机及便携式电脑等电子设备会通过电磁波谱频繁传输信号,机场的无线电话和导航网络等也会使用电磁波谱,但电信委员会已根据不同用途把电磁波谱分成了几大块。因此,用手机打电话不会对专供飞机通信系统或全球定位系统使用的波段造成干扰。尽管如此,各大航空公司仍然规定,禁止机上乘客使用手机等电子设备。

以下哪项如果为真,能解释上述现象?

Ⅰ. 乘客在空中使用手机等电子设备可能对地面导航网络造成干扰

Ⅱ. 乘客在起飞和降落时使用手机等电子设备,可能影响机组人员工作

Ⅲ. 便携式电脑或者游戏设备可能导致自动驾驶仪出现断路或仪器显示发生故障

A. 仅Ⅰ   B. 仅Ⅱ   C. 仅Ⅰ,Ⅱ   D. 仅Ⅱ,Ⅲ

E. Ⅰ,Ⅱ和Ⅲ

要点点评: 注意选项将"空中飞行"和"起飞降落"分别给予了解释。

(2012,24)一般商品只有在多次流通过程中才能不断增值,但艺术品作为一种特殊商品却体现出了与一般商品不同的特性。在拍卖市场上,有些古玩、字画的成交价有很大的随机性,往往会直接受到拍卖现场气氛、竞价激烈程度、买家心理变化等偶然因素的影响,成交价有时会高于底价几十倍乃至数百倍,使得艺术品在一次"流通"中实现大幅度增值。

以下哪项最无助于解释上述现象?

A. 艺术品的不可再造性决定了其交换价格有可能超过其自身价值

B. 不少买家喜好收藏,抬高了艺术品的交易价格

C. 有些买家就是为了炒作艺术品,以期获得高额利润

D. 虽然大量赝品充斥市场,但是对艺术品的交易价格没有什么影响

E. 国外资金进入艺术品拍卖市场,对价格攀升起到了拉动作用

要点点评: 要解释艺术品价格为什么高?

(2014,16)有气象专家指出:全球变暖已经成为人类发展最严重的问题之一,南北极地区的冰川由于全球变暖而加速融化,已导致海平面上升;如果这一趋势不变,今后势必淹没很多地区,但近几年来,北半球许多地区的民众在冬季感到相当寒冷,一些地区甚至出现了超强降雪和降低气温,人们觉得对近期气候的确切描述似乎更应该是"全球变冷"。

以下哪项如果为真,最能解释上述现象?

A. 除了南极洲,南半球近几年冬季的平均温度接近正常

B. 近几年来,由于南极附近海水温度升高导致原来洋流中断或者减弱,而北半球经历严寒冬季的地区正是原来暖流影响的主要环境

C. 北半球主要是大陆性气候,冬季和夏季的温差通常较大,近年来冬季极地寒流比较频繁,近几年来,全球夏季的平均气温比常年偏高

D. 近几年来,由于赤道附近海水温度升高导致了原来洋流增强,而北半球经历严寒冬季的地区是原来是寒流影响的主要区域

E. 北半球主要是大陆性气候,冬季和夏季的温差通常比较大,近年来冬季极地寒流南侵比较频繁

要点点评: 注意相近选项的比较,找出最合理解释选项。

(2015,1)晴朗的夜晚可以看到满天星斗,其中有些是自身发光的恒星,有些是自身不发光但可以反射附近恒星光的行星。恒星尽管遥远但是有些可以被现有的光学望远镜"看到"。和恒星不同,行星本身不发光,而且体积还小于恒星,所以,太阳系外的行星大多无法用现有的光学望远镜"看到"。

以下哪项如果为真,最能解释上述现象?

A. 如果行星的体积够大,现有的光学望远镜就能"看到"

B. 太阳系外的行星因距离遥远,很少能将恒星光反射到地球上

C. 现有的光学望远镜只能"看到"自身发光或者反射光的天体

D. 有些恒星没有被现有光学望远镜"看到"

E. 太阳系内的行星大多可用现有光学望远镜"看到"

要点点评: 太阳系外行星看不见的原因一是自身不发光,另一就是说明反射光怎么样。

(2016,15)2014 年,为迎接 APEC 会议的召开,北京、天津、河北等地实施"APEC 治理模式",采取了有史以来最严格的减排措施。果然,令人心醉的"APEC 蓝"出现了;然而,随着会议的结束,"APEC 蓝"也逐渐消失了,对此,有些人士表示困惑,既然政府能在短期内实施"APEC 治理模式"取得良好效果,为什么不将这一模式长期坚持下去呢?

以下除哪项外,均能解释人们的困惑?

A. 最严格的减排措施在落实过程中已产生很多难以解决的实际困难

B. 如果近期将"APEC 治理模式"常态化,将会严重影响地方经济和社会发展

C. 任何环境治理都需要付出代价,关键在于付出的代价是否超出收益

D. 短期严格的减排措施只能是权宜之计,大气污染治理仍需从长计议

E. 如果 APEC 会议期间北京雾霾频发,就会影响我们国家的形象

要点点评: 要解释不采取 APEC 治理模式的理由,至于 APEC 期间为什么采取这个治理模式与不采取无关。

(2017,5)离家 300 米的学校不能上,却被安排到 2 公里以外的学校就读,某市一位适龄儿童在上小学时就遇到了所在区教育局这样的安排,而这一安排是区教育局根据儿童户籍所在施教区做出的。根据该市教育局规定的"就近入学"原则,儿童家长将区教育局告上法院,要求撤销原来安排,让其孩子就近入学,法院对此作出一审判决,驳回原告请求。

下列哪项最可能是法院判决的合理依据?

A. "就近入学"不是"最近入学",不能将入学儿童户籍地和学校的直线距离作为划分施教区的唯一依据

B. 按照特定的地理要素划分,施教区中的每所小学不一定就出于该施教区的中心位置

C. 儿童入学研究应上哪一所学校不是让适龄儿童或其家长自主选择,而是要听从政府主管部门的行政安排

D. "就近入学"仅仅是一个需要遵循的总体原则,儿童具体入学安排还要根据特定的情况加以变通

E. 该区教育局划分施教区的行政行为符合法律规定,而原告孩子户籍所在施教区的确需要去离家 2 公里外的学校就读

要点点评: 法院判决的依据只能是法律。

(2018,14)我国中原地区如果降水量比往年偏低,该地区的河流水位会下降,流速会减缓。这有利于河流中的水草生长,河流中的水草总量通常也会随之增加,不过,去年该地

区在经历了一次极端干旱之后,尽管该地区某河流的流速十分缓慢,但其中的水草总量并未随之而增加,只是处于一个很低的水平。

以下哪项如果为真,最能解释上述看似矛盾的现象?

A. 经过极端干旱之后,该河流中以水草为食物的水生动物数量大量减少

B. 河水流速越慢,其水温变化越小,这有利于水草的生长和繁殖

C. 如果河中水草数量达到一定的程度,就会对周边其他物种的生存产生危害

D. 该河流在经历了去年极端干旱之后干涸了一段时间,导致大量水生物死亡

E. 我国中原地区多平原,海拔差异小,其地表水流速比较缓慢

要点点评: 水草也属于水生物,极端干旱导致水生物死亡,可以理解为水草也在其中。

论证逻辑还包括:假设的逻辑、比较的逻辑、比例的逻辑。历年对这些内容考核的试题较多,考生需要掌握其中所涉及的规则,其包括以下内容。

假设的逻辑。题干给出的信息不能推理或者论证出结论,需要补充另外一些信息,这些信息就是推理或者论证的假设。寻找结论的假设有以下几种思路:

(1)形式化假设。在阅读试题时,如果发现题干或者选项中存在表示简单命题或者复合命题的关键词,例如"只有……才……""如果……则……"等,可以认为试题属于形式化假设题。形式化假设题的要求就是寻找演绎推理的前提,如三段论推理、假言推理、关系推理等。形式化假设是否正确的验证方法是肯定带入,即将选项与已知前提结合,能够推出题干已知结论,该选项即为正确答案。

(2)论证中的必须假设。当试题问题中有"必须假设"或者"必须为真"的字样时,要求寻找论证的必须假设。对于论证必须假设是否正确的验证方法是否定带入,即将选项否定后,论证的结论就不能成立,该选项就是论证所必需的假设。

(3)存在因果关系的假设。存在因果关系的假设是指,两个现象 A 和 B 之间具有相关性,于是结论认为,A 导致 B(或者 B 导致 A);这一论证必须假设(也是最可能假设):A 和 B 之间存在因果关系。

(4)因果方向假设。两个现象 A 和 B 确实具有因果关系,于是结论认为 A 导致 B;这一论证必须假设(也是最可能假设)不存在 B 导致 A(即不存在因果倒置)。

(5)他因假设。他因假设是从加强削弱中的有无他因思路转换而来的,主要有 A 模式和 B 模式论证下的两种他因假设。

A 模式论证的他因假设。论证叙述 B 现象,结论认为 A 是导致 B 的原因。该论证假设了不存在其他原因例如 C 导致 B,例如,今年天气晴朗,交通却这样拥堵,一定是前面出了交通事故。该论证假设"没有修路等道路原因引起交通拥堵"。

B 模式论证的他因假设。论证叙述 A 现象,结论认为 A 将导致 B,该论证假设了不存在其他原因例如 C 会导致相反的结果非 B,例如,今天天气晴朗,因此小王一定放风筝。该论证假设"小王今天确实有时间放风筝"。B 模式他因假设往往表现在对论证叙述的论据以外的其他条件如时间、空间等无不利的说明上。

(6)过渡假设。过渡假设是对论证本身"由此及彼过渡条件"的说明。过渡条件是指,论证的论据是 A,结论是 B,从 A 到 B 存在着概念、命题的变化,这时候,说明并肯定上述变

化的选项就是论证过渡假设。例如,中国经济没有受到国际金融危机的影响,所以中国经济增长会继续保持。该论证的前提是有关"金融危机"的,而结论是有关"经济增长"的,所以,过渡假设是关于这两个概念的关系,如"金融危机将影响到一个国家的经济增长"。

过渡假设与他因假设的区别是,前者往往是对得到结论的一种附加条件的解释和说明,是一种肯定,往往就题干所已知命题之间建立联系,比较机械;后者是对得到结论的其他条件的说明,往往涉及题干以外的信息,比较灵活。

包括假设在内的其他类型试题在近几年的考试中越来越不重要,考生不必将这类试题作为重点,下面是列举 2010 年管理类联考以后的一些假设试题。

(2010,20)有位美国学者做了一个实验:给被试儿童看三幅图画,分别是鸡、牛、青草,然后让儿童将其分为两类。结果大部分中国儿童把牛和青草归为一类,把鸡归为另一类;大部分美国儿童则把牛和鸡归为一类,把青草归为另一类。这位美国学者由此得出:中国儿童习惯于按照事物之间的关系来分类,美国儿童则习惯于把事物按照各自所属的"实体"范畴进行分类。

以下哪项是这位学者得出结论所必须假设的?

A. 马和青草是按照事物之间的关系被归为一类

B. 鸭和鸡是按照各自所属的"实体"范畴被归为一类

C. 美国儿童只要把牛和鸡归为一类,就是习惯于按照各自所属的"实体"范畴进行分类

D. 美国儿童只要把牛和鸡归为一类,就不是习惯于按照事物之间的关系来分类

E. 中国儿童只要把牛和青草归为一类,就不是习惯于按照各自所属的"实体"范畴进行分类

要点点评: 注意选项之间的比较,寻找最合适的选项。

(2011,24)某家长认为,有想象力才能进行创造性劳动,但想象力和知识是天敌。人在获得知识的过程中,想象力会消失。因为知识符合逻辑,而想象力无章可循。换句话说,知识的本质是科学,想象力的特征是荒诞。人的大脑一山不容二虎:学龄前,想象力独占整头,脑子被想象力占据;上学后,大多数人的想象力被知识驱逐出境,他们成为知识渊博但丧失了想象力、终身只能重复前人发现的人。

以下哪项是该家长论证所依赖的假设?

Ⅰ. 科学是不可能荒诞的,荒诞的就不是科学

Ⅱ. 想象力和逻辑水火不相容

Ⅲ. 大脑被知识占据后很难重新恢复想象力

A. 仅Ⅰ   B. 仅Ⅱ   C. 仅Ⅰ和Ⅱ   D. 仅Ⅱ和Ⅲ

E. Ⅰ、Ⅱ和Ⅲ

要点点评: 想象力、创造性、荒诞等是一类,知识、逻辑、科学等是一类;两类事物性质不同。

(2013,16)最近一项研究发现,海水颜色能够让飓风改变方向,也就是说,如果海水变色,飓风的移动路径也会变向。这也就意味着科学家可以根据海水的"脸色"判断哪些地方

将被飓风袭击,哪些地区会幸免于难。值得关注的是,全球气候变暖可能已经让海水变色。

以下哪项最可能是科学家作出判断所依赖的前提?

A. 海水颜色与飓风移动路径之间存在某种相对确定的联系

B. 海水温度升高会导致生成的飓风数量增加

C. 海水温度变化与海水颜色变化之间的联系尚不明朗

D. 全球气候变暖是最近几年飓风频发的重要原因之一

E. 海水温度变化会导致海水改变颜色

要点点评:　注意,科学家的判断与海水温度是没有关系的。

(2014,14)长期以来,人们认为地球是已知唯一能支持生命存在的星球,不过这一情况开始出现改观。科学家近日指出,在其他恒星周围,可能还存在着更加宜居的行星,他们尝试用新的方法展开外生命探索,即收集放射性元素钍和铀,行星内部含有这些元素越多,其内部温度就越高,在一定程度上有助于行星的板块运动,而板块运动有助于维系行星表面的水体,因此——

以下哪项最可能为科学家的假设?

A. 虽尚未证实,但地球外生命一定存在

B. 没有水的行星也可能有生命

C. 行星内部温度越高,越有助于板块运动

D. 行星板块运动都是由放射性元素钍和铀驱动的

E. 行星如能维系水体就可能存在生命

要点点评:　科学家寻找生命的关键在于有水,所以,水和生命的关系是关键。

(2015,11)美国扁桃仁于20世纪70年代出口到我国,当时被误译为"美国大杏仁"。这种误译导致大多数消费者根本不知道扁桃仁、杏仁是两种完全不同的产品。对此,我国林业专家一再努力澄清,但学界的声音很难传达到相关企业和民众中,因此,必须制定林果的统一标准,这样才能还相关产品以本来面目。

以下哪项是上述论证的假设?

A. 美国扁桃仁和中国大杏仁的外形很相似

B. 我国相关工业和大众并不认可我国林果专家意见

C. 进口商品名称的误译会扰乱我国企业正常对外贸易

D. 长期以来,我国没有林果的统一标准

E. 美国"大杏仁"在中国市场上销量超过中国杏仁

要点点评:　结论是"必须制定林果的统一标准",其中"必须"是解体关键。

(2016,21)超市中销售的苹果常常留有一定的油脂痕迹,表面显得油光滑亮。牛师傅认为,这是残留在苹果上的农药所致,水果在收摘之前都喷洒了农药,因此,消费者在超市购买水果后,一定要清洗干净方能食用。

以下哪项最可能是牛师傅看法所依赖的假设?

A. 除了苹果,其他许多水果运至超市时也留有一定的油脂痕迹

B. 超市里销售的水果并未得到彻底清洗

C. 只有那些在水果上能留下油脂痕迹的农药才可能被清洗掉

D. 许多消费者并不在意超市销售的水果是否清洗过

E. 在水果收摘之前喷洒的农药大多数会在水果上留下油脂痕迹

要点点评: 牛师傅看法的前提是"水果在收摘之前喷洒了农药",结论是"消费者一定要清洗干净方能食用",论证与"油脂痕迹"无关。

(2017,13)婴儿通过触碰物体、四处玩耍和观察成人行为等方式来学习,但机器人通常只能按照编订的程序进行学习。于是,有些科学家试图研制学习方式更接近于婴儿的机器人。他们认为,既然婴儿是地球上最有效率的学习者,为什么不设计出能像婴儿那样不费力气就能学习的机器人呢?

以下哪项最可能是上述科学家观点的假设?

A. 婴儿的学习能力是天生的,他们的大脑与其他动物幼崽不同

B. 通过触碰、玩耍和观察等方式来学习是地球上最有效率的学习方式

C. 即使是最好的机器人,他们的学习能力也无法超过最差的婴儿学习者

D. 如果机器人能像婴儿那样学习,它们的智能就有可能超过人类

E. 成年人和现有的机器人都不能像婴儿那样毫不费力地学习

要点点评: "婴儿特殊的学习方式"和"地球上最有效率的学习方式"存在概念上的跳跃,由此及彼的说明就是论证的假设。

(2019,4)人们一直在争论猫与狗谁更聪明。最近,有些科学家不仅研究了动物脑容量的大小,还研究了大脑皮层神经细胞的数量,发现猫平常似乎总摆出一副智力占优的神态,但猫的大脑皮层神经细胞的数量只有普通金毛犬的一半。由此,他们得出结论:狗比猫更聪明。

以下哪项最可能是上述科学家得出结论的假设?

A. 狗善于与人类合作,可以充当导盲犬、陪护犬、搜救犬、警犬等,就对人类的贡献而言,狗能做的似乎比猫多

B. 狗可能继承了狼结群捕猎的特点,为了互相配合,它们需要做出一些复杂行为

C. 动物大脑皮层神经细胞的数量与动物的聪明程度呈正相关

D. 猫的神经细胞数量比狗少,是因为猫不像狗那样"爱交际"

E. 棕熊的脑容量是金毛犬的3倍,但其脑神经细胞的数量却少于金毛犬,与猫很接近,而棕熊的脑容量却是猫的10倍

要点点评: 前提是猫和狗"大脑皮层神经细胞数量的比较",结论是"猫和狗哪一种更聪明",假设必须建立两者的关系。

(2019,19)得道者多助,失道者寡助。寡助之至,亲戚畔之;多助之至,天下顺之。以天下之所顺,攻亲戚之所畔,故君子有所不战,战必胜矣。

以下哪项是上述论证所隐含的前提？

A. 得道者多,则天下太平　　　　B. 君子是得道者

C. 得道者必胜失道者　　　　　　D. 失道者必定得不到帮助

E. 失道者亲戚畔之

要点点评: 已知前提是"得道者和失道者的关系",并没有涉及"君子",因此补充的前提需要将两者联系起来。

(2020,19)黄土高原以前植被丰富,长满大树,而现在千沟万壑,不见树木,这是植被被遭破坏后水流冲刷大地造成的惨痛结果。有专家进一步分析认为,现在黄土高原不长植物,是因为这里的黄土其实都是生土。

以下哪项最可能是上述专家推断的假设？

A. 生土不长庄稼,只有通过土壤改造等手段才适宜种植粮食作物

B. 因缺少应有的投入,生土无人愿意耕种,无人耕种的土地贫瘠

C. 生土是水土流失造成的恶果,缺乏植物生长所需的营养成分

D. 东北的黑土地中含有较厚的腐殖层,这种腐殖层适合植物生长

E. 植物的生长依赖熟土,而熟土的存在依赖人类对植被的保护

要点点评: 专家的观点是"黄土高原不长植物的原因是这里的黄土是生土",专家的观点必须兼顾到已知中的"黄土高原是植被遭到破坏后水土流失的结果"。

比较的逻辑。论证如果是通过两个对象进行比较,得出相关结论,这属于比较论证。比较论证包括不同主体之间的比较和同一主体的前后比较两种形式。

不同主体比较论证是通过不同的两个个体相比,推导出相应结论。例如,甲国和乙国具有相同的人口密度,甲国失业率高,所以,乙国的失业率也不会低。不同主体比较论证的最基本的逻辑要求是比较主体之间要具有可比性。"比较主体之间具有可比性"是对论证的假设也是加强;"比较主体之间缺乏可比性或者比较主体之间存在差异"是论证的削弱。

同一对象前后的比较在论证中需要注意时间因素,类似于经济学中的机会成本。例如,小王今天下午到图书馆搜索资料,结果什么也没有找到,所以小王的下午时间被浪费了。该论证的关键在于"如果下午小王不去图书馆搜索资料,时间是不是就可以被充分利用?"比较论证所涉及的这一思路需要考生关注。

在论证中,如果是得到相同的结论需要进行比较,一般来说"同一主体的前后比较"比"不同主体的比较"更能说明问题。例如,若要得到"小王学习退步了"这一结论,以"小王这学期平均成绩在试卷难度没有增加的情况下比上学期明显下降"作为论据就比"这学期小王学习成绩落后于班级其他同学"更具有说服力。

比例的逻辑。论证为了显示精确会采取比例作为论据,这是比例论证。比例论证的论据至少含有两个百分比,如果题干仅仅用一个百分比为论据来进行论证,那么该论证一定隐含着另一个百分比作为假设。例如,用"甲国今年运动会上夺冠的100%是男性运动员"来证明"甲国男性运动员更出色"就必须假设"甲国今年运动会上有女性运动员参赛",因为如果参赛者都是男性运动员,那么夺冠者一定都是男性运动员,男性和女性一定运动员何者更优

秀,无从比较。

涉及比例论证的试题有一个常见的特征是:在题干中有一个百分比,而相应的选项也往往有一个百分比。这类试题多出现在假设题中,并且很容易通过对假设的肯定和否定转变为对论证的加强削弱。

比较和比例的逻辑,历年真题尽管不多,但这两种思路却经常被考生所忽视。下面是一些历年真题。

(2010,29)对某高校本科生的某项调查统计发现:在因成绩优异被推荐免试攻读硕士研究生的文科专业学生中,女生占70%。由此可见,该校本科文科专业的女生比男生优秀。

以下哪项如果为真,能最有力地削弱上述结论?

A. 在该校本科文科专业学生中,女生占30%以上

B. 在该校本科文科专业学生中,女生占30%以下

C. 在该校本科文科专业学生中,男生占30%以下

D. 在该校本科文科专业学生中,女生占70%以下

E. 在该校本科文科专业学生中,男生占70%以上

要点点评: 70%的比例必须要有相应的比例作为对照。

(2017,12)很多成年人对于儿时熟悉的《唐诗三百首》中的许多名诗,常常仅记得几句名句,而不知诗作者或诗名。甲校中文系硕士生只有三个年级,每个年级人数相等。统计发现,一年级学生都能把该书中的名句与诗名及其作者对应起来;二年级2/3的学生能把该书中的名句与作者对应起来;三年级1/3的学生不能把该书中的名句与诗名对应起来。

根据上述信息,关于该校中文系硕士生,可以得出以下哪项?

A. 1/3以上的硕士生不能将该书中的名句与诗名或作者对应起来

B. 大部分硕士生能将该书中的名句与诗名及其作者对应起来

C. 1/3以上的一、二年级学生不能把该书中的名句与作者对应起来

D. 2/3以上的一、二年级学生不能把该书中的名句与诗名对应起来

E. 2/3以上的一、三年级学生能把该书中的名句与诗名对应起来

要点点评: 一定要仔细阅读各年级比例与是否能做的事情之间细微的差别。

(2018,11)最近一项研究发现,某国30岁至45岁人群中,去医院治疗冠心病、骨质疏松等病症的人越来越多,而原来患有这些病症的大多是老年人。调研者由此认为,该国年轻人中"老年病"发病率有不断增加的趋势。

以下哪项如果为真,最能质疑上述调研结论?

A. 由于国家医疗保障水平的提高,相比以往,该国民众更有条件关注自己的身体健康

B. "老年人"的最低年龄比以前提高了,"老年病"的患者范围也有所变化

C. 今年来,由于大量移民涌入,该国45岁以下年轻人的数量急剧增加

D. 尽管冠心病,骨质疏松等病症是常见的"老年病",老年人患的病未必都是"老年病"

E. 近几十年来,该国人口老龄化严重,但健康老龄人口的比重在不断增大

要点点评： "患病人数多了"就一定可以推出"患病比率上升"吗？

大纲论证的最后一节"谬误识别"罗列了几种谬误，这些谬误绝大多数属于违反上述逻辑规则产生的，同时，试题也不会直接考核这些逻辑谬误，因此，在理解逻辑规则以后，这些谬误可以不必单独作为复习内容。

逻辑试题在难度上有两个方向：阅读的语境和阅读的字数。其中阅读语境往往通过"推理"和"论证"体现。推理试题要求推出"真假"，重点在于把握关键词，一般与阅读到的文字内容无关，难度较低；论证则要求考生对于题干和选项的文字内容具有较为全面的把握，难度较大。逻辑试题题干和选项的阅读字数越多，则试题难度越大。对2018年以来国家考试试题难度情况分析如下表：

年份	推理试题数量	字数
2010	16	7 878
2011	11	8 588
2012	22	7 529
2013	22	6 998
2014	20	7 424
2015	19	7 307
2016	15	8 130
2017	17	8 122
2018	25	7 244
2019	19	7 677

根据上述各年真题的统计，得出以下考试命题特点和趋势：

(1) 推理试题始终是重点，尤其近年来的管理类联考试题中，推理试题数量每年都占一半以上，有些年份更是达到其至突破三分之二。考生若能够将推理试题全部做对，就至少可以获得50%以上的分数，而做到这一点是很容易的。

(2) 阅读的字数历年真题的上限没有超过9 000字，而下限一般在7 000～8 000字左右，考生可以在考试以前观察自己阅读7 000～8 000字文字材料的时间，以确定自己合乎考试节奏的阅读速度。

(3) 从近3年的试题来看，以综合推理形式考核的逻辑计算试题的数量和难度都明显增加，尤其是2018年试题，尽管字数不多，但是推理逻辑试题达到25题，考生在解题时间上将承受更大的压力，因此，考生需要在这方面加强训练，以使自己习惯于快速的逻辑计算。

针对上述考试特点和趋势，本书的最后一部分给出三套最新的模拟试题，这三套模拟试题无论在阅读字数和试题类型上，力求尽可能模仿真题，在试题难度上，比真题略高。如果考生能够在1小时内完成试卷并且考分在46分以上，那么恭喜你，在未来国家联考逻辑60分试卷上的得分，你很可能在50分以上。

第五部分

管理类专业学位联考逻辑模拟试卷与解析

模 拟 试 卷 一

逻辑推理： 以下 30 小题,每小题 2 分,共 60 分。给出的 A、B、C、D、E 五个选项中,只有一项是符合试题要求的,请在答题卡上将所选项的字母涂黑。

1. 王静云在新学期面临以下选课要求:(1) 如果选修高等物理,那么他就要选项有机化学;(2) 只有选修生物,才能选修有机化学;(3) 只有选修高等物理,才能免修地理;(4) 或者免修地理或者选修历史。

根据以上选课要求,可以确定王静云新学期选课一定是以下哪项?

A. 选修了高等物理   B. 没有选修高等物理

C. 生物和有机有机化学至少选修了一门 D. 有机化学和历史至少选修了一门

E. 免修了地理

2. 欧元区经过艰难的谈判,希腊债务危机暂时得到平息。如果希腊债务危机得不到解决,将会对欧元区的经济产生负面影响。但希腊只有进行广泛改革,才能重返经济发展的道路。希腊或者减少福利,或者实现经济大幅发展,否则,债务危机将是难解之题。

如果以上陈述为真,则以下哪项陈述必然为真?

A. 如果希腊减少福利,或者实现了经济大幅发展,则可以解决债务危机

B. 如果希腊债务危机得到合理解决,就不会对欧元区的经济产生负面影响

C. 如果希腊要没有解决债务危机,但是经济已经大幅发展,那么它肯定没有减少福利

D. 如果希腊不减少福利,或者不能实现经济大幅发展,将会对欧元区的经济产生负面影响

E. 可以确定不会存在以下情况:希腊福利没有减少并且经济也没有大幅发展,但是欧元区经济却没有负面影响

3. 梁山一周工作五天,除非这周内有法定休假日。除了周五在志愿者协会,其余四天梁山都在路虎 4S 店上班。上周没有法定休假日。因此,上周的周一,周二,周三和周四梁山一定在路虎 4S 店上班。

以下哪项是上述论证所假设的?

A. 一周内不可能出现两天以上的法定休假日

B. 路虎 4S 店实行每周四天工作日制度

C. 上周的周六和周日梁山没有上班

D. 梁山在志愿者协会的工作与汽车销售有关

E. 梁山是个称职的雇员

4. 目前管理类研究生报考规定：只有工作满三年并且大学毕业,才允许报考管理类中的 MBA 研究生。林华想报考管理类研究生,但却被告知,他不允许报考其中的 MBA 研究生。

如果以上陈述为真,以下哪项也一定是真的?

A. 林华不是大学毕业并且工作没有满三年

B. 林华的工作单位可能不同意林华报考 MBA 研究生

C. 林欢或者不是大学毕业或者工作不满三年

D. 如果林华工作满了三年,那么她一定不是大学毕业

E. 要么林华工作不满三年,要么林华不是大学毕业

5~7 题基于以下共同题干

三对夫妇——汤姆和玛丽、马丁和米兰、杰瑞和伊莉莎在图书节上选购图书,玛丽、米兰和伊莉莎是妻子。每个人都在下面所列出的五本图书中选购了一本:《彷徨》《世界风》《光线》《月亮影》《无法呼吸》。六个人选择的图书遵循以下原则:(1)一对夫妇中的两个人选购的图书不同;(2)三位先生选购的图书互不相同;(3)米兰选购了《光线》;(4)汤姆和杰瑞都没有选购《光线》和《月亮影》;(5)伊莉莎选购了《世界风》。

5. 若六个人中没有人选购《彷徨》,则下面哪一项陈述一定正确?

A. 汤姆选购了《无法呼吸》　　　　　B. 玛丽选购了《月亮影》

C. 马丁选购了《月亮影》　　　　　　D. 玛丽选购了《世界风》

E. 至少有一位先生选购了《光线》

6. 若马丁选购《彷徨》,则下面哪一项完整准确地列出了所有汤姆可以选购的图书?

A.《世界风》　　　　　　　　　　　B.《无法呼吸》

C.《世界风》和《无法呼吸》　　　　D.《世界风》和《光线》

E.《无法呼吸》和《光线》

7. 假设每对夫妇中的两个人都选购了相同的图书,其他的所有条件不变,且所有的妻子所选购的图书互不相同,则下面哪一项陈述可能正确?

A. 汤姆选购了《世界风》　　　　　　B. 汤姆选购了《光线》

C. 玛丽选购了《世界风》　　　　　　D. 马丁选购了《彷徨》

E. 玛丽选购了《无法呼吸》

8. 某个国家有真城和假城两座城市,真城的人永远说真话,假城的人永远说假话。现在有三人甲、乙、丙,其中中有一位是真城的人,一位是假城的人,还有一个外地人,外地人有时说真话,有时说假话。三人都彼此知道各人的身份,有以下对话。

甲说:“我是外地人”;乙说:“甲是真城的人”;丙说:“我不是外地人”。

根据以上对话,可以确定他们三人以下哪项为真?

  A. 三人的情况都不能确定   B. 甲是假城的人,其他两人不能确定

  C. 甲是外地人,其他两人情况不能确定 D. 丙是真城的人,其他两人情况不能确定

  E. 三人的情况都可以确定

  9. 某基金经理在选择股票投资时有以下原则:(1)银行和房地产的股票至少买一种;(2)高科技股和航空股至多买一种;(3)如果买了银行股,那么就不买水泥股;(4)如果买建材类股票,那么就买水泥股;(5)除非买高科技股,否则买建材类股票。

  今年该基金经理没有买房地产股,由此可以推出以下哪项为真?

  A. 该基金经理今年没有买航空股 B. 该基金经理今年买了航空股

  C. 该基金经理今年没有买银行股 D. 该基金经理今年买了水泥股

  E. 该基金经理今年买了建材类股

  10. 赵、钱、孙三人每天下午四点一起喝下午茶。他们每人要的不是咖啡就是红茶;如果赵要的是咖啡,那么钱要的就是红茶;赵或孙要的是咖啡,但是不会两人都要咖啡;钱和孙不会两人都要红茶。

  以下哪项除哪项以外,都可能为真?

  A. 赵连续两天都喝了红茶   B. 钱昨天喝了咖啡,今天改喝红茶

  C. 孙连续两天喝咖啡   D. 赵两天喝了不同的饮料

  E. 钱连续两天喝咖啡

  11. 为了了解高校学生对《知识产权法》基本知识的掌握程度,某教育咨询公司在一所高校内部选取了相同年级的两组学生进行有奖测试。阅卷分析发现:第一组学生的优秀率达到了60%,而第二组的优秀率只有20%。咨询公司据此得出结论:该校大学生在对《知识产权法》的了解和掌握程度上存在很大的差异。

  以下哪项最能削弱以上结论?

  A. 这次参与调查的学生只占该高校学生的很小一部分

  B. 第一组学生来自法律系

  C. 这次调查所采用的测试题不能涵盖《知识产权法》的全部内容

  D. 任何一门知识的掌握和运用都不完全一样

  E. 对《知识产权法》的掌握程度的测量不能仅凭一次测试来决定

  12. 智者:因为6大于4,并且6小于8,所以6既是大的又是小的。

  以下哪一项中的推理方式与上述智者的推理最相似?

  A. 因为老子比孟子更有智慧,所以老子对善的看法比孟子对善的看法更好

  B. 因为张青在健康时喝通化葡萄酒是甜的,而在生病时喝通化葡萄酒是酸的,所以通化葡萄酒既是甜的又是酸的

  C. 因为赵丰比李同高,并且赵丰比王磊矮,所以赵丰既是高的又是矮的

  D. 因为一根木棍在通常情况下看是直的,而在水中看是弯的,所以这根木棍既是直的

又是弯的

E. 因为对于王建来说,宝马车不贵,而对于李健来说,宝马车昂贵,所以,宝马车既是贵的也是不贵的

13. 图书馆新书书架上有18本书,这18本书分为两个大类:学习参考书和文艺书;这些书从装帧角度上讲,又可以分为精装书和简装书。其中学习参考书多于文艺书;精装书比简装书多;但是数量最多的却是精装文艺书,数量最少的简装文艺书。而参考书中,也是精装书比简装书多。上午某位学生借阅了其中两本同样装帧的同类书,将这两本书移出书架后,书架上剩下不同装帧不同种类书的数量排序仍然不变。

小明读的是以下哪种书?

A. 精装文艺书   B. 精装学习参考书

C. 简装文艺书   D. 简装学习参考书

E. 四种书都有可能

14. 暑假期间,中学生英语、作文、物理、化学四项大赛分别在我国的四座直辖市举行。某校学生张薇、陆峻、马宇和赵楠代表学校参赛。他们每人只报名参加了一个项目。已知:张薇在北京参赛;英语大赛在重庆举行;马宇在天津参赛;陆峻参加的是作文大赛;张薇没有参加化学大赛。

根据以上条件,以下哪项为真?

A. 张薇参加了英语大赛   B. 化学竞赛在上海举行

C. 在北京举行的是化学竞赛   D. 陆峻是在重庆参加竞赛

E. 在上海举行的是作文比赛

15. 在考古发掘到的化石中,马奇诺卡猿的牙齿是最常见的化石之一。然而,与马奇诺卡猿几乎同时代、同地理位置的皮诺猿牙齿的化石却非常少见。相对于其他猿的化石发现来说,皮诺猿牙齿化石的发现乏善可陈。

如果以下哪项陈述为真,最有助于解决上文中令人疑惑之处?

A. 马奇诺卡猿的牙齿一生要更换三次,而皮诺猿的牙齿却终生不换,终老只有一副

B. 与猿的其他遗骸相比,猿的牙齿骨架坚硬,易于形成化石

C. 马奇诺卡猿和皮诺猿的牙齿石化的时间或者地理环境过程可能略有不同

D. 由于皮诺猿的牙齿化石异常稀少,所以一旦发现便会吸引来众多的探宝者

E. 马奇诺卡猿牙齿化石的研究一般情况下可以取代对皮诺猿牙齿化石的研究

16. 管理类研究生考试即将举行,这一考试要考的科目有英语、数学、逻辑和写作,这些笔试科目完成后还要面试,面试涉及管理学和经济学。考生赵明要准备、学习以上六门课程。他制定的学习策略是:(1)如果这一天学习逻辑,那么这一天学习写作或者经济学;(2)如果这一天学习了经济学,那么这一天就不学习管理学;(3)只有这一天学习管理,这一天才不学习英语。为了提高学习效率,他每天最多学习两门课程。

根据赵明的学习策略,可以确定以下哪项是可能的,除了?

A. 周一他学习了英语和管理　　　　B. 周二他学习了逻辑和经济

C. 周三他学习了逻辑和写作　　　　D. 周四他学习了经济和英语

E. 周五他学习了管理和写作

17. 在第三届全国大学生创新大赛上,所有技能创新都出自重点大学;所有程序创新也都出自重点大学;所有技能创新都不是程序创新,所有重点大学的创新都是由研究生完成的。

根据以上陈述,以下哪项是不一定为真的?

A. 有些重点大学的创新不是技能创新

B. 有些重点大学的创新不是程序创新

C. 有些由研究生完成的创新不是技能创新

D. 有些程序创新不是由研究生完成的

E. 所有由本科生完成的创新既不是技能创新也不是程序创新

18. 张教授:和谐的本质是多样性的统一。自然界是和谐的,例如没有两片树叶时完全相同的。因此,克隆人是破坏社会和谐的一种潜在危险。李研究员:你设想的那种危险是不现实的。因为一个人和他的克隆复制品完全相同的仅仅是遗传基因。克隆人在成长和受教育的过程中,必然在外形、个性和人生目标等诸方面形成自己的不同特点。如果说克隆人有可能破坏社会和谐的话,我看一个现实危险是:有人可能把他的克隆复制品当作自己的活"器官银行"。

以下哪项最为恰当的概括了张教授与李研究员争论的焦点?

A. 克隆人是否会破坏社会的和谐

B. 一个人和他的克隆复制品的遗传基因是否可能不同

C. 一个人和他的克隆复制品是否完全相同

D. 和谐的本质是否为多样性的统一

E. 是否可能有人把他的克隆复制品当作自己的活"器官银行"

19～20 两问基于以下共同题干:

电脑中并不是安装的软件越多越好,有些软件必须单独安装,有些软件必须配套安装,而有些软件不能与其他某些软件同时安装。刘老师新买了一台电脑,他研究后发现:(1) 只有安装全能杀毒软件,才能安装前门输入法或者后门输入法,但是两种输入法只能安装一种;(2) 只有安装全新杀毒软件,才能安装图霸或者字霸两款软件;(3) 如果要使用电脑绘图,就必须安装图霸软件;(4) 如果安装了字霸软件,那么就要安装前门输入法或者后门输入法。

19. 根据刘老师以上发现,又知道刘老师购买电脑主要用于绘图,由此可知以下哪项情况为可能真,除了_____?

A. 刘老师的电脑安装了全新杀毒软件

B. 刘老师的电脑安装了两种以上杀毒软件

C. 刘老师的既没有安装字霸,也没有安装前门输入法和后门输入法

D. 刘老师的电脑安装了字霸,但没有安装任何杀毒软件

E. 刘老师的电脑没有安装字霸,但是安装了全新和全能两种杀毒软件

20. 刘老师电脑主要用于绘图,并且杀毒软件只能安装一种,由此可以知道以下哪项为真?

A. 刘老师的电脑只能安装全能杀毒软件　B. 刘老师的电脑没有安装任何输入法

C. 刘老师的电脑安装了字霸　　　　　　D. 刘老师的电脑仅安装了图霸软件

E. 刘老师的电脑没有安装字霸软件

21. 如果暴雨不停止,那么肯定有更多交通事故;只有保险公司交通赔偿金暴增,才会有更多的交通事故;只有气温降低,暴雨才会停止;或者气温没有降低,或者保险公司的交通赔偿金暴增。

根据以上陈述,以下哪项为真?

A. 暴雨停止了　　　　　　　　　　　　B. 发生了更多的交通事故

C. 保险公司的交通赔偿金暴增　　　　　D. 气温降低了

E. 气温没有降低

22. 新华大学在北戴河设有疗养院,每年夏季接待该校的教职工。去年夏季该疗养院的入住率,即全部床位的使用率为87%,来此疗养的教职工占全校教职工的比例为10%。今年夏季来此疗养的教职工占全校教职工的比例下降至8%,但入住率却上升至92%。

以下各项如果为真,都有助于解释上述看来矛盾的数据,除了

A. 今年该校新成立了理学院,教职工总数比去年有较大增长

B. 今年该疗养院打破了历年的惯例,第一次有限制地对外开放

C. 今年该疗养院的客房总数不变,但单人间的比例由原来的5%提高至10%;双人间由原来的40%提高到60%

D. 该疗养院去年的部分客房,今年改为足疗保健室或棋牌娱乐室

E. 经过去年冬季的改建,该疗养院的各项设施质量明显提高,大大增加了对疗养者的吸引力

23. 一些人类学家认为,如是不具备应付各种自然环境的能力,人类在史前年代不可能幸存下来。然而相当多的证据表明,阿法种南猿,一种与早期人类有关的史前物种,在各种自然环境中顽强生存的能力并不亚于史前人类,但最终灭绝了。因此,人类学家的上述观点是错误的。

上述推理的漏洞也类似地出现在以下哪项中?

A. 大张认识到赌博是有害的,但就是改不掉。因此,"不认识错误就不能改正错误"这一断定是不成立的

B. 已经找到了证明造成艾克矿难是操作失误的证据。因此,关于艾克矿难起因于设备老化、年久失修的猜测是不对的

C. 大李图便宜,买了双旅游鞋,穿不了几天就坏了。因此,怀疑"便宜无好货"是没道理的

D. 既然不怀疑小赵可能考上大学,那就没有理由担心小赵可能考不上大学

E. 既然怀疑小赵一定能考上大学,那就没有理由怀疑小赵一定考不上大学

24. 对于大学课程的学习,教育专家认:在大学阶段,所有对学习具有热情的学生,都能够在大学阶段认真学习,除非他们受到了不良风气的影响;而如果学习方法正确,学生们在大学阶段就能够取得很好的学习成绩;而只有认真学习,才能取得很好的学习成绩。

如果教育专家的看法是真的,则以下哪项也一定是真的?

A. 赵学习具有热情,所以赵能够在大学阶段认真学习

B. 钱没有在大学阶段认真学习,所以,钱一定是受到不良风气的影响或者学习方法不正确

C. 孙在大学阶段学习方法正确,所以,孙肯定没有受到不良风气的影响

D. 李具有学习热情并且没有受到不良风气的影响,所以李能够在大学阶段取得很好的学习成绩

E. 周没有学习热情,所以周一定不能在大学阶段取得很好的学习成绩

25～26 题基于以下共同题干:

对于一位高校教师来说,其本职工作是教书,只有教好学生,他才是一位好教师。当然,为了能教好学生,老师自己的学术水平必须要高。写论文、出专著、做科研都能够提高一位教师的学术水平,只有自己学术水平高,一位教师才能教好学生。

25. 根据以上陈述,以下关于大学教师的判断哪项为真?

A. 一位好老师必须至少从事写论文、出专著、做科研中的某项工作

B. 一位论文、专著和科研工作都不从事的教师不能提升自己的学术水平

C. 一位学术水平高的老师一定是一位好老师

D. 一位好老师一定学术水平高

E. 教不好学生的老师学术水平一定不高

26. 根据以上陈述,赵老师是一位好的大学教师,由此可以推出以下哪项可能为真,除了?

A. 赵老师写了很多论文

B. 赵老师没有出专著

C. 赵老师既没有出专著,也没有写论文,更没有做科研

D. 赵老师学术水平不高

E. 赵老师做了很多科研项目

27. 已知：第一,《朝阳初上》的首次翻译出版用的或者是英语或者是日语,二者必居其一;第二,《朝阳初上》的首次翻译出版或者在旧金山或者在东京,二者必居其一;第三,《朝阳初上》的译者或者是麦克或者是杰克逊,二者必居其一。

如果上述断定都是真的,则以下哪项也一定是真的?

Ⅰ.《朝阳初上》不是麦克用英语在旧金山首先翻译出版的,因此《朝阳初上》是杰克逊用日语在东京首先翻译出版的;

Ⅱ.《朝阳初上》是麦克用英语在东京首先翻译出版的,因此《朝阳初上》不是杰克逊用日语在东京首先翻译出版的;

Ⅲ.《朝阳初上》的首次翻译出版是在东京,但不是麦克用英语翻译出版的,因此一定是杰克逊用日语翻译出版的。

A. 仅Ⅰ   B. 仅Ⅱ   C. 仅Ⅲ   D. 仅Ⅱ和Ⅲ

E. Ⅰ、Ⅱ和Ⅲ

28～30题基于以下共同题干

某年暑假,有五位留学生汤姆、杰瑞、玛丽、亚历山大、罗杰斯计划在中国深度调研,他们的目标城市是：西安、北京、上海。为了便于交流和沟通,每人至少去一组城市,并且每一座城市至少有一个人去调研。已知：

(1) 玛丽去西安调研;

(2) 玛丽和亚历山大调研不同的城市;

(3) 罗杰斯和亚历山大调研相同的城市;

(4) 如果汤姆在上海调研,那么杰瑞也去上海调研。

28. 以下哪项可能是正确的?

A. 玛丽和罗杰斯去相同城市调研   B. 杰瑞、亚历山大、罗杰斯都去北京调研

C. 只有罗杰斯去上海调研   D. 只有杰瑞去上海调研

E. 去西安调研的有三人

29. 以下哪项一定是正确的?

A. 汤姆、杰瑞去相同城市调研   B. 杰瑞和罗杰斯去不同城市调研

C. 去西安调研的最多两人   D. 去西安和上海调研的人数相同

E. 杰瑞没有去西安调研

30. 下列哪项正确,则可以确定每个学生所调研的城市?

A. 玛丽去西安调研   B. 汤姆去上海调研

C. 汤姆去西安调研   D. 罗杰斯去北京调研

E. 杰瑞去北京调研

模拟试卷一答案及解析

1. 答案选 D。将已知条件(1)和(2)等价为连续的假言命题：高等物理→有机化学→生物；将已知条件(3)和(4)等价为连续的假言命题：不选修高等物理→不免修地理→选修历史。以上两个假言命题构成二难推理，由于高等物理选修和不选修必有其一，所以王静云或者选修了有机化学和生物，或者选修了地理和历史，这样 D 选项是正确答案。

2. 答案选 E。已知条件可以等价为连续的假言命题形式：希腊既不减少福利并且经济也没有大幅发展→希腊债务危机得不到解决→欧元区经济产生负面影响。该已知条件与"希腊福利没有减少并且经济也没有大幅发展，但是欧元区经济却没有负面影响"矛盾，E 选项说明了矛盾的情况，可以确定不会出现。

3. 答案选 C。论证从"梁山五天工作中有四天在路虎 4S 店上班"，和"上周五他不在路虎 4S 店上班"，推出"梁山周一、二、三、四"在路虎 4S 店上班？那么，为什么不是周六或者周日呢？显然，论证假设了"周六和周日梁山没有上班"，即 C 选项。

4. 答案选 B。已知条件：允许报考 MBA 研究生→工作三年并且大学毕业。又：林华不允许报考 MBA，根据假言推理规则，无法推出林华任何确定的结论，所以只有可能的结论作为答案，故选 B。

5. 答案选 C。汤姆和杰瑞都没有选购《光线》和《月亮影》，又没有人选购《彷徨》，所以汤姆和杰瑞选购的是《世界风》和《无法呼吸》，杰瑞不能与伊莉莎都选购《世界风》，所以，他选购了《无法呼吸》，而汤姆选购的是《世界风》，剩下的一位先生马丁不能与其妻子米兰同选《光线》，所以他选购的是《月亮影》，所以答案选 C。

6. 答案选 A。汤姆和杰瑞都没有选购《光线》和《月亮影》，又马丁选购《彷徨》，所以汤姆和杰瑞选购的是《世界风》和《无法呼吸》，杰瑞不能与伊莉莎都选购《世界风》，所以，他选购了《无法呼吸》，而汤姆选购的只能是《世界风》，所以答案选 A。

7. 答案选 E。由条件(3)可知：米兰和马丁选购了《光线》；由条件(5)可知：伊莉莎和杰瑞选购了《世界风》，再由条件(4)汤姆没有选购《光线》和《月亮影》，可知：汤姆和玛丽选购的是《彷徨》或者《无法呼吸》，所以答案选 E。

8. 答案选 D。解题思路采取二难推理的思路。从对甲的身份假设开始推理：

假设甲不是外地人，那么甲说假话，他是假城的人；这时候，乙说的也是假话，乙只能是外地人，于是丙说真话，他是真城的人。

假设甲是外地人，甲说了真话，这样，乙说的就是假话，乙是假城的人；而丙说的是真话，丙是真城的人。

综上所述，丙是真城的人，说真话；而甲、乙不能确定。

9. 答案选 A。将"没有买房地产股"作为起点，结合条件(1)可以推知，"买了银行股"；再结合条件(3)推知"没有买水泥股"；再结合条件(4)推知"没有买建材类股票"，再结合条件(5)推知"买了高科技股"，再结合条件(2)推知"没有买航空股"，所以答案选 A。

10. 答案选 D。根据已知，赵不可能喝咖啡。因为赵喝咖啡，钱就是红茶，而孙也是红茶，这与已知"钱和孙不能都喝红茶"相矛盾。所以答案选 D。

11. E。论证根据一次测验，发现测验分数差异很大，得出结论认为，学生对知识的掌握程度差别很大。

A	干扰选项。"只占高校学生的一小部分"可以用来削弱"没有差异"，但不能削弱"有差异"，即使一小部分学生差异大，也说明学生差异大。
B	干扰选项。能够解释为什么差异大，但不能削弱差异大
C	干扰选项。类似于 A 选项，可以削弱"没有差异"，但不能削弱"有差异"
D	无关选项。论证不涉及知识的运用
E	正确选项。将"掌握程度有差别"和"一次测验分数有差别"区别开来，对论证削弱

12. C。智者的推理是一种比较：A 比 B 大，比 C 小，所以 A 既大又小，比较的对象不同，所以得出既大又小结论。选项 B、D、E 不是比较，而是不同状态、不同对象时的不同结论，排除；A 选项的结论与题干不具有类似性，排除；所以正确答案选 C。

13. 答案选 D。题干已知条件为精装文艺＞精装学习＞简装学习＞简装文艺；同时满足：中间两种学习书的和＞两边文艺书的和。由于已知是 18 本书，所以可以采取特殊数值法，即四种书的数量为：精装文艺 7＞精装学习 6＞简装学习 4＞简装文艺 1，考生不必证明该数值是唯一的，只要符合已知条件即可，这样答案只有 D 选项。

14. 答案选 E。将已知列成下表，数字标号，表示计算过程。

张薇	北京	不是化学	1 是物理
3 赵楠	重庆	英语	
马宇	天津	由 1 不是物理	2 是化学
陆峻	4 上海	作文	

15. 答案选 A。要求解释的现象是：生活在同一时代、同一地理环境中的两种猿，某一种的牙齿化石少于另一种。由于已知信息是两种猿生活在同一时代和同一地理环境中，所以原因肯定不在于时间和地理。牙齿化石的多少取决于牙齿数量的多少，所以，某种猿牙齿比另一种猿牙齿多是最合理的解释，故答案为 A。

16. 答案选 B。由于已知条件仅给出大前提，故逐项验证。当周二学习逻辑和经济时，根据(3)可知，他不学管理，根据(4)这一天他学习英语，这样，他这一天学习了逻辑、经济和英语三门课，与"每天最多学习两门课"冲突，故 B 是不可能的。

17. 答案选 D。注意到已知条件中的"出自重点大学"和"由研究生完成的"两个概念都是不周延的，所以，由此推出结论中，这两个概念也不能周延，而 D 中的"由研究生完成的"这个概念周延，推不出，所以答案选 D。

18. 答案选 C。张教授观点是：因为一个人与其克隆人是完全相同的，所以，克隆人是对社会和谐的破坏。李研究员认为：一个人与其克隆人不可能完全相同，克隆人对社会和谐的破坏原因可能是"器官银行"。

A	无关选项。两人都同意克隆人可能破坏社会和谐，但对破坏社会和谐的原因看法不同
B	无关选项。两人都同意一个人和其克隆人遗传基因相同，但李研究员不认为遗传基因相同就完全相同
C	正确选项。张教授认为完全相同，而李研究员则不这样认为
D	无关选项。李研究员没有涉及
E	无关选项。张教授没有涉及

19. 答案选 D。已知条件都是大前提，将小前提"刘老师购买电脑主要用于绘图"作为推理起点，与(3)结合，可知，他的电脑需要安装图霸软件，再与(2)结合，可以推知，他的电脑必须安装全新杀毒软件。这样 D 选项不可能为真，注意问题要求选出不可能为真的选项，其他选项 A 是真的，其他选项都可能为真。

20. 答案选 E。由于杀毒软件只能安装一种，所以接上一题的结论"刘老师的电脑安装了全新杀毒软件"，他的电脑就没有安装"全能杀毒软件"。与(1)结合，他的电脑前门和后门输入法都不能安装。注意，除了这两种输入法，不确定是否还有其他输入法，所以不能选 B。再由(4)可知，他的电脑没有安装字霸软件。所以答案选 E。

21. 答案选 C。将已知条件等价为：暴雨不停止→更多交通事故→保险公司交通赔偿金暴增；暴雨停止→气温降低→保险公司交通赔偿金暴增。很明显，暴雨停止或者不停止，都可以推知"保险公司的交通赔偿金暴增"，所以答案 C。

22. 答案选 E。题干描述表面矛盾的现象是：入住率提高的同时，该校来疗养的职工比例却下降。可以从该校教职工人数增加（或者外来人员来疗养院疗养），或者疗养院床位减少两个方面来解释。

A	无关选项。教职工人数多了，能解释
B	无关选项。外来人员来疗养院疗养，能解释
C	无关选项。客房总数不变的前提下，单人间和双人间增多，意味着床位数减少，能解释
D	无关选项。客房改成足疗保健或棋牌娱乐室，床位数减少，能解释
E	正确选项。吸引力增加只能说明入住率提高，但不能解释来疗养的教职工比例降低，所以不能解释矛盾

23. 答案选 A。题干和 A 选项具有共同的推理漏洞是：某观点是"如果 A，则 B"，而目前"无 A 却有 B"，所以，该观点是错误的，误将必要条件当成了充分条件。具体分析见下表：

	被 驳 论 点	错误的驳斥论据
题干	没有能力(A)→不能幸存(B)("能力"是"幸存"的必要条件)	有能力(无 A)，但不能幸存(B)。将"能力"作为"幸存"的充分条件进行反驳
A 选项	不认识错误(A)→不能改正(B)("认识错误"是"改正错误"的必要条件)	认识错误(无 A)，但不能改正(B)。将"认识错误"作为"改正错误"的充分条件进行反驳

24. 答案选 B。将教育专家的看法等价为：具有学习热情并且没有受到不良风气的影响→认真学习；学习方法正确→取得好成绩→认真学习。A 选项缺少"没有受到不良风气影响"这一条件；B 选项从"不认真学习"可以推知"学习方法不正确"，后假推前假。C 可以从"学习方法正确"推知"认真学习"，但无法推知"学习热情和不良风气影响"的情况；D 中可以推知"李认真学习"，但无法推知"取得好成绩"；E 中"没有学习热情"不能推知任何结论。

25. 答案选 D。已知条件为：好老师必须教好学生，而教好学生必须学术水平高。学术水平高没有必要条件，但是有充分条件：从事论文、专著、科研工作都可以提高学术水平。逐项验证，可以看出 D 选项是正确答案。

26. 答案选 D。由于好老师一定能教好学生,并且学术水平高,所以赵老师作为好的大学老师,却学术水平不高,这是不可能的,所以假的选项为 D。

27. 答案选 B。已知条件的关键词是"或者",根据题意,"《朝阳初上》不是麦克用英语在旧金山首先翻译出版的"等价于"《朝阳初上》或者是杰克逊或者用日语或者在东京首先翻译出版的"。因此,答案只有 B。注意,要否定的命题类似于"A 并且 B 并且 C",否定后不能推出"非 A 并且非 B 并且非 C"。

28. 答案选 D。由于没有给出小前提,所以只能对选项逐项验证,具体验证过程:A 选项结合(3)说明玛丽和亚历山大去相同城市调研,不合题意;B 选项结合(4)说明汤姆不去上海调研,而(1)说明玛丽去西安调研,这意味着没有人去上海调研,不合题意;C 选项根据(3)可知,由于罗杰斯和亚历山大调研城市相同,所以"只有罗杰斯"明显不对;E 中去西安调研有三人,由于有玛丽,所以另外两人是汤姆、杰瑞,而罗杰斯和亚历山大调研城市相同,必然有一个城市没有人去调研,不合题意。

29. 答案选 C。由于上一题中的 E 选项不可能真,即去西安调研的不可能三人,所以,"去西安调研最多两人"一定真。

30. 答案选 B。题干中已知条件(4)是假言命题,作为大前提给出寻找小前提的方向。假设汤姆去上海调研,由(4)可以推知,杰瑞也去上海调研;玛丽去西安调研,于是罗杰斯和亚历山大共同调研的城市是北京。

模 拟 试 卷 二

逻辑推理：以下 30 小题,每小题 2 分,共 60 分。给出的 A、B、C、D、E 五个选项中,只有一项是符合试题要求的,请在答题卡上将所选项的字母涂黑。

1. 教育专家：只有当孩子意识到学习的目的,并且知道为什么学习具有上述目的时,这个孩子才能主动地去学习。我们说要鼓励孩子学习,如果连如何让孩子主动学习都搞不清楚,如何鼓励? 孩子最喜欢什么? 就是"玩"! 只有让"玩"成为孩子学习的一部分,才是真正的鼓励孩子学习。

如果以上陈述为真,则以下哪项陈述必然为真?

A. 只有让"玩"成为孩子学习的一部分,孩子才会主动学习

B. 除非让"玩"成为孩子学习的一部分,否则孩子或者不知道学习的目的,或者不知道学习为什么是这个目的

C. 如果不能让"玩"成为孩子学习的一部分,那么孩子将很难主动学习

D. 只要使"玩"成为孩子学习的一部分,就能真正鼓励孩子学习

E. 如果孩子没有意识到学习的目的或者不知道为什么有此学习目的,那么很难真正鼓励孩子学习

2. 邓肯、但丁、马克和卢梭四人涉嫌作案被拘审。经过调查,了解到以下事实：如果邓肯作案,则但丁肯定作案;只有马克不作案时,但丁才作案。只有卢梭知道细节,邓肯才作案,而如果卢梭知道细节,则马克肯定作案。

如果以上为真,则以下哪项一定是真的?

A. 邓肯作案,马克没有作案

B. 邓肯没有作案,但丁和卢梭都作案

C. 不能确定邓肯、但丁和马克马克三人的作案情况

D. 邓肯没有作案,但丁和马克是否作案不确定

E. 邓肯作案,卢梭知道细节

3. 宏达公司人力资源部收到公司内部七名员工应聘南方销售部销售经理职务：李明、张琳、王翔飞、沈琼平、杨思、赵光明和钱庄。这 7 名员工只能最后只有 4 名应聘成功,并且根据应聘结果发现：(1)李明或张琳仅有一人应聘成功;(2)要么杨思,要么赵光明有一人应聘成功。

根据以上条件,以下哪项列出的员工应聘成功了?

A. 张琳或钱庄,或者二人都应聘成功

B. 王翔飞或沈琼平,或者二人都应聘成功

C. 沈琼平或杨思,或者二人都应聘成功

D. 杨思或钱庄,或者二人都应聘成功

E. 李明或赵光明,或者二人都应聘成功

4. 甲、乙、丙三人在数学、物理、化学和生物四个科目中,有两人在 3 门科目上是优秀,有 1 人在两门科目上是优秀。关于他们各门科目优秀的情况是:(1) 若甲和乙在生物上优秀,那么他们在数学上优秀;(2) 只有甲在生物上优秀,他才在物理上优秀;(3) 如果乙在化学上优秀,那么他在数学上优秀;(4) 只有丙在化学上不优秀,他的数学才不优秀;(5) 四个科目中,每一科目都至少有两人是优秀。

根据以上情况,可以确定以下哪项为真?

A. 甲和乙在生物上都优秀　　　　　　B. 乙和丙在化学上都优秀

C. 乙只在两个科目上优秀　　　　　　D. 甲和丙在生物上都优秀

E. 丙在 3 门科目上都优秀

5. 对行为的解释与对行为的辩护是两个必须加以区别的概念。对一个行为的解释,是指准确地表达导致这一行为的原因,对一个行为的辩护,是指出行为者具有实施这一行为的正当理由。事实上,对许多行为的辩护,并不是对此种行为的解释。只有当对一个行为的辩护成为对该行为解释的实质部分时,这样的行为才是合理的。

基于上述断定能得出以下哪项结论?

A. 当一个行为得到辩护,则也得到解释

B. 当一个行为的原因中包含该行为的正当理由,则该行为是合理的

C. 任何行为都不可能是完全合理的

D. 有些行为的原因是不可能被发现的

E. 如果一个行为是合理的,则实施这一行为的正当理由必定也是导致该行为的原因

6. 和平基金决定中止对 S 研究所的资助,理由是这种资助可能被部分地用于武器研究。对此,S 研究所承诺:和平基金会全部资助,都不会用于任何与武器相关的研究。和平基金会因此撤销了上述决定,并得出结论:只要 S 研究所遵守承诺,和平基金会的上述资助就不再会有利于武器研究。

以下哪项最为恰当地概括了和平基金会上述结论中的漏洞?

A. 忽视了这种可能性:S 研究所并不遵守承诺

B. 忽视了这种可能性:S 研究所可以用其他来源的资金进行武器研究

C. 忽视了这种可能性:和平基金的资助使 S 研究所有能力把其他资金改用于武器研究

D. 忽视了这种可能性:武器研究不一定危害和平

E. 忽视了这种可能性:和平基金会的上述资助额度有限,对武器研究没有实质性意义

7～8两问基于以下共同题干：

张芳是大型商贸公司的售后工程师，负责公司在安徽、江苏、浙江、上海、江西、福建和山东七个省市的产品售后质量保证工作。对于上述七个省市，他一个月内的工作行程安排如下：

(1) 如果去上海，那么江苏和浙江也至少也要去一省；(2) 只有去江苏，才会同时去安徽和山东；(3) 如果不去福建，那么就不去江西或者浙江；(4) 福建和上海每个月至多去一个省。

7. 根据以上行程安排，张芳8月没有去福建，由此可以知道以下关于张芳8月的行程哪项为假？

A. 张芳没有去上海　　　　　　　　　B. 张芳去了浙江
C. 张芳没有去安徽　　　　　　　　　D. 张芳没有去江西
E. 张芳没有去山东

8. 根据以上行程安排，张芳9月没有去安徽，由此可知，张芳9月最多去了几个省？

A. 七个省　　　　B. 六个省　　　　C. 五个省　　　　D. 四个省
E. 三个省

9. 巴伦与摩卡两个人在运动爱好方面完全相反：巴伦喜欢所有摩卡不喜欢的运动，而摩卡则喜欢所有巴伦不喜欢的运动。

根据以上陈述，可以推知以下哪项？
A. 没有任何运动是巴伦和摩卡共同喜欢的
B. 没有任何运动是巴伦和摩卡共同不喜欢的
C. 一定存在某一运动，巴伦和摩卡共同喜欢
D. 一定存在某一运动，巴伦和摩卡都不喜欢
E. 存在某一个运动，巴伦和摩卡都喜欢或者都不喜欢

10.《流浪地球》这部影片给人类带来了能够带着地球去星际旅行的憧憬。尽管，地球很难去流浪，但也许在不远的将来，如果人类掌握了星际旅行技术，那么人类就会产生移民其他星球的想法；如果地球仍然适宜人类居住，那么人类就不会产生移民其他星球的想法。但是越来越多的迹象表明，如果人类不控制自己贪婪的欲望，那么在不远的将来，地球就不再适宜人类居住。

如果以上陈述是真的，以下哪项可以确定为真？
A. 在不远的将来，人类也不会掌握星际旅行技术
B. 在不远的将来，人类掌握了星际旅行技术
C. 如果人类控制自己贪婪的欲望，人类就不会产生移民其他星球的想法
D. 如果在不远的将来，地球仍然适宜人类居住，那么人类尚没有掌握星际旅行技术
E. 如果人类不控制自己贪婪的欲望，同时又没有掌握星际旅行技术，那么在不远的将

来,人类就只能居住在不适宜居住的地球上

11. 经过细致筛查,在实验室的阴极实验后,实验室原本真空的密封小室里出现了许多粒子,这些粒子是 X 粒子,Y 粒子和 Z 粒子。经过统计,所有 X 粒子都是 Y 粒子,只要是 Y 粒子就具有放射性,只有 Z 粒子才是瞬间湮灭的;Y 粒子都不是 Z 粒子。在进一步统计,X 粒子一共 16 M;Y 粒子一共 24 M,Z 粒子一共 7 M。

根据以上统计,以下哪项必然真,除了?
A. 具有放射性的粒子至少有 24 M 　　　B. 有 7 M 粒子不具有放射性
C. 至少有 24 M 粒子不是瞬间湮灭的 　　　D. X 粒子不是瞬间湮灭的
E. 瞬间湮灭的粒子最多只有 7 M

12~13 题基于以下共同题干
暑假期间,三位留学生汤姆、琼斯和约翰每人都至少游览了北京下面三处景点中的一处:长城、故宫和颐和园。他们三人游览的景点情况是:游览故宫的留学生也游览了颐和园;汤姆游览的景点,琼斯也游览了。

12. 根据以上陈述,又知道三位留学生中有两位游览了长城,则以下哪项肯定是真的?
A. 汤姆游览了长城 　　　B. 琼斯游览了长城
C. 约翰游览了长城 　　　D. 汤姆和琼斯游览了长城
E. 琼斯和约翰游览了长城

13. 如果三位留学生都没有游览长城,则以下哪项肯定是假的?
A. 三人都仅游览了一处景点 　　　B. 三人都游览了故宫
C. 三人都游览了颐和园 　　　D. 汤姆游览了颐和园
E. 琼斯没有游览颐和园

14. 科学离不开测量,测量离不开长度单位。公里,米,分米,厘米等基本长度单位的确立完全是一种人为约定,因此,科学的结论完全是一种人的主观约定,谈不上客观的标准。
以下哪项与题干的论证最为类似?
A. 建立良好的社会保障体系离不开强大的综合国力,强大的综合国力离不开一流的国民教育。因此,要建立良好的社会保障体系,必须有一流的国民教育
B. 做规模生意离不开做广告,做广告就要有大额资金投入。不是所有人都能有大额资金投入。因此,不是所有人都能做规模生意
C. 游人允许坐公园的长椅,要坐公园长椅就要靠近它们。靠近长椅的一条路径要踩踏草地。因此,允许游人踩踏草地
D. 具备扎实的舞蹈基本功必须经过长年不懈的艰苦训练,在春节晚会上演出舞蹈演员必须具备扎实的基本功。长年不懈的艰苦训练是乏味的。因此,在春节晚会上演出是乏味的

E. 家庭离不开爱情,爱情离不开信任。信任是建立在真诚基础上的。因此,对真诚的背离是家庭危机的开始

15. "垃圾"本意是指"无用的事物",而所谓"有用"或者"无用"其实都取决于人的视角。"垃圾"这个词语是一个带有强烈主观色彩的标签,所以,它并不是一个科学的分类术语。

以下哪项陈述是使上面结论成立的假设?

A. 凡是带有强烈主观色彩的语词都不是科学的分类术语

B. 科学的分类术语都是方便的标签

C. 有些带有强烈主观色彩的标签不是科学的分类术语

D. 带有强烈主观色彩的语词都是较为方便的标签

E. "垃圾"这个词语不能用于科学的研究

16. 面对跌宕起伏的外汇交易市场,外汇实盘交易员宋才认为,近期或者美元不会升值,或者欧元下跌,而只有加元平稳时,欧元才会下跌。但是外汇交易分析师李想却认为,近期美元和人民币都会升值。

如果宋才的观点是真的,则以下哪项为真,可由此确定分析师李想的观点是错误的?

A. 美元升值,但是欧元贬值
B. 只有加元贬值,人民币才会升值
C. 只要欧美升值,人民币就会贬值
D. 只有人民币不升值,加元才会平稳
E. 只要美元不升值,人民币就会贬值

17. 植物学家普林斯顿经过几十年的研究,终于证明了长青植物,如松树是具有记忆力的。他的研究一经公布,立即在生物学界乃至伦理学界引起了轰动。

如果以上陈述为真,以下哪项不可能为真?

Ⅰ. 生物学家卢梭认为,所有植物都是没有记忆力的

Ⅱ. 动物学家托马斯很早就提出,除了高等动物,其他生物都是没有记忆力的

Ⅲ. 心理学家李约瑟证明,只有人才有记忆力

A. 仅Ⅰ   B. 仅Ⅱ   C. 仅Ⅲ   D. Ⅰ和Ⅱ

E. Ⅰ、Ⅱ和Ⅲ

18~19题基于以下共同题干:

在心理学的研究中发现,人的个性是具有极大关联的,一些极端的心理学家甚至会认为个性之间是相互依存的。例如,心理学家彼得便认为:(1)如果一个人自信,那么这个人或者鲁莽或者勇敢;(2)只有一个人固执而偏执,这个人才不是谦虚的人;(3)一个谦虚而懦弱的人,就不可能自信。

18. 根据彼得的看法,又知道彼得自己不自信并且不谦虚,由此可知以下哪项为真?

A. 彼得不勇敢
B. 如果彼得勇敢,那么他不鲁莽
C. 彼得不懦弱
D. 彼得懦弱

E. 彼得固执

19. 根据彼得的看法,彼得的妻子是自信而不固执,由此可知以下关于彼得的妻子哪项为假?

A. 她鲁莽　　　B. 她不勇敢　　　C. 她偏执　　　D. 她谦虚

E. 她懦弱

20. 汤姆:素食不会导致营养不良。研究表明,人体所需要的各种营养素,从蛋白质到各种微量元素,素食都可以足量含有。玛丽:你说素食不会导致营养不良,我不同意。如果所有的人都素食,则目前所有与肉食有关的产业将全部倒闭,由此产生的失业大军将使难以数计的人陷入贫困而营养不良。

以下哪项最为恰当地指出了玛丽的反驳中存在的漏洞?

A. 不当的假设:所有的人都素食

B. 所反驳的并不是汤姆的观点

C. 忽视了这种可能性:与肉食有关产业的倒闭将促使新型食品工业的兴起

D. 没有准确理解人体所需要的营养素

E. 对"营养不良"这一关键概念的界定没有和汤姆保持一致

21. 三分之二的陪审员认为证人在被告作案时间、作案地点或作案动机上提供伪证。

以下哪项能作为结论从上述断定中推出?

A. 三分之二的陪审员认为证人在被告作案时间上提供伪证

B. 三分之二的陪审员认为证人在被告作案地点上提供伪证

C. 三分之二的陪审员认为证人在被告作案动机上提供伪证

D. 在被告作案时间、作案地点或作案动机这三个问题中,至少有一个问题,三分之二的陪审员认为证人在这个问题上提供伪证

E. 以上各项均不能从题干的断定中推出

22. 新疆的哈萨克人用经过训练的金雕在草原上追击野狼。某研究小组为研究金雕的飞行方向和判断野狼群的活动范围,将无线电传导器放置在一只金雕身上进行追踪。野狼为了觅食,其活动范围通常很广,因此,金雕追击野狼的飞行范围通常也很大。然而,两周以来,无线电传导器不断传回的信号显示,金雕仅在放飞地3公里范围内飞行。

以下哪项如果为真,最有助于解释上述金雕的行为?

A. 金雕的放飞地周边重峦叠嶂,险峻异常

B. 金雕的放飞地2公里范围内有一牧羊草场,成为狼群袭击的目标

C. 由于受到金雕的捕杀,放飞地广阔草原上的野狼几乎灭绝了

D. 无线电传导器信号仅能在有限的范围内传导

E. 无线电传导器的安放并没有削弱金雕的飞行能力

23. 新开辟的大阳山到基隆航线上所有货轮的长度都大于 100 米,该航线上所有客轮上的长度都小于 100 米。这条航线上的大多数轮船都是 2000 年以前下水的。大阳山到斐济航线上的所有货轮和客轮都是 2000 年以后下水的,其长度都小于 100 米。洋山港一号码头只对上述两条航线的轮船开放,该码头设施只适用于小于 100 米的轮船。月亮号是最近停靠在洋山港一号码头的一艘货轮。如果上述断定为真,则以下哪项一定为真?

A. 月亮号是 2000 年以后下水的

B. 月亮号属于大阳山到基隆航线

C. 洋山港只适用于长度小于 100 米的货轮

D. 洋山港不对其他航线开放

E. 大阳山到基隆航线上的所有轮船下水时间都早于大阳山到斐济航线上的轮船

24. 只有资金面宽松和政策面支持,股市和汇市才能同时上涨。央行的一列公开市场操作表明,资金面非常宽松,但股市却没有上涨。王经理据此判断:如果政策面支持的话,即使股市仍然不涨,汇市肯定会上涨。李经理对王经理评论道:即使你的假设正确,但是你的推理也存在逻辑问题。我的观点是:如果汇市上涨,即使股市仍然不涨,仍然可以说明,政策面是支持的。

以下哪项对李经理最合适的评论?

A. 李经理对王经理的评论是正确的,所以,他的观点正确,也合乎逻辑的

B. 尽管李经理的观点正确,但不合乎逻辑,然而他对王经理的评论是正确的

C. 李经理对王经理的评论不正确,所以,他的观点既不正确,也不合乎逻辑

D. 尽管李经理对王经理的评论正确,但是他的观点却是不合乎逻辑的

E. 尽管李经理的观点错误,但合乎逻辑,所以,他对王经理的评论也是正确的

25～26 两题基于以下共同题干:

高考结束,王华面临大学和专业的选择。如果他报考同济大学,那么他将选择建筑或者城市规划专业;只有选择外语专业时,他才会报考上海外国语大学;如果他选择财经专业,那么他将报考上海财经大学或者复旦大学;如果他报考复旦大学,那么他将报考生物专业。每位考生只能选择一个专业,报考一所大学。

25. 王华选择的专业是外语专业,由此可知王华以下哪项为真?

Ⅰ. 王华没有报考同济大学;

Ⅱ. 王华报考的是上海外国语大学;

Ⅲ. 王华没有报考上海财经大学。

A. 仅 Ⅰ   B. 仅 Ⅱ   C. 仅 Ⅲ   D. Ⅰ 和 Ⅱ

E. Ⅰ、Ⅱ 和 Ⅲ

26. 刘平报考了上海财经大学,由此可知刘平以下哪项可能为假?

Ⅰ. 刘平填报的是财经专业

Ⅱ. 刘平填报不是生物专业

Ⅲ. 刘平填报的不是外语专业

A. 仅Ⅰ   B. 仅Ⅱ   C. 仅Ⅲ   D. Ⅰ和Ⅱ

E. Ⅰ、Ⅱ和Ⅲ

27. 在青牛山区,商品通过手机网络进行密集的广告宣传将会迅速获得最大程度的知名度。

上述断定最可能推出哪项结论?

A. 在青牛山区,手机网络是商品打开市场的最重要途径

B. 在青牛山区,高知名度的商品将拥有众多消费者

C. 在青牛山区,手机网络的广告宣传可以使商品的信息传到每户人家

D. 在青牛山区,某一商品为了迅速获得最大程度的知名度,除了手机网络进行密集广告宣传外不需要利用其他宣传工具做广告

E. 在青牛山区,某一商品的知名度与其性能和质量的关系很大

28. 魏先生:计算机对于当代人类的重要性,就如同火对于史前人类。因此普及计算机知识应当从孩子抓起,从小学甚至幼儿园开始就应该介绍计算机知识,一进中学就应当学习计算机语言。

贾女士:你忽视了计算机技术的一个重要的特点,这是一门知识更新和技术更新最为迅速的学科。童年时代所了解的计算机知识,中学时代所学的计算机语言,到需要运用的时候早已陈旧过时了。

以下哪项作为魏先生对贾女士的反驳最为有力?

A. 快速发展和更新并不仅是计算机的技术特点

B. 孩子具有接受不断发展的新知识的能力

C. 在中国算盘早已被计算机取代,但并不说明有关算盘的知识毫无价值

D. 学习计算机知识和熟悉某种计算机语言,有利于提高理解和运用计算机的能力

E. 计算机课程并不是中小学教育中的主课

29~30 基于以下题干:

有赵、钱、孙、李、周和吴六位大学生进入某公司实习。公司有三个部门需要实习生,并且每一部门都需要三名实习生。这六名大学生每人都至少去一个部门实习,以下条件必须满足:

(1) 有且只有一位大学生在三个部门都实习了;

(2) 赵和钱不在同一部门实习;

(3) 孙和李不在同一部门实习。

29. 根据以上情况,以下哪项一定为真?

A. 周和吴在同一部门实习   B. 赵和钱实习的部门加起来一定有三个

C. 周或吴只在一个部门实习   D. 赵、周和吴不会在同一部门实习

E. 吴实习的部门,周一定也去实习了

30. 如果赵和周不在同一部门实习,则以下哪项一定为真?

A. 赵和孙在同一部门实习   B. 赵和李在同一部门实习

C. 李和吴在同一部门实习   D. 周和钱在同一部门实习

E. 周和吴不在同一部门实习

模拟试卷二答案及解析

1. 答案选 E。已知条件等价为：鼓励孩子学习→"玩"成为学习一部分；鼓励孩子学习→孩子主动学习→孩子知道学习的目的和为什么是这个目的。由此可以知道 E 选项是与已知条件等价的逆否命题。

2. 答案选 D。已知条件可以等价为"邓肯作案→但丁作案→马克不作案；邓肯作案→卢梭知道细节→马克作案"，这意味着，邓肯如果作案，得到"马克作案并且马克不作案"这一矛盾命题，所以"邓肯没有作案"，至于其他人的作案情况则不能确定。

3. 答案选 B。将七人中的应聘情况条件(1)和(2)直接在题干中标注：李明(A)、张琳(A)、王翔飞、沈琼平、杨思(B)、赵光明(B)和钱庄。标注(A)(B)中各排除一名，所以剩下王翔飞、沈琼平和钱庄三人中将有两人应聘成功，所以答案选 B。

4. 答案选 D。关注数字，同时根据(1)(2)可知，甲数学优秀，因为如果他数学不优秀，那么他生物和物理都不优秀，这与三人每人至少在两个科目上优秀不符；同理根据(1)(3)可知，乙数学优秀。这样丙数学不优秀，由(4)可知，丙化学也不优秀，这样丙是唯一仅两个科目(生物和物理)优秀的人。于是，甲和乙数学、化学都优秀；又根据(2)可知，甲物理不优秀，否则他就四门科目都优秀了。这样，甲数学、化学和生物三个科目优秀；乙数学、化学和物理三个科目优秀，故答案选 D。

5. 答案选 E。题干最后一句已知条件中的关键词是"只有、才"，等价为"行为合理→辩护是解释"，将"辩护"的定义"实施这一行为的正当理由"和"解释"的定义"导致这一行为的原因"带入，得到 E 选项，其他选项都属于无关选项。

6. 答案选 C。题干的结论可以概括为：只要 S 研究所遵守承诺，那么资助不会有利于对武器研究。只要说明"即使 S 研究所遵守承诺，资助也会有利于武器研究"就是对上述结论漏洞的说明。

A	干扰选项，结论是假言命题，否定"S 研究所遵守承诺"对于否定假言命题没有意义
B	干扰选项，没有说明"资助"与"其他来源的资金进行武器研究"之间有什么联系
C	正确选项，"S 研究所遵守承诺"，但是"资助仍然有利于武器研究"
D	无关选项，"武器研究"是否有害与论证无关
E	无关选项，"资助对武器研究没有实质意义"事实上加强了"资助不再有利于武器研究"

7. 答案选 B。已知条件(1)(2)(3)(4)都是大前提,将小前提"没有去福建"作为推理起点。与(3)结合可知,张芳 8 月份既没有去江西,也没有去福建。注意,试题问题要求选假,所以答案选 B。

8. 答案选 C。将"没有去安徽"作为小前提,与大前提(1)(2)(3)都没有关系,考虑(4)中,上海和福建最多去一个,所以再其中排除上海,这样张芳最多去五个省。

9. 答案选 B。由于巴伦和摩卡都喜欢对方所不喜欢的运动,所以任何运动都不会被巴伦和摩卡都共同不喜欢,故答案选 B。注意,某人喜欢的运动,未必是对方所不喜欢的,所以不能选 A。E 选项中"两人肯定没有都不喜欢的运动",但无法推出存在"两人都喜欢的运动",所以该选项也无法推出。

10. 答案选 D。已知条件的大前提有:人类掌握星际旅行技术→产生移民其他星球的想法→地球不再适宜人类居住;人类不节制贪婪的欲望→地球不再适宜居住。没有小前提,所以只能对选项逐项验证。D 选项等价于:地球适宜居住→人类尚没有掌握星际旅行技术,这是已知条件的逆否命题。

11. 答案选 B。已知条件等价为:"X→Y→放射性""瞬间湮没→Z→非 Y"。Y 具有放射性,但是非 Y 推不出"没有放射性",所以 B 选项推不出。

12. 答案选 B。根据已知条件"汤姆游览的景点,琼斯也游览了",可知:如果琼斯没有游览长城,那么汤姆就没有游览长城。又由于有两位留学生游览了长城,所以琼斯肯定游览了长城。不能确定汤姆和约翰两人中谁游览长城,既可能是汤姆和琼斯两人也可能是琼斯和约翰两人游览长城。

13. 答案选 E。根据已知条件"游览故宫的留学生也游览了颐和园",可知:如果琼斯没有游览颐和园,那么她就没有游览故宫,又三位留学生都没有游览长城,这样琼斯三处景点都没有游览,这与已知条件"三位留学生都至少游览一处景点"相矛盾,所以 E 选项是假的。

14. 答案选 D。D 选项和题干类似的论证结构是:

	工具	工具的性质	使用工具完成的结果	错误:结果与工具混淆
题干	长度单位	主观约定	测量结果	测量结果是主观约定的
D	艰苦训练	乏味	春节晚会	春节晚会是乏味的

15. 答案选 A。已知前提是"'垃圾'这个词语带有强烈的主观色彩",结论是"'垃圾'不是一个科学的分类术语",将前提和结论中的共同概念"垃圾"去掉,剩下仅出现一次的概念是"带有强烈的主观色彩"和"科学的分类术语",这两者之间是否定关系,所以答案选 A。

16. 答案选 D。宋才的观点等价为：美元升值→欧元下跌→加元平稳；分析师李想的观点是：美元升值并且人民币升值，其观点的矛盾是：美元升值→人民币不升值。所以，要补充的是：加元平稳→人民币不升值。

17. 答案选 C。注意已知条件是"证明了长青植物是有记忆力的"而Ⅲ证明只有人才有记忆力，所以这是不可能的；Ⅰ是卢梭认为；Ⅱ是托马斯提出；两人"认为"或者"提出"某观点，即使这个观点是错误的，但他们提出或者认为本身也是可能的。

18. 答案选 E。根据已知大前提，从彼得不自信无法推知任何确定结论，彼得不谦虚结合(2)可以推知，彼得固执而偏执，故 E 选项为真。

19. 答案选 E。彼得的妻子自信，结合(3)可以推知她或者不谦虚或者不懦弱；又她不固执，结合(2)可以推知，她谦虚。所以，她不懦弱。这样 E 选项为假。注意，问题要求选假。

20. 答案选 B。汤姆认为"吃素食不会使人营养不良"，玛丽则认为，"如果所有人都吃素食，将导致经济问题，于是人们由于贫困而没有食物，这样将导致营养不良。"概括而言，汤姆的观点是"吃素食不会营养不良"，玛丽则认为，"不吃东西会营养不良"，所以，玛丽反驳的不是汤姆的观点。

21. 答案选 E。题干的涵义可以用下表表示：甲认为证人在被告作案时间、乙认为证人在被告作案地点提供伪证，就满足了"三分之二的陪审员认为证人提供伪证"的题干要求。但在作案时间、作案动机和作案地点上，都不满足"三分之二的陪审员认为被告提供伪证"的情况，即 D 选项不能推出。

	甲	乙	丙
作案时间	认可		
作案动机		认可	
作案地点			

22. 答案选 B。要求解释"为什么追击野狼的金雕仅在放飞地 3 公里范围内飞行"？原因是"被追的野狼活动范围仅局限在 3 公里内"。

A	无关选项，"金雕放飞地的环境"与"金雕飞行的范围"无关
B	正确选项，"2 公里范围内有牧羊草场是野狼袭击目标"说明野狼在 2 公里范围活动
C	无关选项，"野狼灭绝"与"追击野狼的金雕活动范围无关"
D	干扰选项，题干信息是"无线电传导器不断传回的信号显示"，考生不能理解为"范围大了，超过两公里无线电传导器就不能传回信号了"
E	无关选项，可以认为这是论证的假设，考生需要注意"假设"和"解释"的区别

23. 答案选 A。从 A 选项中的"月亮号"出发,按以下步骤可以推知答案。

一	"月亮号"是"洋山港一号码头"的"货轮"
二	"洋山港一号码头"只适用于"小于 100 米的轮船",所以,月亮号是小于 100 米的货轮
三	月亮号不是大阳山到基隆航线上的,因为这条航线上的所有货轮长度都大于 100 米,月亮号是大阳山到斐济航线上的货轮
四	大阳山到斐济航线上的所有轮船都是 2000 年以后下水的,所以月亮号是 2000 年后下水的
五	注意 C、D 选项将"洋山港一号码头"和"洋山港"混淆了

24. 答案选 D。王经理的推理错误,所以李经理对王经理的评论是正确的。但是李经理得出观点的推理也是不合乎逻辑的。注意是李经理得出观点不合乎逻辑,而他的观点却不能由此认为是假的。故答案选 D,而不能选 B。

25. 答案选 A。已知条件都是大前提,最后问题中的"王华选择外语专业"是小前提。小前提不能与大前提"只有选择外语专业,才会报考上海外国语大学"结合。由于每位考生只能选择一个专业,所以王华选择外语专业,就没有选择建筑或者城市规划专业,这样,他就没有报考同济大学。

26. 答案选 E。将"刘平报考上海财经大学"作为小前提,它不能与已知条件中的大前提结合,这说明三句话都无法推出,由于问题要求选"可能假",所以三句话都可能假,即答案选 E。

27. 答案选 D。题干已知条件表示"手机网络进行密集的广告宣传"是"商品获得最大程度知名度"的充分条件。

A	无关选项,"最重要途径"中的"最"字在题干中无此信息
B	无关选项,"高知名度商品"是否拥有消费者在题干中没有说明
C	无关选项,"使商品信息传到每户人家"中的"每户"在题干中无此信息
D	正确选项,充分条件即"有之必然",所以,不需要其他"宣传工具"。考生不能错误地将该选项理解为唯一性
E	无关选项,"知名度"和"商品性能与质量"的关系在题干中没有说明

28. 答案选 D。贾女士的观点是"少年时代掌握的计算机语言会过时,所以少年时代学习计算机语言没有用处"。

A	无关选项,"快速发展和更新不仅是计算机的特点"与"学习计算机语言是否有用"没有关系
B	无关选项,"孩子具有接受新知识的能力"与"学习的知识过时了,学习是否有用处"没有必然联系
C	干扰选项,算盘与计算机语言的类比很恰当,另外"知识是否有价值"与"掌握这些知识是否有用"是不同的问题
D	正确选项,提出学习某一种知识,即使是过时的知识也具有其他的用处,他因削弱
E	无关选项,"是否是主课"与"学习这门课是否有用处"无关

29. 答案选 A。6 位大学生中,有一个人在三个部门实习,根据条件(2)和(3)可知,在三个部门都实习的肯定不是赵、钱、孙、李,只能是周或者吴。无论是周还是吴,既然他在三个部门都实习,所以其他人必然与他在同一部门实习,所以答案选 A。

30. 答案选 C。上一问已经说明,在三个部门都实习的肯定不是赵、钱、孙、李,而"赵和周不在同一部门实习",说明在三个部门都实习的也不是周,只能是吴,因此任何人都会与吴在同一部门实习,所以答案是 C。

模拟试卷三

逻辑推理：以下 30 小题，每小题 2 分，共 60 分。给出的 A、B、C、D、E 五个选项中，只有一项是符合试题要求的，请在答题卡上将所选项的字母涂黑。

1. 张珊：不同于"刀""枪""箭""戟"，"之""乎""者""也"这些字无确定所指。李思：我同意。因为"之""乎""者""也"这些字无意义，因此，应当在现代汉语中废止。以下哪项最可能是李思认为张珊的断定所蕴含的意思？

　　A. 除非一个字无意义，否则一定有确定所指

　　B. 如果一个字有确定所指，则它一定有意义

　　C. 如果一个字无确定所指，则应当在现代汉语中废止

　　D. 只有无确定所指的字，才应当在现代汉语中废止

　　E. 大多数的字都有确定所指

2. 社会成员的幸福感是可以运用现代化手段精确量化的。衡量一项社会改革措施是否成功，要看社会成员的幸福感总量是否增加。S 市最近推出的福利改革明显增加了公务员的幸福感总量。因此，这项改革措施是成功的。

　　以下哪项如果为真，最能削弱上述论证？

　　A. 上述改革措施没有增加该市所有公务员的幸福感

　　B. 该市公务员只占全市社会成员很小的比例

　　C. 上述改革措施在增加公务员幸福感总量的同时，减少了该市民营企业人员的幸福感总量

　　D. 上述改革措施在增加公务员幸福感总量的同时，减少了该市全体社会人员的幸福感总量

　　E. 上述改革措施已经引起了该市市民的广泛争议

3. 在印度发现了一大片不平常的陨石，它们的构成元素表明，它们只可能来自水星、金星和火星。由于水星靠太阳最近，它的物质只可能被太阳吸引而不可能落到地球上；这些陨石也不可能来自金星，因为金星表面上的任何物质都不可能摆脱它和太阳的引力而落到地球上。因此，这些陨石很可能是某次巨大的碰撞后从火星落到地球上的。

　　上述论证方式和以下哪项最为类似？

　　A. 这起谋杀或是劫杀，或是情杀，或是仇杀。作案现场并无财物丢失，死者家庭和睦，

夫妻恩爱,并无情人,因此最大的可能性是仇杀

B. 如果张甲是作案者,那必有作案动机和作案时间。张甲确有作案动机,但没作案时间,因此,张甲不可能是作案者

C. 此次飞机失事的原因,或是人为破坏,或是设备故障,或是操作失误。被发现的黑匣子显示,事故原因确是设备故障,因此可以排除人为破坏和操作失误

D. 所有自然数或是奇数,或是偶数;有的自然数不是奇数,因此有的自然数是偶数

E. 任一三角形或是直角三角形,或是钝角三角形,或是锐角三角形。这个三角形有两个内角之和小于 90 度,因此这个三角形是钝角三角形

4. 过量饮酒会对肝脏造成伤害,不管是低度的葡萄酒还是高度的白酒。由于葡萄酒酒精度数较低,所以葡萄酒过量对肝脏的伤害小于白酒。但是一个人如果经常饮用过量白酒并且已经对肝脏造成了伤害,这时候除非他不再过量饮酒,否则即使他不喝白酒,而只是过量饮用葡萄酒,对肝脏的伤害也不会小于过量白酒。

根据以上陈述,以下哪项最不可能为真?

A. 不过量饮酒对肝脏就没有伤害

B. 过量饮用白酒对每个人肝脏伤害是大致相同的

C. 过量饮用葡萄酒对每个人肝脏伤害是大致相同的

D. 同时过量饮用白酒加葡萄酒对人的肝脏伤害大于过量饮用白酒

E. 同时过量饮用白酒加葡萄酒对人的肝脏伤害不大于过量饮用白酒

5. 在"中国证券市场发展和中国经济"研讨会上,经济学家林丹丹认为:如果 A 股下个月继续上涨,那么中国货币政策可能出现较大调整。但是证券分析师沈志华则认为:如果中国货币政策可能出现较大调整,那么 A 股下个月就会继续上涨。以后的货币政策和 A 股走势表明,林丹丹和沈志华的观点都是真的。由此可以推出以下哪项可能为真?

Ⅰ. A 股下个月继续上涨;

Ⅱ. 中国货币政策出现了较大调整;

Ⅲ. A 股下月没有继续上涨并且中国货币政策也没有出现较大调整

A. 仅Ⅰ　　　　　　B. 仅Ⅰ、Ⅱ　　　　　　C. 仅Ⅲ　　　　　　D. Ⅰ、Ⅱ和Ⅲ

E. 以上都不可能为真

6. 在"旅游世界"这款游戏中,所有交通工具要么是磁悬浮的,要么是光电子的。并且,有些磁悬浮的交通工具既有用于货运的,也有用于客运的。另一方面,所有光电子的交通工具都用于货运。因此,在"旅游世界"这款游戏中,用于货运的交通工具比用于客运的交通工具多。

如果以下哪项陈述为真,能合乎逻辑地得出上述论证的结论?

A. 大部分磁悬浮的交通工具不是用来货运的

B. 所有用于客运的交通工具都是磁悬浮的

C. 用于货运的交通工具也可以用于客运

D. 用于货运的交通工具一定不能用于客运

E. 用于客运的交通工具也可以用于货运

7. 丽佳花园中,所有开出红色花的植物都是蔷薇科植物;玫瑰科植物是蔷薇科植物;王教授喜欢的植物都能开出红色的花,李教授喜欢蔷薇科植物。香水玫瑰是玫瑰科植物,它能开出红色的花。

根据以上陈述,以下哪项一定为真?

Ⅰ. 王教授喜欢香水玫瑰;

Ⅱ. 李教授喜欢香水玫瑰;

Ⅲ. 王教授喜欢的植物,李教授一定也喜欢。

A. 仅Ⅰ   B. 仅Ⅱ   C. 仅Ⅰ、Ⅱ   D. Ⅰ、Ⅱ、Ⅲ

E. Ⅰ、Ⅱ、Ⅲ都不一定为真

8. 即使最有经验的艺术品专家,也不会凭他们的肉眼鉴定来确定艺术品是否具有真正的价值,他们担心自己的眼睛会被赝品欺骗。既然最有经验的艺术品专家都无法凭肉眼将一件赝品和真的艺术品区分开,赝品就与真品具有同样的审美享受,这两件艺术品就具有同样的价值。

如果以下哪项陈述为真,最强地支持了上述论证?

A. 最有经验的艺术品专家也不能将艺术品中的赝品与真品区分开来

B. 最有经验的艺术品专家只收藏那些更有审美享受的艺术品

C. 一件艺术品的价值在很大程度上取决于市场的需要

D. 一件艺术品的价值应该完全由它提供的审美享受来决定

E. 艺术品专家也会认可艺术品中赝品的价值

9～10 两题基于以下共同题干:

大明财务公司一共有 15 名员工,员工的工作时间与绩效评估密切挂钩,同时也与奖惩有效联系。按照规定:(1)一名员工每周工作至少 35 小时并且没有任何一天旷工才是合格员工;(2)如果一个员工每周工作 40 小时并且没有任何一天旷工,那么他是优秀员工。(3)如果某位员工是合格员工,他就有基本奖;(4)只有优秀员工才能获得超额奖。

9. 根据以上陈述,大明财务公司在 10 月最后一周,一共 9 名员工获得超额奖,由此可以推出以下哪项为真?

A. 一共有 9 名员工这一周工作 40 小时并且没有任何一天旷工

B. 有 6 名员工不是优秀员工

C. 至少有 9 名员工是优秀员工

D. 有 6 名员工不是合格员工

E. 一共有 9 名优秀员工都获得了基本奖金

10. 根据以上陈述,大明财务公司在10月第二周有6名员工没有获得基本奖,由此可以推知以下哪项为真?

　　A. 有6名员工或者这周工作不到35小时,或者在这周的某一天旷工

　　B. 一共有6名员工不是合格员工　　　　C. 最多有9名员工是合格员工

　　D. 这6名员工不是优秀员工　　　　　　E. 这6名员工没有获得超额奖

11. 如果苹果X上市的第一个月销量超过了所有其他手机,那么苹果手机就仍然是智能手机的第一品牌。只有苹果X具有完全不同的先进功能或者价格对消费具有绝对吸引力,苹果X上市第一个月的销量才能超过其他所有手机。苹果手机已经不再是智能手机的第一品牌。

　　如果上述断定是真的,则以下哪项也可能是真的?

　　Ⅰ. 苹果X上市的第一个月销量没有超过其他所有手机

　　Ⅱ. 苹果X不具有完全不同的先进功能

　　Ⅲ. 苹果X的价格对消费者不具有绝对吸引力

　　A. Ⅰ　　　　　　　B. Ⅱ　　　　　　　C. Ⅲ　　　　　　　D. Ⅱ和Ⅲ

　　E. Ⅰ、Ⅱ和Ⅲ

12. 西药抗生素通常只有一种成分,而中医的抗菌药物有多种成分。因此,为克服细菌的抗药性,中药比西药更有效。一种细菌很容易对西药抗生素产生抗药性,但很难对中医抗菌药产生抗药性,就如同饭店中的一个厨师,一道菜肴不难满足某个顾客,但很难满足所有顾客,即所谓"一味难调众口"。

　　在上述类比中,西药抗生素最可能比作以下哪项?

　　A. 某个顾客　　　　B. 所有顾客　　　　C. 厨师　　　　　　D. 一道菜肴

　　E. 多道菜肴

13. "男女"和"阴阳"似乎指的是同一种区分标准,但实际上,"男人和女人"区分人的性别特征,"阴柔和阳刚"区分人的行为特征。按照"男女"的性别特征,正常人分为两个不重叠的部分,按照"阴阳"的行为特征,正常人分为两个重叠的部分。

　　以下各项都符合题干的含义,除了

　　A. 人的特别特征不能决定人的行为特征

　　B. 女人的行为,不一定具有阴柔的特征

　　C. 男人的行为不一定具有阳刚的特征

　　D. 同一个人的行为,可以既具有阴柔又有阳刚的特征

　　E. 一个人的同一个行为可以既有阴柔又有阳刚的特征

14. 司机:有经验的司机完全有能力并习惯以每小时120公里的速度在高速公路上安全行驶。因此,高速公路上的最高时速不应由120公里改为现在的110公里,因为这既会不必要的降低高速公路的使用效率,也会使一些有经验的司机违反交规。

交警：每个司机都可以在法律规定的速度内行驶，只要他愿意。因此，把对最高时速的修改说成是某些违规行为的原因是不能成立的。

以下哪项最为准确的概括了上述司机和交警争论的焦点？

A. 上述对高速公路最高时速的修改是否必要

B. 有经验的司机是否有能力以每小时 120 公里的速度在高速公路上安全行驶

C. 上述对高速公路最高时速的修改是否一定会使一些有经验的司机违反交规

D. 上述对高速公路最高时速的修改实施后，有经验的司机是否会在合法的时速内行驶

E. 上述对高速公路最高时速的修改，是否会降低高速公路的使用效率

15. 某校以年级为单位，把学生的成绩分为优、良、中、差四等。在一学年中，各门考试总分前 10％的为优；后 30％为差，其余的为良和中。在上一学年中，高二年级成绩为优的学生多于高一年级成绩为优的学生。

如果上述为真，则以下哪项一定为真？

A. 高二年级成绩为差的学生少于高一年级成绩为差的学生

B. 高二年级成绩为差的学生多于高一年级成绩为差的学生

C. 高二年级成绩为优的学生少于高一年级成绩为良的学生

D. 高二年级成绩为优的学生少于高一年级成绩为良的学生

E. 高二年级成绩为差的学生多于高一年级成绩为中的学生

16. 土卫二是太阳系中迄今观测到存在地质喷发活动的 3 个星体之一，也是天体生物学最重要的研究对象之一。德国科学家借助卡西尼号土星探测器上的分析仪器发现，土卫二喷射出的微粒中含有钠盐。据此可以推测，土卫二上存在液态水，甚至可能存在"地下海"。

以下哪项如果为真，最能支持上述推测？

A. 只有存在"地下海"，才可能存在地质喷发活动

B. 在土卫二上液态水不可能单独存在，只能以"地下海"的方式存在

C. 如果没有地质喷发活动，就不可能发现钠盐

D. 土星探测器上的分析仪器得出的数据是确切可信的

E. 只有存在液态水，才可能存在钠盐微粒

17.

| 荷兰 | 华盛顿 | 松树 | 狗尾巴草 |

如果以上是 4 张卡片，一面是地名，另一面是植物名称，主持人断定：只有一面是国家名，另一面才是松树。

如果翻动以上两张卡片便可能推翻主持人的断定，则翻动的两张卡片是？

A. 翻动荷兰和松树　　　　　　　　B. 翻动荷兰和狗尾巴草

C. 翻动华盛顿和狗尾巴草　　　　　D. 翻动华盛顿和松树

E. 翻动松树和狗尾巴草

18. 使用枪支的犯罪比其他类型的犯罪更容易导致命案。但是,大多数使用枪支的犯罪并没有导致命案。因此,没有必要在刑法中把非法使用枪支作为一种严重刑事犯罪,同其他刑事犯罪区分开来。

上述论证中的逻辑漏洞,与以下哪项中出现的最为类似?

A. 肥胖者比体重正常的人更容易患心脏病。但是,肥胖者在我国人口中只占很小的比例。因此,在我国,医疗卫生界没有必要强调肥胖导致心脏病的风险

B. 不检点的性行为比检点的性行为更容易感染艾滋病。但是,在有不检点性行为的人群中,感染艾滋病的只占很小的比例。因此,没有必要在防治艾滋病的宣传中,强调不检点性行为的危害

C. 流行的看法是,吸烟比不吸烟更容易导致肺癌。但是,在有的国家,肺癌患者中有吸烟史的人所占的比例,并不高于总人口中有吸烟史的比例。因此,上述流行看法很可能是一种偏见

D. 高收入者比低收入者更有可能享受生活。但是不乏高收入者宣称自己不幸福。因此,幸福生活的追求者不必关注收入的高低

E. 高分考生比低分考生更有资格进入重点大学。但是,不少重点大学学生的实际水平不如某些非重点大学的学生。因此,目前的高考制度不是一种选拔人才的理想制度

19. 小陈:目前 1996D3 彗星的部分轨道远离太阳,最近却可以通过太空望远镜发现其发出闪烁光。过去人们从来没有观察到远离太阳的彗星出现这样的闪烁光,所以这种闪烁必然是不寻常的现象。

小王:通常人们都不会去观察那些远离太阳的彗星,这次发现的 1996D3 彗星闪烁光是有人通过持续而细心的追踪观测而获得的。

以下哪项最为准确概括了小王反驳小陈的观点所使用的方法?

A. 指出小陈使用的关键概念含义模糊

B. 指出小陈的论据明显缺乏说服力

C. 指出小陈的论据自相矛盾

D. 不同意小陈的结论,并且对小陈的论据提出了另一种解释

E. 同意小陈的结论,但对小陈的论据提出了另一种解释

20. 张珊喜欢喝绿茶,也喜欢喝咖啡。他的朋友中没有人既喜欢喝绿茶,又喜欢喝咖啡,但他的所有朋友都喜欢喝红茶。

如果上述断定为真,则以下哪项不可能为真?

A. 张珊喜欢喝红茶

B. 张珊的所有朋友都喜欢喝咖啡

C. 张珊的所有朋友喜欢喝的茶在种类上完全一样

D. 张珊有一个朋友既不喜欢喝绿茶,也不喜欢喝咖啡

E. 张珊喜欢喝的饮料,他有一个朋友都喜欢喝

21. 长风中学选派若干高中生参加化学竞赛。由于高三年级高考压力大,所以选派的学生都是高一年级或者高二年级的学生。根据统计,高二年级参赛学生多于高一年级参赛学生;并且参赛学生中女生多于男生。

根据以上统计,以下哪项必为真?

Ⅰ. 参赛的高二男生多于高一男生

Ⅱ. 参赛的高二女生多于高二男生

Ⅲ. 参赛的高二女生多于高一男生

Ⅳ. 参赛的高一女生多于高一男生

A. 都不一定真　　　B. 仅两句真　　　C. 仅一句真　　　D. 有三句真

E. 都一定真

22. 一位法官陈述自己的观点:每一个罪犯都具有侥幸心理,他们希望自己的行为既狡猾又机密。但是他们被抓的事实说明,犯罪事实很难做到既狡猾又机密。在我审理的各种罪犯中,他们的犯罪事实上有些非常狡猾,有些超级机密。但是却从来没有人把其犯罪事实做得既狡猾又机密。

如果上述法官的观点是真的,则以下哪项不可能真?

A. 不存在狡猾而不机密的犯罪事实,也不存在机密却不狡猾的犯罪事实

B. 有些犯罪事实既不狡猾,也不机密

C. 大部分犯罪事实既狡猾又机密

D. 大部分犯罪事实既不狡猾也不机密

E. 不存在既狡猾又机密的犯罪事实,也不存在既不狡猾又不机密的犯罪事实

23~24 两题基于以下共同题干:

登山运动员马克计划攀登底格里斯山。如果要到达主峰,就必须穿过磕巴隧道或者跃过纽斯山崖;如果经过曼昆山谷,那么就绕过了磕巴隧道并且能够到达次主峰;如果跃过纽斯山崖,就不能到达次主峰。马克这次登山的目标主峰和次主峰至少要到达一个。

23. 根据以上陈述,如果马克一定要达到主峰,可以推知以下关于马克的哪项为真?

A. 穿过磕巴隧道　　　　　　　B. 跃过纽斯山崖

C. 到达次主峰　　　　　　　　D. 没有达到次主峰

E. 没有经过曼昆山谷

24. 如果马克到了主峰和次主峰,由此可以推出以下哪项为假?

Ⅰ. 没有经过曼昆山谷

Ⅱ. 没有跃过纽斯隧道

Ⅲ. 没有穿过磕巴隧道

A. 仅Ⅰ　　　　　B. 仅Ⅱ　　　　　C. 仅Ⅲ　　　　　D. Ⅰ和Ⅱ

E. Ⅰ、Ⅱ和Ⅲ

25. 某公司一批优秀的中层干部竞选总经理职位,一共有 10 位中层干部竞选,尽管每个人都有其他人所没有的优点,但是所有的竞选者中,除了李女士自身外,没有人能同时具备她所有的优点。

从以上断定能合乎逻辑地作出以下结论?

A. 在所有竞选者中,李女士最具备条件当选总经理

B. 李女士具有其他竞选者都不具备的某些优点

C. 李女士只有其他竞选者的所有优点

D. 李女士的任一优点都有竞选者不具备

E. 其他竞选者都有不及李女士之处

26. 动物园在喂养澳洲袋鼠或者考拉时,总结出以下经验:一个食量大的澳洲袋鼠一天需要喂食 10 次以上,否则这只澳洲袋鼠就会患病。而如果一只澳洲考拉食量大并且一天喂食 10 次以上,这只澳洲考拉就肯定不会患病。

根据以上陈述,以下哪项为真?

A. 一只食量小的澳洲袋鼠患病了,它一定没有一天被喂食 10 次以上

B. 一只食量大的澳洲袋鼠患病了,它一定没有一天被喂食 10 次以上

C. 一只食量小的澳洲袋鼠没有患病,它一定一天被喂食了 10 次以上

D. 一只食量大的澳洲考拉没有患病,它一定一天被喂食了 10 次以上

E. 食量大的澳洲考拉患病,有些一定是因为它没有在一天被喂食 10 次以上

27. 所有纳尔逊土著居民崇拜所有玉石雕像;在艾尔法土著居民聚集的部落后山上有一尊皇金佛像;在纳尔逊土著居民聚集的部落前广场上,有一尊纳尔逊土著居民都崇拜的月亮神雕像和一尊纳尔逊土著居民都不崇拜的太阳神雕像。

以上陈述为真,以下哪项为真?

Ⅰ. 纳尔逊土著居民不会都崇拜后山上的黄金佛像

Ⅱ. 月亮神雕像是玉石雕刻的

Ⅲ. 太阳神雕像不是玉石雕刻的

A. 只有Ⅰ　　　　　B. 只有Ⅱ　　　　　C. 只有Ⅲ　　　　　D. 只有Ⅱ和Ⅲ

E. Ⅰ、Ⅱ和Ⅲ

28. "奔跑"网上超市新购进一批商品,其中进口商品 300 种,国产商品 200 种;食品 270 种,非食品商品 230 种。

根据以上数据,以下哪项都真,除了?

A. 进口食品的种类多于国产非食品商品的种类

B. 进口非食品商品种类多于国产食品种类

C. 进口食品最少 70 种

D. 进口非食品商品最少 100 种

E. 国产食品最多 200 种

29～30 题基于以下共同题干

甲、乙、丙、丁、戊、己、庚 7 人在周一到周日值班,每人各值一天。七人值班有以下时间要求:(1) 甲、乙值班之间相隔的天数与丙、丁值班之间相隔的天数相同;(2) 己、庚值班的时间相邻,但不确定前后;(3) 戊不在周日值班。

29. 根据以上值班要求,以下哪一天可以安排戊值班?

A. 周二　　　　　B. 周三　　　　　C. 周四　　　　　D. 周六

E. 周日

30. 若己在周六值班,则以下哪项肯定为真?

A. 甲在周一　　　B. 乙在周一　　　C. 丙在周四　　　D. 庚在周日

E. 戊在周三

模拟试卷三答案及解析

1. 答案选 A。张珊和李思的观点分析如下表：

	观　　点	结　　论
张珊	"之""乎""者""也"这些字无确定所指	
李思	同意张珊论据,又因为"之""乎""者""也"这些字无意义	这些字应当废止

显然,是否应当废止与张珊无关。张珊的观点是"某些字无确定所指",李思以此认为"这些字无意义"。"无确定所指"就是"无意义"最可能是李思认为张珊断定所蕴含的意思,即"无确定所指→无意义",所以 A 选项为正确答案。

2. 答案选 D。论证前提中的关键词是"增加社会成员幸福感总量",结论中的关键词是"增加了公务员的幸福感总量",显然"公务员"与"社会成员"属于不同概念。

A	无关选项,"没有增加所有公务员的幸福感"和"全体社会成员的幸福总量"无关
B	干扰选项,"公务员占全社会成员比例小",但公务员幸福感增加也会使"全社会成员幸福感总量增加"
C	干扰选项,"全社会成员幸福感总量"与"民营企业人员幸福感"不是同一概念
D	正确选项,这说明即使"公务员幸福感总量增加",也会减少"全社会成员幸福感总量"
E	无关选项,"改革措施是否引起争议"与"措施是否成功"无关

3. 答案选 A。题干的论证结构是"或者 1,或者 2,或者 3;又 a 不是 1,a 不是 2,;所以,a 是 3"。

A	正确选项,结构是"或者 1,或者 2,或者 3;又 a 不是 1,a 不是 2,;所以,a 是 3"。
B	无关选项,选项中的"如果"是排除该选项的最直观理由
C	干扰选项,结构是"或者 1,或者 2,或者 3;又 a 是 1;所以,a 不是 2,a 不是 3"。
D	干扰选项,结构是"或者 1,或者 2;又有些 A 不是 1;所以,有些 A 不是 2"。
E	无关选项,结构是"或者 1,或者 2,或者 3;又因为某一原因;所以,a 是 3"。

4. 答案选 C。过量饮用葡萄酒的危害：肝脏尚没有因为经常过量饮用白酒而已经造成伤害的人，过量葡萄酒＜过量白酒；肝脏因为经常过量饮用白酒已经造成伤害的人，过量葡萄酒＝过量白酒。所以，过量应用葡萄酒对人的伤害是不同的。

5. 答案选 D。林丹丹的观点可以等价为"或者 A 股不上涨，或者货币政策调整"；沈志华的观点等价为"或者货币政策不调整，或者 A 股上涨"。两个人的观点都真，可推知：A 股不上涨并且货币政策不调整，或者 A 股上涨并且货币政策调整。但具体到"A 股是否上涨"和"货币政策是否调整"则不确定，注意问题要求选择可能为真的选项，所以答案选 D。

6. 答案选 E。磁悬浮的交通工具之中既有客运也有货运，而光电子的交通工具之中仅有货运，要推导出的结论是"用于货运的交通工具多于用于客运的交通工具"。逐项验证，当 E 选项中"用于客运的交通工具也可以用于货运"为真时，这意味着"所有交通工具都可以用于货运"，货运交通工具就肯定多于客运交通工具了，所以正确答案选 E。

7. 答案选 E。从已知条件"香水玫瑰是玫瑰科植物"，可以推出"香水玫瑰是蔷薇科植物"。李教授喜欢"蔷薇科植物"不等于"李教授喜欢所有蔷薇科的植物"，所以无法推出李教授对它的态度；至于王教授，已知条件仅说明他喜欢的植物都能开出红色的花，所以也无法确定他是否喜欢香水玫瑰。可以从已知条件推出"王教授喜欢的植物都是蔷薇科植物"，但是所有蔷薇科植物李教授未必都喜欢，所以三句都不一定为真，答案选 E。

8. 答案选 D。论证的前提是"赝品和真品具有同样的审美享受"，论证的结论是"赝品和真品具有同样的价值"，关键词是"审美享受"和"艺术价值"，两者的联系是加强，所以答案选 D。注意，尽管论证提到"最有经验的艺术品专家无法凭肉眼区分赝品和真品"这一事实，但是该事实上在论证中并没有充当论据，所以选项 A 或者 E 属于无关选项。

9. 答案选 C。已知条件都是大前提，将"一共 9 名员工获得超额奖"作为小前提，与(4)结合可知，这九名员工是优秀员工。但是另外 6 名员工是否是优秀员工不能确定，因此正确答案选 C，而不能选 B。

10. 答案选 C。将"一共有 6 名员工没有获得基本奖"作为小前提，与(3)结合，可以推知，这 6 名员工不是合格员工。由于其他 9 名员工是否是合格员工不能确定，所以答案选 C，而不能选 B。

11. 答案选 E。已知条件"如果苹果 X 上市的第一个月销量超过了所有其他手机，那么苹果手机就仍然是智能手机的第一品牌"和"苹果手机已经不再是智能手机的第一品牌"可以推出"苹果 X 上市的第一个月销量没有超过其他所有手机"，而另外两句推不出，不确定。注意到问题问的是"可能是真的"，所以答案选 E。

12. 答案选 A。一种细菌很容易对抗西药的一种抗生素成分,但很难对抗中药的多种抗菌素成分;就像一道菜肴容易满足一个顾客,但很难满足多个顾客。上下文对比,可以看出细菌相当于一道菜肴,西药相当于某个顾客,而中药相当于多个顾客。

13. 答案选 E。题干涵义概括为:(1)"男女"是人的性别区分,每个人的性别是确定的;(2)"阴阳"是人的行为区分,每个人的某一行为阴阳也是确定的;(3)但"男女"和"阴阳"并不对应,即男人和女人的不同行为中既有阴的行为,也有阳的行为。

A	符合涵义(3)
B	符合涵义(3)
C	符合涵义(3)
D	符合涵义(2)
E	正确选项,不符合涵义(2)

14. 答案选 C。司机有两个观点:一是"修改交规会使高速公路使用效率降低",二是"修改交规会使有经验的司机违反交规"。交警对于第一条没有发表意见,但不同意第二条。

A	无关选项,双方都没有讨论"修改交规的必要性"问题
B	干扰选项,争论的是"交规修改"和"司机违规"是否存在因果关系,而不是"司机是否有能力安全行驶"的问题
C	正确选项,司机认为"交规修改会导致司机违规",而交警反对
D	干扰选项,争论的是"是否存在某种因果关系"而不是"司机是否做某事"
E	无关选项,交警对此没有发表意见

15. 答案选 B。高一学生总数为 A,高二学生总数为 B;高一优的学生总数为 10%A;高二优的学生总数为 10%B;已知 10%B>10%A;所以可以推知:B>A。这样,高二差的学生 30%B 与高一差的学生 30%A 相比,也一定是 30%B>30%A,即 B 选项。

16. 答案选 E。阅读题干的论证,已知前提"土卫二喷射的微粒中含有钠盐",结论是"土卫二上存在液态水",E 选项设置"液态水"是"存在钠盐微粒"的必要条件,对论证加强,是正确答案。

17. 答案选 D。主持人的断定是假言命题,等价为"一面是松树→另一面是国家名",推翻主持人的断定,即将该假言命题否定"一面是松树但是另一面不是国家名"即可。具体见下表:

命　题	一面是松树→另一面是国家名	
翻动卡片	松树	另一面不是国家名,推翻主持人断定
翻动卡片	华盛顿	另一面是松树,推翻主持人断定

18. 答案选 B。题干的逻辑漏洞在于比例关系混淆,结构类似于:A 与非 A 相比,B 所占的比例更高;但是 B 在 A 中的比例小于一半,所以,A 与 B 无关。具体到题干,10%使用枪支的犯罪导致命案,比不使用枪支的犯罪导致命案的比例1%要高得多;但由于90%(大多数)使用枪支的犯罪都不导致命案,所以,使用枪支与导致命案没有关系(即不必区分在犯罪中是否使用枪支了)。

A	无关选项,若改为"但是,大多数肥胖者都没有患心脏病",结构就类似了
B	正确选项,结构是:10%不检点性行为会感染艾滋病比率,比 1%检点性行为艾滋病感染率高;但 90%的不检点性行为都没有感染艾滋病;所以,性行为是否检点与艾滋病感染无关(即不必强调其危害)
C	无关选项,若改为"但是,吸烟者中大多数都没有患肺癌",结构就类似了
D	无关选项,若改为"但是,大部分高收入者都没有享受生活",结构就类似了
E	无关选项,若改为"但是,高分考生大部分没有进入重点大学",结构就类似了

19. 答案选 D。下表是小陈和小王的论点和论据的分析:

	论据(现象)	结论(现象的原因)
小陈	发现了过去没有观测到的闪烁光	闪烁光是不寻常的现象
小王	同意小陈论据	人们持续而细心地追踪观测

这样,小王同意小陈的论据,但对其论据做出了不同于小陈的解释,所以答案选 D。

20. 答案选 E。张珊喜欢喝的饮料是"绿茶并且咖啡",他的一个朋友都喜欢喝,意味着"他的某一个朋友既喜欢喝绿茶又喜欢喝咖啡",这与已知"他的朋友中没有人既喜欢喝绿茶,又喜欢喝咖啡"矛盾,所以 E 不可能为真,其他选项与已知条件不矛盾,都可能真。

21. 答案选 C。已知条件是"高二>高一""女生>男生",可以采取特殊值法,排除Ⅰ、Ⅱ、Ⅳ。至于Ⅲ,可以采取"高二(男生+女生)>高一(男生+女生)""女生(高一+高二)>男生(高一+高二)"两式展开两边相加计算得出。

22. 答案选 A。法官的观点是"有些犯罪事实狡猾而不机密"或者"有些犯罪事实机密而不狡猾",A 选项与此矛盾,所以不可能真;注意不能选 C。因为法官的观点存在一个范围,即在他审理的各种罪犯中不存在既机密又狡猾的犯罪,但是这不排除他没有审理的案件中有既机密又狡猾的案件。

23. 答案选 E。将小前提"一定要到达主峰"作为推理的起点,由此推知马克必须穿过磕巴隧道或者跃过纽斯山崖。而如果经过曼昆山谷,那么就绕过了磕巴隧道,且到达了次主峰。而到达次主峰,就不能跃过纽斯山崖。这意味着,如果经过曼昆山谷,则无法达到主峰。所以,马克如果到达主峰,那么他没有经过曼昆山谷。

24. 答案选 C。马克到达次主峰,可以推知他没有跃过纽斯山崖,而他到达主峰,就必须或者穿过磕巴隧道,或者跃过纽斯山崖。由于主峰和次主峰都达了,所以可以确定他穿过了磕巴隧道。因此,假的选项仅Ⅲ。

25. 答案选 E。题干命题的涵义可以等价为:李女士至少在某一方面优于其他所有竞选者。但是这不意味着(1) 李女士的优点最多;(2) 其他竞选者在所有方面都不如李女士。

A	无关选项,"优点"和"当总经理"无关
B	干扰选项,"其他竞选者在某一方面不如李女士",但"不同竞选者不如李女士的这些方面"未必是相同的方面
C	无关选项,"只有其他竞选者的所有优点"中的"只有"是不选该选项的最直观理由
D	干扰选项,"其他竞选者在某一方面不如李女士",不等于"李女士任何一个优点"都有其他竞选者不具有
E	正确选项,"其他竞选者在某一方面不如李女士"等价于"其他竞选者都有不及李女士之处"

26. 答案选 E。注意已知条件中的"袋鼠""考拉"是两种不同的动物,即:食量大的袋鼠不患病→一天喂食 10 次以上;一天喂食 10 次以上→食量大的考拉不患病。"食量小的袋鼠或者考拉"与已知条件无关;从已知可以推知"如果食量大的考拉患病",则"它没有在一天被喂食 10 次以上",所以 E 选项是正确答案。

27. 答案选 C。所有玉石雕像都被纳尔逊土著居民崇拜,但如果雕像不是玉石雕刻的,纳尔逊土著居民未必不崇拜,所以,黄金佛像是否被艾尔法土著居民崇拜是不确定的,因此,Ⅰ不确定;而被崇拜的雕像也未必是玉石雕刻的,所以Ⅱ不确定;玉石雕像都被崇拜,太阳神雕像不被崇拜,所以太阳神雕像一定不是玉石雕刻的,故Ⅲ一定为真。

28. 答案选 D。已知条件:进口(300)＞国产(200);食品(270)＞非食品(230);所以,进口食品＞国产非食品,A 正确;进口非食品＞国产食品,B 正确;进口食品最多 270,最少 70,所以 C 正确;国产食品最多 200,最少 0,所以 E 正确;进口非食品最多 230,最少 30,所以 D 错误。

29. 答案选 B。由于戊不在周日，所以排除 E。考虑到甲、乙、丙、丁需要四个连续或者中间对称的位置，再考虑己和庚需要两个连续的位置，因为戊值班可能排在周一、周三和周五，这样答案选 B。

30. 答案选 D。由于己和庚值班的时间相邻，所以当己在周六值班时，庚在周五或者周日值班；由于戊不在周日值班，所以当庚在周五值班时，无法满足条件(1)，这意味着庚只能在周日值班，所以答案选 D。